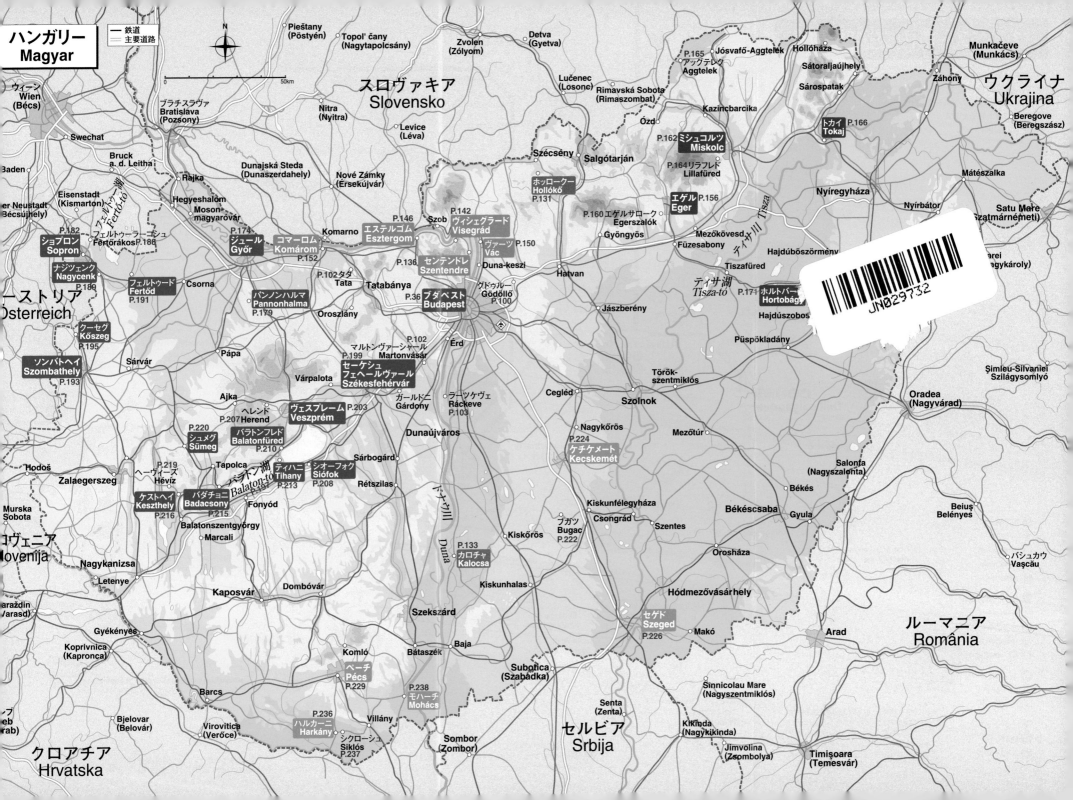

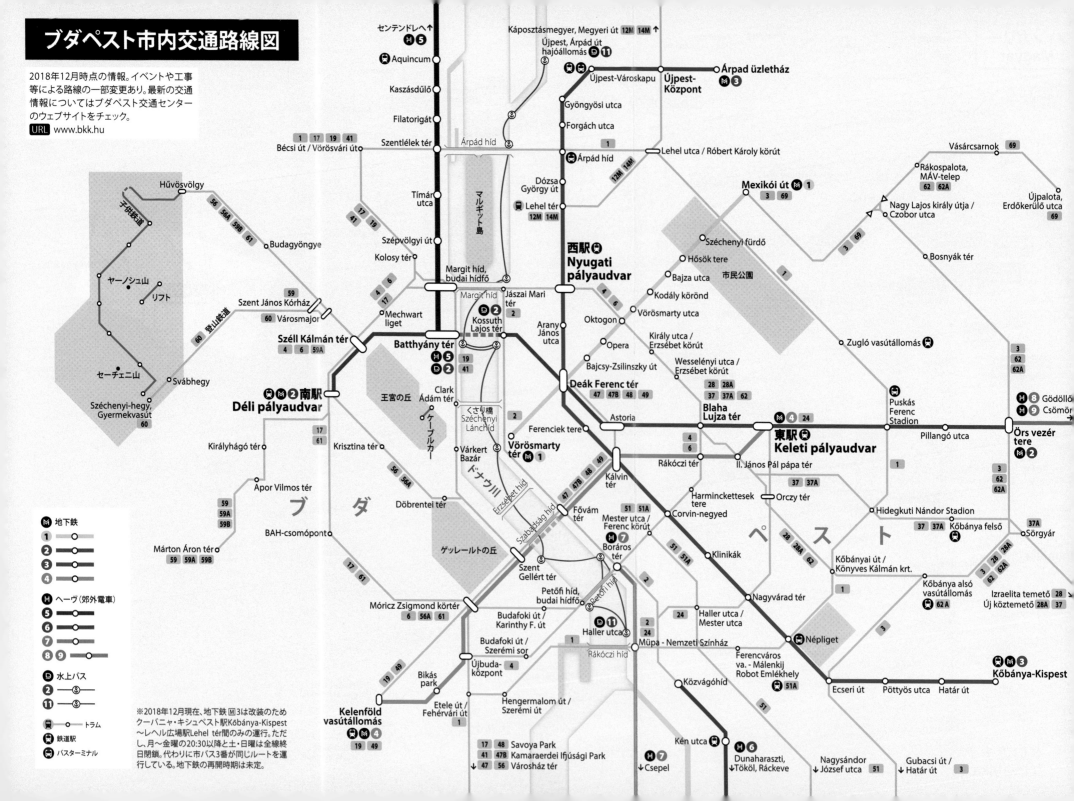

地球の歩き方 A27 ● 2019～2020 年度版

ハンガリー
Hungary

ブダペストのマーチャーシュ教会

地球の歩き方 編集室

HUNGARY CONTENTS

35 ブダペスト
Budapest

ブダペストの路面電車

聖イシュトヴァーン大聖堂

出発前に必ずお読みください！　旅のトラブルと安全対策…P.11/P.281

トカイのワイン畑

バラトンフレドの船着場

ペーチのジョルナイ・クオーター

パンノンハルマ修道院

ヘーヴィーズの温泉湖

239 | 旅の準備と技術

COLUMN

MAP ※50音順

本書で用いられる記号・略号

DATA
紹介している地区の人口と
公式ウェブサイト
★ 星印は紹介している地区の
場所をさします

行き方 都市への行き方
アクセス
主要な町からのアクセス
方法を紹介しています。
🚄 鉄道　🚌 バス　⛴ 船

ℹ ツーリスト
　インフォメーション
▶Map 地図位置
🏠 住所
☎ 電話番号
　（カッコ内は市外局番）
📱 携帯電話の番号
FREE 無料通話の電話番号
FAX ファクス番号
URL ホームページアドレス
　（http://は省略）
E-mail Eメールアドレス
開 開館時間
営 営業時間
運 運行時間
催 催行期間
休 休館、休業日
料 入場料
交 交通アクセス
M 地下鉄
　（ブダペストのみ）

読者投稿
読者からの投稿

芸術家が集まるドナウベンドの玄関口
センテンドレ
Szentendre

プラゴヴェシュテンスカ教会が面する中央広場

━ DATA
人口 2万5802人
URL szentendre.hu

センテンドレへの 行き方

🚋 ヘーヴ（郊外電車）
ブダペストの地下鉄M2
バッチャーニ広場駅Batthyány
térからヘーヴに乗り所要40
分〜。平日最速は1時間に3〜
6便、660Ft〜。

🚌 バス
ブダペストのウーイペシュ
ト・ヴァーロシュカプ Újpest-
Városkapuから1時間に1〜3便、
所要25分〜、310Ft〜。
エステルゴムから時間に1〜
3便、所要時間30分〜、930Ft〜。

⛴ 船
ブダペストの船着場から3
月下旬〜4月下旬は土曜のみ1
往復、4月下旬〜6月上旬と9
月上旬〜10月下旬は月曜を除
く毎日1往復、6月上旬〜9月
上旬は毎日1往復。往路1時
間20〜30分、復路50分〜1
時間、片道2310Ft〜、往復
3470Ft〜。
上記は2018年のデータ。
運航スケジュールは年によ
って変動するので、ウェブ
サイトで最新情報の確認を。
URL www.mahartpassnave.hu

センテンドレの ℹ
tourinform
▶Map P.137-B2
🏠 Dumtsa Jenő u. 22
☎ (26)317-965
URL www.iranyszentendre.hu
開月〜木 10:00〜18:00
　金〜日 10:00〜20:00
休無休

ブダペストから北へ約19km、ハンガリー国内外からの多
くの観光客が訪れるセンテンドレは、日帰りで気軽に訪れる
ことができる小さな美しい町だ。14世紀頃より商業都市とし
て栄え、15世紀にはオスマン帝国の支配から逃れてきたセル
ビア人が定住し、現在でもセルビア文化が色濃く感じられ
る。1920年代にはアーティストたちのコロニーが生まれ、現
在15以上の美術館やギャラリーが集まっている。

センテンドレの 歩き方

町はドナウ川とドゥナカニャル通りDunakanyar körútに挟
まれた起伏豊かな土地に広がる。ヘーヴの駅とバスターミナ
ルは隣り合っており、中央広場Fő térまで徒歩15分ほど。地
下道を抜け、コッシュート・ラヨシュ通りKossuth Lajos
u.を進むと、次第にカフェやギャラリー、雑貨屋が増えてく
る。町自体は小さいので、1時間も歩けばだいたいの輪郭が
つかめるだろう。細い路地が入り組み、坂道が多いので、歩
けば歩くほどに変幻する町の表情が楽しめる。

センテンドレの おもな見どころ

ブラゴヴェシュテンスカ教会　Map P.137-B2
Blagovestenszka templom (Blagovestenszka Church)
　人波が絶えない中央広場を見下ろすように建つセンテンドレ
の象徴。1752年に、建築家アンドラーシュ・マイエルホファー
András Mayerhofferによって設計されたバロック様式のセルビ

136

| ヘレンド　Herend | MAP P.41-F4 |

1826年にバラトン湖の北に位置する
ヘレンド村で誕生したハンガリーが誇る
磁器ブランド。代表的なデザインから新
作まで多数揃う。スタッフの対応も丁寧
で…ブダペスト市内の直
🏠 V. József Nádor tér 10-11
☎ 0620-241-5736
URL herend.com
開月〜金 10:00〜18:00
　土・日 10:00〜16:00
休 1月〜4月の日

ショップ

| グンデル　Gundel | MAP P.43-D1 |

季節感と創意工夫にあふれたオリジ
ナル料理が堪能できるブダペスト随一
の高級レストラン。コースディナーの
予算はひとり当たり1万7500Ft〜（ドリ
ンク別）。日曜の11:30〜15:00に行われ
🏠 XIV. Gundel Károly út 4
☎ (1)889-8111
URL gundel.hu
営月〜土 12:00〜23:00
　土 12:00〜24:00
　日 11:30〜15:00、

レストラン

| ケンピンスキ・ホテル・コルヴィヌス　Kempinski Hotel Corvinus | MAP P.41-F4 |

エルジェーベト広場の前、デアーク
広場から徒歩2分という、交通至便な場
所に建つ。客室は広々とした造りでス
タイリッシュな内装が施され、ゆったり
と落ち着いた空間だ。オリエンタルな
雰囲気が漂うスパや、世界的に有名な
日本料理店「NOBU」が入っている。
🏠 V. Erzsébet tér 7-8
☎ (1)429-3777
URL www.kempinski.com
料 €145〜
S 349

ホテル

上からエリア名、都市
名になっています

地図中のおもな記号

⊠ 郵便局
◆ 美術館、博物館
♨ 温泉
⋔ 教会
✡ シナゴーグ
（ユダヤ教の神殿）
🚏 バスターミナル、バス停
H ホテル
R レストラン
C カフェ
S ショップ
N ナイトスポット

略号について
u.=utca
（ウッツァ：通り）
krt.=körút
（クゥルゥート：環状道）
pu.=pályaudvar
（バーイアウドゥヴァル：駅）

地名について
híd ヒード：橋
tér テール：広場
út ウート：大通り

住 住所
電 電話番号
携 携帯電話の番号
FAX ファクス番号
URL ホームページアドレス
（http:// は省略）
E-mail E メールアドレス
営 営業時間
休 休業日
料 ホテルの料金
　Ⓢ シングルルーム（1人部屋1人利用）
　Ⓓ ダブルまたはツインルーム(1人部屋2人利用)
CC 利用できるクレジットカード
　A アメリカン・エキスプレス
　D ダイナースクラブ
　J ジェーシービー
　M マスターカード
　V ビザ

■本書の特徴
本書は、ハンガリーを旅行される方を対象に個人
旅行者が現地でいろいろな旅行を楽しめるように、
各都市のアクセス、ホテル、レストランなどの情報
を掲載しています。

■掲載情報のご利用に当たって
編集部では、できるだけ最新で正確な情報を掲載す
るよう努めていますが、現地の規則や手続きなどが
しばしば変更されたり、またその解釈に見解の相違
が生じることもあります。このような理由に基づく場
合、または弊社に重大な過失がない場合は、本書
を利用して生じた損失や不都合について、弊社は責
任を負いかねますのでご了承ください。また、本書
をお使いいただく際は、掲載されている情報やアド
バイスがご自身の状況や立場に適しているか、すべ
てご自身の責任でご判断のうえでご利用ください。

■現地取材および調査時期
本書は 2018 年 11 ～ 12 月の取材調査データを基
に編集されています。また、追跡調査を 2018 年
12 月まで行いました。しかしながら、時間の経過と
ともにデータの変更が生じることがあります。特に
ホテルやレストランなどの料金は、旅行時点では変
更されていることも多くあります。したがって、本書
のデータはひとつの目安としてお考えいただき、現
地では観光案内所などでできるだけ新しい情報を
入手してご旅行ください。

■発行後の情報の更新と訂正について
本書に掲載している情報で、発行後に変更されたも
のや、訂正箇所が明らかになったものについては『地
球の歩き方』ホームページの「ガイドブック更新・訂
正情報掲示板」で可能なかぎり最新のデータに更新
しています（ホテル、レストラン料金の変更などは除
く）。出発前に、ぜひ最新情報をご確認ください。
URL book.arukikata.co.jp/support

■投稿記事について
投稿記事は、多少主観的になっても原文にできるだ
け忠実に掲載してありますが、データに関しては編
集部で追跡調査を行っています。投稿記事のあとに
（東京都○○ '14）とあるのは、寄稿者と旅行年度
を表しています。ただし、ホテルなどの料金は追跡
調査で新しいデータに変更している場合は、寄稿者
データのあとに調査年度を入れ['18] としています。
皆さまの投稿を募集しています（→ P.303）。

ジェネラル インフォメーション

ハンガリーの基本情報

▶旅の会話
→P.286～292

国 旗
赤・白・緑の3色旗。

正式国名
ハンガリー
Magyar

国 歌
Himnusz（賛称）

面 積
約9万3030km²（日本の約4分の1弱）

人 口
977万8371人（2018年）

首 都
ブダペストBudapest

元 首
アーデル・ヤーノシュ大統領

Áder János

政 体
共和制（2004年5月からEUに加盟）

民族構成
ハンガリー人86%、ロマ3.2%、そのほかドイツ人、スロヴァキア人、ルーマニア人など。

宗 教
カトリック約39%、カルヴァン派約12%ほか。

言 語
公用語はハンガリー語（マジャール語。フィン・ウゴル語派）。外国語ではドイツ語、英語が比較的通じる。

通貨と為替レート

▶旅の予算とお金
→P.248～250

　ハンガリーの通貨はフォリントForint。本書ではFtと表記する。2019年1月7日現在、1Ft=約0.39円、€1=約124Ft。
　紙幣は2万Ft、1万Ft、5000Ft、2000Ft、1000Ft、500Ft。硬貨は200Ft、100Ft、50Ft、20Ft、10Ft、5Ft。

クレジットカード　中級以上のホテルやレストランではたいてい使えるが、利用できるカード会社が限られている場合が多い。

両替　銀行のほか、駅や市内の両替所、旅行会社、ホテル（宿泊客のみ）でできる。観光スポットにある両替所は、表示してあるレートがよくても手数料が非常に高い場合があるので、両替する前によく確認しよう。

 500フォリント
 1000フォリント
 2000フォリント
 5000フォリント
 1万フォリント
 2万フォリント
 5フォリント
 10フォリント
 20フォリント
 50フォリント
 100フォリント
 200フォリント

電話のかけ方

▶郵便・通信事情
→P.277～280
※携帯電話のキャリアは「0」を長押しして「＋」を表示し、続けて国番号からダイヤルしてもかけられる。
※日本からハンガリーの携帯電話へのかけ方は→P.278参照。

日本からハンガリーへかける場合　例 ブダペストの (1) 123-4567へかける場合

国際電話会社の番号
001（KDDI）※1
0033（NTTコミュニケーションズ）※1
0061（ソフトバンク）※1
005345（au携帯）※2
009130（NTTドコモ携帯）※3
0046（ソフトバンク携帯）※4

＋ 国際電話識別番号 **010**※2 ＋ ハンガリーの国番号 **36** ＋ 市外局番 **1** ＋ 相手先の電話番号 **123-4567**

※1 「マイライン」の国際区分に登録している場合は、不要。詳細は URL www.myline.org
※2 auは、005345をダイヤルしなくてもかけられる。
※3 NTTドコモは事前にWORLD WINGに登録が必要。009130をダイヤルしなくてもかけられる。
※4 ソフトバンクは0046をダイヤルしなくてもかけられる。

 おもな祝祭日

キリスト教に関する祝祭日が多い。年によって異なる移動祝祭日（※印）に注意。

1/1	元日
3/15	1848年の革命と自由戦争記念日
4/21 ('19) 4/12 ('20) ※	復活祭
4/22 ('19) 4/13 ('20) ※	復活祭の翌月曜
5/1	メーデー
6/9 ('19) 5/31 ('20) ※	聖霊降臨祭の日曜
6/10 ('19) 6/1 ('20) ※	聖霊降臨祭の翌月曜
8/20	初代国王聖イシュトヴァーンの日（建国記念日）
10/23	共和国宣言の日
11/1	万聖節
12/25	クリスマス
12/26	クリスマスの翌日

ハンガリー
ジェネラル インフォメーション

 ビジネスアワー

以下は一般的な営業時間の目安。

銀　行
　月～木曜は8:00～15:00。金曜は8:00～13:00。土・日曜は休業。

デパートやショップ
　一般の商店は平日10:00～19:00、土・日曜は早く閉めるか休業というのが一般的。祝日はほとんどの店が休業。スーパーや食料品店などでは営業時間がもっと長いところもある。

レストラン
　11:00～深夜というところが多い。

 電気&ビデオ

電圧とプラグ
　電圧は220Vで周波数50Hz、プラグは2本足のCタイプが一般的。日本国内の電化製品はそのままでは使えないものが多く、変圧器とアダプターが必要。

DVD方式
　ハンガリーのテレビ・ビデオ方式（PAL）は、日本（NTSC）と異なるので、一般的な日本国内用ビデオデッキでは現地のビデオソフトは再生できない。DVDソフトは地域コードRegion Codeが日本と同じ「2」と表示されていれば、DVD内蔵パソコンでは通常PAL出力対応なので再生できるが、一般的なDVDプレーヤーでは再生できない（PAL対応機種なら可）。

ブルーレイ方式
　ハンガリーを含むヨーロッパの地域コード（B）は日本の地域コード（A）と異なるため、一般的なブルーレイプレーヤーでは再生できない。

ハンガリーから日本へかける場合　　📞（03）1234-5678 または（090）1234-5678へかける場合

国際電話 識別番号 **00**	+	日本の 国番号 **81**	+	市外局番と携帯電話の 最初の0を除いた番号 **3または90**	+	相手先の 電話番号 **1234-5678**

▶**ハンガリー国内通話**　市内へかける場合はカッコ内の市外局番は不要。市外へかける場合は市外局番からダイヤルする
▶**公衆電話のかけ方**　①受話器を持ち上げる
　　　　　　　　　　　②テレホンカード裏に書かれている電話会社の番号とスクラッチを削って出てきた番号を入力
　　　　　　　　　　　③相手先の電話番号を押したあと＃をプッシュ
　　　　　　　　　　　④通話が終わったら、受話器を置く

チップ

タクシー
　料金の10〜15%程度。おつりを切り上げて渡すとスマート。

レストラン
　サービスに満足したときには、料金の10〜20%程度が一般的。あらかじめ料金に含まれている場合も。

ホテル
　特別な頼みごとをしたときには200Ft

程度が目安。

トイレ
　公衆トイレはほとんど有料で、1回だいたい100〜200Ftほど。入口にいる係に料金を払う。トイレの表示は男性Férfiak、女性Nők。

階段を下りて入るブダペストの公衆トイレ

飲料水

　水道水は飲めるとされている。ミネラルウオーターも一般的に売っており、炭酸入り（セーンシャヴァシュ Szénsavas またはソーダヴィーズSzódavíz）が多く、苦手な人は炭酸なし（セーンシャヴメンテシュ Szénsavmentes）を。

一般的に青のキャップは炭酸入り、ピンクのキャップは炭酸なし。緑のキャップは微炭酸入り

気　候

▶旅のシーズン
→P.243

　ハンガリーの緯度は北海道と同じぐらい。内陸部に位置しているため、典型的な大陸性気候で日本と同じように四季がある。また、夏と冬の温度差も大きい。降水量は年間を通して少なく、ヨーロッパでは雨季とされる秋〜冬にかけてもじめじめした感じはない。
　夏の平均気温は22℃ぐらいだが、30

℃を超える猛暑の日もある。冬の寒さは厳しく、1月や2月の最低気温はマイナス10℃に近くなることも。地方ごとの気候の差はあまり大きくはない。
　夏でも朝夕は涼しいので、長袖を1枚は持っていきたいところ。冬の寒さはかなり厳しいので、コートはもちろん、手袋、帽子など完全防備が望ましい。

ブダペストと東京の気温と降水量

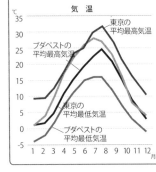

気　温

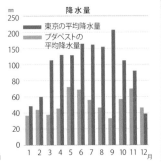

降水量

日本からのフライト時間

▶ハンガリーへのアクセス→P.251

　現在、日本とハンガリーを結ぶ直行便はなく、最低一度は周辺の国で乗り換える必要がある。フライト時間の目安は、乗り継ぎ時間も含めて13時間30分〜。

ブダペストにあるリスト・フェレンツ国際空港

時差とサマータイム

　日本との時差は8時間で、日本時間から8時間引けばよい。つまり日本の7:00が、ハンガリーでは前日の23:00となる。サマータイム実施中はマイナス7時間の

時差になる。
　サマータイム実施期間は3月の最終日曜2:00（＝3:00）〜10月の最終日曜3:00（＝2:00）。

ハンガリー　ジェネラル インフォメーション

郵便

郵便局は月～金曜は8:00～18:00、土曜は8:00～12:00で日曜は休業が一般的。主要な鉄道駅にある郵便局は時間延長。

郵便料金　日本までの郵便は、普通郵便Nem elsöbbségiの場合ははがきと封書20gまで435Ft。50gまでの封書は625Ft、100gまでの封書は965Ft。所要7～21日間。優先郵便Elsöbbségiの場合、はがきと封書20gまで485Ft、封書50gまで700Ft、封書100gまで1085Ft。所要5～10日間。切手bélyegは郵便局

のほか、キオスクやみやげ物店などでも購入可能。最大2kgまで封書扱いとなり、日本までの優先郵便は1kgまで4380Ft、2kgまで7610Ft。

小包Csomagは国際小包便Külföldi csomagの場合3kgまで1万5200Ft、10kgまで2万4700Ft。所要10～16日間。

EMS国際スピード郵便Nemzetközi EMSだと3kgまで1万5600Ft、10kgまで2万5400Ft。宅配条件にもよるが所要5～10日間。袋や箱はしっかりしたものを使おう。箱Dobozは郵便局で購入できる。

▶郵便・通信事情
→ P.277 ～ 280

かわいらしいポスト

税金

ビザ
2008年3月よりシェンゲン協定を完全実施。180日以内、合計90日までの観光目的の滞在ならビザは不要。

パスポート
パスポートの残存有効期間は、出国時に3ヵ月以上必要。

→P.240～241

商品の代金にÁFAと呼ばれる付加価値税が一般品目17%、食品18%、医薬品5%かかっており、手続きをすればこの税金が戻ってくる（3～19%の還付の相当額）。還付されるのは、免税書類1枚当たり5万7001Ft以上の買い物をし、税関でスタンプを受領した場合（スタンプは書類発行日より90日以内に取得）。

▶ショッピングの
基礎知識
→P.275～276

安全とトラブル

ハンガリーの治安は全般的によいが、近年では旅行者を狙った犯罪も増えつつある。

警察
ハンガリー語で警察はレンドゥールシェーグRendőrség。警察署は各区ごとに配置されている。管轄の警察署はホテルや❶で聞こう。

スリ・置き引き
地下鉄や人混みでは旅行者を狙ったスリ、列車のコンパートメント内での置き引きも報告されている。

偽警官
警官を装い、パスポートを提示させ、

身体検査や財布の中身をチェックするなどと言ってお金をだまし取る詐欺。パスポートのコピーを持ち歩く、大金を持ち歩かない（分けて持つ）などを心がけることが大事だ。

犯罪グループのひとりが両替商を装って「チェンジ・マネー？」と声をかけ、その直後に私服警官と称する人物が現れてパスポートや財布を提示させ、財布の中身を巧みに抜き取るのがよくある手口。

在ハンガリー日本国大使館
Magyarországi Japán Nagykövetség
MAP P.94
🏠 XII. Zalai út 7
☎ (1)398-3100
🖷 (1)275-1281
🌐 www.hu.emb-japan.go.jp

警察 **107**
消防 **105**
救急 **104**

▶旅のトラブルと安全
対策
→P.281～283

▶旅のイエローページ
→P.293

町に着いたら、警察署の場所を最初にチェックしておくのが望ましい

年齢制限

ハンガリーでは18歳未満の酒類とたばこの購入は不可。

度量衡

日本の度量衡と同じで距離はメートル法、重さはグラム、キロ、液体はリットル。

ハンガリーの見どころ
早わかり MAP

ヨーロッパのほぼ中央に位置するハンガリー。国土は日本の約4分の1の大きさで、中央にはドナウ川が流れ、地域ごとに異なる美しい風景と、歴史のある街並みが印象的だ。

ドナウベンド
Dunakanyar
➡ P.135〜153

東へ向かってとうとうと流れる大河ドナウが突如として南へ進路を変える"ドナウの曲がり角＝ドナウベンド"。周囲には長い歴史をもつ町が点在し、いにしえの世界へと私たちをいざなう。

1 センテンドレの中央広場 2 エステルゴムの大聖堂からドナウ川を眺める

ドナウベンド
ヴィシェグラード Visegrád
エステルゴム Esztergom
ショプロン Sopron
パンノンハルマ Pannonhalma
センテンドレ Szentendre
ブダペスト Budapest
ヘレンド Herend
ケチケメート Kecskemét
ヘーヴィーズ Hévíz
バダチョニ Badacsony
バラトン湖
ドナウ川
ブガ Bug
カロチャ Kalocsa
セゲト Szeg
ドナウ川以西
ペーチ Pécs
ハルカーニ Harkány

ハンガリー西部とバラトン湖
Nyugat-Magyarország & Balaton
➡ P.173〜222

オーストリアと国境を接するハンガリー西部。中央に横たわる"ハンガリーの海"とも呼ばれる中欧最大の湖、バラトン湖はハンガリー随一のリゾート。夏季には湖水浴やクルーズが楽しめる。

1 中央広場を見下ろす火の見塔（ショプロン）
2 フェリーに乗って湖畔の町を周遊（ティハニ）

ブダペスト
Budapest ➡ P.35〜134

ブダとペストという、ドナウ川を挟んだふたつの都市が合体した首都ブダペスト。歴史的建築物やロマンティックな夜景、温泉、エンターテインメントなど見どころが満載。

トカイ
Tokaj

エゲル
Eger

ホルトバージ
Hortobágy

デブレツェン
Debrecen

ドナウ川以東

1 ドナウ川に架かるくさり橋　2 ブダペストの街なかには温泉施設が点在している。写真は市民公園にあるセーチェニ温泉　3 ブダの王宮に立つ聖イシュトヴァーンの騎馬像

ハンガリー東部
Kelet-Magyarország ➡ P.155〜172

大平原＝プスタが広がるエリアは、ハンガリー人の祖先といわれる騎馬遊牧民族が最初に足を踏み入れた地であり、ホルトバージでは馬術ショーを見ることができる。トカイなどワインの産地も多い。

1 迫力の馬術ショーに大興奮　2 地下にワインセラーがあるトカイの町

ハンガリー南部
Déli-Magyarország
➡ P.223〜238

セルビア、ルーマニアとの国境を成すハンガリー南部。ハンガリーを代表する磁器、ジョルナイの工場があるペーチをはじめ、トランシルヴァニア地方との貿易で栄えた都市が点在する。

1 市庁舎ほか独特な建造物が多いケチケメート　2 ジョルナイ工場の博物館は必見（ペーチ）

13

これでカンペキ！6つの滞在プラン

ブダペスト24時

PERFECT PLAN 24 HOURS IN BUDAPEST

温泉から建築物、カフェに音楽まで、ハンガリーの歴史と
文化を感じられる、6つのプランを紹介。限られた時間でも、
きっちりとブダペストを満喫できること間違いなし。

今日も
エエ湯加減じゃ

ゲッレールト温泉の内湯。タイルの模様が美しい

DESTINATION 01

ゲッレールト温泉

　2018年にオープン100年を迎えた、
歴史的な大衆浴場。屋内にはプールを
含む6つ、屋外にもふたつの温泉がある。
有名なのは屋内の温泉プールだが、そ
のプールの左右に配された4つの温泉
もとっても素敵。(→P.105)

ゲッレールトの温泉プール。吹き出し口を打たせ湯のように
する地元の人も

Morning PLAN ☼

ブダペストの1日は
温泉からスタート

　ハンガリーと言えば、温泉天国。ブダペストだけ
でも100以上の源泉と15の公衆浴場があり、観光
客から地元の人までたくさんの人が利用している。
温泉は6:00から20:00や浴場によっては22:00くら
いまで営業しているが、のんびりと入りたいなら朝
一番が絶対におすすめ。

　温泉は温度36〜40℃とかなりぬるめ。でもその分、
1時間でも2時間でもじっくりと入っていられるのだ。
朝に訪れて、混み出す昼前には出るのが粋。

DESTINATION 02

セーチェニ温泉

温泉チェスで有名なセーチェニ温泉があるのは、有名観光地である英雄広場のすぐそば。昼は人でごった返すブダペストのNo.1人気温泉だが、朝ならスローな時間が過ごせるはず。チェスを見たいなら、週末の昼間が狙い目。(→P.107)

1.開放的な屋外温泉プール 2.セーチェニ名物、温泉チェス。土・日にはよく見かける 3.朝から午前中いっぱい使って入るのがおすすめ

温泉の入り方

温泉の利用方法はとっても簡単。ブダペストの温泉はすべて水着着用。

STEP 01
受付で料金を払う。ロッカーと個室（キャビン）利用で料金が異なる。

STEP 02
受付でもらえる腕時計型のICチップをタッチし、バーを押して内部へ。

STEP 03
ロッカー。着替える場所はすぐそば。荷物を入れたらICチップで施錠。

こんな格好で！

水着
温泉は水着着用。プールはスイミング帽も必要。

持って行くもの
バスタオルがあると、移動中も寒くない。大きめのビニールバッグがあると濡れなくて◎

サンダル
濡れてもいいビーチサンダルがあると便利。

腕に付けたまま温泉へ！

15

DAY TIME PLAN 01 ☀

美しき建築に心動かす。

「ドナウの真珠」とも呼ばれる美都、ブダペスト。街の歴史は古く、13世紀にはハンガリー王国の首都となり、ブダ城が建設された。最も隆盛を誇ったのは19世紀半ばから20世紀前半のオーストリア=ハンガリー二重帝国時代で、ペスト側にある歴史的建造物のほとんどがその時代のもの。街は2度の世界大戦により一部損壊したが、その後復元された。

美しい建造物巡りは、ブダペスト観光のハイライト。歴史感じる麗しの街歩きへ、いざ。

DESTINATION 01

国会議事堂

1873年建造。内部はツアーで見学でき、ハイライトは華麗な装飾や天井画に囲まれた大階段。赤絨毯を歩いて、セレブ気分に浸ってみては？隣の部屋には、950年にわたって受け継がれたハンガリー王国の王冠がある。(→P.77)

国会議事堂の大階段。赤絨毯がひかれ、ゴージャスな雰囲気

オペラハウスのステージ上にはフレスコ画が描かれている

←本物のオペラ歌手によるミニ
ステージも ↓幕間に休憩する
部屋などを案内してもらえる

DESTINATION 02

国立オペラ劇場

1875〜84年に建造された国立オペラ劇場。オペラ観劇
のほか、ツアーでも内部を見学できる。金箔やフレスコで彩
られたメインホールは、圧巻のひと言。2018年12月現在、
改装のためメインホールは見学不可。(→P.84)

1.巨大なドーム屋根を持つ絢
爛な内装 2.街歩きの目印にも
なる

DESTINATION 03

聖イシュトヴァーン大聖堂

ブダペスト唯一の大聖堂。直径22mのドーム
屋根と高さ96mの尖塔を持ち、国会議事堂と並
び街で最も高い。大聖堂の名前でもあるイシュト
ヴァーンは、ハンガリーの初代国王。祭壇の中央
に鎮座するのはそのイシュトヴァーンだ。(→P.78)

17

愛しのシシィ! ゆかりの場所を巡る。

オーストリア=ハンガリー二重帝国の皇帝フランツ・ヨージェフ1世の后、「シシィ」ことエルジェーベト。絶世の美女として知られる彼女は、今も世の女性たち憧れの的。

ウィーンでの宮廷生活に嫌気がさした彼女は、療養のためヨーロッパ各地を旅した。特に愛したのがハンガリーで、ブダペストの各地にゆかりの地が残されている。宮殿に教会、像にカフェ、ぐるっと回って、シシィが愛したハンガリーを感じてみよう。

ギフトショップでシシィグッズをゲットして

シシィと夫であるフランツ・ヨージェフ1世のステンドグラス

DESTINATION 01

グドゥルー宮殿

ブダペスト近郊にある宮殿で、1867年にフランツ・ヨージェフ1世の所有となり夏の離宮として利用された。人嫌いで、自然を愛するシシィはゆったりとした時が流れるこの宮殿を好み、ブダペストを訪れるたびここに滞在したという。(→P.100)

シシィの部屋。壁紙は彼女が大好きだったすみれ色

マーチャーシュ教会

王宮の丘にある教会。オーストリア皇帝フランツ・ヨージェフ1世と皇妃エルジェーベトがハンガリーの王、王妃となる戴冠式がここで行われ、シシィはその際にハンガリーの民族衣装を身につけ、国民の心を掴んだという。（→P.67）／photo 1

国立オペラ劇場

国立オペラ劇場。注目は、皇室の専用席。エルジェーベトの専用席は舞台正面の向かって左上のボックス席で、実は舞台が見えにくい。しかし、全客席から自分の美しい容姿が見えやすいよう、この場所を選んだとか。（→P.84）／photo 2

エルジェーベト橋＆自由橋

ブダとペストを結ぶ7本の橋のひとつ。ブダ側のたもとにシシィの像が建っている。エルジェーベト橋の南にあるのは自由橋。かつてはフランツ・ヨージェフ1世と呼ばれたが、第2次世界大戦後に改名された。（→P.91）／photo 3・4

※ほか、カフェのジェルボー（→P.20）もゆかりの場所

1.ステンドグラスが美しい 2.エルジェーベト専用のボックス席は「シシィ・ロージェ」と呼ばれる 3.かつては夫のフランツ・ヨージェフ1世橋という名だった 4.エルジェーベト橋のたもとにあるシシィの像

シシィトリビア

ハンガリーを愛し、ハンガリーに愛されたエルジェーベト。シシィの美貌の秘密に迫る！

ウフフ

食事
1日の食事をミルクやオレンジジュースだけにしたり、断食したりする日もあった

美を保つ秘訣
イチゴ、卵黄、仔牛肉をフェイスパック、髪を洗うときには卵黄とコニャックをトリートメントにしていたそう

抜群のスタイル
慎重173cm、体重48kg。ウエスト50cm！！

エクササイズ
つり輪など運動器具が備わる居室で毎日トレーニング。外では乗馬、水泳、フェンシングをやっていた

唯一？の欠点
実は歯並びが悪く、会話をするときは口元を扇子で隠していた

AFTERNOON PLAN

伝説のカフェで
ひと休み。

　ウィーンの影響を受け、カフェ文化が花開いたブダペスト。市内にある老舗カフェのほとんどは、オースリア＝ウィーン二重帝国時代の19世紀後半にオープンしたもの。老舗とは言っても、どこもカジュアルに利用できるのがいいところ。

　ジェルボーにニューヨーク・カフェ、ルスヴルム……。午後のひとときは、存在感抜群のレジェンド級カフェで過ごすのが、ブダペストの正解。ドボシュトルタやエステルハージ・トルタ、クレーメシュなどハンガリー発祥の伝統スイーツを召し上がれ！

1.ブダペストの中心部にあるカフェ、ジェルボー 2.ハンガリーを代表する3つのケーキの盛り合わせ 3.ショーケースから好きなケーキを選んでオーダーもOK 4.天井から豪華なシャンデリアが下がっている

DESTINATION *01*

ジェルボー

　1858年創業。ロココ調の装飾に、金の脚に支えられた大理石のテーブルと、どこもかしこも優雅な造り。シシィもここのスイーツを好んで食べたとか。伝統スイーツ3種を盛り合わせたハンガリー・クラシック・プレートは3490Ft。(→P.123)

1.芸術家が集まった当時のままの内装 2.まるでアートのように美しいケーキたち 3.王宮の丘でケーキを食べるならここ

DESTINATION 02

ニューヨーク・カフェ

　ホテル、ニューヨーク・パレス内にある。バロックスタイルの内装は、まるで宮殿のような豪華さ。1894年のオープン以来、アーティストや作家たちの社交場として利用されてきた。ケーキもまるで芸術品のような美しさ。(→P.123) ／photo 1・2

DESTINATION 03

ルスヴルム・チェックラーザ

　王宮の丘、マーチャーシュ教会のすぐそば。前述のふたつと比べると外観、内装ともとっても質素。王宮の丘にあるほかの歴史的建造物に埋もれてしまいそうだが、実は1827年創業とブダペスト最古のカフェ。(→P.124) ／photo 3

テンポの激しい情熱的なロマ音楽

NIGHT TIME PLAN 01 🌙

ディナーと伝統音楽を。

　リストをはじめ多くのクラシック音楽家を輩出したハンガリーだが、伝統音楽と言えばロマ（ジプシー）を起源とするロマ音楽が有名。かつては貴族たちがサロンで演奏させたと言われており、代表は「酒場」という意味のcsárdaに由来する『チャルダッシュ』。抑揚を付けた激しくも哀愁のある曲調が多く、バイオリンやビオラ、チェロなど弦楽器を中心に使う。ブダペストにあるレストランには、このロマ音楽を聴かせるレストランがいくつかある。

大定番の
グヤーシュも
ぜひ

サラミやチーズを盛り合わせたテーリーサラミ（右）とポルトハージ・パラチンタ（左）

DESTINATION 01

カールパーティア

　1877年に創業した老舗のレストランで、毎日18:00からロマ音楽の生演奏を行っている。料理はハンガリーの伝統料理がメインで、国産ワインも充実。食事から飲み物、音楽までハンガリーづくしのディナーを楽しめる。（→P.118）

NIGHT TIME PLAN 02

宝石のような夜景に感動。

　夕焼けが街を赤く染め、やがて太陽が沈み行くと、街は一斉にライトアップされていく。暖かみのある光で照らされた街は、まるで黄金をひっくり返してしまったようなきらびやかさ。ドナウ川沿いがベストスポットで、丘の上からやクルーズなど、異なる視点から眺められるのも◎。

　ちなみに、夏は夜22:00頃まで明るく、冬は16:00頃には日が沈んでしまう。季節により日没時間が大きく異なるので、予定を立てる際は十分に注意しよう。

DESTINATION **01**

ゲッレールトの丘

ドナウ川沿いに広がる夜景を見るなら、ブダへ。おすすめは、ゲッレールトの丘。くさり橋と国会議事堂、さらには王宮の丘までくっきりと見える。(→P.90)

↑有名な名所がすぐそばに見られる。こちらは黄金に輝く国会議事堂　→白ワインを飲みながらクルーズを

DESTINATION **02**

ドナウ川
ナイトクルーズ

　夜景クルーズならとびっきりロマンティックな気分に浸れる。くさり橋の下をくぐり、国会議事堂まで行って折り返す。約1時間の夢の船旅を楽しんで。(→P.61)

Trip 1 フェリーで行く
ドナウベンドの古都

スロヴァキアとの国境沿いを流れるドナウ川。
川の流れが進路を変える曲がり角はドナウベンドと呼ばれ、
中世の文化が色濃く残る個性的な都市が点在する。
4～10月にかけてはフェリーが運航しているので、
航路で行くブダペストからの日帰り旅を
楽しんでみてはいかが。

大型船に乗って、
ゆるやかに流れる
ドナウ川をクルーズ

船の上から
眺める夕日は
格別！

船は2階建て。
トイレや売店も
完備していて快適

Ⓒ Esztergom
エステルゴム

Ⓑ Visegrád
ヴィシェグラード

Ⓐ Szentendre
センテンドレ

ド
ナ
ウ
川

★ Budapest
ブダペスト

フェリーの運航会社

マハルト・パスネーヴ
MAHART Passnave

右記は2018年のスケジュール。
最新の運航情報はウェブサイトをチェック。
URL www.mahartpassnave.hu

●ブダペスト～センテンドレ線
3月下旬～4月下旬の土曜のみ1往復、4月下旬～6月上旬と9月上旬
～10月下旬の月曜を除く毎日1往復、6月上旬～9月上旬は毎日1往復
●ブダペスト～センテンドレ～ヴィシェグラード～エステルゴム線
4月中旬～下旬の土曜のみ1往復、4月下旬～9月上旬の月曜を除く
毎日1往復、9月上旬～下旬の金～日は1往復
●ブダペスト～ヴァーツ～ヴィシェグラード～エステルゴム線
4月下旬～9月の金曜を除く毎日1往復

② アーティストが集まる町

ブダペスト
から
🚢 1時間20分～

Ⓐ センテンドレ
Szentendre →P.136

15世紀にオスマン帝国の支配から逃れて
きたセルビア人によって栄えた小さな町。
アーティストが多く住んでいることもあり、
ギャラリーやショップが多数ある。

❶大小15以上のギャラリーが
集まっている ❷町の中心に位
置する中央広場 ❸ハンドペイ
ントの陶器や民芸品などショッ
ピングも楽しめる町

王宮跡が残る古都

Ⓑ ヴィシェグラード
Visegrád →P.142

ブダペストから 3時間20分～

14世紀、カーロイ国王によって建てられた王宮跡と、4世紀頃に築かれた要塞が残る。要塞から眺めるドナウ川の景色はドナウベンド観光のハイライト。

❶川を行き交う航路の監視塔として使われたシャラモン塔 ❷要塞から望むドナウ川の曲がり角の絶景 ❸今もなお発掘が進められている王宮跡

初代国王の戴冠が行われた地

Ⓒ エステルゴム
Esztergom →P.146

ブダペストから 1時間30分～

西暦1000年、初代国王のイシュトヴァーンがこの地で戴冠し、王宮と大聖堂を築いた。見どころはハンガリー・カトリックの総本山、国内最大規模の大聖堂。

❶小高い丘の上に堂々とそびえる大聖堂 ❷大聖堂の主祭壇に飾られた『聖母マリアの被昇天』❸橋を渡った先は隣国スロヴァキア

巡り方アドバイス

バスと電車を有効活用！

ドナウベンドの各都市へは左記のフェリー船が運航しているが、本数が少ないため、行き帰りをフェリーにしてしまうと観光する時間が限られてしまう。余裕を持って回るのであれば、行きにバスまたは電車を利用し、帰りの便にフェリーを利用するのがおすすめ。

バス、電車の詳しい行き方情報は各都市の行き方欄を参照

2都市をはしごするモデルプラン

8:30 ブダペスト出発
↓バス1時間30分
10:00 エステルゴム到着
↓観光（約1時間）
11:00 エステルゴム出発
↓観光・バス（約3時間30分）
14:30 センテンドレ到着
↓観光（約2時間15分）
16:45 センテンドレ出発
↓バス45分
17:30 ブダペスト到着

※バスの発着時間は時期、曜日によって異なる。フェリーの出航時間についてはウェブサイトで確認を

ツアーで楽に回る手も！

●ドナウベンドのツアー
8:30にブダペストを出発し、エステルゴム、ヴィシェグラード、センテンドレの3都市を観光。日本語ガイド、専用車での観光、各施設入場料、3コースのランチ付き。

所要 約9時間 **催行** 3月～11月中旬は毎日、11月中旬～2月は土・日曜のみ **料金** €180（2名で参加した場合の1名の料金）

ラプソーディア旅行代理店
住 XII Szendrő u. 50
TEL 0630-951-8016
URL www.rapszodia.hu
Email info@rapszodia.hu
Email rapszodia-jpn@dream.jp（日本事務所）

各都市の見どころを詳しく解説いたします

ガイドのガランボさん

トカイorエゲル？
ハンガリーワインの
2大産地をツアーで探訪！

Trip 2

★ Tokaj トカイ
★ Eger エゲル
★ Budapest ブダペスト

ハンガリーを代表するワイン産地と言えば、トカイとエゲル。
個人でも行けるけれど、ツアーなら各地でのワインテイスティングはもちろん、
温泉まで入ってこられる。ワインと温泉三昧の1日を過ごそう！

ワイン飲んで、
楽しく
過ごしちゃおう♪

Tour 1 トカイ＆ミシュコルツの洞窟温泉

このワインが有名！
収穫せずにとっておいたブドウから作る貴腐ワイン、トカイ・アスー。甘さによって等級が変わる。詳細（→P.168）

「ワインの王にして、王のワイン」と呼ばれるトカイ・アスーの産地であるトカイへ行き、白ワインをテイスティング。甘～いデザートワインに感激したら、ミシュコルツの洞窟温泉でリフレッシュ！

→町の周辺には丘とブドウ畑が連なる

ツアーハイライト

11:00 セラーでワインテイスティング

町なかにあるワインセラー、ラーコーツィ・ピンツィへ行き、トカイ産ワインを堪能。味わえるのはトカイ・アスーを含む6種類で、徐々に糖度を増すように提供される。

❶ラーコーツィ・ピンツィには28mものセラーが残っている ❷トカイ・アスーを含む6種類のワインが楽しめる

↓

12:15 レストランで3コースランチ

トカイの町なかを通って、地元客も通うレストランへ。豆のスープやシュニッツェツ（ポークカツレツ）などハンガリーの伝統料理を味わおう。ワインは別料金でオーダー可。
→かわいい内装のハンガリー料理レストラン

←ツアーのランチではスープ、メイン、デザートが楽しめる

↓

15:00 洞窟温泉でまったり

ブダペストへの途中、ミシュコルツという町にある洞窟温泉へ寄り道。洞窟のなかはまるで迷路のようになっていて、湯はすべて温泉！まったりしたいなら洞窟の奥へ。

❶ライトアップされてていきれい ❷洞窟の最奥は湯温が高くなる

ツアースケジュール

8:00 ブダペストのホテル出発
↓車 約3時間
11:00 トカイ到着、
↓ セラーでワインテイスティング
↓車 約5分
12:15 トカイのレストランで3コースランチ
↓車 約1時間30分
15:00 ミシュコルツの洞窟温泉へ
↓車 約2時間
19:00 ブダペストのホテル着
※回る順番、所要時間は前後する可能性あり

参加したツアー

● 世界遺産貴腐ワインの産地トカイとミシュコルツタポルツァ洞窟温泉ツアー
開催 毎日（催行休止日あり、要問い合わせ） **所要** 約11時間 **料金** €305（2名で参加した場合の1名分の料金）※料金には専用車、日本語ガイド、各入場料、ランチが含まれる **申し込み先** 大平原トラベル→P.27

Tour 2　"美女の谷"エゲルと　エゲルサロークの温泉

いろんなワインを味わってみて！

中央ヨーロッパのなかでも質の高いワインの産地として知られるエゲル。ワインセラーが集まる"美女の谷"で名物の赤ワインを味わった後は、温泉リゾートのエゲルサロークでハンガリー式の入浴体験！

このワインが有名！

「雄牛の血」という意味のエグリ・ビカヴェール。数種類のブドウをブレンドして作る真っ赤なワイン。詳細(→P.160)

セラーの内外にはテーブルやカウンターが配されており、ゆったり過ごせる

ツアーハイライト

10:00 エゲルの町を散策

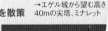

→エゲル城から望む高さ40mの尖塔、ミナレット

山々に囲まれた高原の町エゲル。かつて司教座の中心として栄え、バロック様式の建物が多く残されている。ツアーではエゲル城、大聖堂、旧市街を回る。

←町の中心、ドボー・イシュトヴァーン広場

↓

12:15 "美女の谷"でランチ＆ワインセラー巡り

エゲルの町から2km離れた"美女の谷"へ移動。ブドウ畑に囲まれた窪地に30軒以上のセラーが並び、それぞれ試飲・購入できるようになっている。

①まずは谷の入口近くにあるワインレストランで腹ごしらえ ②何軒かのワインセラーをはしごして、好みのワインを見つけよう

↓

15:00 洞窟温泉でまったり

白い石灰棚の景観が独特なエゲルサローク。ホテルに併設したスパ施設、サリリス・リゾートで約1時間30分の入浴タイム。湯温はぬるく、36℃前後。

①浅いところで寝そべったり、浮き輪を借りてぷかぷか浮いたり。入り方も人それぞれ ②石灰棚の周辺には散策路が設けられている

スケジュール

8:30 ブダペストのホテル出発
↓車 約1時間45分
10:15 エゲル散策
↓車 約10分
12:15 美女の谷でランチ＆
**　　　ワインショッピング**
↓車 約15分
14:00 エゲルサロークの温泉へ
↓車 約2時間
17:30 ブダペストのホテル着
※回る順番、所要時間は前後する可能性あり

参加したツアー

●ワインの町、エゲルと
　エゲルサローク温泉ツアー
開催 毎日(催行休止日あり、要問い合わせ)
所要 約9時間　**料金** €216(2名で参加した場合の1名分の料金)※料金には専用車、日本語ガイド、各入場料、ランチが含まれる
大平原トラベル
ブダペスト発着の日帰りツアーから、市内観光、コンサートの公演チケット手配など、幅広い業務をこなす旅行代理店。ヘーヴィーズの温泉湖とバラトン湖のティハニ半島ツアー(→P.197)が人気。
☎0036-30-941-6222
URL www.daiheigentravel.com/jp
Email daiheigen@daiheigentravel.com

日本人旅行者向けのハンガリーの専門旅行会社です

代表のカタリンさん

世界遺産
大平原ホルトバージ&
伝統が残る村ホッロークーへ

Trip 3

Budapest ★ ブダペスト
★ Hollókő ホッロークー
★ Hortobágy ホルトバージ

世界遺産に登録されているホルトバージの国立公園と、ホッロークーの古村群を回る。迫力たっぷりの馬術ショーに、かわいらしい家々が並ぶ村を散策できる盛りだくさんのツアー。

馬術ショー最大の見どころは、5頭の馬の手綱を持ち立った状態での乗馬

牧場は広大なため、馬車に乗って移動します〜

スケジュール

7:20 ブダペストのホテル出発
↓ 車 約2時間40分
10:00 ホルトバージで
↓ 牧場&馬術ショー見学
↓ 車 約5分
12:00 ランチ
↓ 車 約2時間30分
14:00 ホッロークーで村歩き
↓ 車 約1時間20分
18:20 ブダペストのホテル着
※回る順番、所要時間は前後する可能性あり

参加したツアー

● 大平原地方のホルトバージ・プスタとホッロークー村
開催 3月16日〜10月の毎日(8月20日は休み)
所要 約11時間
料金 €292(2名で参加した場合の1名分の料金)※料金には専用車、日本語ガイド、各入場料、ランチが含まれる
申し込み先 大平原トラベル→P.27

ツアーハイライト

10:00 ホルトバージで馬術ショー見学

中央ヨーロッパ最大の大平原、プスタ内にあるホルトバージ国立公園。ここでの伝統的な生活様式や自然との共存が認められ、世界遺産に登録されている。ツアーでは牧場を訪れ騎馬民族に伝わる馬術ショーと、動物たちを見学。

①馬との触れ合いタイム。希望すれば馬に乗せてくれることも ②敵から身を隠すために馬を寝かす技。訓練されており、馬は微動だにしない ③鋭いツノをもつ灰色牛シュルマルハ。プスタ原産の品種だ ④らせん状のツノが特徴的なラツカ。1000年以上前から生息しているといわれる

12:00 郷土料理のランチ

ランチはホルトバージの町なかにある伝統的な家屋、ホルトバージ・チャールダにて。この地方に伝わる料理を味わおう。

水牛の肉を使ったスープに、ホルトバージ風のクレープ料理、ホルトバージ・パラチンタ。デザートはリンゴのレーテシュ

テラス席もある雰囲気のいいレストラン

❶屋根の破風にある木製の飾り格子はシンボルと換気の役割をしている ❷メインストリートのコッシュート通り沿いに家々が連なる

14:00 ホッロークーで伝統家屋の村をぶらり

ハンガリーで最も美しいと賞されるホッロークーの村へ。パローツ人によるパローツ様式の伝統家屋が保存されており、石畳の道には白壁の小さな家が並ぶ。この壁はワラと泥を混ぜた上に石灰を塗ったもの。また、この地方独特の美しい民族衣装も有名。

村の入口には木製の地図が

Shopping

❶水牛の角を使った角笛。細かい彫刻が施されたものもある ❷木製にすかしを入れた壁飾り。村のシンボルの石橋が描かれている

平屋建てになっており地下室があるのも特徴

←道路沿いにあるカラスの像。ホッローはカラス、クーは石の意味

こちらのツアーも

● 『オーブスタセリ』の国立歴史公園を訪ねて
世界最大のパノラマ油絵見学

ブダペストから南東に約156km離れたオーブスタセリにある国立歴史公園内を見学。公園内には昔のハンガリー人の暮らしを再現した家が見られるほか、ハンガリーの建国をテーマにした長さ120mのパノラマ絵が見どころ。

開催 3月22日〜10月の火〜日曜(8月20日は休み)
所要 約9時間
料金 €255(2名で参加した場合の1名分の料金)
申し込み先 大平原トラベル→P.27

❶直径40m近くもあるパノラマ画が展示されているホール ❷公園内には農家のほか、床屋や郵便局を再現した建物も ❸ランチは伝統的なパプリカ料理がメイン

ハンガリーの名物料理

現地で名物グルメを味わうのも、旅の大きな楽しみのひとつ。
パプリカをふんだんに使用したハンガリーの郷土料理を、思う存分堪能してみて!

ハンガリーのご当地食材

パプリカ
Paprika

トウガラシの栽培品種でピーマンの仲間であるパプリカ。ハンガリー料理のほとんどに使われており、その種類なんと100種類以上。辛くないパプリカが主流だが、品種によっては激辛のものも。

サラミ
Szalámi

香辛料が入ったものがポピュラーで、そのおいしさはヨーロッパでも有名。最も流通しているのはピックPICK社のサラミ。マンガリッツァ豚を使用したものやパプリカ粉入りのものなどもある。

フォアグラ
Libamáj

ハンガリーはフランスに次ぐフォアグラの生産地。ガチョウのフォアグラはリバマーイLibamáj、このほかアヒルのフォアグラはカチャマーイKacsamájと呼ばれる。

マンガリッツァ豚
Mangalica

全身を巻き毛で覆われたハンガリー原産の豚。赤身と脂身のバランスがよく、霜降り率が高い。2004年には国会で「国宝」にも認定された。高級レストランで見かけられる食材。

前菜 Előételek

赤ワインと相性ぴったり!

テーリサラーミ
Téliszalámi

前菜の定番。数種のサラミやパテが盛り合わせてとして出されることが多い。テーリとは盛り合わせという意味。

ホルトバージ・パラチンタ
Hortobágyi palacsinta

ひき肉をクレープ(パラチンタ)で包み、パプリカソースとサワークリームをかけたもの。

付け合わせとして出てくることも

レチョー
Lecso

トマト、パプリカ、玉ネギ、肉(または脂類)をスライスし、煮込んだもの。

スープ Levesek

ハンガリーの国民的スープ!

グヤーシュ
Gulyás

牛肉と野菜をパプリカで煮込んだスープ。パンが一緒にサーブされるため、これだけでも食べごたえあり。

ハラースレー
Halászlé

コイやナマズのぶつ切りをパプリカで煮込んだスープ。バラトン湖周辺地方の名物。

ひんやりしておいしい♪

ヒデグ・ジュムルチ
Hideg gyümolcs

フルーツとサワークリームを使用した甘酸っぱい夏のスープ。

主菜 *Főétel*

添えてあるのは
ガルシュカ。ニョッキ
のような食感

チルケ・パプリカーシュ
Csirkepaprikás

鶏肉をパプリカでじっくりと煮込みサワークリームを加えたもの。濃厚でクリーミーな味わい。

マルハ・プルクルト
Marha pörkölt

マルハとは牛肉のこと。牛肉をパプリカ粉とトマト、赤ワインで煮込んだハンガリー風ビーフシチュー。

トゥルトゥット・カーポスタ
Töltött káposzta

ひき肉や野菜を酢漬けのキャベツで包んだ、ハンガリー版のロールキャベツ。

口の中で
とろける食感

チルケマーイ
Csirkemaj

チキンレバー。ソテーにしたりサラダの具にしたり、よく使われる食材。

ロシュトンスルト・リバマーイ
Rostonsült libamaj

ハンガリーの特産、ガチョウのフォアグラのグリル。パテやテリーヌも人気がある。値段は少し高め。

ハル・ラーントヴァ
Hal rántva

コイやナマズ、マスなどの淡水魚をカラリと揚げたシンプルな料理。レモン汁やバターソースをかけて。

軽食 *Frissítők*

家庭でも
よく作られる

ポガーチャ
Pogácsa

ハンガリー風スコーン。ラードを使用しており、チーズ味、マッシュポテト入りなど種類も豊富。

ランゴーシュ
Lángos

大きな揚げパン。サワークリームとチーズをトッピングするのが定番。

ジーロシュケニェール
Zsíroskenyér

スライスしたパンにラードを塗り、玉ネギやベーコンなどの具材をのせて食べる。手軽なおつまみ。

スイーツは ➡P.125

アルコールも！

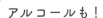

トカイ・アスー Tokaji Aszú

トカイ地方の貴腐ワイン。ハチミツのような黄金色と、甘く芳醇な香りが特徴。

パーリンカ Pálinka

プラムやチェリーなどを漬け込んで造る食前酒。アルコール度数は40度以上！

エグリ・ビカヴェール
Egri Bikaver

「雄牛の血」と呼ばれる、エゲル地方のワイン。深いコクとさっぱりとした後味。

フルッチ Fröccs

ワインを冷たい炭酸水で割った夏の飲み物。割る比率によって呼び名が変わる。

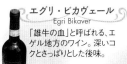

\おいしいとかわいいが勢揃い！/

ハンガリーおみやげコレクション

ハンガリーの食に欠かせないパプリカ製品から、
中欧らしい素朴でぬくもりのあるデザイン雑貨に手工芸品まで。
市場やスーパーでも手に入る、お手頃価格のおみやげたち。

 **パプリカ製品**

パプリカ型調味料入れ
器の中にはパプリカ粉が入っている。赤、黄、緑の3色あり、1個800円程度。

エロシュ・ピスタ
辛いパプリカをペースト状にした調味料。スープや煮込み料理に少し足すと味に深みが出る。

パプリカペースト
チューブに入ったパプリカペースト。csemegeとcsipősがあり、csipősは辛め。

パプリカ粉
乾燥したパプリカ粉が入った缶。カロチャ柄のデザインなど、模様もさまざま。

 食品

ハチミツ
ハチミツもハンガリーの特産品。ナッツを漬けたものや、パッケージがかわいいものも。

パプリカスナック
スナック菓子にもパプリカ味が！ 辛さは控えめ。ハンガリー人のおやつの定番。

お菓子

マジパン入りチョコレート
ココナッツやヘーゼルナッツ味のものもある。バラで買うならスーパーがおすすめ。

インスタントスープ
右はグヤーシュ、左は甘いチェリーのスープ。ハンガリーの味を家庭で手軽に再現。

マジパン
カラフルなマジパンが6色入ったセット。マジパン細工に挑戦してみては？

32

アルコール

ウニクム
数々のハーブとスパイスから造られる薬草酒。そのままでも飲めるが、ジュースで割ると飲みやすい。

パーリンカ
果物を漬け込んで作る食前酒。飲みきりサイズの40ml小瓶タイプ。1本350円ほど。

ワイン
トカイワインやエゲルワインなど、市場やスーパーで比較的安価で手に入る。

カロチャ刺繍

カロチャ刺繍とは？
カロチャ地方（→P.133）に古くから伝わる刺繍。おもにパプリカの花をモチーフにしており、一つひとつ手作業で作られている。もともとは白一色が主流で色数も少なかったが、染色技術の発達に伴い現在見られるようなカラフルな柄が一般的となった。

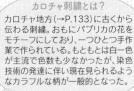

刺繍製品
ブダペスト市内の専門店や市場で買うことができる。コースターは1000円〜、巾着は3000円程度。

まだある！ ハンガリーみやげ

カロチャ柄パッケージのポケットティッシュ。中身は普通のティッシュ。

ハンガリー原産の動物をデザインしたグッズ。ラツカ（羊）や馬の形のマグネット。

ドングリやハートなど4種類の絵柄のマジャールカルタ。36枚のカードからなる。

パーリンカ入りのボンボンをさらにチョコレートでコーティング。フレーバーの種類も豊富。

温泉にちなんだスパグッズ。ゲッレールト温泉で販売されているアボカド石けん。

ハンガリーのアニメの主人公、コツカーシュフル・ニュールのマスコット。レトロなかわいさ。

ハンガリーの世界遺産

ハンガリーには首都ブダペストをはじめ
8つの世界遺産が点在している。
旅行計画の参考に。

① ドナウ河岸、ブダ城地区及びアンドラーシ通りを含むブダペスト

1987、2002年登録　文化遺産　→P.36

1987年にドナウ川の河岸に見られる王宮の丘や、くさり橋、国会議事堂といった歴史的建造物とその景観が、2002年には英雄広場や地下鉄M1を含む、アンドラーシ通りとその周辺が登録されている。

② ホッロークーの古村落とその周辺地区

1987年登録　文化遺産　→P.131

ブダペストの北東約100km、スロヴァキアとの国境に近いノーグラード郡Nógrádにある。トルコ系クマン人の末裔に当たるパローツの人たちが住み、村にはパローツ様式と呼ばれる白い小さな家が建ち並ぶ。

③ ペーチ（ソピアネ）にある初期キリスト教墓地遺跡

2000年登録　文化遺産　→P.229

ハンガリーがローマ帝国の領土であった4世紀に埋葬室と礼拝堂を兼ねた独特の建築様式の墓地が次々と建設された。墓は地上、埋葬室は地下に作られ、旧約聖書に関する壁画装飾が施されている。

④ アッグテレク・カルストとスロヴァキア・カルストの洞窟郡

1995年、2000〜2008年登録　自然遺産　→P.165

スロヴァキアとの国境沿いに広がるアッグテレク国立公園は典型的なカルスト地形で、700以上もの洞窟がある。なかでもバラドラ洞窟は全長25kmにも及び、一部はスロヴァキアに通じているという。

⑤ パンノンハルマのベネディクト会修道院とその自然環境

1996年　文化遺産　→P.179

ハンガリーにおけるベネディクト会の総本山で、最古のキリスト教会にあたる。後期ロマネスク様式の建物は、真っ白な漆喰が塗られ清楚な美しさを漂わせている。修道士たちによるワイン造りも盛ん。

⑥ ホルトバージ国立公園

1999年登録　文化遺産　→P.171

ハンガリー東部に広がる大平原（プスタ）のなかでも最も有名。2300kmの広大な台地にはハンガリー古来の珍しい家畜が飼育され、2000年以上前から続く伝統的な牧童の生活を垣間見ることができる。

⑦ フェルトゥー湖／ノイジートラー湖の文化的景観

2001年登録　文化遺産　→P.188

ハンガリーとオーストリアの国境にまたがるヨーロッパ最大の塩水湖のフェルトゥー湖（オーストリア名ノイジートラー湖）。古くから異なる文化が出合う地であったため、周辺の村は独特の景観を造り出している。

⑧ トカイワイン産地の歴史的文化的景観

2002年登録　文化遺産　→P.166

貴腐ワインが世界的に有名な北東の山岳地帯に位置するトカイでは、1000年以上にもわたるワイン造りに伝統が残る。広大なブドウ園やワインセラーなど、何世代にもわたって引き継がれてきた村の姿を見ることができる。

ブダペストと
その近郊の町
Budapest & Város Szélén

ブダペストのゲッレールト温泉

ブダペスト

Budapest

DATA

人口 175万9407人

URL www.budapest.com

URL www.budapestinfo.hu

世界遺産

ドナウ河岸、ブダ城地区及びアンドラーシ通りを含むブダペスト

1987年、2002年登録

■ブダペストのおもなイベント

春の祭典

Tavaszi Fesztivál

URL btf.hu

催 4月上旬〜下旬

　春の訪れを告げる毎年恒例の祭典。市内各劇場でバレエやクラシック、ジャズなどさまざまなコンサートが行われるほか、アート展示も。

シゲト・フェスティバル

Sziget Fesztivál

URL szigetfestival.com

催 8月上旬〜中旬

　ブダペスト北部のオーブダ島Óbudai-szigetで開催される、ヨーロッパ最大級の野外音楽フェスイベント。期間は約1週間。

ワインフェスティバル

Borfesztivál

URL aborfesztival.hu

催 9月上旬

　ブダの王宮にハンガリー国内外で造られたワインが集合。テイスティングとハンガリー料理を楽しめる。

クリスマス市

催 11月中旬〜12月下旬

　ヴルシュマルティ広場に巨大モミの木が登場し、伝統的な民芸品やソーセージ、ホットワインなどを扱う屋台がずらりと並ぶ。ほか、聖イシュトヴァーン教会前など市内各所で開催される。

ゲッレールトの丘から眺めたブダペストの街並み

　ハンガリーの首都ブダペストはドナウ川が街のほぼ中央を南北に走り、西岸のブダ、東岸のペストではまったくといっていいほど異なる景観が広がっている。1987年にはドナウ河岸とブダ王宮地区、2002年にはアンドラーシ通りと周辺の歴史地区が、ユネスコの世界遺産に登録された。

　ブダペストは歴史的に3つの都市が統合されたものである。ブダの北方は現在オーブダ（旧ブダの意）と呼ばれているが、そこはかつてローマ帝国の属州であり、パンノニアという名の州都であった。ブダがハンガリー王国の都となり城が建設されたのは、13世紀のこと。城は15世紀にルネッサンス様式に大改築され繁栄を謳歌したが、その後、オスマン帝国の侵攻、ハプスブルク家による支配、第2次世界大戦での破壊など、苦難の歴史を刻んできた。くさり橋が完成し、ドナウ川によって隔てられていたブダとペストの街がつなげられたのは1849年、3つの町がひとつに統合されたのは、1873年である。

　丘陵地帯のブダは、起伏に富んだ地形で緑が多い。ドナウ川からせり上がった丘には流転の歴史を繰り返した王宮

市民公園に併設されたセーチェニ温泉。市内には温泉浴場が多数

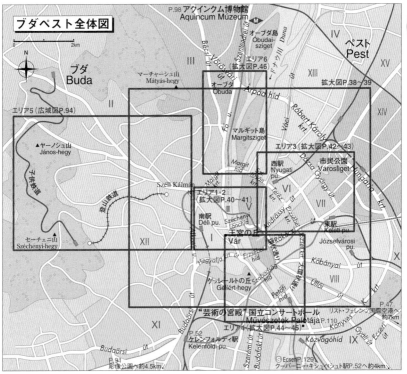

ブダペスト全体図

P.98 アクインクム博物館
Aquincum Múzeum

オーブダ島
Óbuda-sziget

ブダ
Buda

ペスト
Pest

エリア6
(拡大図P.46)

オーブダ
Óbuda

マーチャーシュ山
Mátyás-hegy

拡大図P.38～39

ベーチ・ヴァロシュ

ローベルト・カーロイ

エリア5(広域図P.94)

マルギット島
Margitsziget

エリア3(拡大図P.42～43)

ヤーノシュ山
János-hegy

西駅
Nyugati pu.

市民公園
Városliget

子供鉄道

Margit híd

セーチェーニ山
Széchenyi-hegy

登山鉄道

Széll Kálmán

エリア1・2
(拡大図P.40～41)

南駅
Déli pu.

東駅
Keleti pu.

セーチェーニ・ランツヒード
Széchenyi Lánchíd

王宮の丘
Vár

ヨージェフヴァーロシ
Józsefvárosi pu.

ゲッレールトの丘
Gellért-hegy

Köbányai út

"芸術の宮殿" 国立コンサートホール
Müvészetek Palotája P.110

エリア4(拡大図P.44～45)

P.47
リスト・フェレンツ国際空港へ
約7km

ケレンフェルディ駅
Kelenföldi pu.

Közvágóhíd

P.91
彫像公園へ約4.5km

クーバーニャ・キシュペシュト駅 P.52へ約4km

　が構え、西方には小高いヤーノシュ山がそびえている。その
すそ野には閑静な住宅街が広がり穏やかな雰囲気を醸し出
す。ゲッレールトの丘からは、ドナウ川を抱く街の大パノラ
マが一望できる。

　一方ペストは、ブダとは対照的に平坦な地形。商店やオフ
ィス、官庁や劇場が並ぶにぎやかな商業地帯だ。ブダペスト
随一の繁華街であるヴァーツィ通りや、緑が続く美しいアン
ドラーシ通りが走っている。

街なかにはトラムが走る

　ブダペストの街自体はそれほ
ど広くないが、見どころはドナ
ウ川を挟んで点在している。地
下鉄やトラム、主要観光名所を
巡るツアーバスなどを上手に利
用して、効率よく回ろう。各エ
リアの詳しい内容と地理的位置
については、エリア・インデッ
クスを参照のこと（→P.63）。

初代ハンガリー国王、イシュトヴァーンの
名を冠した聖イシュトヴァーン大聖堂

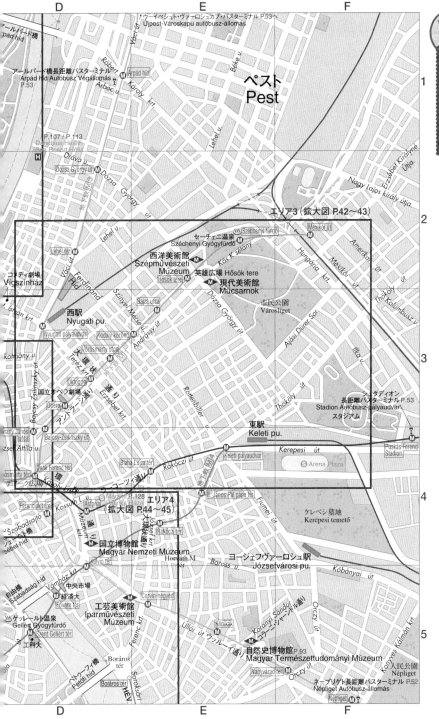

D   E   F

ウーイペシュト・ヴァーロシュカブ・バスターミナル P.53へ
Újpest-Városkapu autóbusz-állomás

ペスト
Pest

1

アールバート橋
pád híd

アールパード橋長距離バスターミナル
Árpád híd Autóbusz Végállomás
P.53

P.107 / P.113
Danubius Health
Spa Resort Héla

H

コメディ劇場
Vígszínház

エリア3（拡大図 P.42〜43）

セーチェニ温泉
Széchenyi Gyógyfürdő

西洋美術館
Szépművészeti
Múzeum

英雄広場 Hősök tere

現代美術館
Műcsarnok

市民公園
Városliget

2

西駅
Nyugati pu.

国立オペラ劇場
Operaház

スタディオン
長距離バスターミナル P.53
Stadion Autóbusz-pályaudvar
スタジアム

東駅
Keleti pu.

Puskás Ferenc
Stadion

3

Arena Plaza

デーク広場

エリア4
（拡大図 P.44〜45）

国立博物館
Magyar Nemzeti Múzeum

ヨージェフヴァーロシュ駅
Józsefvárosi pu.

ケレペシ墓地
Kerepesi temető

4

自由橋
Szabadság híd

中央市場

経済大

工芸美術館
Iparművészeti
Múzeum

ゲッレールト温泉
Gellért Gyógyfürdő

工科大

自然史博物館 P.93
Magyar Természettudományi Múzeum

人民公園
Népliget

ネープリゲト長距離バスターミナル P.52
Népliget Autóbusz-állomás

5

D   E   F

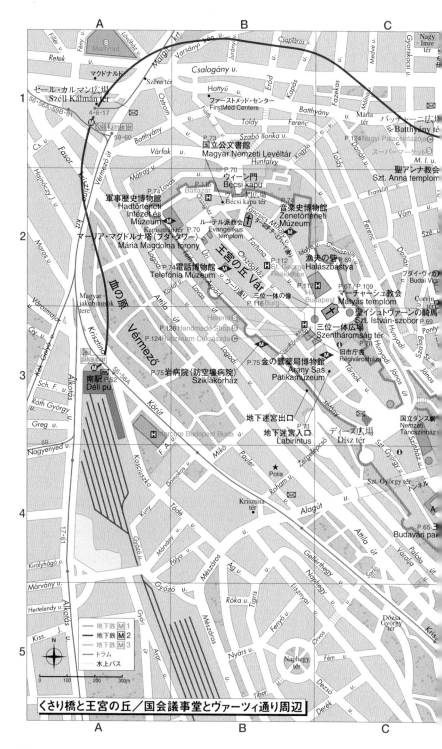

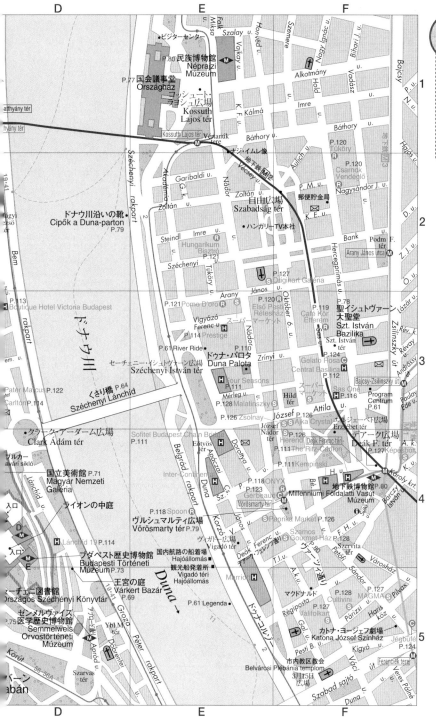

ビジターセンター

P.80 民族博物館
Néprazi
Múzeum

P.77 国会議事堂
Országház

コッシュート・
ラヨシュ広場
Kossuth
Lajos tér

Kossuth Lajos tér

Vértanúk
tere

ナジ・イムレ像

ドナウ川沿いの靴
Cipők a Duna-parton
P.79

自由広場
Szabadság tér

郵便貯金局

ハンガリーTV本社

P.120
Tüköry

P.120
Csarnok
Vendéglö

Bank

Arany János utca

Hungarikum
Bisztró
P.121

P.127
Otigihart Galéria

P.120
Elsö Pesti
Rétesház

Pomo D'oro P.121

P.61 River Ride

P.114 Prestige

スーパー
マーケット

Café Kör
Étterem

P.119
聖イシュトヴァーン
大聖堂
Szt. István
Bazilika

Sza. István
tér

P.78

Boutique Hotel Victoria Budapest
P.113

ドナウ・パロタ
Duna Palota

セーチェニー・イシュトヴァーン広場
Széchenyi István tér

Four Seasons
P.111

Gelato Rosa
Central Basilica
P.112

P.124

Pater Marcus P.122

Carlton P.114

くさり橋 P.64
Széchenyi Lánchíd

Mérleg u.
P.128 Malatinszky u.

Hild
tér

スーパー
マーケット
Sas Ofié
P.116

Program
Centrum
P.61

P.126 Zsolnay

József P.126

Alka Crystal

Erzsébet tér

Bajcsy-Zsilinszky út

P.126
Herend

デアーク広場
Deák F. tér

P.127 Képesbolt

クラーク・アーダーム広場
Clark Ádám tér

Sofitel Budapest Chain Bridge
P.111

Eötvös
tér

Deák Ferenc tér

P.111 The Ritz-Carlton

P.111 Kempinski

国立美術館 P.71
Magyar Nemzeti
Galéria

ライオンの中庭

Inter-Continental

P.118 ONYX

P.123
Gerbeaud

Vörösmarty tér

地下鉄博物館 P.80
Millenniumi Földalatti Vasút
Múzeum

Károly krt

Lánchíd 19 P.114

入口

ブダペスト歴史博物館
Budapesti Történeti
Múzeum P.73

P.118 Spoon

ヴルシュマルティ広場
Vörösmarty tér P.79

Paprika Market P.126

Szamos
Gourmet Ház P.128

P.76
ヴァーツィ通り

Szervita
tér

王宮の庭
Várkert Bazár
P.69

国内航路の船着場
Hajóállomás

観光船発着所
Vigadó téri
Hajóállomás

Marriott

マクドナルド

P.128
MAGMA

国立セーチェーニ図書館
Országos Széchenyi Könyvtár

P.61 Legenda

Régiposta u.
P.127
Valifolkan

P.127

ゼンメルヴァイス
医学歴史博物館
Semmelweis
Orvostörténeti
Múzeum

Ybl M.
tér

カトナ・ヨージェフ劇場
Katona József Színház
P.124

Jégbüfé

市内教区教会
Belvárosi Plébánia templom

3月15日
広場

Szabad sajtó u.

Ferenciek tere

アンドラーシ通りと英雄広場周辺

地下鉄 M 1
地下鉄 M 2
地下鉄 M 3
地下鉄 M 4
トラム

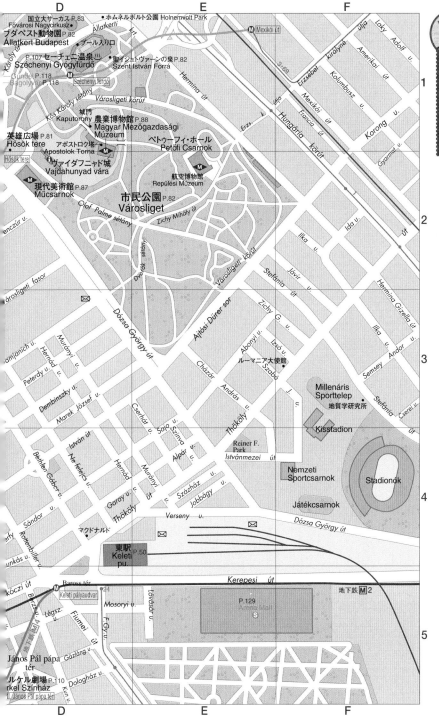

国立大サーカス P.83
Fővárosi Nagycirkusz•
●ホムネルボルト公園 Holnemvolt Park
ブダペスト動物園 P.82
Állatkert Budapest ●プール入り口
P.107 セーチェニ温泉♨
Széchenyi Gyógyfürdő
聖イシュトヴァーンの泉 P.82
Szent István Forrá
Gundel P.118
Bagolyvár P.118
Széchenyi fürdő
Kós Károly sétány
Városligeti körút
城門
Kaputorony
農業博物館 P.88
Magyar Mezőgazdasági
Múzeum
ペトゥーフィ・ホール
Petőfi Csarnok
英雄広場 P.81
Hősök tere
アポストロク塔●
Apostolok Torna
Hősök tere
ヴァイダフニャド城
Vajdahunyad vára
航空博物館
Repülési Múzeum
現代美術館 P.87
Műcsarnok
市民公園
Városliget
Olof Palme sétány
Zichy Mihály út

Budapest

Mexikói út

Laky Adolf u.
Erzsébet királyné útja
Amerikai út
Kolumbusz u.
Korong u.
Hermina út
Francia út
Mexikói út
Hungária körút
Erzs. kir.
3:69
Gyarmat u.

Városligeti körút

Ida u.
Ilka u.
út

Dvořák sétány
Városligeti körút
Stefánia
Javír u.
Zichy G. u.
Hermina Gizella út
Ilka u.
Semsey u.
Andor
Stefánia

Vároligeti fasor
Dózsa György út
Ajtósi Dürer sor
Házár
András
Abonyi u.
Lssó u.
Zichy G. u.
ルーマニア大使館
Szabó
J. u.

amjanich u.
Hernád
Murányi u.
Peterdy u.
Dembinszky u.
Marek József u.
István u.
Nefelejcs u.
Bethlen Gábor u.
Cserhát
Sajó
Szinva
Alpár
Murányi
Thököly
Reiner F.
Park
Istvánmezei
Millenáris
Sporttelep
地質学研究所
Kisstadion
Nemzeti
Sportcsarnok
Stadionok
Játékcsarnok

Sándor
Rottenbiller u.
Garay u.
Thököly
Százház
Jobbágy
Verseny u.
Dózsa György út
マクドナルド
東駅 P.50
Keleti
pu.

Kerepesi út
地下鉄 M 2

Baross tér
Keleti pályaudvar
24
Mosoryi u.
Lóvásár u.
P.129
Arena Mall
S

Rákóczi út
Bztr
légsz.
Fiumei út
F. Gy. u.
Dologház u.

János Pál pápa
tér
rkel劇場 P.110
rkel Színház
II. János Pál pápa tér

43

D E F

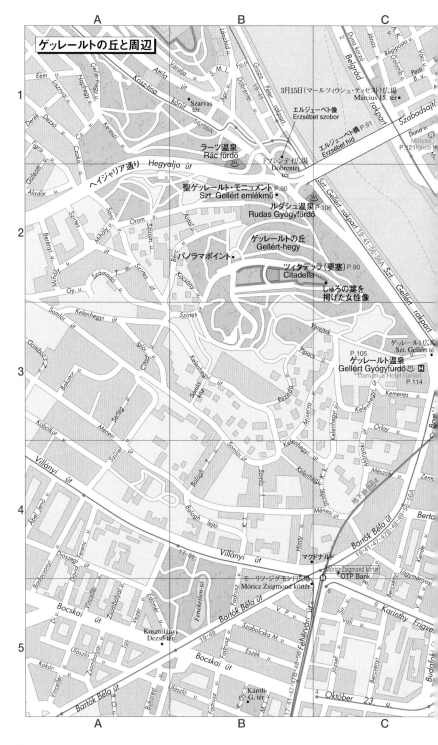

ゲッレールトの丘と周辺

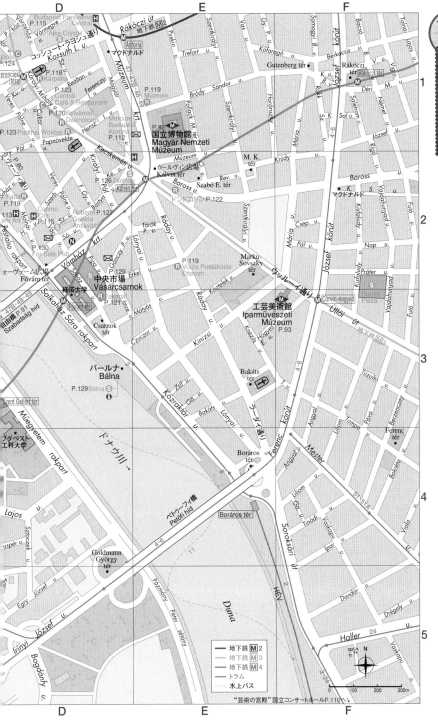

D　　　　　E　　　　　F

Budapest Panorama
Central P.115

Rákóczi út 地下鉄M2

Kossuth L. u.
コッシュート・ラヨシュ通り

Astoria

マクドナルド

Puskin

Szentkirály

Trefort

Vas

Gy.

Somogyi B.

Bacsó

Tolnai

Lajos

Gutenberg tér

Rákóczi
tér Rákóczi tér

Déri

1

Vármegye
Alpár Crystal

erenciek
tére

Károlyi Mihály u.

Kárpátia P.118
Reáltan.
P.123
Central
Café & Restaurant

P.120 Belvárosi
Disznótoros
P.123 Padthai Wokbar

Ferenczy

Magyar

Bródy Sándor

Pollack

Szentkirály

Múzeum P.119

Mercure
Budapest
Korona P.112

国立博物館
Magyar Nemzeti
Múzeum

M
P.92

M. K.
tér

Krúdy

József

Rigó

Sal

Német

2

P.119

113 P.115
em An

Cosmo
City
Roberto P.127
Galéria
Antikvitá

Kecskeméti

Papnövelde

Királyi

Kálvin tér
Kálvin tér

Zsolnay P.126

カールヴィン広場

Szabó E. tér

Rev.

Baross

マクドナルド

Vajdahunyad

Futó

Krt.

Baross

ドンカント P.122

Szentkirály

Csep.

Nap

Prater

Kisfaludy

P.130
Varház

For Sale Pub

Pipa

Gönczy

Lónyai

Köztelek

Márku-
Sovszky
tér

P.119
Vörös Postakocsi
Étterem

ラーコーツィ通り

Mária

Pál

József körút

Kisfaludy

Corvin-negyed
地下鉄M4

Corvin
Plaza

3

中央市場
Vásárcsarnok

P.121
経済大学
Fővámház

Csarnok
tér

Erkel

Imre

Mátyás

Ráday

Kinizsi

Knézits

Hőgyes

工芸美術館
Iparművészeti
Múzeum P.93

Üllői út

Tűzoltó

バールナ・
Bálna

P.129 Bálna

Zsil u.

Bakáts
tér

4 6

Liliom

Tompa

Ferenc
tér

Berzenczey

Szent Gellért tér

Kőzraktár

Bakáts

Lónyai

ラーコーツィ通り

Boráros
tér

Ferenc körút

Mester

4

ブダペスト
工科大学

ドナウ川

ペテーフィ橋
Petőfi híd

Boráros tér

Sorokšári út

Tinódi

Ipar

Dandár

5

Goldmann
György
tér

Pázmány

Péter

sétány

Duna

Haller

N

"芸術の宮殿"国立コンサートホールP.110へ

0　　100　　200　　300m

| 地下鉄 M 2 |
| 地下鉄 M 3 |
| 地下鉄 M 4 |
| トラム |
| 水上バス |

D　　　　　E　　　　　F

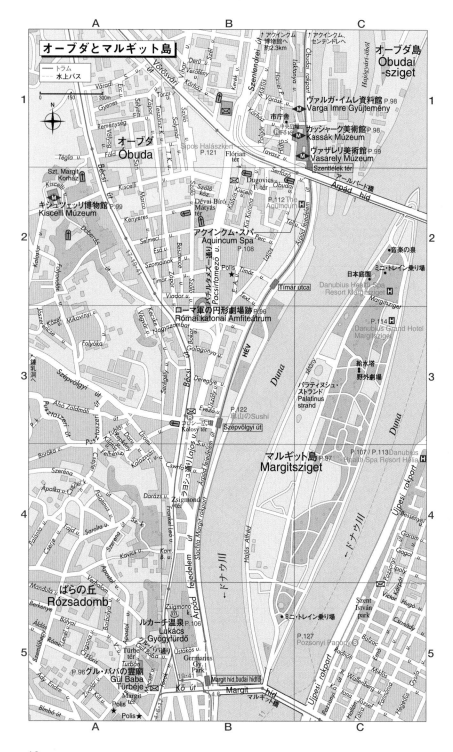

オーブダとマルギット島

トラム
水上バス

0 150 300m

N

オーブダ
Óbuda

Szt. Margit Kórház

キシュツェッリ博物館 P.99
Kiscelli Múzeum

アクインクム・スパ P.108
Aquincum Spa

ローマ軍の円形劇場跡 P.96
Római katonai Amfiteátrum

Szépvölgyi

ばらの丘
Rózsadomb

ルカーチ温泉 P.106
Lukács
Gyógyfürdő

P.96 グル・ババの霊廟
Gül Baba
Türbéje

アクインクム 博物館へ 約2.3km

アクインクム、センテンドレへ

オーブダ島
Óbudai-sziget

ヴァルガ・イムレ資料館 P.98
Varga Imre Gyűjtemény

市庁舎 中央広場 Fő tér

カッシャーク美術館 P.98
Kassák Múzeum

ヴァザレリ美術館 P.99
Vasarely Múzeum

Szentlélek tér

アールパード橋
Árpád híd

P.112 The Aquincum

Tímár utca

音楽の泉

ミニ・トレイン乗り場

日本庭園

Danubius Health Spa Resort Margitsziget

P.114
Danubius Grand Hotel Margitsziget

給水塔
野外劇場

パラティヌシュ・ストランド
Palatinus strand

マルギット島 P.97
Margitsziget

P.107 / P.113 Danubius Health Spa Resort Hélia

Szépvölgyi út

円山のSushi P.122

コロシ広場
Kolosy tér

Zsigmond tér

Germanus Gy. Park

ミニ・トレイン乗り場

Szent István park

P.127
Pozsonyi Pagony(S)

Margit híd, budai hídfő

Margit マルギット橋
híd

Polis ★ Polis ★

46

ブダペスト到着

✈ 飛行機で着いたら

　ハンガリーの空の玄関は、ブダペストにある**リスト・フェレンツ国際空港（ブダペスト空港）** Ferenc Liszt Nemzetközi Repülőtér（Budapest Airport）だ。空路でハンガリーに入る場合、ほとんどの便はこの空港に到着する。ブダペストの中心部から約24km南東に位置する空港は第1、第2のふたつのターミナルに分かれていたが、2012年5月より第1ターミナルの使用を暫定的に停止。2018年12月現在、すべてのフライトは第2ターミナルに集約されている。

　第2ターミナルは2Aと2Bに分かれており、スターアライアンス系の航空会社は2A、ワンワールド系やスカイチーム系、およびLCCは2Bでチェックインする。出発ゲートはシェンゲン協定加盟国内が2A、その他は2Bより出発する。2A、2B間は専用の通路で、トランジットエリアではスカイコート Sky Courtと呼ばれる、免税店やレストランなどが集まるエリアでつながっている。

⚜ リスト・フェレンツ国際空港（第2ターミナル） Map P.37外
Ferenc Liszt Nemzetközi Repülőtér

●ターミナル2A

　シェンゲン協定加盟国の航空会社が発着するターミナル。ターミナルビルの正面向かって右側部分にあたる。1階は到着、2階は出発ロビー。

　1階にはエアポート・シャトルの受付やブダペスト交通センター（BKK）の窓口、❶や両替所、ATMなどもある。エアポートタクシーを利用する際は直接外に出よう。

●ターミナル2B

　一部の便を除くシェンゲン協定加盟国以外の航空会社が乗り入れているターミナル。ターミナル2Aと同様に1階が到着、2階が出発ロビーとなっている。

　2A同様、1階には❶、エアポート・シャトルの受付、BKKの窓口、両替所、ATMがあるほか、大型のスーパーも入っている。2Bから2Aへ行く通路途中にはレンタカー会社が並ぶ。また2階には各航空会社のチケットカウンターがあり、チケット購入や変更手続きを受け付けている。**税金の払い戻しカウンターÁFA-visszatérítés**はチェックインカウンターの近く。

　シェンゲン協定加盟国で飛行機を乗り継いだ場合、入国審査および機内持ち込み手荷物の検査は乗り継ぎの空港で行われ、受託手荷物はリスト・フェレンツ国際空港で受け取る。

■■リスト・フェレンツ
　　国際空港
☎(1)296-7000（総合案内）
♪0670-332-4006
　（ターミナル2遺失物）
URL www.bud.hu

■航空会社
KLMオランダ航空
☎(1)429-2245
URL www.klm.com
ルフトハンザドイツ航空
☎(1)429-2200
URL www.lufthansa.com
アエロフロート・ロシア航空
☎(1)294-4039
URL www.aeroflot.com
エミレーツ航空
☎(1)777-7525
URL www.emirates.com
フィンエアー
☎(1)778-9315
URL www.finnair.com
LOTポーランド航空
☎(1)778-9569
URL www.lot.com

■おもなLCC（格安航空
　会社）→P.255

■空港での両替
　空港には両替所がいくつかあるが、どれも市内の両替所よりもレートが悪いため、両替するのであれば、市内へ移動するまでの必要最低金額に留めておいたほうがいい。空港内にはATMもあるので現地通貨を引き出すというのも手だ。

■屋上テラス
開24時間
休無休
料500Ft
　入場チケットは自販機にて購入する。

ターミナル2Aの3階から屋上テラスに出ることができる

■エアポート・シャトル
mini BUD
☎(1)550-0000
URL www.minibud.hu
市内中心部まで
圏片道4900Ft／人
　往復8400Ft／人
　オンライン予約の場合は
クレジットカード決済のみ。
空港内デスクで申し込みの
場合は現金またはクレジッ
トカードでの支払い。

1人でタクシーを使うよりは割安

空港から市内へ

　空港から市内へ行くには、次の4とおりの方法がある。

❖ エアポート・シャトル　mini BUD

　空港からブダペスト市内ならどこへも同一料金の、mini
BUDと呼ばれる乗合タクシーのシステムのミニバス。事前に
予約しておくか、空港内の受付カウンターで直接申し込む。
ある程度人数が集まってから出発するので、少々待たされる
こともある。市内から空港への移動時に利用する際は、少な
くともピックアップの3時間前までには電話かウェブサイトで
予約をすること。指定したホテルなどへ迎えにきてくれる。

❖ エアポートタクシー　Airport Taxi

　ブダペストのタクシー会社、フォータクシーFötaxiが空港

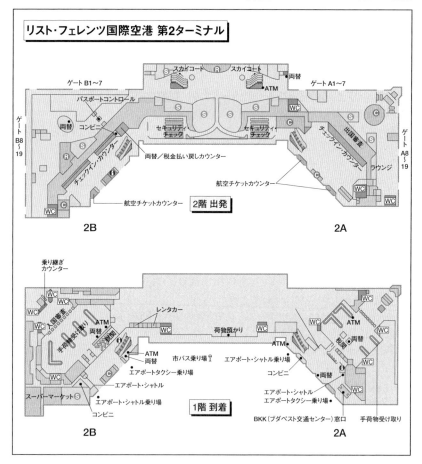

リスト・フェレンツ国際空港 第2ターミナル

2階 出発

1階 到着

48

公認のエアポートタクシーとして運行している。料金はメーター制。市内中心部までの目安は7200Ftほど。カウンターで申し込むと、目的地までの金額の目安を印刷した紙がもらえるため、ぼったくられる心配もない。到着ロビーで声をかけてくるタクシーの客引きは無視するように。

❖ 市バスと地下鉄　Autóusz, Metró

　ターミナル2Aの前から**市バス200E番**に乗り、終点の**クーバーニャ・キシュペシュト**Kőbánya-Kispestで地下鉄M3に乗り換える。ターミナルから**デアーク・フェレンツ広場駅**Deák Ferenc tér（通称デアーク広場）まで約1時間。切符は空港にあるBKKの窓口か自動券売機、車内でも買える。なお地下鉄M3は工事中のため注意（→P.55欄外）。

❖ 市バス　Autóbusz

　市バス100E番が空港から市内への直通バスを運行。空港から地下鉄M3、M4のカールヴィン広場駅Kálvin tér、地下鉄M2のアストリア駅Astoriaを通り、終点は地下鉄M1、M2、M3のデアーク・フェレンツ広場駅Deák Ferenc tér。BKK共通のバスチケットでは乗ることができないので注意。

🚃 列車で着いたら

　ブダペスト市内にある鉄道駅で主要となる駅は、**東駅**Keleti pu.、**西駅**Nyugati pu.、**南駅**Déli pu.の3ヵ所。国際線はほとんどが東駅と西駅の発着となる。東駅には、ウィーン、ベルリン、プラハ、ブラチスラヴァ、ワルシャワ、ブカレスト、ベオグラードなど国際列車のほとんどが到着する。南駅にはクロアチアなどからの一部の便が着く。どの駅も広くて、両替所や❶、コインロッカーなどがあり旅行者に必要な情報はひととおり手に入る。またそれぞれ地下鉄駅に

■**エアポートタクシー**
　Főtaxi
☎(1)222-2222
URL fotaxi.hu
料基本料金　700Ft
　距離料金　300Ft〜／km

■**市バス**
利用方法は→P.56
運賃は→P.57〜58
200E番
運24時間
　1時間に3〜8便運行（深夜は1時間に1便）。
100E番
運5:00〜翌1:20
　20分に1便運行。
料片道900Ft

空港からのバスには飛行機のマークが付いている

■**深夜到着で市バスと地下鉄を利用する場合**
　地下鉄M3の終電が23:26のため、この時間以降に利用する場合は注意して。

※ハンガリー語で駅を指す単語はパーイアウドゥヴァルpályaudvar。略してpu.

■**ハンガリー鉄道**
マーブ・スタート
MÁV-START
☎(1)349-4949
URL www.mavcsoport.hu
　ウェブサイトで簡単に時刻表検索ができる。ハンガリー国内線だけでなく国際線の検索も可能だ。スマートフォン用のアプリVonatinfóをダウンロードしておくと便利。

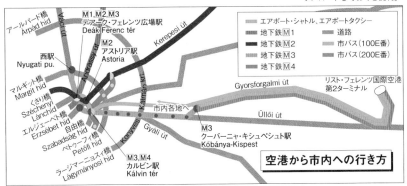

凡例：
　■■■ エアポート・シャトル、エアポートタクシー
　■■■ 地下鉄M1　　　━━ 道路
　■■■ 地下鉄M2　　　■■■ 市バス（100E番）
　■■■ 地下鉄M3　　　■■■ 市バス（200E番）
　■■■ 地下鉄M4

アールパード橋　Árpád híd
ヴァーツィ通り　Váci út
M1、M2、M3
デアーク・フェレンツ広場駅　Deák Ferenc tér
ケレペシ通り　Kerepesi út
西駅　Nyugati pu.
アンドラーシ通り　Andrássy út
M2
アストリア駅　Astoria
マルギット橋　Margit híd
くさり橋　Széchenyi Lánchíd
カールマン通り　Kálmán krt.
ギョルスフォルガルミ通り　Gyorsforgalmi út
リスト・フェレンツ国際空港　第2ターミナル
エルジェーベト橋　Erzsébet híd
自由橋　Szabadság híd
市内各地へ
コンヴェシュ　Könyves
ギャーリ通り　Gyáli út
ウッロイ通り　Üllői út
ペトゥーフィ橋　Petőfi híd
ラージマーニョシ橋　Lágymányosi híd
M3、M4
カルビン駅　Kálvin tér
M3
クーバーニャ・キシュペシュト駅　Kőbánya-Kispest

空港から市内への行き方

49

壮麗な造りの東駅構内

接続しており、いずれの駅からも10分ほどでペスト側の中心、デアーク広場まで行くことができる。

駅の切符売り場の窓口は混んでいることが多いので、時間に余裕をもって駅に着くようにしたい。

■東駅
住 VIII. Baross tér
〈切符売り場〉
営 24時間
交 地下鉄 M2、M4の東駅
　Keleti pályaudvarに直結。

┌─────────────────────┐
│ ワンポイント・ハンガリー語
│ 列車編
│
│ **片道**
│ エジ・ウート　Egy út
│ **往復**
│ オダ・ヴィッサ
│ Oda-vissza
│ **一等車**
│ エルショー・オスターユ
│ ー・コチ
│ Első osztályú kocsi
│ **二等車**
│ マショコ・オスターユー・
│ コチ
│ Mások osztályú kocsi
│ **寝台車**
│ ハーローコチ
│ Hálókocsi
│ **座席**
│ ウレーシュ　Ülés
└─────────────────────┘

◆東駅（ケレティ・パーイアウドゥヴァル） Map P.43-D・E4
Keleti pályaudvar.

おもな国際列車とハンガリー北部、東部、プスタ方面への国内線が発着する大きな駅。地下鉄 M2、M4と接続している。黄色い壁のがっしりとした建物。ホームから駅の正面玄関に向かって右側の通路に両替所、売店などが並んでいる。国際線の切符売り場もこの通路沿いにある。国内線の切符売り場は地下と地上の2ヵ所にある。

駅に到着してそのまま地下鉄を利用する場合は、入口付近にある階段を降りてそのまま直進しよう。

風格のある東駅。国内線と国際線の切符売り場は別になっている

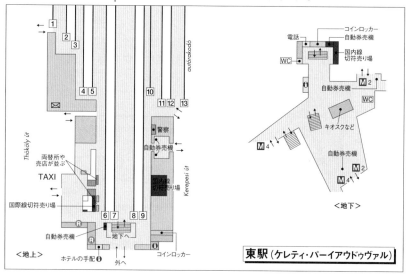
東駅（ケレティ・パーイアウドゥヴァル）

西駅（ニュガティ・パーイアウドゥヴァル） Map P.42-A2

Nyugati pályaudvar.

左右の塔が目を引く西駅正面。手前はトラムの停留所となっている

ハンガリー北西部、南東部からの国内線と一部の国際線（昼便のチェコ、スロヴァキア、東部ドイツ、ポーランド方面）が発着している。ガラス張りのファサードが印象的なモダンな建物は、エッフェル塔を設計した会社によって造られたもの。17本の線路をもつブダペストで最も大きな駅である。東駅と同じような造りをしており、ホーム両側の通路に❶や両替所、売店などが並ぶ。

ホームから正面玄関に向かって右側の通路には両替所や軽食店などがおもに並び、左側の通路に❶、コインロッカー、国際線切符売り場、国内線切符売り場のほか、キヨスク、さらに世界一豪華な内装が施されているというマクドナルドがある。ホームからロッカーや国際線、国内線の切符売り場へは、キヨスクの横の細い通路を通って行くことができる。

地下への階段は、11番線と12番線の間の広いホームと両側の通路にある。地下には靴や服、雑貨や花などを売る店が並んでいる。地下鉄の入口には、青色の Ｍ マークがある。

駅に隣接して建っているのはブダペスト最大のショッピングセンターWestend City Center（→P.128）。西駅とは地下通路でつながっている。

また、西駅にはオーストリア＝ハンガリー帝国時代の皇室専用待合室（見学不可）もあり、皇妃エルジェーベトも利用していたという。

西駅（ニュガティ・パーイアウドゥヴァル）

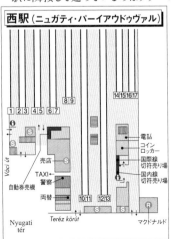

Nyugati tér

Váci út

Teréz körút

電話
コインロッカー
国際線切符売り場
国内線切符売り場
売店
TAXI
警察
自動券売機
両替
マクドナルド

■西駅

🏠VI. Nyugati tér
〈切符売り場〉
🕐24時間（国内線）
5:10〜18:45（国際線）
🚇地下鉄 Ｍ3西駅Nyugati pályaudvarに直結。

世界一美しいといわれるマクドナルド

西駅に隣接して建っているマクドナルド。ここは20世紀初頭に造られた西駅の旧食堂をそのまま利用した"世界で一番豪華な内装"といわれている店だ。天井が高く煌びやかな雰囲気でとてもマクドナルドとは思えない（失礼！）優雅な気分を体感できる。

西駅の国内線切符売り場

■南駅

⯅ I . Alkotás u.
〈切符売り場〉
🕐 3:00～翌0:30（国内線）
　　6:00～18:35（国際線）
🚇 地下鉄Ⓜ2南駅
　Déli pályaudvarと直結。

■その他の鉄道駅
　ブダペストにある鉄道駅
で東駅、西駅、南駅以外に
利用しやすい駅としては以
下の2つがある。
**クーバーニャ・キシュペシュ
ト駅**
Kőbánya-Kispest
▶**Map P.37外**
⯅ X. Vaspálya út 10
　地下鉄Ⓜ3の終点と直結。
ここに空港発の市バス200E
番が到着する。
ケレンフェルディ駅
Kelenföld pu.
▶**Map P.37**
⯅ XI. Etele tér 5-7
　地下鉄Ⓜ4の終点と直結す
る、ブダ側の駅。南駅出発
の列車が途中停車する。

■ネープリゲト
　長距離バスターミナル
⯅ IX. Üllői út 131
☎ (1)219-8086
〈切符売り場〉
🕐 月～金　6:00～19:00
　　土・日　6:00～17:00

■バスの切符購入
　通常、バス乗車の際に運
転手に目的地を告げて、距
離に応じた料金を支払った
後、切符（レシート）を受
け取るシステム。バス車内
では現金のみでの支払いと
なる。ネープリゲトのような
大きいバスターミナルでは
窓口で事前に切符を購入す
ることができ、カード支払い
にも対応している。ただし
発車20分くらい前になると
窓口での販売が終了してし
まうこともあり、その場合は
運転手から直接購入を。自
動券売機もある。

■国内バス会社
ヴォラーンブス
Volánbusz
時刻検索・予約
URL www.volanbusz.hu

■時刻表検索
メネトレンデック
Menetrendek
URL menetrendek.hu

⯅ 南駅（デーリ・パーイアウドゥヴァル）　*Map* P.40-A3
⯆ Déli pályaudvar.

　主要鉄道駅のなかで唯一ブダ側にある駅。クロアチア、スロヴェニアなどの一部の国際線と国内線（主としてバラトン湖方面への便）が発着する。

南駅のホーム

駅は傾斜地に建っているため、地下といっても正面から見ると1階にあたるので注意。

🚌 バスで着いたら

　ブダペストには他都市とを結ぶ長距離バスのターミナルが何ヵ所かあり、利用頻度が高いのは下記の4つ。すべての国際線は、ネープリゲト長距離バスターミナルNépliget Autóbusz-állomásに到着する。

⯅ ネープリゲト長距離バスターミナル　*Map* P.39-F5
⯆ Népliget Autóbusz-állomás

地下1階にある国内線の切符売り場

　地下鉄Ⓜ3のネープリゲト駅Népligetに隣接する、きれいなバスターミナル。ここにはウィーン、ロンドン、アムステルダム、チューリヒ、ベルリン、ミュンヘン、ブラチスラヴァ、ミラノ、ヴェネツィア、アテネ、プラハ、クラクフ、ソフィア、ザグレブなどからの国際線のほか、ハンガリー南部への国内線が発着する。

　ターミナルはビルになっており、地下鉄とは地下1階で接続している。地下1階には国内線の切符売り場、コインロッカー、売店、トイレがあり、1階には国際バス会社ユーロラインEurolinesの窓口、両替所、売店、❶がある。

　電光掲示板にバスの行き先、発着時刻、乗り場の番号が表示されるのでわかりやすい。

シュタディオン長距離バスターミナル *Map* P.39-F4

Stadion Autóbusz-pályaudvar

地下鉄M2のプシュカーシュ・フェレンツ・シュタディオノク駅Puskás Ferenc Stadionのすぐ近くにある。国内線のほとんどが発着するバスターミナルだ。バスに関する❶、郵便局、トイレ、売店、カフェなどがある。小規模で、ターミナル全体が屋根に覆われているので、少々暗い雰囲気だ。

ウーイペシュト・ヴァーロシュカプ・バスターミナル *Map* P.39-E1外

Újpest-Városkapu autóbusz-állomás

地下鉄M3のウーイペシュト・ヴァーロシュカプÚjpest-Városkapu駅に隣接した、センテンドレやヴィシェグラード、エステルゴムなどドナウベンド方面へのバスが発着するターミナル。

比較的新しいバスターミナル

アールパード橋長距離バスターミナル *Map* P.39-D1

Árpád híd Autóbusz Végállomás

地下鉄M3のアールパード橋Árpád híd駅を出てすぐの場所にある小規模なバスターミナル。4ヵ所の乗り場に、バス会社のオフィスとカフェが併設された簡素な造り。ドナウベンドのエステルゴムほか、コマーロム行きの一部の便が発着する。

地元住民の利用がほとんど

ブダペスト

ブダペスト到着

■バスターミナルの時刻表

どこのバスターミナルでも、ふたつの大きな時刻表が掲示されている。Indulásが出発で、Érkezésが到着だ。Indulásの掲示板から目的地の場所を探し、出発時刻を確認する。到着時刻の記載はないので、知りたい場合は乗車時に運転手に確認しよう。

■シュタディオン長距離バスターミナル
⌂ XIV. Hungária krt. 48-52
☎ (1)220-6227

■ウーイペシュト・ヴァーロシュカプ・バスターミナル
⌂ XIII. Balzsam u. 1
☎ (1)239-4133

■アールパード橋長距離バスターミナル
⌂ XIII. Árboc u. 1
☎ (1)412-2597

■バス乗車時の注意

ブダペストに限らず、ハンガリーではバスが到着すれば早くから並んでいても関係なく、当然のように割り込まれてしまう。モタモタしていると満席になってしまうこともあるので、利用するときは注意。

また、長距離バスの場合は車体下部にあるトランクに荷物を入れることが可能だが、近距離バスの場合、その備えがないことも。

COLUMN

ハンガリーから生まれた世界的有名人

あまり知られていないが、ハンガリーには意外な有名人が多い。まず、1980年代に世界中で流行したルービックキューブの発明者、ルービック・エルネー博士。数学者の彼はブダペスト生まれだ。またアメリカのジャーナリズムの最も権威ある賞、ピュリッツァー賞を受賞し、世界の写真界に多大な影響を与えた報道カメラマン、ロバート・キャパは本名をフリードマン・エンドレというハンガリー人である。さらにそのピュリッツァー賞を設立し（死後、遺言によって寄付を行った）、アメリカの新聞王といわれたジョー・ピュリッツァーも実は渡米して活躍したハンガリー人。本名をプリツェル・ヨージェフという。そのほか、日常で何気なく使っているボールペンや電話交換機を発明したのもハンガリー人というから驚きだ。ノーベル賞では、2002年のケルテース・イムレの文学賞を含め、物理学、化学など、すべての分野で13人のハンガリー人が受賞している。人口に対する比率でいうと世界一だ。音楽家では、フランツ・リスト（リスト・フェレンツ）や民俗音楽を収集し作曲に還元したバルトーク・ベーラ、音楽教育のメソッドを作ったコダーイ・ゾルターンがいる。

■BKK
（ブダペスト交通センター）
☎(1)325-5255
URL www.bkk.hu

■地下鉄の始発、終発時間
M1
Vörösmarty tér　始発4:45
Vörösmarty tér　終発23:45
Mexikói út　　　始発4:32
Mexikói út　　　終発23:32
M2
Déli pályaudvar　始発4:33
Déli pályaudvar　終発23:33
（金・土→翌0:33）
Örs vezér tere　始発4:27
Örs vezér tere　　終発23:27
（金・土→翌0:27）
M3
工事中のため、詳細は
→P.55
M4
Kelenföld vasútállomás 始発4:27
Kelenföld vasútállomás 終発23:27
（金・土→翌0:27）
Keleti pályaudvar　始発4:39
Keleti pályaudvar　終発23:39
（金・土→翌0:39）
　平日は2〜5分、早朝及び
夜間と土・日曜、祝日は5〜
10分間隔で運行。

地下鉄のマークはシンプル。数
字が色で分かれている

ワンポイント・ハンガリー語
地下鉄・バス編

○○方面行き
○○フェレー
○○felé
切符を1枚ください
エジ・エジェト・ケーレク
Egy jegyet kérek.
どの電車に乗ればいい
ですか？
メイク・ヴォナトラ・サ
ールヤク？
Melyik vonatra szálljak?
何時に出発しますか？
ミコル・インドゥル？
Mikor indul?
時間はどのぐらいかかり
ますか？
メンニ・イデイグ・タルト？
Mennyi ideig tart?
降ります
レサーッロク Leszállok

ブダペストの市内交通

交通機関

　ブダペスト市内で主要となる交通機関は、BKK（ブダペスト交通センターBudapesti Közlekedési Központ）が運営している地下鉄、トラム、バス、トロリーバス、郊外電車ヘーヴと、タクシーだ。旅行者がよく利用するのは地下鉄とトラム。

❖地下鉄　Metró（メトロー）

　地下鉄はメトローと呼ばれている。4本の路線があり、M1は黄、M2は赤、M3は青、M4は緑にそれぞれ色分けされている。M1〜3の3路線は**デアーク・フェレンツ広場駅**Deák Ferenc térでのみ交差しているので、乗り換えはこの駅が便利。

●路線M1

レトロな雰囲気の路線M1

　M1は黄色で表示される。ヨーロッパではロンドンに次いで2番目に古い地下鉄で、1896年にハンガリー建国1000年を記念して開通した。現在走っている車両は、1995年に開通100周年を記念し、建設当時の姿を復元したもの。当時のハンガリー国王であったハプスブルク帝国皇帝の名をとって「フランツ・ヨージェフ線」とも呼ばれている。

　街の中心**ヴルシュマルティ広場**Vörösmarty térから**英雄広場**Hősök tereまで、**アンドラーシ通り**Andrássy útの真下を走っている。そのため、これに乗ればデアーク広場から**国立オペラ劇場**Magyar Állami Operaház、英雄広場、**市民公園**Városligetまで行くことができる。

●路線M2

　M2は赤色で表示される。市内を横断する「東西線」で、ドナウ川の下を通りブダ側とペスト側を結んでいる路線だ。4つの路線のなかで最深部を走っている路線のひとつで、その深さはドナウ川の地下約60m。王宮の丘へ行く起点のひとつである**セール・カルマン広場駅**Széll Kálmán térでは地下約180mにも及ぶ。

　この路線は、ペスト側で鉄道の東駅（ケレティ）および隣接するシュタディオン長距離バスターミナルと、ブダ側では鉄道の南駅（デーリ）と接続している。また、郊外電車ヘーヴとは2ヵ所

の駅で接続している。ひとつはペスト側の起点**ウルシュ・ヴェゼール広場駅**Örs vezér tereで、ここから出発するヘーヴは郊外の観光地**グドゥルー**（→P.100）へ行く。もうひとつはブダ側の川沿いにある**バッチャーニ広場駅**Batthyány tér。ここから出発するヘーヴは、ドナウベンドの観光名所センテンドレ（→P.136）へ行く。

●路線Ⓜ3

路線Ⓜ3は青色表示。ペスト側を縦断する「南北線」だ。デアーク広場から北はドナウ川沿いに、南は川から離れて東南の方向に走る。鉄道の西駅、ネープリゲト長距離バスターミナル、ドナウベンド方面のバスが発着するウーイペシュト・ヴァーロシュカプ・バスターミナルが接続しており利用度が高い。また、空港への市バス200E番が発着するクーバーニャ・キシュペシュト駅Kőbánya-Kispestは、この路線の東南端にある終着駅となっている。

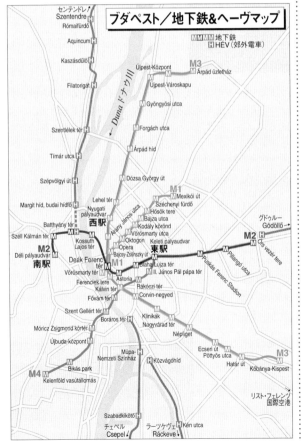

路線Ⓜ2とⓂ3の車両

車両内にはつり革が少なく、混雑時は乗るのが大変。スリにはくれぐれも注意を

近代的な造りをしているⓂ4駅

■地下鉄Ⓜ3の工事について

2018年12月現在、地下鉄Ⓜ3は改装のためクーバーニャ・キシュペシュト駅Kőbánya-Kispest〜レヘル広場駅Lehel tér間のみの運行。ただし、月〜金曜の20:30以降と土・日曜は全線終日閉鎖。代わりに市バス3番が同じルートを運行している。地下鉄の再開時期は未定。

■トラム
運路線により異なるが、だ
いたい4:30〜23:30頃
（6番は24時間運行）
3〜10分間隔で運行。た
だし土・日曜、祝日は路線
によって15分以上待つこと
もある。

●路線 M4

2014年に開通した路線。東駅からカールヴィン広場、自由橋の下、ゲッレールト広場を経由して、鉄道のケレンフェルディ駅Kelenföld pu.を結ぶ。東駅で M2と、カールヴィン広場駅Kálvin térで M3と接続するので、乗り換えも便利。

❖トラム（路面電車） Villamos
ヴィッラモシュ

トラム（路面電車）は黄色い車体。各駅停車なので、目的地の停留所名がわからなくても、乗ってから何番目で降りるのかをあらかじめ調べておけば心配はいらない。また、トラ

ドナウ川に沿って走るトラム2番

ムの路線は複雑に入り組んでいるわけではなく、基本的に始点と終点の間をただ往復するシステム。なので、例えば降りる場所がわからなくなってしまったら、思い切って終点まで行き、また戻ってくるという手もある。

覚えておくと便利な路線は2、4、6、17、19番など。4、6番は大環状通りを走り、マルギット島を経由してブダとペストの間を行き来する。2番は国会議事堂の前をドナウ川沿いに走る風光明媚な路線。ブダ側をドナウ川沿いに走るのは19、41番だ。バッチャーニ広場からくさり橋のたもとを経由してゲッレールト広場へ抜けている。

■トラムの線路工事に注意
ここ数年、街全体の交通
網の整備や再開発が進めら
れており、路線の変更や工
事による通行止め、バスの
振り替え運行が行われるこ
ともしばしば。その場合は
停留所のトラムのマークに×
が付いている。×が付いてい
なくてもほかに待っている
人がいない、トラムがなか
なか来ないという時は不通
となっている可能性が高い
ため、別の移動手段を考え
たほうがいいだろう。

❖市バス Autóbusz
アウトーブス

1915年に初めて運行されたというブダペストの市バス。市内を縦横無尽に走っているのでうまく利用すればたいへん便利だ。ミニサイズのものから、連結型の大きなものまで路線によって車体の大きさも異なる。

バスの正面には路線番号がはっきり表示されており、停留所には路線番号とすべての停留所名、始点からの所要時間が書かれている。また、路線番号が黒字の場合は普通、同じ路線番号でもEが付いているバスは急行を意味している。市外に行

新型のバス車両には液晶ディスプレイも設置されている

く場合は切符がもう1枚必要になるので要注意。なお、深夜バスは901〜999番で、ひと晩中運行しているが、本数は少ない。

地下鉄でカバーしきれないエリアには、バスで行くのが得策

❖トロリーバス　Trolibusz
トロリブス

　トロリーバスは70〜83の番号が振られており、ペスト側の6
区と7区を中心とする限られた地区だけで運転されている。

車体は赤く、トラムのよう
に架線からの電力供給を受
けて走っている。停留所の
間隔が数百mと短く、便利
な反面やや遅い。他は市内
バスとほとんど変わらない
が、路線も多いのでペスト
側を移動する際には便利だ。

トロリーバスは架線をたどっていけば
停留所が見つかる

❖ヘーヴ（郊外電車）　HÉV

　ブダペストと近郊を結ぶ郊外電車のことで、H5〜9の5つの
路線がある。地下鉄M2バッチャーニ広場駅Batthyány tér始
発のH5はドナウベンドのセンテンドレへ。地下鉄M2の終点
ウルシュ・ヴェゼール広場駅Örs vezér tere始発のH8は、グ
ドゥルーへ。中心部の南にある**ヴァーゴー橋駅Közvágóhíd**
始発のH6を利用すればラーツケヴェ（→P.103）へ行ける。
ただし、市境を越えた地点から市内共通券は無効となり、距
離によって運賃が加算される。

❖タクシー　Taxi

　すべてのタクシーがメーター料金制となっている。距離加
算方式が基本だが、時速15km以下の速度で走っている場合
や待たせる場合は時間加算方式となる。また、ブダペスト市
内か市外かにより料金設定が若干異なる。

　流しのタクシーはなるべく利用せず、自分で電話をかける
か、ホテルやレストランで呼んでもらうようにしよう。

切符について

　ブダペスト市内の地下鉄、トラム（路面電車）、バス、ト
ロリーバス、ヘーヴ（郊外電車）、登山鉄道（→P.95）はす
べてBKK（ブダペスト交通センター）によって運営されて
いる。

　これらの**乗り物の切符は共通**で、駅やバスターミナルにあ
る切符売り場や自動券売機、駅構内の売店などで購入できる。

　なおヘーヴは、ブダペスト市の境まで地下鉄トラムと共通
で有効。市の境から目的地までは車内で精算するか（検札は
必ず来る）、乗車駅の切符売り場で共通券や乗り放題券を見
せて行き先を告げ、差額分の切符を購入する。

■トロリーバス
運4:30〜23:30頃
　3〜10分間隔で運行。路線
によって土・日曜、祝日は
15分以上待つことも。

■ヘーヴの市境
　センテンドレ行きはBéká-
smegyer、グドゥルーおよ
びチュムルCsömör行きは
Ilonatelep、ラーツケヴェ
行 き はMillenniumtelep。
チェペルCsepel行きは終点
もブダペスト市内。

■おもなタクシー会社
CityTAXI
電(1)211-1111
FőTAXI
電(1)222-2222
RádióTAXI
電(1)777-7777

■タクシー料金の上限金額
基本料金　　700Ft
距離料金　300Ft／km
時間料金　　75Ft／分

クレジットカードでの支払いも
可能

■水上バス
　ドナウ川を運航する2階立
ての水上バス。D2、D11、
D12、D14の4つがあり、観
光で使う機会があるのは中
心部を走るD2、D11、D12。
ルートやスケジュールは季
節により大きく異なるので、
BKKのウェブサイトで確認
しておこう。
料片道750Ft
　専用チケットを購入する
ほか乗り放題切符で乗船可
能。切符は乗船時に係員に
提示する。

日が暮れてからの夜景クルーズ
も楽しめる

切符は自動券売機でも購入できる。クレジットカードにも対応しており便利

主要駅にはBKKの案内所が併設されている

改札の際は、右側の数字が書かれているほうを差込口に入れる

24時間券。72時間も同様に使用期限の日時が記載される

7日券 Budapest Hetijegy 4950Ft

購入した日の0:00を1日目とし、7日目の翌2:00まで有効。自動券売機で購入の場合、名前の入力画面が出てくるので、利用者の姓名を入力しよう。券には入力した名前が印字される。また、検札に遭ってこの券を見せた場合、本人であることを証明する写真と名前入りの証明書（パスポート、運転免許証など）の提示を求められるので必ず携帯しよう。

❖切符の種類

切符にはいくつか種類がある。それぞれ使用条件が決まっていて少々ややこしい。そのうえ、間違った切符を持っていることを検札で指摘された場合「間違えた。知らなかった」という言い訳は一切通らず、罰金を払わなければいけない。交通ルールをわかっていないであろう旅行者には特に厳しい。また、切符売り場はいつどこでも見つかるとはかぎらないので、事前に予備のシングルチケットを用意しておくか、乗り放題やブダペストカードを利用するのがおすすめだ。

❖基本の切符

●シングルチケット　Vonaljegy　350Ft

乗り換えなしの乗車券。ただし有効時間の80分以内なら地下鉄間でのみ乗り換えが可能。深夜バスの有効時間は120分以内。車内で購入する場合450Ft。

●トランスファーチケット　Átszállójegy　530Ft

1回乗り換え用の乗車券。乗り換えるときに再度改札が必要。有効時間は1回目の改札から100分（深夜120分）、2回目の改札からは80分以内。地下鉄間を有効時間内に乗り換える場合は、2回目の改札は必要ない。

●回数券（10枚）　10 darabos gyűjtőjegy　3000Ft

使い方はシングルチケットと同じ。デザインはシングルチケットとほぼ同じ。1～10までの番号がそれぞれ振られているが、その順番通りに使う必要はない。

❖地下鉄専用の切符

●メトローセクションチケット　Metrószakaszjegy　300Ft

有効時間は30分、3駅先までしか乗れない（乗り換え可）が、シングルチケットよりもお得。

❖乗り放題の切符

●24時間券　24 órás jegy　1650Ft
●72時間券　72 órás jegy　4150Ft

使用開始時間から24時間または72時間有効。どれに乗っても、また何度乗り換えをしてもいい。使用開始時刻は購入時に選択することができ、購入した日時もしくは先の時刻を指定することが可能。改札は不要。

●24時間グループ乗車券　Csoportos 24 órás jegy　3300Ft

1枚の乗車券で、同行する5名まで乗車できる24時間券。同行者は同じ車両に乗らなくてはならない。

市内交通の乗り方

　ブダペストの市内交通は整備されており、観光客でも利用しやすい。うまく利用すれば行動範囲がぐっと広がるので、ぜひ使いこなしたい。罰金が生じてしまうため、切符の打刻は必ず行うように。

🚌 トラム、市バス、トロリーバスの乗り方

　ハンガリーの車は右側通行なので、進行方向右側の停留所で待とう。乗降ドアは3ヵ所にあるのが一般的だが、どのドアからでも乗り降り可。乗るときに、ドアの脇や上部にあるボタンを自分で押さなければ開かないので注意。乗車後は、車内の手すりに改札機が取り付けられているので、速やかに改札を行おう。切符を差込口に入れれば自動的に刻印される自動改札機と、レバーを引いて刻印する手動改札機がある。ブダペストでは検札が頻繁に行われているので、正しい切符を正しく改札して、いつでもすぐ取り出せるように携帯しよう。

自動改札機は差込口に入れるだけで打刻してくれる

古いタイプの手動改札機。切符を上から差し込み、黒い部分全体をカチャッと感触があるまで強く手前に引く

　トラムは各駅停車なので、何番目で降りるのか数えておけばいいが、市バスやトロリーバスは降りる前に自分でボタンを押して合図をしなければならない。ボタンを押したところのドアが開く。

トラムやトロリーバスでは降りる際はボタンを押す

地下鉄の乗り方

① まずは地下鉄駅を見つけよう。駅の入口には「Ⓜ」のマークが付いている。自分が乗りたい路線の色（Ⓜ1は黄、Ⓜ2は赤、Ⓜ3は青、Ⓜ4は緑）、進行方向終点の駅名を確認。行き先によってホームの入口が異なることがある。

② 自動券売機または切符売り場、駅構内の売店などで切符を購入する。早朝や深夜、週末は窓口が閉まっていることもあるので、使う分の切符はあらかじめ購入しておくとスムーズ。

地下鉄の入口に付けられたMのマーク

③ ホームに降りる前の改札機で乗車時刻を打刻する。切符を差込口に入れると、ランプが点灯し打刻完了（音も鳴る）。その先には検札員が待機しているので、打刻した切符を提示してホームに向かおう。乗り放題券やブダペスト・カードの場合は、改札は行わず、検札員に見せるだけでOK。

④ 乗車時のマナーは日本とほぼ変わらない。ドアにボタンが付いている車体の場合、押さないとドアが開かないので、降車駅に着いたらドアのボタンを押して下車を。駅から出る際の改札は不要。

Ⓜ1線の駅はホームに改札機が設置されている

ブダペストでの情報収集

■ 観光案内所tourinform

　ブダペスト市内の観光案内はブダペストインフォ・ポイントBudapestinfo Pointと呼ばれる❶で行っており、無料の地図をもらったり、さまざまなパンフレットを

デアーク広場の❶

集めたり、最新の情報を入手したりできる。もちろん宿や鉄道、バスのスケジュールなどについても相談できるので、ブダペストに着いたら、まず観光案内所に足を運ぼう。

■ 小冊子やパンフレット、本

　観光案内所やホテルなどに置いてある小冊子やパンフレットも活用しよう。ブダペスト観光局が発行する「Budapest Official Guide」は、旅行者に必要な観光情報が簡潔にまとめられており便利。コンサートや演劇情報をチェックするならば「fidelio」がおすすめ。ハンガリー語版のみの発行だが、月刊なので常に最新情報が手に入るほか、劇場ごとにスケジュールがまとめられているのでわかりやすい。

　また、ブダペスト市の公式ページなどでは見どころやホテル、飲食店情報も満載なので、出発前に一度目を通しておくといいだろう。

最新の交通路線図やイベント情報を調べるなら現地パンフレットが一番

■ ブダペスト・カード Budapest Card

　BKK（ブダペスト交通センター）の運賃や博物館、美術館の入場が無料になる便利なカード。一部の見どころや温泉、レストラン、ドナウ川クルーズ、観光バスツアーなども割引に。カードは24、48、72、96、120時間有効の5種類あり、通常のカードのほか無料特典がさらに増えたブダペスト・カード・プラス（72時間有効）、6〜18歳用のブダペスト・カード・ジュニアがある。リスト・フェレンツ国際空港やブダペストインフォ・ポイントの観光案内所、おもな地下鉄や鉄道駅、さらに町中にある簡易ブースやオンラインでも購入できる。オンラインでカードを購入した場合はバウチャーを印刷し、現地でカードと引き替える。

■ブダペストの❶
Budapestinfo Point
デアーク広場
▶Map P.41-F4
🏠 V. Sütő u. 2
📞 (1)576-1401
URL www.budapestinfo.hu
🕐 8:00〜20:00
休 無休
英雄広場
▶Map P.43-D2
🏠 Olof Palme sétány 5
📞 (1)576-1404
🕐 9:00〜19:00
休 無休
バールナ（→P.129）内
▶Map P.45-D3
🏠 Fővám tér 11-12
📞 (1)318-8718
🕐 10:00〜18:00
休 無休
王宮の丘
▶Map P.40-C3
🏠 Tárnok u. 15
🕐 9:00〜18:00
休 無休
王宮
▶Map P.40-C4
🏠 Budai Vár, Szent György tér 4-5-6
🕐 9:00〜17:00
休 日・月

インターネットでの情報
収集→P.247

ブダペスト・カード
URL www.budapestinfo.
hu/budapest-card
料 ブダペスト・カード
　24時間6490Ft
　48時間9990Ft
　72時間1万2990Ft
　96時間1万5990Ft
　120時間1万8990Ft
　ブダペスト・カード・プラス
　72時間1990Ft
　ブダペスト・カード・
　ジュニア
　72時間9990Ft

有効時間によって表面のデザインが異なる

◆◆◆◆◆ ブダペスト発着のおもな観光ツアー ◆◆◆◆◆

　限られた滞在時間内で効率よく見どころを回りたいとき、観光ツアーは心強い味方。ブダペストからは、市内はもちろんドナウベンドやバラトン湖などさまざまな方面へのツアーが催行されている。

　ツアーのパンフレットは❶や旅行会社、ホテルに置いてある。内容や金額は催行会社によって異なるのでよく見比べて、自分に合ったものを選ぼう。下記はほんの一例。オフシーズンである冬季や、一定の人数が集まらないと催行されないものもあるので注意。なかには日本語のガイドテープが用意されているツアーもあるが、ほとんどは英語、ドイツ語でのガイドとなっている。

● ブダペスト市内観光 (City Tour Hop on Hop off)

　レッドとイエロー、2種類のバスラインとボートで観光ポイントを回る。ルート内での乗り降り自由。日本語オーディオガイドあり。所要2時間～2時間30分のウオーキングツアーにも参加可能。チケットは各停留所やオンラインで購入可。

催 レッドライン毎日8:30～17:53、30～60分おきに出発
　※季節により変動あり。ライン、出発場所によって出発時間は異なる
料 24時間6000Ft、48時間7000Ft、72時間8000Ft　ナイツアー込みは＋1000Ft

● 水陸両用バスで市内観光とドナウ川クルーズ (River Ride)

　ブダペスト初の水陸両用バス。市内の主要観光地を回ったあと、ドナウ川に入りクルーズ。出発はオフィスより。

催 4～10月　　毎日10:00、12:00、15:00、17:00発
　 11～3月　　毎日11:00、13:00、15:00発
所要 1時間35分　料 9000Ft（学生6000Ft）

● ドナウ川クルージング "ダヌベ・レゲンド" (Legenda)

　シャンパンやワインを味わいながら、夜のドナウ川をクルージング。日本語オーディオガイドあり。

催 1・2月　　　毎日17:30、18:30発
　 3・10月　　 毎日18:30、19:30、20:15、21:00発
　 4・9月　　　毎日19:30、20:15、21:00、21:30発
　 5～8月　　　毎日20:15、21:00、21:30、22:15発
　 11・12月　　毎日17:00、18:30、20:00発
所要 1時間　料 5500Ft（学生4400Ft）
　ほかデイタイムクルーズや、ディナークルーズのプランもあり

● "槌と鎌" ウオーク (Absolute Tours)

　社会主義時代のブダペストの歴史をたどる。

催 毎日14:30発
所要 3時間30分　料 €55（学生€51）

● ドナウベンド・ツアー (Program Centrum)

　エステルゴム、ヴィシェグラード、センテンドレといった珠玉の町々をバスと船で巡る。ホテル送迎、3コースのランチ付き。

催 4～10月　　火～日　9:00発
　 11～3月　　水・土　9:00発
所要 9時間　料 €64

● プスタの馬術ショー (Program Centrum)

　大平原（プスタ）で遊牧騎馬民族伝統の馬術ショーを見学。ホテル送迎、ケチケメートでのハンガリー料理のランチ付き。

催 4～10月　　火・水・金～日　9:00発
　 11～3月　　日　9:00発
所要 8時間　料 €62

■City Tour Hop on Hop off
▶Map P.42-A4
住 VI. Andrássy út 2
☎ (1)374-7050
URL www.citytour.hu

■River Ride
▶Map P.41-E3
住 V. Széchenyi István tér 7/8
☎ (1)332-2555
URL riverride.com

■Legenda
▶Map P.41-E5
住 Dock 7 Jane Haining rakpart
☎ (1)317-2203、266-4190
URL legenda.hu

■Absolute Tours
▶Map P.42-A4
住 VI. Lázár u. 16
☎ (1)269-3843
URL www.absolutetours.com

■Program Centrum
▶Map P.41-F3
住 V. József Attila u. 24
☎ (1)317-7767
URL www.programcentrum.com

■大平原トラベル
→P.27

■ラプソーディア旅行代理店
→P.25

大迫力の馬術ショー

■ブダペストの
住居表記について

ブダペストには同じ通り名がいくつもある。タクシーで移動するとき、道を尋ねるときに便利なのが、区の表記だ。22の区（ ▶Map P.37参照）順番に番号がついている。

例1）1056 Váci út. 50
4桁の真ん中の数字を見る。05とは5区のこと。つまり5区にあるヴァーツィ通り50番地にあるということ。

例2）VI. Andrássyi út 3
ローマ数字のVIは6区を意味している。つまり6区のアンドラーシ通り3番地。

本書では例2のローマ数字で掲載しております。

通りには必ず名前が付いているので、住所から位置をたどることができる

■ローマ数字早読み表

1区	I	12区	XII
2区	II	13区	XIII
3区	III	14区	XIV
4区	IV	15区	XV
5区	V	16区	XVI
6区	VI	17区	XVII
7区	VII	18区	XVIII
8区	VIII	19区	XIX
9区	IX	20区	XX
10区	X	21区	XXI
11区	XI	22区	XXII

■博物館や美術館などの
入館時間について

博物館や美術館などのチケット販売は通常、閉館の1時間前から30分前までとなっている。本書では閉館時間を掲載しているので、早めに訪れることが望ましい。

ブダペストの 歩き方

ドナウ川の両岸に広がるブダペストの街

ブダペストは全部で22の区に分かれているが、おもな見どころはドナウ川沿いのI区（1区）とII区（2区）およびV区（5区）、VI区（6区）。距離にしてドナウ川を中心に半径約2kmの範囲に集中している。街自体はそれほど複雑ではなく、3つの地下鉄が交差する唯一の駅デアーク広場Deák tér、ブダ側の観光の起点となる地下鉄駅セール・カルマン広場Széll Kálmán tér、東、南、西の3つの鉄道駅、主要な大通りの位置を頭に入れておけばいいだろう。

観光の中心は、ドナウ川西岸のブダ地区と東岸のペスト地区を結ぶ壮麗なくさり橋、ブダの丘に広がる王宮、ペスト側にある国会議事堂や聖イシュトヴァーン大聖堂だ。日が沈むと、くさり橋や王宮がライトアップされ、幻想的な風景が浮かび上がる。

そのほか、おしゃれなレストランやショップが建ち並ぶアンドラーシ通りから市民公園にかけての一帯も、ゆっくり訪れたいエリア。ブダペスト全体を見渡せる景色を求めるなら、ゲッレールトの丘まで足を延ばそう。オーブダ地区は、街の中心部からは離れており華やかさはないが、歴史ある地区らしく落ち着いた雰囲気が漂う。

本書ではブダペストを広く6エリアに分けて紹介している。見どころは点在しているので、地下鉄やトラムを上手に利用して、効率よく観光しよう。

夜になるといっそう美しさを増すくさり橋

Area 1 くさり橋と王宮の丘 ☞P.64

ドナウ川に架かる橋のなかで最も美しいといわれるのが、ブダペストにあるくさり橋。川沿いにある王宮の丘は、長い間ハンガリーの政治文化の中心であった。これらは、絶対に外せないブダペスト観光のハイライトだ。

Map P.40-41

Area 2 国会議事堂とヴァーツィ通り周辺 ☞P.77

国会議事堂はさまざまな建築様式が取り込まれた美しい建築物。外観だけでなく内部も豪華絢爛だ。近くには、重要な見どころである聖イシュトヴァーン大聖堂もある。ブダペストきっての繁華街、ヴァーツィ通りもそぞろ歩きたい。

Map P.40-41

Area 3 アンドラーシ通りと英雄広場周辺 ☞P.81

街の中心部から北東方向に向かって真っすぐに延びるアンドラーシ通りの突き当たりには、ハンガリー歴代の勇者の像が並ぶ英雄広場がある。その裏手は広大な市民公園。通りの周辺には、小規模だがユニークな美術館や博物館が点在している。

Map P.42-43

Area 4 ゲッレールトの丘と周辺 ☞P.90

ゲッレールトの丘はドナウ川からせり上がった、緑に覆われた小高いエリア。その頂上には、しゅろの葉を掲げた女性像が立っている。ドナウ川を挟んで両側に街が広がったすばらしい景色が望める、絶好のビューポイントだ。

Map P.44-45

Area 5 ヤーノシュ山と周辺 ☞P.94

ブダにそびえる標高527mのヤーノシュ山。頂上へはリフトや登山鉄道のほか、子供鉄道と呼ばれる10～14歳の子供たちが運営する電車を利用して簡単に訪れることができる。街の喧騒を逃れて新鮮な空気を吸いたくなったときにぴったり。

Map P.94

Area 6 オーブダ周辺とマルギット島 ☞P.96

ブダの北方に位置するオーブダは、ブダペストのなかでも最も古い歴史をもつ地区。小さな美術館も点在しているので散歩がてらゆっくりと見て回るのもいい。ドナウ川に浮かぶマルギット島は、全体が公園になっている。

Map P.46

王宮の丘への 行き方 ▶

❶地下鉄M2セール・カルマン広場駅 Széll Kálmán tértから市バス16、16A、116番利用。
❷デアーク広場Deák tértから市バス16番利用。
❸クラーク・アーダーム広場 Clark Ádám tértからケーブルカーBudavári sikló利用。
❹丘の麓にいくつもある、王宮の丘へ続く階段を上る。

■王宮の丘へのケーブルカー
圉7:30〜22:00
困奇数週の月曜
圀片道1200Ft（子供700Ft）
往復1800Ft（子供1100Ft）

クラシカルなケーブルカー。くさり橋をはじめ、ペスト地区の眺めもいい

■王宮の丘と王宮の呼び方について

ハンガリーでは、王宮の丘全体を指してヴァールvár（城、宮殿の意）といい、「王宮の丘」とはいわない。これは丘全体が王の城域であったためだが、本書では王宮と区別するため「王宮の丘」としている。

王宮そのもの（現在美術館などが入っている建物）についてもヴァールVárまたはブダヴァーリ・パロタ Budavári palota（ブダ城の宮殿）、キラーイ・パロタ Király palota（王の宮殿）ともいうが、本書では「王宮」としている。

くさり橋と王宮の丘の 見 ▶

🔱 くさり橋
Map P.38-C4,41-D・E3

Széchenyi Lánchíd (Chain Bridge)

ドナウ川を境に西に広がるブダ、東のペスト。このふたつの街を最初に結んだのがくさり橋だ。夜になると380mのケーブル線に連なる幾千の電灯がドナウの河面を照らし、ブダペストのシンボルと呼ばれるにふさわしい輝きを放つ。

この橋が完成したのは1849年。ハンガリーの国民的英雄**セーチェニ・イシュトヴァーン**Szécheny István伯爵の提唱により10年の歳月をかけて造られた。セーチェニ伯爵はハンガリー発展のために力を尽くした貴族で、このくさり橋も正式名は「セーチェニのくさり橋」。建設は、テムズ川にロンドン橋を建設してのけた設計技師のT. W. クラークと、建築家アダム・クラークをイギリスから招くことで実現した。

この橋は、それまで船でしか行き来できなかったブダとペストの間を結んだ初めての橋だが、それ以上にハンガリー人にとって特別な思い入れのある歴史的な場所である。19世紀初頭、すでにハプスブルク家の統治下にあったハンガリーでは、当時ヨーロッパ全体を覆っていた自由独立運動の流れを受けて、1849年、対オーストリア（ハプスブルク家）独立戦争が勃発した。このときブダ側に追い込まれたハプスブルク家の軍隊は、完成したばかりのくさり橋を壊すと脅し、実際に爆弾をしかけて一部を破壊したという。結局、戦いはハンガリーの敗北に終わり、以後ハンガリーはオーストリアの「新絶対主義」の支配下に入る。橋は同年11月に開通した。

ブダとペストを初めて結んだくさり橋。夏期の週末には橋が歩行者天国になることも

それから約1世紀後の第2次世界大戦で、橋はドイツ軍により破壊されてしまったが、その後もとの姿に修復されて1949年の11月には開通式が行われた。以来現在までその姿を保っている。1956年のハンガリー動乱では、かつてナチス・ドイツからハンガリーを救ったソ連の戦車が、今度はハンガリーに軍事的圧力をかけるためにこの橋を渡った。そして1989年10月23日、ハンガリーが社会主義と決別した日、市民は赤・白・緑の三色旗を持ってこの橋に集まり、新しい歴史の第一歩を踏み出したことを喜び祝ったのである。

橋の両側に、静かにかつ威厳をもって座す4頭のライオンは、これらの一部始終を見守ってきた証人ともいえよう。

なお、ブダ側の橋のたもとにある広場は建築家の名を取って**クラーク・アーダーム広場**Clark Ádám térと呼ばれ、ハンガリー全土の基点、0m地点となっている。また、この広場の丘の斜面には、王宮の丘へ上る**ケーブルカー**Budavári sikló の乗り場がある。

ブダとペスト地区を見守るライオン像

王宮

Map P.38-C4,P.41-C・D4

Budavári palota (Royal Palace)

正確にはブダ王宮。王宮の丘の南側に位置し、水色のドーム型屋根がひときわ目立つ。ここに最初に王宮を建てたのはハンガリー王ベーラ4世。13世紀半ば、モンゴルの来襲にエステルゴムから逃れてきたベーラ4世は、この丘の地の利に目をつけここに城（王宮）を築くことを決めたという。14世紀には当時の王フヨシュ1世によって王宮の増改築が行われ、15世紀になると人文主義者として知られる王マーチャーシュ1世のもと、王宮にはイタリアなどから職人や芸術家が多数集まり、王宮を中心にハンガリー・ルネッサンスが花開いた。ハンガリーは中欧のルネッサンス中心地として栄華を誇ったのである。しかし16世紀には、オスマン帝国との戦いで王宮は壊滅してしまった。

17世紀に入り、ハプスブルク家によってオスマン帝国から解放されると、バロック様式の宮殿が新築され、18世紀には女帝マリア・テレジアのもとで増改築が行われた。ところが、19世紀半ばに起きた大火災で大部分が焼け落ちてしまった。それを機に再び大改築が行われ、完成したのは1904年。しかし、その後の2度にわたる世界大戦で再び大打

セーチェニ・イシュトヴァーン伯爵がくさり橋を架けた理由

船が唯一の交通手段だった1820年の冬、ドナウ川が凍りついて船が出せず、ペスト側にいたセーチェニ伯爵はブダ側で執り行われる父親の葬儀に行くことができなかった。この体験から、伯爵は橋の必要性を痛感した。そして数年後、大河に石橋を架けるという最新技術（ロンドン橋のこと）をもったイギリスに渡り、イギリス人技師のT. W. クラークと建築家アダム・クラークを連れ帰ったのである。

■くさり橋の改修工事

2019年秋から1年半、改修工事が行われ全面通行禁止となる予定。ブダ王宮の地下にあるケーブルカーの隣のトンネルも合わせて工事を行う。

王宮の丘はビューポイントとしてもおすすめ

壮麗なライオンの門

ブダペスト

エリア

くさり橋と王宮の丘

撃を被った。今見られる姿は戦後修復作業を行って、1950年代にようやく完成したものである。

　建物自体が何世紀も前のものというわけではないが、昔からここは王の居城であり、政治文化の中心であったことに変わりはない。特に、その入口を4頭のライオンが守る中庭には優雅さと威厳が漂っている。

ブダの丘に堂々と構える王宮

　現在、王宮は国立美術館をはじめ、美術館や博物館（→P.71）として使用されている。王宮の一角は2万冊の蔵書を誇る**セーチェニ図書館Országos Széchényi Könyvtár**になっており、中世の写本などが展示されている。

王宮の丘 Vár

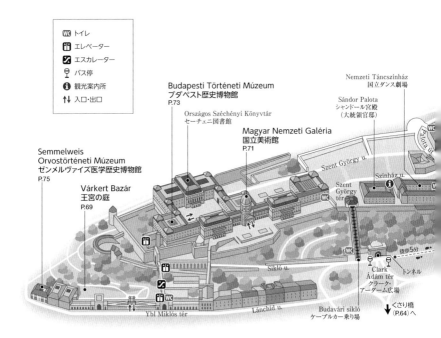

WC トイレ
エレベーター
エスカレーター
バス停
観光案内所
入口・出口

Semmelweis
Orvostörténeti Múzeum
ゼンメルヴァイス医学歴史博物館
P.75

Várkert Bazár
王宮の庭
P.69

Budapesti Történeti Múzeum
ブダペスト歴史博物館
P.73

Országos Széchényi Könyvtár
セーチェニ図書館

Magyar Nemzeti Galéria
国立美術館
P.71

Nemzeti Táncszínház
国立ダンス劇場

Sándor Palota
シャンドール宮殿
（大統領官邸）

Szent György u.

Színház u.

Szent
György
tér

Ybl Miklós tér

Lánchíd u.

Siklö u.

Clark
Ádám tér
クラーク・
アーダーム広場

徒歩5分

トンネル

くさり橋
（P.64）へ

Budavári sikló
ケーブルカー乗り場

マーチャーシュ教会

Map P.40-C2・③

Mátyás templom（Matthias Church）

　ペスト側からブダの丘を望むとまず目につく高い尖塔。この塔がそびえる壮麗なゴシック様式の教会がブダペスト最大の見どころのひとつ、マーチャーシュ教会だ。

　ブダペストのシンボル的な存在として知られるこの教会は、王宮と同じくハンガリーの長い歴史を背負っている。

　教会が建てられたのは13世紀半ば。王ベーラ4世の命により、聖処女マリアに捧げるべくロマネスク様式で建てられた。14世紀になるとゴシック様式で建て直され、15世紀にはマーチャーシュ王が塔を増築した。それが現在見られる一番高い塔で、マーチャーシュ教会という名称は、王宮の丘で最も目立つこの塔がマーチャーシュ王の命により造られたことからきているといわれる。しかし、正式名称はそもそもの建築の目的である「聖処女マリア教会」だ。ちなみに、マーチャーシュ王はこの教会で戴冠式と2度の結婚式を挙げている。

　1541年にブダがオスマン帝国に占領されると、教会はすぐ

■マーチャーシュ教会

住 I. Szentháromság tér 2
電(1)489-0716
URLmatyas-templom.hu
開月〜金　　9:00〜17:00
　　土　　　　9:00〜12:00
　　日　　　 13:00〜17:00
休無休（結婚式がある場合入場不可）
料1800Ft（学生1200Ft）
教会の塔
開11:00〜16:00（ガイドツアーは毎正時に出発）
休無休
料1800Ft（学生1200Ft）

■マーチャーシュ教会のコンサートについて

　チケットは前日までなら各プレイガイドで、前日および当日なら教会で直接買うことも可能。
　コンサートは深夜まで続く場合がある。タクシーをつかまえるのは難しいので、遅くなりそうなときは適当なところで抜け出すといい。

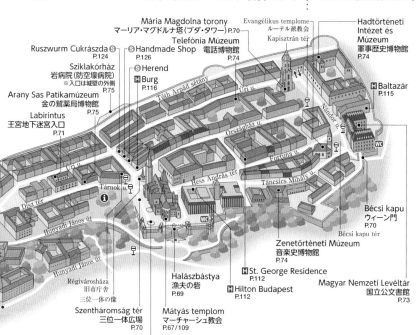

Mária Magdolna torony
マーリア・マグドルナ塔（ブダ・タワー）P.70

Evangélikus templome
ルーテル派教会

Kapisztrán tér

Hadtörténeti
Intézet és
Múzeum
軍事歴史博物館
P.74

Ruszwurm Cukrászda **S**
P.124

SHandmade Shop
P.126

電話博物館
Telefónia Múzeum
P.74

Sziklakórház
岩病院（防空壕病院）
※入口は城壁の外側
P.75

SHerend

Arany Sas Patikamúzeum
金の鷲薬局博物館
P.75

HBurg
P.116

Tóth Árpád sétány

Úri u.

HBaltazár
P.115

Labirintus
王宮地下迷宮入口
P.71

Országház u.

Nándor u.

WC

Tárnok u.

Hess András tér

Fortuna u.

Táncsics Mihály u.

Disz tér

Bécsi kapu
ウィーン門
P.70

Hunyadi János út

WC

Bécsi kapu tér

Hunyadi János út

Zenetörténeti Múzeum
音楽史博物館
P.74

HSt. George Residence
P.112

Magyar Nemzeti Levéltár
国立公文書館
P.73

Régivárosháza
旧市庁舎
三位一体の像

Halászbástya
漁夫の砦
P.69

HHilton Budapest
P.112

Szentháromság tér
三位一体広場
P.70

Mátyás templom
マーチャーシュ教会
P.67/109

Szt. István-szobor
聖イシュトヴァーンの騎馬像
P.69

N

ネオゴシック様式の主祭壇

チケットは漁夫の砦入口の右側にある建物で購入する（漁夫の砦のチケットも同様）

にモスクに改装された。そしてオスマン帝国による占領時代の約150年間、フレスコ画は塗り込められ、アラーの神への礼拝が行われていたという。

17世紀に再びカトリック教会に戻ったが、ファサードはバロック様式に改装された。19世紀後半、ハプスブルク帝国の皇帝フランツ・ヨージェフ1世と皇妃エルジェーベトが、ハンガリーの王、王妃となるべくこの教会で戴冠式を行った。このときリストは「戴冠ミサ曲」を作曲し、自ら指揮を執った。皇帝は、バロック様式のファサードを取り払い、この教会をかつての美しいゴシック様式の姿にするよう命じたため、建築家シュレック・フリジェシュにより古い図面や絵などを基に改修が施された。第2次世界大戦時に大打撃を受けたが、戦後、建築家シュレックが改築した時の姿に忠実に復元された。

内部は美しいステンドグラスや宗教画、石像などで飾られ厳かな雰囲気が漂っているが、壁の文様や色使いはビザンチン様式のようで、独特の雰囲気がある。入ると正面にある入口から宝物室に行くことができる。ここでは、現在国会議事堂にある王冠の修復作業の内容とレプリカ、16世紀に作られた祭壇、法衣などが見られる。

また、2015年より教会の尖塔部分に登ることが可能となった。ガイドツアーでのみの入場となり、改修時に取り外された装飾の一部や、塔の内部に吊り下げられた鐘などを見ることができる。197段の階段を登り、高さ46.73mの展望テラスから見下ろすブダペストの街並みは圧巻。

この教会は音響効果に優れていることでも知られており、定期的にオルガンコンサートが開かれる。観光シーズンの夏にはほかにもプログラムが用意されるので、ポスターや情報誌、観光案内所などでチェックしておこう。

カラフルな屋根は陶磁器で有名なジョルナイ製

漁夫の砦
Halászbástya (Fisherman's Bastion)

Map P.40-C2

ドナウ川に沿ってネオロマネスク様式で建造された、数個の尖塔と回廊。砦といっても戦いに使われたものではなく、マーチャーシュ教会を改修した建築家シュレックが町の美化計画の一環として建造したものだ。この名は、かつてここに魚の市が立っていたことや、城塞のこのあたりはドナウ川で漁を営む漁夫たちが守っていたことなどからつけられた。

白い石灰石でできた建物自体も幻想的で美しいが、ここはドナウ川と対岸に広がるペスト地区を一望できる絶好のビューポイントでもある。

聖イシュトヴァーンの騎馬像
Szt. István-szobor (Statue of St. Stephen)

Map P.40-C3

砦の南端、マーチャーシュ教会の横に立つ銅像。聖イシュトヴァーンはハンガリー建国の父といわれる初代ハンガリー国王。手にはハンガリーの国章にも取り入れられている二重の十字架を持っている。二重になっているのは、イシュトヴァーンがこの地にキリスト教を導入し、キリスト教国家としてハンガリー王国を築いたということと、ハンガリー国内の大司教を決めるという権威ある決定権を法王から与えられたことのふたつを意味するという説がある。

二重の十字架を手にした像はハンガリー国内のほかの場所でも見かけることがあるが、それはイシュトヴァーンゆかりのものかイシュトヴァーン自身を意味するもの、またはハンガリー王国を象徴する聖なる印と思って間違いないだろう。

王宮の庭
Várkert Bazár (The Castle Garden Bazaar)

Map P.40-D4・5

王宮の丘の南端、ドナウ川に面して造られた、美しい宮殿と回廊を擁する庭園。ハンガリー人建築家イブル・ミクローシュによって、1875～83年にかけて造られたが、第2次世界大戦後、廃墟に。社会主義時代にはたもとに商店が並んでいたため、バザールという名前が残っている。

しばらく復興工事が行われていたが、イブルの生誕200周年記念に合わせて、2014年に再オープンを迎えた。かつての宮殿はカフェやショップ、展示棟として使われており、地下には約1000人を収容できるイベントホールと駐車場が備えられている。

改装に伴いエスカレーターやエレベーターも設置された

■漁夫の砦
☎(1)458-3000
URL www.fishermansbastion.com
開3/16～4/30 9:00～19:00
　5/1～10/15 9:00～20:00
　（上記以外は入場自由）
料1000Ft（学生500Ft）
　（10/16～3/15は無料）
　※ブダペスト・カードで10%割引
休無休

テラス部分は自由に散策することが可能だが、塔の一部のみ有料となっている

手に持つ二重の十字架は聖イシュトヴァーンの偉大さを象徴

■王宮の庭
☎(1)225-0554
URL varkertbazar.hu
開6:00～24:00
休無休
展示ホール
開10:00～18:00
休月
料企画展により異なる

建築家イブル・ミクローシュは国立オペラ劇場や聖イシュトヴァーン大聖堂の設計なども手がけた

日が暮れると一帯がライトアップされる

シンプルなウィーン門

国内のいたるところで見られる史跡案内

■マーリア・マグドルナ塔
（ブダ・タワー）
住Kapisztrán tér 6
URL www.budatower.hu
開夏季10:00～日没
　冬季10:00～16:00
休月、冬季の火～金
料1500Ft（学生900Ft）
　※ブダペスト・カードで
　　入場可

三位一体広場

Map P.40-B・C3

Szentháromság tér (Holy Trinity Square)

　マーチャーシュ教会の前に広がる広場。中央には18世紀に建てられた三位一体の像がある。これは中世ヨーロッパで猛威を振るったペストの終焉を記念して建てられたもの。像から西南方向の角にある白壁の建物は**旧市庁舎**Régi városházaで、建物の広場側の角の彫刻はブダペストの守護神を意味しているという。

観光客であふれ、にぎやかな三位一体広場

ウィーン門

Map P.40-B2

Bécsi kapu (Vienna Gate)

　王宮の丘の北端にある。セール・カルマン広場からバスに乗ってくる際、坂を上りきる直前にくぐる石造りの門。王宮の丘の北の出入口。18世紀にはここに城門があったが、歴史の変遷のなかで壊されてしまった。現在の門は、1936年にオスマン帝国からの解放250周年を記念して造られたものだ。

　門の前の広場は**ウィーン門広場**Bécsi kapu térと呼ばれ、かつてはこの広場に土曜市が立った。広場にある白い教会は**ルーテル派教会**Evangélikus templom。

マーリア・マグドルナ塔（ブダ・タワー）

Map P.40-B2

Mária Magdolna torony (Buda Tower)

　もとは13世紀に建てられた教会だが、第2次世界大戦で破壊され、この塔（鐘楼）だけが残って現在にいたっている。

　オスマン帝国の占領下時代、あらゆる教会がモスクに改装されるなか最後まで教会として残り、カトリック教徒とプロテスタント教徒が共用していたこともあるという。しかし、ここも最終的にはモスクに変えられてしまった。

　修復は1997年に完了したが、周囲には壊れた石の欠片が転がり、建物も傷だらけのままだ。この状態で保存されているのは、戦争の傷跡を残しておくためだという。

その外観に、歴史の長さを感じさせるマーリア・マグドルナ塔

地下迷宮

Map P.40-C3

Labirintus (Labyrinth)

　王宮の丘の地下には、洞窟が縦横無尽に走っている。ひとくちにブダペストといってもブダ地区とペスト地区では自然景観がまったく異なり、平坦なペスト側に比べ、ブダ側はカルストの山がちな地形だ。市内の鍾乳洞がすべてブダ側にあるのもカルスト台地だからである。

　王宮の丘の地下洞窟は深さ数十mに及び、二層三層にもなっているといわれる。もともとはワインセラーや祈りの場、あるいは監獄として使われ、いわば生活空間の一部でもあった。このため、内部にはれんがを積んで築かれた、人の手による部分やカタコンベが見られる。また、第2次世界大戦時には、地下住居あるいは軍の秘密施設などとしても使用されていたそうだ。

　現在、その一部が観光客向けに開放されている。入口はウーリ通りÚri u.沿い。ランプのほのかな明かりを頼りに巡るようになっており、ひとりで入ると少々怖いかもしれない。内部は広く複雑な造りになっているので迷わないよう注意しよう。毎日18:00にはランプを使って洞窟内を歩くガイドツアーもある。

■王宮地下迷宮
住 I . Úri u. 9
☎ (1)212-0207
URL labirintus.eu
開 10:00〜19:00
休 無休
料 2500Ft（学生2000Ft）

ウーリ通りÚri u.にある王宮地下迷宮の入口

洞窟内は暗くて先があまり見えない場所もある

くさり橋と王宮の丘の　美術館・博物館

国立美術館（王宮B〜D）

Map P.41-D4

Magyar Nemzeti Galéria (Hungarian National Gallery)

　第2次世界大戦によって損傷を受けた後、1960年代に入ってから修復工事が始められた。国立美術館として開業されたのは1975年。4階からなる王宮内には中世から現代までのハンガリー美術の集大成が並ぶ。日本ではほとんど見ることのできないハンガリー人画家の作品が一堂に会しており、芸術的価値もさることながら、絵画を通して描かれた当時のハンガリー人の生活や感情を垣間見ることができる。

王宮の中央の建物を美術館として利用している

■国立美術館
住 I . Szt. György tér 2
☎ (1)439-7325
URL mng.hu
開 10:00〜18:00
休 月
料 1800Ft（学生900Ft、企画展は別料金）
　オーディオガイド（英語）800Ft
　ビデオ撮影　1000Ft
　※ブダペスト・カードで入場可

1階のショップの先にはルネッサンス期の彫刻が展示されている

2階にはムンカーチ・ミハーイの作品が多く並ぶ

聖母マリアの祭壇

ハンガリー印象派の父と称される、フェレンツィ・カーロイの『10月』

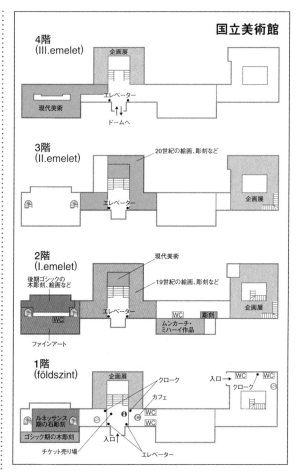

国立美術館

4階
(III.emelet)
企画展
エレベーター
現代美術
ドームへ

3階
(II.emelet)
20世紀の絵画、彫刻など
エレベーター
企画展

2階
(I.emelet)
現代美術
後期ゴシックの木彫刻、絵画など
19世紀の絵画、彫刻など
エレベーター
WC
彫刻
企画展
WC
ムンカーチ・ミハーイ作品
ファインアート

1階
(földszint)
企画展
クローク
入口→
WC
WC
カフェ
クローク
ルネッサンス期の石彫刻
WC
ゴシック期の木彫刻
WC
入口↑
チケット売り場
エレベーター

■**1階** （ハンガリーでは地上階または0階）は、ゴシック期の木彫刻やルネッサンス期の石彫刻など。

■**2階** （ハンガリーでは1階）は、19世紀の絵画、彫刻などで、ここにハンガリーが世界に誇る画家ムンカーチ・ミハーイMunkácsy Mihály（1844〜1900）やパール・ラースローPaál László（1846〜79）らの作品がある。そのほか、後期ゴシック、後期ルネッサンスおよびバロック美術なども展示されている。

■**3階** （ハンガリーでは2階）は、20世紀の絵画、彫刻など。

■**4階** （ハンガリーでは3階）は、1945年以降の現代美術の展示のほか、そのときどきの企画展が開催されている。ドームに続く階段があり、バルコニーからはドナウ川を一望することができる（4〜10月のみオープン）。

ブダペスト歴史博物館（王宮E）

Map P.41-D4

Budapesti Történeti Múzeum (Budapest History Museum)

　現在の王宮は、13世紀の建設当初そのままの姿ではなく、幾多の変遷を経て現在の姿になったものだ。この博物館には、その13世紀当時の王宮を飾っていた装飾彫刻や柱や壁などをはじめ、かつて行われた王宮の増改築に関する設計図などの資料が展示されている。

　この博物館の特に興味深いところは、現在まで残されている地下室や洞窟を展示室として利用していることだ。展示に従って地下に続く細い階段を下りていくと、急に空気がひんやりとして、外の喧騒がぷっつりと途絶え、一種独特な雰囲気に包まれる。そんななかでかつての王宮の歴史をたどっていると、まるでタイムスリップしたような不思議な気分になる。

地上とは異なる雰囲気の地下展示室

■ブダペスト歴史博物館
住 I. Szt. György tér 2, Budávari Palota E épület
電 (1)318-8800
URL www.btm.hu
開 3〜10月　10:00〜18:00
　11〜2月
　火〜金　10:00〜16:00
　土・日　10:00〜18:00
休 月
料 2000〜2400Ft（学生1000〜1200Ft、企画展は別途）
　オーディオガイド（英語）1200Ft
　写真撮影　1000Ft
　※ブダペスト・カードで入場可

ブダペストの歴史を語るにふさわしい、王宮南端の建物が博物館になっている

国立公文書館

Map P.40-B2

Magyar Nemzeti Levéltár (National archives of Hungary)

　ウィーン門に隣接して建つ、ファザードが特徴的な石造りの建物。ハンガリー国内外の貴重な公文書を保管する管理棟として利用されており、資料の複写サービス（有料）を行っている。保管された膨大な量の資料は、書面の長さにして約73km、マイクロフィルムは6350万点にも及ぶという。

■国立公文書館
住 I. Bécsi Kapu tér 2-4
電 (1)225-2843
URL mnl.gov.hu
開 月・金　8:30〜14:00
　火〜木　8:30〜17:45
　（時期により変動あり）
休 土・日
料 無料
ガイドツアー（英語）
開 月・木の10:00、11:00、14:00発。所要30〜45分
料 1200Ft

研究者や学者の利用が主。定期的に企画展も行われているが、ハンガリー語がわからないと内容的には難しいものが多い

■軍事歴史博物館
住 I . Kapisztrán tér 2-4
電 (1)325-1600
URL www.militaria.hu
開 9:00～17:00
休 月
料 1500Ft（学生750Ft）

博物館前には大砲などが展示されている

■音楽史博物館
住 I . Táncsics Mihály u. 7
電 (1)214-6770
URL zti.hu
開 10:00～16:00
休 月
料 600Ft（学生300Ft）

音楽史博物館の入口は中庭に面している

「バルトークの部屋」にはオリジナルの楽譜や書簡などを展示

■電話博物館
住 I . Úri u. 49
電 (1)201-8857
URL www.postamuzeum.hu
※2018年12月現在、改装のため休館中。

◆ 軍事歴史博物館 　Map P.40-A・B2
◆ Hadtörténeti Intézet és Múzeum (Museum of Military History)

　王宮の丘の北端にある大きな建物。19世紀半ばに兵舎として建てられたものを博物館に改装している。見どころは、2週間の動乱の模様が日を追って展示されている、1956年のハンガリー動乱に関するもの。そのほか、896年から1686年までのハンガリー軍に関する資料や近代までのさまざまな武器、兵器をはじめ、制服や記念硬貨、軍事に関する絵画や彫像なども展示されている。自分が戦場にいるかのような錯覚を覚える、リアルな展示は見もの。

軍服を着た人形が多く置かれている

◆ 音楽史博物館 　Map P.40-B2
◆ Zenetörténeti Múzeum (Museum of Music History)

　ウィーン門からマーチャーシュ教会に延びるターンチチ・ミハーイ通りTáncsics Mihály u.沿いにある。中庭を通って突き当たりにある美しいバロック様式の建物だ。ハンガリーはリストやコダーイ、バルトークらの音楽家を生んだ国。彼らが活躍したおもに19～20世紀の音楽の歴史が、楽器や絵画などの資料でわかるようになっている。

　ハンガリーは伝統的は民族音楽が豊富に残っている国である。その民族音楽に欠かせないハンガリー独特の楽器も数多く展示されていて興味深い。

楽器を鳴らすことはできないが、オーディオによって展示楽器の演奏音を聞くことができる

◆ 電話博物館 　Map P.40-B2
◆ Telefónia Múzeum (Telephone Museum)

電話交換機から公衆電話など充実した展示内容

　電話交換機を発明したのはハンガリー人のプスカシュ・ティヴァダル Puskás Tivadar。現在まで130年にわたる電話技術の発達の歴史をたどることができる。

世界初の電話交換機の実物や、昔の交換機を使って実際に電話ができる展示が興味深い。携帯電話の移り変わりも紹介している。

金の鷲薬局博物館

Map P.40-C3

Arany Sas Patikamúzeum (Golden Eagle Pharmacy Museum)

ハンガリーでは薬局の博物館というものをよく見かけるが、ここは国で初めての薬局が造られた場所だ。ルネッサンス期

やバロック期を中心に中世～18世紀頃の薬局に関する資料が展示されている。薬のすり鉢をはじめ、なかには当時のオリジナルの展示物もある。

17世紀に薬の調合台として使用されていたテーブル

岩病院（防空壕病院）

Map P.40-B3

Sziklakórház (Hospital in the rock)

第2次世界大戦中から1946年の共和国革命にかけて、実際に利用された軍事病院を、約1時間のガイドツアーで回る。王宮の丘の地下にある洞窟内に、当時の凄惨さを物語る等身大のろう人形や、医療設備の展示が並ぶ。室内は15～18℃で夏は肌寒い。

城壁の外に入口がある

ゼンメルヴァイス医学歴史博物館

Map P.41-D5

Semmelweis Orvostörténeti Múzeum (Semmelweis Medical History Museum)

王宮の丘の南の麓、アプロード通りApród u.沿いにある。出産後に起こる産褥熱（さんじょくねつ）の原因をつきとめた産婦人科医ゼンメルヴァイス博士の生家を利用している。館内には、出産や歯科に関する昔のさまざまな治療道具、また頭蓋骨や脳の模型、治療の様子を描いた絵画など数多くの資料が展示されており、ハンガリーだけでなく世界の医療の歴史をたどることができて興味深い。

人体模型や治療道具など、医学に関するあらゆる展示品が並ぶ

■金の鷲薬局博物館
住 I . Tárnok u. 18
電 (1)375-9772
URL semmelweismuseum.hu
開 3～10月
　10:00～18:00
　11～2月
　火～金　10:00～16:00
　土・日　10:00～18:00
休 月
料 800Ft（学生400Ft）

■岩病院（防空壕病院）
住 I. Lovas út 4/c
電 0670-701-0101
URL www.sziklakorhaz.eu
開 10:00～20:00
　ガイドツアーはハイシーズンは30分ごと、ローシーズンは毎正時に出発。最後のツアーは19:00発
休 無休
料 4000Ft（学生2000Ft）
　※ガイドツアー（英語）込み
　※ブダペスト・カードで30%割引

■ゼンメルヴァイス医学歴史博物館
住 I . Apród u.1-3
電 (1)375-3533
URL semmelweismuseum.hu
開 3～10月
　10:00～18:00
　11…2月
　火～金　10:00～16:00
　土・日　10:00～18:00
休 月
料 1000Ft（学生500Ft）
交 地下鉄M2 バッチャーニ広場駅Batthyány térからトラム19、41番Várkert Bazár下車

ハンガリーを愛しハンガリーに愛された皇妃エルジェーベト

ブダペストの中心部にあるエルジェーベト広場やエルジェーベト橋の名前は、ハプスブルク皇妃エルジェーベト（ドイツ名エリーザベト）にちなんでいる。美貌の皇妃エルジェーベトはハンガリーと深い関わりをもち、今でも"シシィ"という愛称で親しまれているのだ。

エルジェーベトは1837年、バイエルンの公女として生まれた。堅苦しさを好まない両親のもと、豊かな自然のなかでのびのびと育ち、特に乗馬の腕前は国際大会に出場するほどだった。が、そんな生活にも転機が訪れる。姉のヘレーネのお見合い相手として訪れたハプスブルク皇帝フランツ・ヨージェフ1世（ドイツ名フランツ・ヨーゼフ）にひとめで気に入られ、16歳で嫁ぐこととなったのだ。その絶世の美しさと、身長173cm、体重48kg、ウエスト50cmという抜群のプロポーションは、ヨーロッパ全土で称賛の的となった。

しかし、その結婚生活は幸せなものとはいえなかった。厳格なウィーン宮廷の生活はエルジェーベトの肌に合わず、皇帝の愛さえも義母ゾフィーとの折り合いの悪さを解決してはくれなかった。子供を産んでも自分の手で育てることを許されず、長女を2歳で失ってから、繊細な彼女はだんだんと神経を病んでいったのである。エルジェーベトは心身療養のため旅行ばかりの生活を送るようになる。これはほとんどウィーンを離れる口実だった。そんな彼女が好んで滞在先に選んだのが、自由で快活な気風にあふれるハンガリーだ。

ハンガリーは1848年の独立戦争をハプスブルク家によって鎮圧されたが、1867年には国力の衰えたオーストリアと和約を結んで二重帝国となる。フランツ・ヨージェフ1世とエルジェーベトは、ブダの丘にあるマーチャーシュ教会でハンガリー王としての戴冠式を行った。そのときエルジェーベトはハンガリー民族風の衣装を身につけ、ハプスブルク家を快く思っていなかったハンガリー民衆の心をつかんだという。エルジェーベトは騎馬民族の国ハンガリーを愛し、難しいといわれるハンガリー語を完全にマスターした。また、側近はハンガリー人ばかりで固められた。彼女は政治に口出しをしなかったが、唯一ハンガリーに関してだけは独立運動を支持し、その地位向上に努めた。そのためハ

ハンガリー戴冠式に臨んだときの衣装をつけた肖像画
（ウィーン王宮にて展示）

ンガリー国民にたいへん慕われたのである。

エルジェーベトは、自身の美しさを十分に自覚しており、その維持には並々ならぬ時間と労力が払われた。ウィーンの王宮には、彼女が美容体操に使った道具が残されている。食事も極端に制限し、月に一度は丸一日かけて自慢の髪の手入れを行ったという。

1889年息子のルドルフが謎の死をとげると、エルジェーベトは母としての役割を果たさなかった自分を責め、以後ずっと喪服で通した。そして1898年には、旅行先のスイス、レマン湖のほとりでアナーキストの手により暗殺されてしまう。家族を愛していたフランツ・ヨージェフ皇帝の悲しみは、いかばかりだったであろうか。1914年には、甥であるフランツ・フェルディナント大公夫妻がサラエヴォで暗殺された事件から第1次世界大戦が始まり、その最中の1916年に皇帝は長い生涯を閉じた。

ブダペストにはエルジェーベトゆかりの場所があちこちに残っている。戴冠式が行われたマーチャーシュ教会（→P.67）をはじめ、いつも滞在していた郊外のグドゥルー宮殿（→P.100）、専用の階段やボックス席が残っている国立オペラ劇場（→P.84）、橋のたもとに像があるエルジェーベト橋（→P.91）など。ジェルボー（→P.20／P.123）にも、足を運んだという。これらの場所に行ったら、没後100年以上経った現在でも変わらず愛される、美貌の皇妃に思いをはせてみたい。

Area 2 国会議事堂とヴァーツィ通り周辺 Map P.40〜41

国会議事堂とヴァーツィ通り周辺の **おもな見どころ**

🔷 国会議事堂　Map P.41-E1
Országház (Parliament)

　ドナウ川の岸辺にある**コッシュート・ラヨシュ広場** Kossuth Lajos tér にたたずむ国会議事堂は、ブダペスト観光ハイライトのひとつ。1885年に着工され17年の歳月をかけて1902年に完成した。設計はハンガリー人の建築家シュティンドル・イムレ Steindl Imre。彼は世界各地を回ってさまざまな国、時代の建築様式を学び、数々の異なる様式を取り入れた折衷主義を設計の基本とした。全長268m、幅118m、総面積約1万8000㎡の堂々たる姿を見せる国会議事堂は、まさにその集大成ともいえる折衷主義建築の傑作である。

　川辺に上品な華やぎを与える美しい外観はいくつもの尖塔

天井のフレスコ画はハンガリーを代表する画家ロッツ・カーロイの作品

が天を突くネオゴシック様式だが、高さ96mに及ぶ中央のドームは優雅なルネッサンス風。外壁には88人の歴史上の人物像が立ち並び、内部はバロック様式で豪華な装飾が施された691部屋が連なっている。

　見どころは、初代イシュトヴァーン戴冠の1000年から、最後の王カーロイ（カール）4世が1948年に退位するまで、約950年にわたって王から王へ受け継がれてきたとい

堂々たる姿を見せる国会議事堂

■**国会議事堂**
🏠 V. Kossuth Lajos tér 1-3
🔗 www.parlament.hu
🚇 地下鉄M2 またはトラム2番　コッシュート・ラヨシュ広場駅 Kossuth Lajos tér 下車

ビジターセンター
☎ (1)441-4000
📅 4〜10月
　月〜金　8:00〜18:00
　土・日　8:00〜16:00
　11〜3月　8:00〜16:00
休 無休

■**国会議事堂見学ツアー**
📅 毎日10:00、12:00、12:30、13:30、14:30、15:30（英語）
　ハンガリー語、ドイツ語、フランス語、スペイン語、イタリア語、ロシア語などのガイドツアーもある
💴 6000Ft（学生3100Ft）（オンライン予約だと200Ft割引）
　※一部を除き、館内撮影可
　国会議事堂内の見学はガイドツアーのみ。1回に付き35人まで参加でき、所要約45分。チケットは当日券ならビジターセンターでも購入可能だが、非常に混雑するうえチケット購入窓口で待たされる可能性もあるため、オンラインで事前予約を行うのがベター。購入手続きには個人情報の登録を必要とし、印刷したバウチャーを持参してツアーに参加する。決済はクレジットカードで、250Ftの手数料がかかる。
🔗 www.jegymester.hu/parlament

ビジターセンターは議事堂の北側に位置する

ハンガリー王朝の歴史を見守ってきた王冠

■聖イシュトヴァーン大聖堂
住V. Szt. István tér 1
☎(1)311-0839
URL www.bazilika.biz
開9:00〜17:00
休無休
料200Ft（寄付）
交地下鉄M1 バイチ-ジリンスキー通り駅Bajcsy-Zsilinszky útまたはM3 アラニ・ヤーノシュ通り駅Arany János utca下車

200Ftでガラスケースが2分間ライトアップされる

展望台
開4・5・10月 10:00〜17:30
　6〜9月　　10:00〜18:30
　11〜3月　 10:00〜16:30
休無休
料600Ft（学生400Ft）
宝物館
開休展望台と同じ
料400Ft（学生300Ft）
※ブダペスト・カードで15%割引

■聖堂内でのコンサート
　大聖堂内では随時クラシックのコンサートが行われている。コンサートのチケットは入口横で購入できるほか、下記のウェブサイトからスケジュールのチェックと購入が可能。
URL www.classictic.com

う王冠。第2次世界大戦後、国外に持ち去られ長い間アメリカに保管されていたが、1978年カーター大統領により里帰りした。宝石がちりばめられた見事なもので、ぜひとも見ておきたいハンガリーの

国会が開かれる議場。美しい装飾が施され、優雅な空気が流れる

至宝だ。なお、国会議事堂前のコッシュート・ラヨシュ広場に面した建物には1956年のハンガリー動乱の際の銃弾の跡が多数残されている。

◆ 聖イシュトヴァーン大聖堂　Map P.41-F3
Szt. István Bazilika (St. Stephen's Basilica)

　デアーク広場から約300m北に歩いた場所にあるブダペスト随一の大聖堂。その巨大で威厳ある建物の大きなドーム型の屋根は、王宮の丘からペスト側を眺めたときにも目につく。ドームは直径22m、高さ96mで大聖堂の収容人数は8500人に及ぶ。建設には約50年を費やし、その間に建築監督を務めたのは3名。最初に建設工事を指揮したのは当時すでに老齢だったヒルド・ヨージェフで、建設は1851年に始まった。彼の死後はイブル・ミクローシュが引き継いだが、引き継いですぐに壁にひび割れを発見し、間もなく嵐でドームが崩れ落ちるという事件が発生。このため設計を大幅に変更しなければならなかった。1891年にイブルが亡くなると今度はカウセル・ヨージェフが引き継ぎ、1905年にようやく完成した。

　大聖堂の名称になっているイシュトヴァーンは初代ハンガリー国王。彼の祖先は、アジア系の遊牧民族である。キリスト教を受け入れ国教とすることで、ハンガリーをヨーロッパの一国として位置づけ、国内統一を図った。1083年に聖人となり、ハンガリー建国の父として歴史に刻まれている。

　大聖堂の一番の見どころは、聖イシュトヴァーンの右手のミイラだ。奥

ドームの高さ96mはマジャル民族がハンガリーへ進出した896年にちなんだもの

大聖堂主祭壇。中央では聖イシュトヴァーンが輝いている

にある**聖なる右手の礼拝堂**Szent Jobb Kápolnaにガラスケースに入って保管展示されており、旅行者も見ることができる。ちなみに祭壇の中央にはキリストではなく、聖イシュトヴァーンの彫像が置かれている。堂内には**宝物館**Kincstárもある。

ドームの周囲は**展望台**Panoráma Körkilátóになっており、エレベーターを使って昇ることができる。

ドナウ川沿いの靴
Cipők a Duna-parton (Shoes on the Danube)
Map P.41-D2

国会議事堂からドナウ川沿いを歩いていくと、遊歩道に並ぶ無数の靴の銅像を見つけられるだろう。これらは第2次世界大戦時、ホロコーストによって多くのユダヤ人が射殺され、目の前のドナウ川に落ちていったという悲劇を後世に伝えるために作られたものだ。60にのぼる靴のなかには子供用の小さな靴も混ざっており、戦争の悲惨さを静かに物語っている。

ヴルシュマルティ広場
Vörösmarty tér (Vörösmarty Square)
Map P.41-F4

ヴァーツィ通りの北端にある、明るくにぎやかな広場。真ん中には、この広場の名前の由来ともなった19世紀のロマン派詩人ヴルシュマルティ・ミハーイの像が立っている。北側にあるのは、ブダペストを代表する老舗カフェ「Gerbeaud（→P.123）」だ。

聖イシュトヴァーン
Szt. István

（970頃〜1038）
896年の民族大移動の際、それを率いたアールパード家最後の首長ゲーザの子。キリスト教に改宗して洗礼名イシュトヴァーンを名乗った。1000年にローマ法皇より授けられた王冠（→P.78）をもって戴冠式を行い、初代ハンガリー国王となった。部族の平定、行政制度の整備などを果たし、統一国家を樹立した功績は大きく、後に聖人に列せられた。8月20日は聖イシュトヴァーンの日としてハンガリーの祝日となっている。

■**ドナウ川沿いの靴**
🚇地下鉄Ⓜ2コッシュート・ラーヨシュ広場駅Kossuth Lajos tér下車

当時は靴が貴重であったため、銃で撃つ前に靴を脱ぐよう命じられたのだという

■**ヴルシュマルティ広場**
🚇地下鉄Ⓜ1 ヴルシュマルティ広場駅Vörösmarty tér下車

■ヴァーツィ通り
交地下鉄Ⅿ1ヴルシュマルテ
ィ広場駅Vörösmarty tér
またはトラム47、48、49
番フォーヴァーム広場
Fővám tér下車

中央市場まで続く、ヴァーツィ
通り

■民族博物館
住V. Kossuth Lajos tér 12
電(1)473-2400
※2018年12月現在、移転の
ため閉館中。2020年に再オ
ープン予定。

1800年代後半のトランシルヴァ
ニア地方（ルーマニア）の民族
衣装

■地下鉄博物館
住V. Deák F. tér
開10:00〜17:00
休月
料350Ft
　写真撮影　500Ft
　※ブダペスト・カードで
　15〜30％割引
　市内交通シングルチケッ
トと同じ料金。BKKの共通
チケットで入れる。ただし1
日券や定期券での入場は不
可。入口は地下の切符売り
場の奥にある。

ヴァーツィ通り

Map P.41-F4・5、45-D2

Váci u. (Váci Street)

　観光客でにぎわうブダペスト随一の繁華街。歩行者天国になっており、カフェ、レストランはもちろん、ハンガリー名産の刺繍入りブラウスやテーブルクロス、またワインなどを売るみやげ物店が並ぶ。路上にはアイスクリームや飲み物の露店がいくつも出ていたり、ストリートパフォーマーやミュージシャン、似顔絵描きがいたりする活気ある通りだ。

国会議事堂とヴァーツィ通り周辺の 美術館・博物館

民族博物館

Map P.41-E1

Néprajzi Múzeum (Museum of Ethnography)

　国会議事堂前にあるネオルネッサンス様式の重厚な建物が民族博物館。外観同様、内部も天井の高い広いホールにどっしりとした階段、鮮やかな天井画など豪華な造りで、建物だけでも一見の価値がある。東欧の民族衣装をはじめ、ハンガリ

豪壮なファサード。6本の円柱が目印

ーの家具、名産の陶器や人形などの民芸品や日用品、ハンガリー各地の出土品など約20万点ものコレクションを所蔵しており、ハンガリー独特の民族文化を垣間見ることができる。

地下鉄博物館

Map P.41-F4

Millenniumi Földalatti Vasút Múzeum (Millennium Underground Museum)

　デアーク広場の地下にある、奥行き30mほどしかない細長くこぢんまりとした博物館。
　ブダペストの地下鉄は、ロンドンに次いでヨーロッパで2番目に開通したという歴史を誇る。最初に開通したのは、アンドラーシ通りの下を走る現在のⅯ1線。1896年5月2日のことだ。博物館は当時のトンネルの一部を改装利用したもの

かつてトンネルだった場所を改装して作られた

で、館内には当時使われていた車両のほか、建設当時の様子を伝えるモノクロ写真、文献、当時使われていた切符、車両の部品などが展示されている。

Area 3 アンドラーシ通りと英雄広場周辺

Map P.42～43

アンドラーシ通りと英雄広場周辺の **おもな見どころ**

英雄広場

Map P.43-D1・2

Hősök tere (Heroes' Square)

　ハンガリー建国1000年を記念して1896年に造られたブダペスト最大の広場。アンドラーシ通りの北端に位置する。広大な広場の中央には大天使ガブリエルを頂く高さ35mの建国1000年記念碑Millenniumi emlékműが立つ。大天使ガブリエルは、西暦1000年のクリスマスの日、ローマ法王シルベステル2世の夢に現れ、イシュトヴァーン1世に王位を授けるよう告げたといわれている。また台座にはドナウ川に架かる橋の名にもなっているマジャル族の首長アールパードÁrpádを真ん中に、全部で7人の部族長の騎馬像がぐるりと並んでいる。9世紀後半に現在のハンガリーの地に足を踏み入れた、ハンガリー人の祖先ともいえるマジャル7部族の長たちだ。

　記念碑の左右に扇状に並ぶのは歴代の国王や将軍、芸術家など14人のハンガリーの英雄たち。かつてこの像の列の最後にはハプスブルク皇帝フランツ・ヨージェフ1世の像が並んでいたが、共和国宣言の後、1948年に独立戦争の指導者コッシュート・ラヨシュの像が配置された。さらに扇状の柱の上、それぞれ両端に並んでいる全部で4体の像は、向かって左から「労働と繁栄」「戦い」「平和」「学問と芸術」を象徴している。

　開けた空間の明るいこの広場は、ローラースケートやスケートボード、自転車を乗り回す人や、アイスクリームや飲み物を売る露店などで終日にぎわっている。

歴代の英雄たちが立ち並ぶ英雄広場

■英雄広場

地下鉄M1 フーシュク（英雄）広場駅Hősök tere下車

14人の英雄像（左から）

❶聖イシュトヴァーン
Szt. István
統一国家を樹立したハンガリー初代国王。

❷聖ラーズロー Szt. László
9代国王。キリスト教の布教促進に努めた。

❸カールマーン・クニヴェシュ
Kálmán Könyves
10代国王。別名文人王。

❹エンドレ2世 II. Endre
18代国王。英国のマグナ・カルタにあたる「黄金の大勅書」を編纂。

❺ベーラ4世 IV. Béla
19代国王。ブダの丘に王宮を築いた。

❻カーロイ・ロベルト
Károly Robert
25代国王。初の非ハンガリー人の国王。

❼ラヨシュ大王 Nagy Lajos
26代国王。領土拡大に尽力した。

❽フニャディ・ヤーノシュ
Hunyadi János
32代国王（摂政）。1456年トルコ軍を破って勝利。

❾マーチャーシュ Mátyás
34代国王。ハンガリー・ルネッサンス文化の父。

❿ボチカイ・イシュトヴァーン
Bocskai István
ティサ地方の大地主。16世紀の独立戦争で活躍。

⓫ベトレン・ガーボル
Bethlen Gábor
トランシルヴァニアの貴族。17世紀の独立戦争で活躍。

⓬テケリ・イムレ
Thököly Imre
北ハンガリーの貴族。初期ハンガリー独立戦争で活躍。

⓭ラーコーツィ・フェレンツ2世 II. Rákóczi Ferenc
トランシルヴァニアの貴族。18世紀の自由戦争の旗手。

⓮コッシュート・ラヨシュ
Kossuth Lajos
1848～49年の蔵相。19世紀独立戦争の指導者。

■**市民公園**

🚇地下鉄Ⓜ1 フーシュク広
場駅Hősök tereまたはセ
ーチェニ・フェルドー駅
Széchenyi fürdő下車
アイススケートリンク
🏠XIV. Olof Palme sétány 5
☎(1)363-2673
🌐www.mujegpalya.hu
🕐月〜金
　9:00〜13:00、17:00〜21:00
　土
　10:00〜14:00、16:00〜21:00
　日
　10:00〜14:00、16:00〜20:00
❌2月中旬〜11月中旬
💴1500Ft（金の午後と土・
　日は2000Ft）
聖イシュトヴァーンの泉
▶**Map P.43-D1**
🕐9:00〜17:00
❌無休

聖イシュトヴァーンの泉。胃腸
炎や関節痛などに効能があると
いわれている

ヴァイダフニャド城に併設する
アポストロク塔

■**ブダペスト動物園**

🏠XIV. Állatkerti krt. 6-12
☎(1)273-4900
🌐www.zoobudapest.com
🕐3・10月
　月〜金　9:00〜17:00
　土・日　9:00〜17:30
　4・9月
　月〜金　9:00〜17:30
　土・日　9:00〜18:00
　5〜8月
　月〜金　9:00〜18:00
　土・日　9:00〜19:00
　11〜2月　9:00〜16:00
❌無休
💴3000Ft（子供2000Ft）
🚇地下鉄Ⓜ1 セーチェニ・フ
ェルドー駅 Széchenyi
fürdőまたはフーシュク広
場駅 Hősök tere下車

🏛 市民公園　Map P.43-D1〜E3
Városliget（City Park）

英雄広場の裏手に広がる1km²の大きな公園。1896年の建国1000年祭ではこの公園が博覧会場となった。そのときにパビリオンのひとつとして建てられた**ヴァイダフニャド城**Vajdahunyad váraが公園内の池の中島に建っている。この城は過去千数百年の間にハンガリー全土で建てられた、さまざまな建築様式を取り入れて造られた折衷主義の珍しい建物で、設計はアルパール・イグナーツが担当した。現在見られる城は、実は建設当時のものではない。博覧会終了後に取り壊されるはずだったが、建物はたいへん人気があったため、本格的に建て直された。現在城の一部は**農業博物館**Magyar Mezőgazdasági Múzeum（→P.88）となっている。

公園内には**ブダペスト動物園**Állatkert Budapest（→P.82）や**国立大サーカス**Fővárosi Nagycirkusz（→P.83）、さらに黄色の重厚な建物がひときわ目立つ**セーチェニ温泉**Széhenyi Gyógyfürdő（→P.107）、その近くには飲泉場の**聖イシュトヴァーンの泉**Szent István Forráがあり、1日たっぷり遊べるレジャーランドとなっている。

緑豊かな市民公園。冬になると、園内にある池がアイススケートリンクに様変わり

🏛 ブダペスト動物園　Map P.43-D1
Állatkert Budapest（Budapest Zoo）

1866年に開設された歴史ある動物園。緑あふれる広々とした園内では、哺乳類から鳥類、爬虫類、魚類など、合計700種以上もの動物たちが見られ、週末は家族連れで沸き返る。見どころは動物だけでなく、イスラム建築のような青いドーム屋根が特徴的なゾウ舎、トランシルヴァニア地方の民家を模した鳥舎など、当時の粋を集めた建築物も興味深い。

隣接するホムネルボルト公園Holnemvolt Parkは動物園と遊園地を組み合わせた複合施設で、2018年12月現在改装中。

ジョルナイのタイルを使ったゾウ舎

◆ 国立大サーカス
Fővárosi Nagycirkusz (Grand Circus) Map P.43-D1

100年以上の歴史をもつサーカスに行ってみよう。乗馬芸、縄跳び、ダンス、ジャグリング、空中ブランコ、猛獣使いなど演目はオーソドックスだが、確かな技術と美しい衣装に彩られ、かなり見ごたえがある。ゾウやラクダなど動物たちが続々と出てくるのも楽しい。ピエロによる滑稽な寸劇は、言葉がわからなくても、地元の人たちと一緒になっておなかをかかえて笑えるだろう。

◆ アンドラーシ通り
Andrássy út (Andrássy Boulevard) Map P.42-A4～C2

エルジェーベト広場から北東に英雄広場まで真っすぐ延びる美しい大通り。世界遺産にも登録されているこの通り沿いと、通りから南東に広がる一帯は閑静な高級住宅街で、大使館も多い、落ち着いた地区である。

1872年に当時の首相デューラ・アンドラーシによって造られたこの通りは、何度も名が変わったという過去をもつ。道路ができてしばらくの間は、単に放射状という意味のシュガール通りと呼ばれていたが、首相が亡くなると彼の名を取ってアンドラーシ通りと名づけられた。その後時代が変わり、1947年にはスターリン通り、ハンガリー動乱のあった1956年には数ヵ月間だけハンガリー青年通りと呼ばれた。そして1957年から1990年までは人民共和国通りと呼ばれ、現在は再びアンドラーシ通りという名が定着している。一見静かなこの通りも、時代の波にもまれ続けた歴史を背負っているのである。

さて、アンドラーシ通りと大環状通りのテレーズ通りTeréz krt.が交わる交差点は**オクトゴン**Oktogonと呼ばれ、庶民的なショップが並ぶ人どおりの多いにぎやかな一帯。ここから英雄広場に向かってアンドラーシ通りの両端にある歩道は、かつて馬の専用道だった。テレーズ通りはオクトゴンを境に、南はエルジェーベト通りErzsébet krt.と名を変える。

オクトゴンと英雄広場のちょうど真ん中あたりに位置する、芝生のある大きな交差点は**コダーイ・クルンド**Kodály köröndと呼ばれる。かつてこの一角に作曲家のコダーイ・ゾルターンが住んでいたことからつけられた名で、その住居は現在**コダーイ・ゾルターン記念博物館**Kodály Zoltán Emlékmúzeum（→P.89）として一般公開されている。

コダーイ・クルンドにはバラッシ・バーリント（詩人）、ズリーニ・ミクローシュ（軍人。以下同）、ソンディ・ジェルジ、ヴァク・ボッチャーンの像が立っているが、なぜかコダーイの像はない。

■ 国立大サーカス
🏠 XIV. Állatkerti krt. 12/a
☎ (1)343-8300
URL www.fnc.hu
🕐 1日1～3回公演。詳細はウェブサイトで要確認
💰 1500～4500Ft
（子供1500～3150Ft）
座席によって料金が変わる
🚇 地下鉄 M1 セーチェニ・フェルドー駅 Széchenyi fürdő下車

古きよき雰囲気を残すサーカス

国立オペラ劇場付近は高級ブランド店が並ぶ

アンドラーシ通り沿いにはハンガリーの偉人の銅像があちらこちらに見られる。写真は作家ヨーカイ・モールJókai Mór（1825～1904）像

通り沿いの建物を飾るレリーフ。アンドラーシ通りでは、ところどころにこのような労働を称える彫刻が見られる

Map P.42-A4

■国立オペラ劇場
- 住VI. Andrássy út 22
- ☎(1)814-7100
- URLwww.opera.hu
- ボックスオフィス（オペラ・ショップ）
- 営10:00～18:00
- 休無休
- 交地下鉄M1 オペラ駅Opera下車
- ※2018年12月現在、改装のためクローズ中。見学ツアーはルートを変更して催行中。
- 国立オペラ劇場見学ツアー
- ☎(1)332-8197
- URLwww.operavisit.hu
- 催英語、フランス語、スペイン語、イタリア語
- 毎日 15:00、16:00発
- 料2490Ft（学生2200Ft）
- ※ブダペスト・カードで20%割引

フランツ・ヨージェフ皇帝夫妻専用の階段

国立オペラ劇場
Magyar Állami Operaház （Hungarian State Opera）

　アンドラーシ通りの起点（ドナウ川寄り）から約400m進んだ左側にある、ネオルネッサンス様式の壮麗な建物。ハンガリーが誇るヨーロッパ有数のオペラ劇場だ。100年以上の歴史をもつこの劇場は第2次世界大戦の戦禍を免れ、1945年3月には公演を再開した。

　劇場は1875年に建設が始まり、1884年に完成した。建築家はイブル・ミクローシュ。そのほか、画家のロッツ・カーロイ、タン・モール、セーケイ・ベルタラン、彫刻家のシュトローブル・アラヨシュなどが携わった。劇場の入口左右には、この劇場の設立者でありハンガリー国歌の作曲者でもあるエルケル・フェレンツと、作曲家のリスト・フェレンツの銅像が立っている。

　こけら落としは1884年9月27日、エルケルの指揮で自身の作品「バーンク・バーン」やワーグナーの「ローエングリン」などが上演された。しかしハンガリーの代表的作曲家であるリストがこの日のために作曲した作品は、出席したフランツ・ヨージェフ皇帝によって上演を禁じられてしまった。理由は、その作品に反ハプスブルク家の軍歌が一部引用されていたからだという。

　また、グスタフ・マーラーがここで指揮者を務めたが、彼の作品「交響曲第1番」の初演がたいへん不評に終わり、マーラーは傷心のままブダペストを去ったという。

　オペラを観劇しない人も、昼間に内部見学ツアーがあるのでぜひ参加してみよう。一歩足を踏み入れると、そこには外の喧騒とはかけ離れた華麗で重厚な別世界が広がっている。フランツ・ヨージェフ皇帝夫妻専用の階段「国王の階段」や

ヨーロッパ有数の国立オペラ劇場。一度は観劇してみたい

貴賓用の待合室など通常の観劇では入れない場所を見学できるのがうれしい（2018年12月現在、見学ルート変更あり）。

オペラシーズンは9〜6月。オフシーズンには、バレエやクラシックコンサートなど、さまざまなジャンルの公演も行っている。

◆ シナゴーグ Map P.42-B5

◆ Zsinagóga (Great Synagogue)

デアーク広場からカーロイ通りKároly krt.を南に450mほど進んだところにある。1859年に完成したヨーロッパ最大級のシナゴーグ。シナゴーグの入口にはヘブライ語で『彼らにわたしのために聖所を作らせなさい。わたしが彼らのうちに住むためである。（旧約聖書「出エジプト記」第25章8節）』と刻まれている。広い内部には、2964席（男性1492、女性1472）もの信者席がある。外から見上げるタマネギ型の2本のドームは高さ43m。また、ここはリストやサン・サーンスがたびたびオルガンを弾いたことでも知られている。

広い礼拝堂を見たらいったん外に出て、入口方向へ。そのまま進むと右側に**展示館Zsidó Múzeum**があり、ユダヤ民族の歴史や芸術、宗教などに関する展示のほか、ホロコースト（ナチス・ドイツによるユダヤ人大虐殺）の写真などを観ることができる。

ユダヤ教独特のデザインが美しいシナゴーグ内部

シナゴーグの裏には、柳の木をモチーフに造られたモニュメントがある。これはユダヤ人大虐殺で犠牲となった人々の名前を葉に刻んだホロコースト記念碑（生命の木）。ハンガリーを代表する彫刻家、ヴァルガ・イムレの作品だ。

2本の塔がひときわ目を引く、ヨーロッパ最大級のシナゴーグ

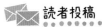
読者投稿

国立オペラ劇場

　ブダペストのオペラハウスは19世紀に建てられたものが、戦災に遭わずに残ったので、文化財的価値が高い。ウィーンやドレスデンのオペラハウスが、戦災で壊れて建て直したのと大きく違う。上演内容も一流で、オーケストラも歌手もレベルが高い。それでいて、チケットはウィーンと比べて、かなり安いと思う。
（東京都　田淵進　'14春）['18]

天井や柱の金箔が輝かしい豪華絢爛なオペラホール

■シナゴーグ

住 VII. Dohány u. 2
♪ 0670-533-5696
URL www.greatsynagogue.hu
開 3・4・10月
　　日〜木　10:00〜17:30
　　金　　　10:00〜15:30
　　5〜9月
　　日〜木　10:00〜19:30
　　金　　　10:00〜15:30
　　11〜2月
　　日〜木　10:00〜15:30
　　金　　　10:00〜13:30
休 土
料 4000Ft（学生3000Ft）
　　※ブダペスト・カードで10%割引
交 地下鉄M2 アストリア駅Astoria下車
　　入口でセキュリティチェックを受けて、右側の正面にあるチケット売り場で入場券を購入する。

ホロコースト記念碑（生命の木）

■西洋美術館
住 XIV. Dózsa György út 41
☎ (1)469-7100
URL www.szepmuveszeti.hu
開 10:00～18:00
休 月
料 1600Ft（企画展は別途）
オーディオガイド　800Ft
ビデオ撮影　　1000Ft
※ブダペスト・カードで
入場可
交 地下鉄M1 フーシュク広
場駅 Hősök tere下車

❶ラファエロRaffaello作
「エステルハージ・マドン
ナEsterházy Madonna」
❷ゴヤGoya作
「みがき屋A Köszörűs」

🔺 西洋美術館　　　Map P.42-C1～P.43-D1

🔹 Szépművészeti Múzeum　(Museum of Fine Arts)

　英雄広場の北側に隣接する。建国1000年を記念して1896年に建設開始、1906年に完成した。8本の柱が立つ正面口はギリシア神殿を模したもので、シッケンダンツ・アルベルトとヘルツォーグ・フュレップの共同設計。向かいにある現代美術館も彼らの設計である。

　王宮にある国立美術館（→P.71）がハンガリー人画家の作品を展示しているのに対し、こちらはおもに諸外国の画家たちの作品を集めている。数多い作品のなかには、ラファエロ、レンブラント、ルーベンス、ヴェラスケス、ゴヤなど名だたる世界の巨匠たちの作品も並ぶ。なかでもゴヤやエル・グレコなどの作品を含むスペイン絵画のコレクションは、スペイン国外では最大規模を誇る。

　展示は地下1階から地上4階まで5フロアに広がっており、地下は古代エジプト、1階はメインのエントランスで、チケット売り場やカフェ、ショップに加え季節ごとの企画展を行う部屋がある。2階は13～17世紀のヨーロッパ絵画。3階は彫刻で、4階は絵画やハンガリーのアートとなっている。メインとなるのは2階（ハンガリーでは1階）で、時代や絵画のスタイルごとに分かれて展示されている。

　どの部屋も壁一面に作品がぎっしりと並び見応えがある。作品の多くは貴族エステルハージ・ミクローシュが収集したもので、1871年に政府が買い取り現在にいたっている。

ギリシア神殿を模した重厚な柱

現代美術館（ミューチャルノク）

Map P.43-D2

Műcsarnok (Műcsarnok Exhibition Hall)

　英雄広場を挟んで南側、西洋美術館の真向かいにある。英雄広場に華やかな雰囲気を与えているこの建物では、国内、国外問わず、ファインアートやインスタレーションのジャンルで世界的に活躍している現代アーティストたちの作品を定期的に展示している。常設展はない。特定の主義や時代などに制約されることなく、美的価値に基づいて行う展示は、ハンガリーの視覚文化の発展に大きく貢献してきた。

カラフルな外観が広場に華やかさを添えている

■現代美術館
　（ミューチャルノク）
🏠 XIV. Dózsa György út 37
☎ (1)460-7000
URL www.mucsarnok.hu
🕐 火・水・金〜日
　　10:00〜18:00
　　木　12:00〜20:00
🚫 月
💰 2500Ft（学生1250Ft）
　　企画展により異なる
　　※ブダペスト・カードで
　　入場可
🚇 地下鉄M1 フーシュク広場駅
　　Hősök tere下車

ミニチュア・ミュージアム

Map P.42-A4

Miniversum

　アンドラーシ通り沿いのビル内にある、こぢんまりとしたミュージアム。ブダペストの街やハンガリー国内の観光名所を100分の1サイズにしたミニチュア模型が展示されている。建物をはじめ、電車や車といった乗り物はもちろん、そこに暮らす人々の様子も精密に再現しており、実際の街並みを空中から観察しているような感覚を楽しめる。ボタンを押すと、音が鳴ったり乗り物が動いたりするのもおもしろい。

交通の要であるブダペスト西駅も忠実に再現

ドイツやオーストリアの街並みのミニチュアもある

■ミニチュア・ミュージアム
🏠 VI. Andrássy út 12
URL www.miniversum.hu
🕐 10:00〜18:00
🚫 無休
💰 3000Ft（子供2100Ft）
🚇 地下鉄M2バイチ・ジリンスキー駅Bajcsy Zsilinszky út下車

COLUMN

8月20日は聖イシュトヴァーンの日

　ハンガリーの初代国王、聖イシュトヴァーン1世が聖人に列せられた8月20日は、ハンガリーの建国記念日として国内各地でイベントが行われる。

　ブダペストで行われるメインイベントは、聖イシュトヴァーン大聖堂に保管されている、イシュトヴァーン王の聖なる右手のミイラを興に乗せ、街中を練り歩くパレード。また、王宮の丘では数日間にわたって民俗芸能フェスティバルが行われる。木工芸や刺繍、陶芸といった伝統工芸の職人が屋台を出し、実演販売が行われる（入場有料）。ステージでのイベントや、伝統料理の屋台なども楽しめる。祝日のフィナーレを飾るのは、ドナウ川沿いで打ち上げられる花火。約30分間、音楽に合わせて大輪の花火が夜空を彩る。

　イベント期間中は車両の通行止めや橋の封鎖といった交通規制が行われるほか、人手も多くスリも多発しているので注意を。

各テントで個性豊かな民芸品が販売され、見ているだけでも楽しめる

農業博物館

■農業博物館
- 住 XIV. Vajdahunyadvár
- ☎ (1)422-0765
- URL www.mezogazdasagimuzeum.hu
- 開 3〜10月　10:00〜17:00
  - 11〜2月
  - 火〜金　10:00〜16:00
  - 土・日　10:00〜17:00
- 休 月
- 料 1600Ft（学生800Ft）
  - アポストロク塔と城門との共通券
  - 2100Ft（学生1300Ft）
- 交 地下鉄 M 1 セーチェニ・フェルドー駅 Széchenyi fürdő下車

壁一面に飾られた鹿のツノのコレクション

■恐怖の館
- 住 VI.Andrássy út 60
- ☎ (1)374-2600
- URL www.terrorhaza.hu
- 開 10:00〜18:00
- 休 月
- 料 3000Ft（学生1500Ft）
  - オーディオガイド（英語）
  - 1500Ft
- 交 地下鉄 M 1 ヴルシュマルティ通り駅Vörösmarty utca下車
- ※写真撮影不可

■リスト・フェレンツ記念博物館
- 住 VI. Vörösmarty u. 35
- ☎ (1)322-9804
- URL www.lisztmuseum.hu
- 開 月〜金　10:00〜18:00
  - 土　　　9:00〜17:00
- 休 日
- 料 2000Ft（学生1000Ft）
  - オーディオガイド 700Ft
- 交 地下鉄 M 1 ヴルシュマルティ通り駅 Vörösmarty utca下車

リストが使用したピアノ

農業博物館

Map P.43-D1・2

Magyar Mezőgazdasági Múzeum (Museum of Hungarian Agriculture)

市民公園の中に建つヴァイダフニャド城内。農業だけでなく、狩猟と漁業に関する道具や資料、ポスター、絵画、またハンガリーの自然に関する資料なども展示され

農業博物館のあるヴァイダフニャド城

ている。この博物館はさまざまな建築様式を寄せ集めて造った城の中でもロマネスク、ゴシック様式で造られた部分を利用している。城内にはアポストロク塔Apostolok Tornaと呼ばれる展望台があり、ツアーでのみ登ることが可能。ツアーはチケット売り場で申し込める。近くにある城門Kaputorony内も見学でき、チケットは農業博物館で購入する。

恐怖の館

Map P.42-B3

Terror Háza （House of Terror）

第2次世界大戦中、ナチス・ドイツ影響下にあったハンガリーの政党「矢十字党」の本部として使われ、戦後の社会主義時代はハンガリー国家保安局ÁVHの秘密警察が本部とし

外壁には犠牲者の追悼碑が並ぶ

て使っていた。館内には社会主義時代の写真やプロパガンダに使用していたポスター、矢十字党の制服などがアヴァンギャルドな手法で展示されている。一方、地下では秘密警察が政治犯などを拷問した部屋や牢獄を見ることができ、恐怖政治の歴史を体感できる。

リスト・フェレンツ記念博物館

Map P.42-B3

Liszt Ferenc Emlékmúzeum （Ferenc Liszt Memorial Museum）

共同アパートの玄関を入り、上がった2階が入口。作曲家でピアニストのリストが住んでいた住居を博物館として利用。リストが使ったピアノ、家具、生活用品などが展示されている。また、1879年にリストはここで音楽学校を開校した。入口には今でも「火・木・土曜の3〜4時に帰宅」と書かれたプレートが残されている。

コダーイ・ゾルターン記念博物館 Map P.42-C3
Kodály Zoltán Emlékmúzeum
(Zoltán Kodály Memorial Museum)

アンドラーシ通りのコダーイ・クルンド（円形広場）Kodály Körönd近くにある。コダーイ・ゾルターンは、音楽を通して子供を教育する音楽教育法「コダーイ・メソッド」を編み出したことでも知られているハンガリーの作曲家。彼のかつての住居を利用して博物館にしている。アパートの一室なので少々わかりにくいが、建物の玄関を入って中庭まで行き、中庭のすぐ右角の階段を上ったとこ

博物館に入るには呼び鈴を鳴らす

ろが入口。館内にはオリジナルの譜面、民謡の収集に使用した器材、日用家具が展示されている。

ホップ・フェレンツ・アジア美術館 Map P.42-C2
Hopp Ferenc Ázsiai Művészeti Múzeum
(Ferenc Hopp Museum of Asiatic Art)

国内で初めに造られた東洋美術専門の美術館。ホップ・フェレンツ氏が集めた日本、中国、ネパールなどアジアの美術品を展示。常設展はなく、テーマに沿った企画展を行っている。

季節ごとに展示物も異なる

ラート・ジェルジの家 Map P.42-C3
Ráth György Villa (György Ráth Villa)

ラート・ジェルジ氏の中国、日本、インドなどの東洋美術のコレクションを展示。特に中国の作品が多い。静かな高級住宅街にあるこの建物はもと応用美術館館長だったラート氏の別荘を改装したもの。

切手博物館 Map P.42-C4
Bélyegmúzeum (Stamp Museum)

郵便局の2階が博物館になっていて、入口はハールシュファ通りHársfa u.沿い。ここには世界中の切手が集められており、各国年代ごとにファイルを引き出して

通り沿い。この看板が目印

見ることができる。日本の切手やハンガリー人初の宇宙飛行士の記念切手、聖母マリアを上下逆さまに印刷してしまったものなど、世界でも珍しい切手を鑑賞できる。

■コダーイ・ゾルターン
記念博物館
住VI. Andrássy út 87-89
電(1)352-7106
URLwww.kodaly.hu
開水～金　10:00～12:00、
　　　　　14:00～16:30
　　土　　11:00～14:00
※見学は要事前予約
休日～火
料1500Ft（学生750Ft）
交地下鉄M1 コダーイ・クルンド駅 Kodály Körönd下車
※写真撮影不可

■ホップ・フェレンツ・
アジア美術館
住VI. Andrássy út 103
電(1)469-7759
URLhoppmuseum.hu
開10:00～18:00
休月
料1200Ft（学生600Ft）
※ブダペスト・カードで入場可
交地下鉄M1 バイザ通り駅 Bajza utca下車

■ラート・ジェルジの家
住VI. Városligeti fasor 12
電(1)416-9601
URLwww.imm.hu
開10:00～18:00
休月
料2000Ft（学生1000Ft）
写真撮影　400Ft
ビデオ撮影　1000Ft
交地下鉄M1 バイザ通り駅 Bajza utca下車

■切手博物館
住VII. Hársfa u. 47
電(1)342-3757
URLwww.belyegmuzeum.hu
開10:00～18:00
休月
料1000Ft（学生500Ft）
交地下鉄M1 オクトゴン駅 Oktogon下車
※写真撮影不可

Area 4 ゲッレールトの丘と周辺

Map P.44〜45

ツィタデッラへの 行き方

❶モーリッツ・ジグモンド広場 Móricz Zsigmond körtér、またはエルジェーベト橋から続くヘイジャリア通りHegyalja út 沿いにあるバス停Sánc u.から市バス27番に乗る。坂を上りきったバス停Búsuló Juhász (Citadella) で降り、さらに上ること徒歩約20分。
❷自由橋のたもと（ブダ側）にある聖ゲッレールト広場Szt. Gellért térから徒歩約20分。

■ツィタデッラ（要塞）
開24時間
休無休
料無料

ブダペストを見守る自由の象徴

■聖ゲッレールト・モニュメントへの行き方
エルジェーベト橋のたもとから延びるヘイジャリア通りHegyalja útから徒歩約15分。

山頂への道と滝も、像と同時期に造られた

ゲッレールトの丘と周辺の おもな見どころ

✦ ツィタデッラ（要塞） **Map** P.44-B2
Citadella (Citadel)

ゲッレールトの丘の頂上にある要塞。ここはかつてハプスブルク家がハンガリーの独立運動を鎮圧したあと、ブダペストを監視するために建てたものだった。1894年にハンガリーの所有地となったが、第2次世界大戦でナチス・ドイツに占領され、ブダペストの街はここから砲撃を受けた。20世紀に入りようやく市民に開放され、現在は標高235mの高台からのすばらしい眺めが人気のパノラマポイントになっている。

現在見られるしゅろの葉を高く掲げた女性像は、1945年にナチス・ドイツから町を解放したソ連軍の慰霊碑として建てられた。当時はその足元の台座にソ連兵の銅像があったが、1989年の東欧革命後に取り除かれた。今はその台座だけが心なしか居心地悪そうに残っている。

ドナウ川を挟んで右に国会議事堂、左に王宮が見える

✦ 聖ゲッレールト・モニュメント **Map** P.44-B2
Szt. Gellért emlékmű (St. Gellért Monument)

丘の中腹にある聖人ゲッレールトの像。エルジェーベト橋のほぼ正面で街に向かって十字架を掲げている。聖ゲッレールトは、イタリア人のキリスト教伝道師。ハンガリーの国教をキリスト教とした初代国王イシュトヴァーン1世により招かれた。しかし、1046年異教の暴徒によって手押し車に張り付けられ、丘からドナウ川に落とされて命を落としてしまったという。像は1904年にヤンコヴィッチ・ジュラによって建てられた。

エルジェーベト橋
Map P.44-C1
Erzsébet híd (Elizabeth Bridge)

　ゲッレールトの丘の麓からペスト側に架かる真っ白な橋が
エルジェーベト橋だ。ハプスブルク帝国の皇帝フランツ・ヨ
ージェフ1世の妃エルジェーベトは、今でもハンガリーの
人々からたいへん人気がある。

　この橋はもともと皇妃の名にふさ
わしい装飾的な橋だったが、第2次世
界大戦で破壊されてしまった。この
ため1964年にもとの橋と異なるシン
プルなデザインで現在の橋が再建さ
れた。丹念に塗り直しを繰り返し常
に純白の姿を保っているこの橋は、
シンプルだからこそ優雅で上品な雰
囲気をたたえているといえよう。ブダ側の橋のたもと、ドブ
レンティ広場Döbrentei térにはエルジェーベトの彫像が立っ
ている。

第2次世界大戦後、今の姿に生
まれ変わったエルジェーベト橋

自由橋
Map P.45-D2・3
Szabadság híd (Freedom Bridge)

　エルジェーベト橋の南隣、ゲッレールトの丘の麓に架かる
もうひとつの橋。建国1000年を記念して、1896年に造られ
た。この橋は、着工の際に皇帝フランツ・ヨージェフ1世が
リベットを打つハンマーのボタンを押したことからフラン
ツ・ヨージェフ橋と呼ばれていた。しかし皇妃エルジェーベ
トと違ってハンガリー国民に人気のなかった皇帝の名は定着
せず、第2次世界大戦後に修復された機会に自由橋と改名さ
れてしまった。

彫像公園
Map P.37外
Szoborpark (Memento Park)

　ブダペスト市内の外れにある社会主義時代の遺産を展示し
た野外博物館。レーニンやマルクスといった共産主義時代の
"英雄"といわれる人たちやソビエト赤軍兵士の銅像をはじ
め、ソビエトとハン
ガリーの友情を表現
したモニュメントな
どその数42点。どれも
当時はブダペスト市
内あちこちに置かれ
ていたもので1989年の
共産党政権崩壊後、
ここに集められた。

当時の面影を残す巨大な銅像群

■エルジェーベト橋
🚃トラム2番3月15日（マール
ツィウシュ・ティゼヌト）
広場Március 15. tér下車

■自由橋
🚃トラム2番フォーヴァーム
広場Fővám térまたはトラ
ム19、41番ゲッレール広場
Szt. Gellért tér下車

ハンガリー王国の紋章と冠を頂
く自由橋

■彫像公園
🏠XXII.Balatoni út,
Szabadkai u.
☎(1)424-7500
🌐www.mementopark.hu
🕙10:00〜日没
🚫無休
💴1500Ft（学生1200Ft）
※ブダペスト・カードで
入場可
🚌地下鉄M4ケレンフォルド駅
Kelenföld pu.に隣接する
バス停から101B、101E、
150番の市バスに乗り、
Memento Park下車徒歩
すぐ。または、デアーク広
場から直行バスが毎日
11:00に出発（11〜3月は土
〜月曜のみ。戻りは13:00
発、往復4900Ft〈公園入
場料込み〉）

■国立博物館
住VIII. Múzeum krt. 14-16
☎(1)327-7700
URLmnm.hu
開10:00～18:00
休月
料1600Ft（学生800Ft）
（企画展は別途）
写真撮影　500Ft
※ブダペスト・カードで
入場可
交地下鉄M3、M4カールヴ
ィン広場駅 Kálvin tér下車

「戴冠式のマント」が最大の見どころ

16世紀に作られたオパールのペンダント

国立博物館　　　Map P.45-E1

Magyar Nemzeti Múzeum　(Hungarian National Museum)

王家の装飾品や家具が並ぶ

1847年に完成した、ポラック・ミハーイ設計によるハンガリー最大の博物館。建物はネオクラシック様式で、正面に連なる8本のコリント様式の柱が荘厳な雰囲気を醸し出している。ファサードにある彫刻はパンノニアの女神を描いたもので、ミラノの彫刻家モンティ・ラファエロによって制作された。また、建物正面には、アラヨシュ・シュトローブル作のアラニ・ヤーノシュ像が立っている。

コレクションは、1802年にセーチェニ・フェレンツが国に寄贈したものが基となっており、建国以前から近代までのハンガリーの歴史を語る品々が年代順にわかりやすく展示されている。ローマ時代の遺跡から出土した石柱などのコレクションは考古学的にも非常に価値が高いといわれる。また、初代国王イシュトヴァーン1世の時代から残る「戴冠式のマント」、王家の装飾品や衣装など、展示は膨大で多岐にわたっている。近代のスターリン・コーナーでは、スターリンの銅像が立っていたり、20世紀前半の実写の映像が流れていたりして興味深い。順を追って見ていくと、波乱に富んだハンガリーの軌跡を大まかに知ることができるだろう。館内には歴史をたどりながら作品を解説するガイド機も設置されている。

また、博物館前の広場は1848年の市民蜂起の舞台となった場所であり、ハンガリー・ロマン主義最大の国民詩人といわれるペトゥーフィ・シャーンドルはこの場所で"起てマジャール"と詩を読み上げたという。現在も毎年3月15日には革命記念集会が、この場所で開かれている。

独立戦争前年の1847年開館。博物館自体に歴史がある

工芸美術館

Map P.45-F3

Iparművészeti Múzeum (Museum of Applied Arts)

ムーア様式を意識したと思われるホール内部

中央市場から東に約600m、ウッルーイ通りÜllői út沿いにある。

オスマン帝国時代の絨毯をはじめ、国外の家具や磁器、ガラス器、彫刻などの美術工芸品ほかコレクションは約400点にも及び、これらを常設展と企画展に分けて展示している。

この博物館で注目したいのは、展示品はもとより建物自体だ。建国1000年祭の一環としてフランツ・ヨージェフ皇帝の命により建てられたもののひとつで、設計はハンガリーを代表する個性的な建築家レヒネル・エデンとパールトシュ・ジュラ。植物からヒントを得たといわれる曲線が印象的なデザインはレヒネルの特徴。

屋根の装飾はジョルナイによるもの

ブダペストにおいてアールヌーボー的なデザインが施された最初の建物でもある。入口のホールを飾る列柱回廊のデザインや色どりの多彩なセラミックを使った屋根など、近代的な技術が駆使されている。その個性的なデザインや過剰ともいえる装飾から、建設当時は"ジプシー王の宮殿"と揶揄されることもあったという。

自然史博物館

Map P.39-E5

Magyar Természettudományi Múzeum (Hungarian Natural History Museum)

工芸美術館から約1.1km東南に行ったところにある。ウッルーイ通りからコラーニ・シャーンドル通りKorányi Sándor u.に入り、しばらく行くと右側に見える。展示はハンガリーにおける自然と人間の歴史で、絶滅した哺乳類の標本模型や鉱物などが展示されている。館内では特別展も開催され、宇宙や生物、考古学などさまざまなテーマの展示が行われる。

人気は恐竜のコーナー。剥製や化石標本が多く並ぶ

■ 工芸美術館
住 IX. Üllői út 33-37
電 (1)456-5107
URL www.imm.hu
※2018年12月現在、改装のためクローズ中。2020年12月以降に開館予定。

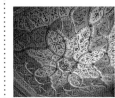
天井の装飾も目を見張るものがある

フロアごとに別の企画展を開催している

■ 自然史博物館
住 VIII. Ludovika tér 2-6
電 (1)210-1085
URL www.nhmus.hu
開 10:00～18:00
休 火
料 400～1600Ft
（学生300～800Ft）
※展示内容によって料金が変動
交 地下鉄 M3 クリニカーク駅 Klinikák下車

チケット売り場は地下にある

■バルトーク・ベーラ記念館
🏠 II. Csalán út 29
☎ (1) 394-2100
🔗 www.bartokmuseum.hu
🕐 10:00～17:00　休月
💴 1600Ft
　※ブダペスト・カードで入場可
🚇 地下鉄M2セール・カルマン広場駅Széll Kálman térから市バス5番で終点のパシャレーティ広場Pasaréti tér下車、徒歩6分

バルトーク・ベーラ
Bartók Béla

(1881〜1945)
　ハンガリーが生んだ作曲家、民俗音楽学者、ピアノ奏者。コダーイ・ゾルターンとともに行ったハンガリー民族音楽の収集と研究で特に知られている。作曲家としても名高く、作品からはハンガリー民謡の影響を受けた独特のメロディやリズムが感じられる。

ヤーノシュ山と周辺の

バルトーク・ベーラ記念館　Map P.94
◆◆ Bartók Béla Emlékház (Béla Bartók Memorial House)

　ハンガリーが世界に誇る作曲家のひとり、バルトークのかつての住居を利用して記念館にしたもの。街の中心部からはかなり離れた静かな場所にある。彼の自筆の楽譜や使っていたピアノのほか、記念硬貨や切手なども展示されている。館内にある小さなホールでリサイタルが開かれることもあるので、興味のある人は❶などで確認しよう。

ヤーノシュ山とエルジェーベト展望台　Map P.94
◆◆ János-hegy, Erzsébet Kilátó (János Hill, Elizabeth Lookout Tower)

山頂にあるエルジェーベト展望台

標高527m、軽いハイキングにもってこいのヤーノシュ山。頂上には**エルジェーベト展望台**Erzsébet Kilátóがあり、そこからはブダペストの中心部とはひと味違った、山あいに広がる赤い

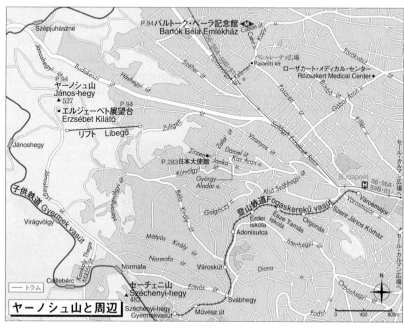

ヤーノシュ山と周辺

屋根の街並みを眺めることができるだろう。

エルジェーベト展望台に行くには**登山鉄道Fogaskerekű vasút**と**子供鉄道Gyermekvasút**、または**リフトLibegő**を利用する。登山電車の始発（終着）駅は、セール・カルマン広場Széll Kálmán térからトラム56、59、61番などに乗り、Városmajorの停留所で降り道路を渡ったところ。登山鉄道で終点まで行き、子供鉄道に乗り換えて4番目のJánoshegy駅で降りる。そこから目の前の山道を登ること20分ほどで展望台に到着する。リフトで上ってきた場合は、リフトを降りて5分ほど登ると展望台に着く。展望台だけでなく、この3種類の乗り物そのものが楽しい。鉄道は静かな山のなかをゆるゆると走り、リフトでは眼下に広がる景色を満喫できる。

子供鉄道は、1951年にピオニール（社会主義体制下での青少年組織）によって設立されたもので、運転手以外は10〜14歳の子供たちで運営されている。切符を売るのも車内で検札

登山鉄道でヤーノシュ山へ向け出発

子供鉄道にはオープンウインドーの車輌もある

に来るのも、もちろん子供たちで幼い雰囲気を残しながらもピシッと制服を着て仕事に励んでいる。子供鉄道の終点ヒューヴュシュヴュルジHűvösvölgyからはトラムでセール・カルマン広場まで戻れる。街の中心部のざわめきとはほど遠い新鮮な爽快感を味わえ、簡単に行って帰ることができるので、気軽に出かけて楽しみたい。

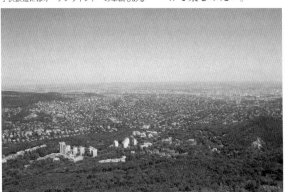
ヤーノシュ山頂上、エルジェーベト展望台からの眺め

■エルジェーベト展望台
開8:00〜20:00
休無休
料無料
登山鉄道（60番）
運4:57〜23:08
　1時間に1〜4便運行
料350Ft（BKKの共通チケット使用可）
交乗り場は、セール・カルマン広場からトラム56、56A、59、59B、61番でVárosmajor下車、道路を渡ってすぐ
子供鉄道
URLwww.gyermekvasut.hu
運10:03〜16:03頃
　（季節や曜日により変動）
　だいたい1時間に1便運行
休月
料片道800Ft
　（子供片道400Ft）
交乗り場は登山鉄道の終点、またはセール・カルマン広場からトラム56、56A、59B、61番で終点Hűvösvölgy下車
リフト
運10:00〜19:00
　（冬季は10:00〜15:30）
休隔週の月曜
料片道1000Ft
　往復1400Ft
交ブダペスト西駅から市バス291番に乗り、終点Zugliget, Libegőで下車

深緑のなかを行く爽快な空中散歩

子供鉄道の車掌さんたち

オーブダ周辺とマルギット島

オーブダ周辺とマルギット島の おもな 見 どころ

■グル・ババの霊廟
住 II. Türbe tér. 1
開 10:00〜18:00
休 無休
料 無料
交 トラム4、6番、またはヘーヴのマルギット・ヒード・ブダイ・ヒードフォー駅 Margit híd, budai hídfő 下車

入口に立つグル・ババの像

入る際、入口の警備員にひと声かけよう

■ローマ軍の円形劇場跡
住 III. Pacsirtamező u. 2-14
料 無料
交 ヘーヴのマルギット・ヒード・ブダイ・ヒードフォー駅 Margit híd,budai hídfőからヘーヴでティマール通り駅Tímár utca下車

▲ グル・ババの霊廟 Map P.46-A5
Gül Baba Türbéje （Tomb of Gul Baba）

　ばらの丘Rózsadombにたたずむ、オスマン帝国の軍人グル・ババの遺骨が納められている霊廟。現在ブダペストに住むイスラム教徒の聖地でもある。グル・ババはオスマン帝国が1541年ブダに攻め入り城を落としたとき、戦いに参加していたが、モスクに変えられたマーチャーシュ教会で勝利の祝典を行っている最中に突然亡くなった。この霊廟は、パシャ（将軍）のマホメットが彼のために盛大な葬儀を行い、1543〜48年にかけて建てたもの。ちなみにこのブダの落城以来、この地は約150年間にわたってトルコの支配下におかれることになった。

　八角形の建物の真ん中に棺があり、その周りに絨毯が敷き詰められている。しかし、遺骨は棺の中ではなく、床下に納められているそうだ。この霊廟にいたるグル・ババ通りGül Baba u.は交通量の多いほかの大通りとはまるで違い、でこぼこの石畳の細い急な坂道で、独特の趣がある。

　なお、グル・ババとはトルコ語で"ばらの父"の意で、グル・ババがこの丘にばらの花を植えたといわれることに由来する。しかし多忙だった彼の急死を考えれば、これはロマンティックなこじつけだと思われる。

棺は霊廟の中央にポツンと置かれている

▲ ローマ軍の円形劇場跡 Map P.46-B2・3
Római katonai Amfiteátrum （Aquincum Military Amphitheatre）

　ブダ側をマルギット島とほぼ平行に走る大通りラヨシュ通りLajos u.がパチルタメズー通りPacsirtamező u.と名を変えるあたりにある。紀元後160年に建てられたコロセウムだが、今は雑草が生えており、かつての面影はほとんど感じられない。しかし、131m×110mの広さを誇り、当時は約1万6000人もの観客を収容していたという。

古い歴史をもつハンガリー国内にはこのような遺跡がたくさんある

マルギット島
Margitsziget (Margaret Island)

Map P.46-B5〜C2

ドナウ川に浮かぶマルギット島は、島全体が緑に覆われた公園になっており、都会の喧騒から逃れるには絶好の場所。休日の市民の憩いの場だ。

島は長さ2.5km、幅500m。ローマ時代からブダ側とは橋で結ばれており、かつては「うさぎの島」と呼ばれていた。現在の呼び名は、13世紀のハンガリー王ベーラ4世の娘の名からつけられたもの。ベーラ王は一時は退いたモンゴルの再襲来を恐れて、娘のマルギットを神に捧げるため島に修道院を建てた。マルギットはそこで生涯祈り続けたという。モンゴル軍が二度と襲来しなかったのはマルギットの犠牲によるものだとして、島とそこに架かる橋にマルギットの名がつけられたのである。聖なる行いをしたということでマルギットは後に列聖された。修道院はオスマン帝国軍に壊され、現在は廃墟しか残っていない。

オスマン帝国時代はこの島全体がハーレムと化したが、18世紀にはハプスブルク家の造園師が管理する整備の行き届いた公園となった。現在、島内には大規模な温泉プール、パラティヌシュ・ストランドPalatinus strandや温泉ホテルの「Danubius Grand Hotel Margitsziget (→P.114)」や「Danubius Health Spa Resort Margitsziget」があり、夏のプールは人でいっぱいになる。またマルギット橋寄りにある大きな噴水の周りでくつろぐ家族連れやカップルなども多い。そのほか、島内には日本庭園Japán kertや給水塔Kilátó、野外映画館、野外劇場などもある。夏季は野外劇場でオペラやコンサートが開催される。

広い島内を動き回るには自転車や電動自転車などを借りることができる。子供用から大人用まで種類は豊富。島をぐるりと見て回りたい人は、島の両端にのみ乗降所がある観光用の遊覧車、ミニトレインで島を巡ることもできる。静かな芝生の上に寝転んでゆっくり過ごすのもいいものだ。

花と緑にあふれ、気持ちのいいマルギット島

マルギット島への 行き方

❶トラム4、6番でマルギット橋の中央にあるマルギットシゲットMargitsziget下車。
❷地下鉄Ｍ3西駅Nyugati pályaudvarまたはアールパード橋駅Árpád hídから出る市バス26番が島を南北に縦断する。

レンタサイクルは大人3人用や6人用など種類も豊富。30分2180Ft〜。日没までの営業

■■島内を走るミニトレイン
Minibahn
☎0630-933-9486
運4月中旬〜10月
9:00〜17:00
料大人1200Ft (子供750Ft)

優美な外観をもつ音楽の泉

■アクインクム博物館

住 III. Szentendrei út 135
☎ (1)430-1081
URL www.aquincum.hu
開 4〜10月　10:00〜18:00
　　11〜3月　10:00〜16:00
休 月
料 1600Ft、冬季は1000Ft
　（学生800Ft、冬季は500Ft）
　※ブダペスト・カードで
　入場可
交 地下鉄M2 バッチャーニ
　広場駅Batthyány térから
　ヘーヴに乗り換え、アク
　インクム駅Aquincum下
　車。道路を渡り、来た方
　向を引き返すように進ん
　でいくと左手に遺跡が見
　えてくる

遺跡の保存状態は良好

■ヴァルガ・イムレ資料館

住 III. Laktanya u. 7
☎ (1)250-0274
URL budapestgaleria.hu
開 10:00〜18:00　**休** 月
料 800Ft（学生400Ft）
交 地下鉄M2 バッチャーニ
　広場駅Batthyány térから
　ヘーヴに乗り換え、セント
　レーク広場駅Szentlék tér
　下車

■カッシャーク美術館

住 III. Fő tér 1
☎ (1)368-7021
URL kassakmuzeum.hu
開 10:00〜17:00　**休** 月・火
料 800Ft（学生400Ft）
　中央広場に面した建物を
　抜け中庭に入り、正面のピ
　ンク色の家の2階。
交 地下鉄M2 バッチャーニ
　広場駅Batthyány térから
　ヘーヴに乗り換え、セント
　レーク広場駅Szentlék tér
　下車

カッシャーク美術館の入口

❖ アクインクム博物館　　Map P.37

Aquincum Múzeum（Aquincum Museum）

　ローマ軍の円形劇場跡（→P.96）から約3.6km北に行った、ヘーヴのアクインクム駅近く、センテンドレ通りSzentendrei út沿いにある。このあたりは、かつてローマ帝国の属州パンノニアの州都があった場所。当時の教会や神殿、市場や浴場、水道設備や舗装道路、そして住居の跡などがかなり完全な形で残されている。館内には敷石の模型やモザイクなどの発掘品のほか、世界的にも珍しい携帯吹奏オルガンなどが展示されている。

　また、博物館からさらに200mほど北上したところに2世紀に造られた市民用の円形劇場跡Romái polgari amfiteátrumがある。ローマ軍の劇場跡よりも規模は小さく収容人数は約6000人。現在は訪れる人も少ないためか少々荒れているが、これほど多くの遺跡を眺めていると、かつてにぎやかだったであろう街の様子が想像できる。

❖ ヴァルガ・イムレ資料館　　Map P.46-C1

Varga Imre Gyűjtemény（Valga Imre Collection）

　ハンガリーを代表する近代彫刻家ヴァルガ・イムレVarga Imre（1923〜）の作品を展示。ハンガリーの初代国王イシュトヴァーン1世をはじめ歴史的人物をモデルにしたものや聖母マリア、あるいは人物をかたどった詩情あふれる作品などもある。素材はおもにブロンズ、そのほか陶器やプラスチックなどで、表現したいものにいちばん

資料館への角に立つ屋外彫刻「雨降りに散歩」

合った素材を使うことにこだわるという。イムレの作品は館内だけでなく、街なかの野外にも展示されている。

❖ カッシャーク美術館　　Map P.46-C1

Kassák Múzeum（Kassák Museum）

　20世紀の前衛芸術家カッシャーク・ラヨシュKassák Lajos（1887〜1967）の作品および活動の軌跡をたどる資料を展示。カッシャークは美術作品の制作だけでなく、"今日"を意味する「MA」というタイトルの芸術誌を創刊するなど、文字による自己表現も行ってきた。思想的な信念を原動力に活躍したアーティストである。館内にはそれらの雑誌やコラージュ作品などが年代順に展示されている。

ヴァザレリ美術館

Vasarely Múzeum (Vasarely Museum) Map P.46-C1

オプティカルアート（錯視効果をもつ抽象絵画）の筆頭として知られるヴィクトル・ヴァザレリVictor Vasarely（1906〜97）は、ハンガリー南方の町ペーチPécsに生まれ、パリを拠点に活躍した。作品は美しい幾何学模様で、キャンバス上でゆがんだり3次元に見えたりする不思議な雰囲気を作り出している。そのほか立体作品や、国外在住のハンガリー人画家たちの作品も展示されている。

キシュツェッリ博物館

Kiscelli Múzeum (Kiscelli Museum) Map P.46-A2

1949年に開館したバロック様式の博物館。マーチャーシュ山の中腹にあるもと修道院を利用。2階には、おもに19〜20世紀のハンガリー人画家や彫刻家の作品、古い家具や装飾品などが数多く展示されている。1階には、昔使われていた古くて大きないくつもの印刷機が、また別の部屋には、1945年に廃業した薬局をそのまま移築して、展示している。

また、敷地内にはかつて美しく荘厳だったであろう内部を思わせる大きな聖堂跡がある。

趣のある博物館入口

■ヴァザレリ美術館
個III. Szentlélek tér 6
☎(1)388-7551
URLwww.vasarely.hu
開10:00〜17:45
休月
料800Ft（学生400Ft）
　写真撮影　　300Ft
　ビデオ撮影　1500Ft
　※ブダペスト・カードで入場可
交地下鉄M2 バッチャーニ広場駅Batthyány térからヘーヴに乗り換え、セントレーク広場駅Szentlék tér下車

全体にゆったりとした造り

■キシュツェッリ博物館
個III. Kiscelli u. 108
☎(1)388-7817
URLwww.btmfk.iif.hu
開10:00〜18:00
休月
料1000Ft（学生500Ft）
　写真撮影　　500Ft
　ビデオ撮影　1500Ft
　※ブダペスト・カードで入場可
交市バス165番レメテヘジィ通りRemetehegyi út下車

COLUMN

ブダペストの鍾乳洞

石灰岩でできた山がちのブダ側には、鍾乳洞がいくつもある。比較的行きやすいのはセムルー山鍾乳洞Szemlőhegyi-barlangとパール峡谷鍾乳洞Pálvölgyi-barlangだ。セムルー山鍾乳洞は長さ約2.2km。1904年に発見されたパール峡谷鍾乳洞はハンガリーで2番目に長く、人が入れる部分だけでも7.2kmに及ぶ（ツアーで歩くのは約500m）。どちらも自然保護区に指定されており、個人で入ることは不可。ガイド付きのツアーで回るため、長時間待たされる場合もある。

鍾乳洞の中は年間をとおして気温10℃くらいと肌寒く、足場もアップダウンが激しく水が流れている場所もある。簡単に羽織れる長袖の上着を用意し、歩きやすい運動靴で行ったほうがいいだろう。

セムルー山鍾乳洞 ▶Map P.38-B1
個II. Pusztaszeri út 35
☎(1)325-6001
URLwww.dunaipoly.hu
催10:00〜16:00の1時間ごとに出発
休火 料1400Ft
交コロシー広場Kolosy térから市バス29番Szemlő-hegyi-barlang下車

パール峡谷鍾乳洞 ▶Map P.38-B1
個II. Szépvölgyi út 162
☎(1)325-9505 URLwww.dunaipoly.hu
催10:15〜16:15の1時間ごとに出発
休月 料1400Ft
交コロシー広場Kolosy térから市バス65、65A番Pál-völgyi cseppkő barlang下車

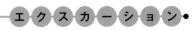

◆ グドゥルー

Gödöllő

Map 折り込み表

ブダペストの郊外にある小さな町グドゥルー。この地にはオーストリア＝ハンガリー帝国時代の皇妃、エルジェーベトが好んで訪れていた**グドゥルー宮殿**Gödöllői Királyi kastélyが建つ。

宮殿は、18世紀半ばにグラシャルコヴィチGrassalkovich伯爵によって建てられたが、その血筋が絶えたあとはベルギー銀行によって買い取られる。しかし1867年にハンガリー政府によって買い戻され、当時の皇帝フランツ・ヨージェフ1世の所有となった。このとき行われた修復作業の結果、城は現在見られるような姿となった。

宮殿内部には、修復・復元された家具や日用品、写真や絵画などが数多く展示されている。エルジェーベトがこよなく愛したスミレ色の部屋のほか、人に会いたくないときの隠れ家や逃げ道があり、皇室生活になじめなかった彼女がここで心安らぐひとときを過ごしていたことが想像できる。エルジェーベトが暗殺された後はハプスブルク家の者がこの城を訪れることもまれになり、やがて勃発したふたつの世界大戦中は国家元首の別荘として使われるようになった。戦後はソ連兵の兵舎や老人ホームとして使用され、一時は廃墟のような状態にまで荒れ果てたというが、現在は修復作業もほぼ終わり、ハンガリー国内で最も大きいバロック宮殿として、絢爛たる姿を見せている。

宮殿の1階にはカフェやショップも開店。夏にはコンサートをはじめ、さまざまなイベントが行われる。

2階部分は当時の部屋を再現したミュージアムになっている

グドゥルーへの **行き方**

🚃 ヘーヴ（郊外電車）
ブダペストの地下鉄Ｍ2 ウルシュ・ヴェゼール広場駅 Örs vesér tereからヘーヴに乗り換え、グドゥルー・サバッチャーグ広場駅 Gödöllő Szabadság tér下車、所要約50分。370Ft〜。駅からグドゥルー宮殿までは徒歩3分ほど。

🚃 鉄 道
ブダペスト東駅から1時間に1〜3便、所要30分〜、2等745Ft〜。鉄道駅からグドゥルー宮殿までは徒歩15分ほど。

🚌 バ ス
ブダペストのシュタディオン長距離バスターミナルから1時間に1〜4便、所要40分〜、465Ft〜。バスターミナルからグドゥルー宮殿までは徒歩7分ほど。

■グドゥルー宮殿
🏠 Grassalkovich Kastély
☎ (28)410-124
URL www.kiralyikastely.hu
🕐 2月上旬〜3月、11月〜1月中旬

月〜木	10:00〜16:00
金〜日	10:00〜17:00

4〜10月

月〜木	9:00〜17:00
金〜日	10:00〜18:00

🚫 1月中旬〜2月上旬
💰 2600Ft（学生1500Ft）
オーディオガイド（英語・日本語）800Ft
※写真撮影禁止
※ブダペスト・カードで50％割引

敷地内の庭園を散策することができる

グドゥルー宮殿の内部を大公開！

シシィとフランツ・ヨージェフ1世の当時の暮らしぶりを感じられるいくつもの部屋。宮殿内は現在も修復が続けられている。

マリア・バレリアのサロン
エルジェーベトの三女、マリア・バレリアの部屋を復元。ブルー系の色で統一されている

エントランスホール
壁にあるロココ調の置物はストーブ。壁の裏側から薪を入れて使用する

2F

ハプスブルク家の写真展示

エルジェーベトのメモリアル展示室

グドゥルー宮殿の歴史

礼拝室

マリア・テレジアの部屋
マリア・テレジアの肖像画などを展示する、大理石の壁に囲まれた部屋

エルジェーベトの隠れ部屋（バロックスタイルの部屋）

宮殿教会
1749年に建てられたゴシック様式の教会。日曜にはミサが行われる

戴冠式の部屋

食器室

小ダイニングルーム

エルジェーベトのサロン

フランツ・ヨーゼフI世の執務室

皇帝のサロン
皇帝が謁見した部屋。赤い壁と大きなストーブの反対側には肖像画が飾られている

ドレスルーム
エルジェーベトの好きだったスミレ色の壁紙とカーテンの部屋

セレモニーホール
天井が高い、大理石のホール。シャンデリアはヴェネツィアで作られたもの

エルジェーベトの書斎
16歳で婚約したときと24歳の肖像画が飾られている

1F 宮殿の1階はカフェ、ショップのほかにレンタルできるホールがいくつもある。コンサートも頻繁に行われるので要チェック。

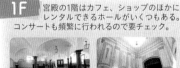

馬小屋を改装したイベントホールの控え室

音響効果バツグンという劇場

※グドゥルー宮殿内の写真撮影は禁止されています。

101

鉄　道

ブダペスト南駅から1時間に1～2便、所要約30分、2等650Ft～。

■ブルンスヴィク伯爵家の宮殿

駅を背に真っすぐブルンスヴィク・カシュリティ（宮殿）通りBrunszvik kastély u.を10分ほど歩くと右側に入口の門がある。ベートーヴェン記念博物館のチケットは門を入ってすぐ左にある建物で購入する。

なお、宮殿内はオフィスになっており、入口ホールまでしか入ることができない。

■ベートーヴェン記念博物館

⌂Brunszvik u. 2
☎(22)569-500
🕐4～10月
　火～金　10:00～12:00、
　　　　　14:00～16:00
　土・日　10:00～13:00、
　　　　　14:00～17:00
　11～3月
　火～金　10:00～12:00、
　　　　　14:00～16:00
　土・日　10:00～13:00、
　　　　　14:00～16:00
🈺月
💴750Ft（学生350Ft）
宮殿正面左側が入口。

♦ マルトンヴァーシャール
Martonvásár

Map 折り込み表

ベートーヴェン記念博物館内部

マルトンヴァーシャールの静かな町の一角に、美しい庭園に囲まれた**ブルンスヴィク伯爵家の宮殿**Brunszvik kastélyが建っている。1799年、ウィーンでブルンスヴィク伯爵と親しくなり、その娘であるテレーゼとジョゼフィーヌにピアノを教えることになったのが大作曲家ベートーヴェンだ。その後姉妹はそれぞれにベートーヴェンと恋に落ちるが、いずれも成就することはなかった。今も謎とされるベートーヴェンの"不滅の恋人"をふたりのいずれかとする説も多い。

現在、宮殿の一部が**ベートーヴェン記念博物館**Beethoven Emlékmúzeumになっている。ここではベートーヴェンが使用したというピアノをはじめ、楽譜、資料などが展示されており、彼がこの地に残した足跡をつぶさに知ることができる。

夏には庭園にある池のほとりでコンサートが開かれる。

美しい白亜の宮殿。右側に見える青いドアが博物館入口

鉄　道

ブダペスト東駅または南駅から1時間に1～2便、所要55分～、2等1490Ft～、1等2430Ft～。

♦ タタ
Tata

Map 折り込み表

14世紀以来、王侯貴族の狩猟地となったタタは、たくさんの湖や泉が点在するため"水の都"とも呼ばれている。**ウレグ湖**Öreg tó（古い湖という意）のほとりに建つ**タタ城**Öregvár（正確には古い城という意味）は、15世紀初頭、ジギシュムンド王によって建てられたもの。ブダペストに疫病が流行した際にはここでハンガリー議会が開かれたという。16世紀

に起きたオスマン帝国との戦争でタタの町はすっかり破壊されたが、エステルハージ家の領地となったことにより現在の美しい姿を取り戻した。城は現在、陶

湖のほとりに建つタタ城

芸職人クニ・ドモコシュの名にちなんだ**クニ・ドモコシュ博物館**Kuny Domokos Múzeumとなっており、城の歴史やローマ時代の出土品などが展示されている。

タタの見どころはウレグ湖の周りに集中している。駅から湖畔までは徒歩20分、駅からクニ・ドモコシュ博物館（タタ城）までは徒歩で3分ほど。城以外にも湖の周りは遊歩道になっていて、湖畔を散策することもできるほか、18世紀半ばに建築された木造の鐘楼をもつ時計台や、エステルハージ家の宮殿がある。

◆ ラーツケヴェ

Ráckeve

Map 折り込み表

ドナウ川に浮かぶ島のなかで最大のチェペルCsepel島にある。もともとは14世紀のオスマン帝国侵攻により難民化したセルビア人が築いた町で、ハンガリー国内で唯一ゴシック様式で造られた東方セルビア正教会がある。現在は**サヴォイ城**Savoyai kastélyがあることで知られる。

サヴォイ城はオーストリア皇帝レオポルト1世に仕えた、フランスのサヴォイ家オイゲン公の城。オスマン帝国征伐の勇士として知られ、ブダペストの王宮前に銅像がある。彼は1697年の戦いでオスマン帝国軍を破った褒美としてチェペル島を与えられ、ここにバロック様式の宮殿を建築した。建設にはウィーンのベルヴェデーレ宮殿を手がけた建築家ヨハン・ルーカス・フォン・ヒルデブラントがあたった。印象深いドーム正面には、2頭のライオンに挟まれた楯をかたどったサヴォイ家の紋章が据えられ、その周囲にはギリシア神話の神々の等身像が10体飾られている。城は1720年に完成したが、当のオイゲン公はこの城を一度も訪れることがなかったという。その後火災により一部焼失したが、その後現代的に改装された。現在は一般公開されていない。

クリスマス時期のサヴォイ城

■**クニ・ドモコシュ博物館**
🏠Váralja út 1-3
☎(34)381-251
URL kunymuzeum.hu
開10:00～18:00
（季節により変動あり）
休月
料1000Ft（学生500Ft）

ラーツケヴェへの **行き方**

🚃 ヘーヴ（郊外電車）
ブダペストのコズヴァーゴー橋駅Közvágó hídからヘーヴに乗り、ラーツケヴェ駅Ráckeve下車、所要約1時間15分、910Ft～。

■**ラーツケヴェの❶**
tourinform
🏠Eötvös u.1
☎(24)429-747
URL www.tourinform.
rackeve.hu
開6/15～8/31
月～金　8:00～17:00
土・日　10:00～17:00
9/1～6/14
月～金　8:00～16:00
休9/1～6/14の土・日

■**サヴォイ城**
🏠Kossuth u. 95

ハンガリーが生んだ独創的な建築様式レヒネル・スタイル

ハンガリーを代表する建築家レヒネル・エデンLechner Ödön（1845～1916）は、ハンガリー・アールヌーヴォーの旗手である。19世紀末から20世紀初頭にかけて一世を風靡した"西のガウディ"と並んで、"東のレヒネル"とも称される。

ペスト生まれのレヒネルは、ブダペストの工芸学校で学んだ後、1866年よりベルリンの建築アカデミーに留学。2年にわたって最新の建築教育を受け帰国。ハンガリーで設計事務所を開いた。初期の作風はネオルネッサンス様式。6年後パリに赴き、建築家クレマン・バランの設計事務所に所属、ここでフランス初期ルネッサンスの影響を受ける。さらに1889年に訪れた英国でオリエント＝インド芸術を学んだ彼は、既存の様式にハンガリー伝統工芸のモチーフを取り入れた設計を行うようになり、ついに工芸美術館の設計コンペでその独自のスタイルを完成させた。その特徴はセラミックの使用と、うねうねとした曲線で生き物を感じさせること。例えば、レヒネルの代表作である郵便貯金局や地質学研究所の内部は、まるで体内のように肉感的で、粘膜に覆われた空間が脈打っているようにも感じられる。一度見たら忘れられない独創性は"レヒネル・スタイル"と呼ばれ、今やレヒネル・スタイル＝ハンガリー・スタイルとされるほどである。

工芸美術館は、レヒネルが初めて既存の歴史的様式を打破した作品である。美術館や博物館といえば、三角のペディメントに列柱という、アテネの神殿スタイルがイメージとして定着していたなか、彼は釣り鐘型の大ドームをデザインするなど、美術・博物館としての既成の概念とはまったく異なった個性的な建物を造り上げた。この建物は「初めての歴史的様式によらない美術・博物

工芸美術館にあるレヒネルの像

館」として話題を呼び、"ジプシー王の宮殿"というあだ名まで頂戴した。

また、装飾にもこだわるレヒネルは、タイルや天井の装飾にマジャル民族独特の刺繍のモチーフを選び、ハンガリー南部の都市ペーチにあるジョルナイ社のセラミックも大々的に使用した。

この工芸美術館はまだ完全なレヒネル・スタイルとはいえないものの、旅行者が自由に見学できる数少ないレヒネル作品のひとつなので、ぜひ細部までじっくり堪能したい。

地質学研究所や最高傑作とされる郵便貯金局は、リズミカルな破風のライン、鮮やかな色彩、艶やかなセラミックのオーナメントをまとい、内外ともにレヒネル・ワールドである。また地質学研究所の大屋根の地球や、郵便貯金局の柱を登るミツバチなど、建物の機能を象徴する装飾もレヒネル建築の特徴である。郵便貯金局では屋根の上部にまでこだわりを見せており、「そんな高いところには誰も気づかないよ」とからかわれたのに対し、「鳥が見るじゃないか」と返したというエピソードも残っている。

郵便貯金局。リズミカルなラインが特徴的

レヒネル・スタイルの代表的建築
＜ブダペスト＞

工芸美術館（→P.93）　▶Map P.45-F3
値IX. Üllői út 33-37（1896年完成）
　バールトシュ・ジュラとの共同設計
地質学研究所　▶Map P.43-F3
値XIV. Stefánia út 14（1899年完成）
郵便貯金局　▶Map P.41-F2
値V. Hold u. 4（1907年完成）
＜ケチケメート＞
市庁舎　▶Map P.225-A2
値Kossuth tér 1（1897年完成）
　バールトシュ・ジュラとの共同設計

ブダペストの 温泉 Termálfürd

ブダペストは100を超す源泉と50近くの浴場をもつ温泉都市だ。その歴史は約2000年前のローマ時代から始まり、16世紀のオスマン帝国支配下ではトルコ式浴槽も造られた。現在は西洋建築のものから、当時の姿を今に残すトルコ式浴槽までさまざま。

ゲッレールト温泉

Map P.44-C3

Gellért Gyógyfürdő

ジョルナイ製のタイルや彫刻を施したトルコブルーの浴場が美しい

1914～18年にかけて建てられた、「Danubius Hotel Gellért（→P.114）」に併設した温泉。

ゲッレールトの丘の源泉から引かれた湯は、弱アルカリ性で関節痛や神経痛に効果があるそうだ。浴場中央部に位置するのは水温26℃の屋内プール。ほか35℃、36℃、38～40℃と温度の異なる温水プールがあり、マッサージルームやサウナ、水風呂といった施設を併設。夏季は室内プールの2階から屋外に出ることができ、ここには1927年当時の造波装置を使った波のプールがある。ホテル内の温泉というだけあり、マッサージやペディキュアなどサービスも充実している。

ホテル宿泊客は50%OFFで利用可能。

室内温泉プールの奥にはジャクージが備わる。水泳帽着用

キラーイ温泉

Map P.38-C3

Király Gyógyfürdő

緑の建物が入口

オスマン帝国占領下の1565年に建設が始められた本格的トルコ風呂。独自の源泉はもたず、ルカーチ温泉から湯を引いている。オスマン帝国撤退後はブダのケニグ一家が買収し、トルコ様式を一部残した現在の姿に改装。第2次世界大戦時に浴場は損壊するものの、1950年に元の姿に修復された。ドームの採光窓から差し込む光が薄暗い湯船を緩やかに

■**ゲッレールト温泉**
🏠 XI. Kelenhegyi út 4
☎ (1)466-6166
🌐 www.gellertfurdo.hu
🕐 6:00～20:00
休 無休
料 月～金
　ロッカー利用　　5900Ft
　キャビン利用　　6300Ft
　土・日
　ロッカー利用　　6100Ft
　キャビン利用　　6500Ft
　※ブダペスト・カードで20%割引
🚇 地下鉄M4ゲッレールト広場駅Szent Gellért tér下車、または地下鉄M3カールヴィン広場駅 Kálvin térからトラム47、47B、48、49番でゲッレールト広場Szent Gellért tér下車

一般の利用客は北側の入口から入る

■**キラーイ温泉**
🏠 II. Fő u. 84
☎ (1)202-3688
🌐 www.kiralyfurdo.hu
🕐 9:00～21:00
休 無休
料 キャビン利用　2900Ft
　ロッカー利用　2600Ft
　※ブダペスト・カードで20%割引
🚇 地下鉄M2バッチャーニ広場駅Batthyány tér下車

外観も長い歴史を感じさせる

2005年の改装まで、男性しか入
ることができなかった

包み、エキゾチックな雰囲
気を演出。26℃～40℃ま
で、温度の異なる4つの浴
槽に、サウナやスチームバ
スを備えている。

中央にある円形浴槽は36℃とややぬるめ

♨ ルダシュ温泉
◆ Rudas Gyógyfürdő

Map P.44-B・C2

温泉浴場の中心となる八角形の浴槽。
湯温は36℃

ブダ側ゲッレールトの
丘の岩肌に建つ、オスマ
ン帝国統治期の1566年に
パシャ・ムスタファ（オ
スマン帝国の大宰相）に
よって造られたトルコ式
の浴場。8本の柱に支えら
れた直径10mのドームの
下には八角形の浴槽があり、これを囲むように四方に湯温の
異なる小さい風呂が設置されて
いる。湯は軽い放射性をもつカ
ルシウム、炭化硫酸水素などを
含み、関節痛などの運動障害に
効能があるといわれている。さ
らに飲用すれば、胃腸炎や肝臓
病に効果的だそうだ。

温泉浴場には45℃と50℃のサウナが備
わる

♨ ルカーチ温泉
◆ Lukács Gyógyfürdő

Map P.46-B5

外国人利用者は少なく、館内表示はハンガ
リー語のみ

ブダ側マルギット橋の近く、
やや奥まった所にある黄色い
建物。12世紀にハンガリー国
内で初めて湯治治療施設とし
て造られた浴場で、屋内には
4つの浴槽と、プールは屋外
も含め全6つ。外来病棟も併
設されており、観光客よりも、
治療目的で入りに訪れる地元利用者のほうが多い。浴場内の
装飾や華美さは他施設と比べる
と控えめだが、歴史ある温泉の
雰囲気を感じることができるだ
ろう。ここの湯は慢性胃腸炎に
効果があるとされ、エントラン
スには飲泉所が設置されている。

緑に囲まれて気持ちがいい

❖ セーチェニ温泉

Széchenyi Gyógyfürdő

Map P.43-D1

屋外温泉プール。中央に見える円形部分は流水プールになっている

市民公園内にあるヨーロッパ最大規模の温泉施設。ペスト地区にある浴場の中では最も古く、アルトワ式と呼ばれる掘り抜きの温泉として1881年にはすでに利用されていたという。浴場の老朽化に伴い1913年に、現在のセーチェニ温泉の前身となる建物が造られた。その後数回にわたって増築工事が行われ、全ての施設が完成したのは1999年。地下約1200mから湧出する湯量豊富な温泉は約70℃。フィルターに通して熱を冷まし利用している。

室内温泉には18種類の内風呂とプールのほかサウナが、屋外には水泳用プールと流水プール、ジャクージなどバラエティ豊か。湯温は26〜40℃と日本に比べると少々ぬるめだが、そのぶんじっくり入浴できる。そのほか、フィットネスルームやエステルーム、日光浴ができる屋上もある。

セーチェニ温泉の名物といえば、湯につかりながら指す「風呂チェス」。湯船の中にチェス用の台がしつらえてあり、真剣にチェスを指す人、それを見物する人でいつもにぎわいを見せている。

チェスに熱中する人々

❖ ダヌビウス・ヘルス・スパ・リゾート・ヘーリア

Danubius Health Spa Resort Hélia

Map P.39-D2、46-C4

フィンランド人の建築家によって設計されたドナウ川沿いのモダンな温泉ホテル内にある。お湯はマルギット島から引かれており、最新の医療設備がある。水泳用プール（26〜28℃）、温水プール（32〜34℃、36〜38℃）、ジャクージと設備は小規模だが、豊富なスパメニューが魅力。

スポーツクラブのような設備。館内には、フィットネスルームもある

■ セーチェニ温泉
住 XIV. Állatkerti krt. 9-11
☎ (1)363-3210
URL www.szechenyibath.hu
営 6:00〜22:00
休 無休
料 月〜金
　ロッカー利用 5500Ft
　キャビン利用 6000Ft
　土・日
　ロッカー利用 5700Ft
　キャビン利用 6200Ft
　早朝や夜の利用は通常より安くなる。
　※ブダペスト・カードで20%割引
交 地下鉄M1セーチェニ・フェルドー駅Széchenyi fürdő下車

黄色いクラシカルな建物が屋外温泉プールの入口

ショップではバスタオルや石鹸など、セーチェニ温泉オリジナルの商品も置かれている

■ ダヌビウス・ヘルス・スパ・リゾート・ヘーリア
住 XIII.Kárpát u. 62-64
☎ (1)889-5800
URL www.danubiushotels.com
営 7:00〜22:00
休 無休
料 月〜金　4200Ft
　土・日　5300Ft
交 地下鉄M3ドーシャ・ジョルジ通り駅 Dózsa György út下車
おもなスパメニュー
タイマッサージ
60分 1万2900Ft〜
ワインクリームマッサージ
50分 1万3100Ft〜

■アクインクム・スパ
住III. Árpád fejedelem út 94
TEL(1)436-4130
URLwww.aquincumhotel.
com
営6〜8月　6:00〜23:00
　9〜5月　6:00〜22:00
休無休
料月〜金
　6:00〜10:00　　　3600Ft
　10:00〜　　　　　4990Ft
　土・日　　　　　5990Ft
交ヘーヴのセントレーク広場
駅Szentlék tér下車
おもなスパメニュー
ホットストーンマッサージ
50分 1万3900Ft〜
タイマッサージ
60分 1万3900Ft〜

アクインクム・スパ
Aquincum Spa

Map P.46-C2

　1991年開業の、ドナウ川沿いに建つ5つ星ホテル「The Aquincum Hotel (→P.112)」に併設する温泉スパ施設。水泳用のプールがひとつと、その隣に湯温が異なる浴槽（手前が33℃、奥が38℃）があり、奥にはジャクージとスチームサウナを完備。ここでは温泉医療のほか、女性の美を意識したトリートメントマッサージが種類豊富にあり、人気はアロマテラピーマッサージやタイマッサージ。ウオーターベッドが備わる休憩室もある。

温泉はマルギット島から引かれている

◆◆◆◆ 温泉を満喫するためのワンポイント・アドバイス ◆◆◆◆

　一般的なブダペストの温泉の湯温は、最低22℃、平均35℃とぬるめで、日本人が想像するような40℃くらいの湯のところは少ない。水泳用のプールを併設している温泉も多く、水着を着て入るのが普通だ。また、ほかのヨーロッパ諸国同様、温泉は本来療養のために使われているもので、どこも治療設備が調っている。

●温泉に持っていく物
　ビーチサンダルとバスタオル、ビニール袋があると便利。服を脱いでから浴場に行くまで廊下を歩かなければならず、足が汚れがち。ビニール袋は石鹸やシャンプーなどを入れて持ち歩くのに重宝する。

> タオルは有料で借りられる。シャンプーや石鹸も現地で購入する手もある

●水着着用について
　トルコ式など伝統的な風呂では男風呂、女風呂に分かれていたり、曜日によってどちらか専用の日もある。その場合は裸またはハンガリー伝統のエプロンやフンドシで"前"を隠して入浴できるが、近年は水着を着用して入場するのが一般的。水泳用プールでは水泳帽の着用が義務づけられている場合もある。

> レンタル水着を用意しているところもあるが、サイズが合わなかったり、デザインもあまり選べないので、持参するのがいちばん！

●温泉はゲイの社交場？
　男湯、特に男性専用の日が設けられている温泉では「ゲイに誘われた」「ゲイに触れられた」という報告が少なからずある。特に円形の風呂の場合、中心付近でつかっているというのは"パートナー募集"という意味らしい。興味のない人は十分な配慮が必要。

> ひとりで訪れる男性は特に注意。ちなみに女性専用の日は問題ない

●マッサージ
　どこの温泉にも必ずといっていいほどあるのがマッサージmasszázs。種類もいろいろあるが、一般的なのは医療マッサージOrvosi masszirozásと呼ばれるもの。マッサージ料金は、通常受付で入場料を支払う際に合わせて支払う。マッサージチケットをもらい、マッサージしてほしくなったらこれを再び係の人に渡すと自分の順番が書かれた番号札をもらえる。順番がきたら指示されたベッドに横たわる。オイルを使って背中、腕、足をじっくりもんでくれるが、技術や内容は施術者によって多少異なるようだ。最後はパウダーで全身をはたいて終了。料金は公共温泉で15分3500Ft程度。

> マッサージのほかペディキュア（足の手入れ）もあり、資格を持ったペディキュア師が、爪やタコ、かかとの手入れをしてくれる。30分3200Ft程度

●チップは対応で決める
　マッサージやペディキュアpedikürを頼んだ場合は施術者に直接支払う。いずれも目安は100〜200Ftだが、額は満足度によって決めればいい。

ブダペストの エンターテインメント

リスト、コダーイ、バルトークらを輩出した音楽大国ハンガリー。コンサート、オペラ、バレエ、演劇、民族舞踊など歴史は古く、プログラムも豊富。民族舞踊ショーが多く開催されるのは夏季、オペラは9〜6月といったように季節によって違いはあるが、年間を通じて必ず何かしら開催されている。日本に比べて料金が安いのも魅力。

ハンガリー舞踊

舞踊の種類は実に多彩。スカートがくるくると広がる女性の踊りや、脚やブーツを激しくたたく男性の踊りなど、どれもエキサイティング。なかでも代表的なのは、18世紀に農村で若者を軍隊に勧誘するために踊られたヴェルブンコシュ verbunkosと、そこから派生して居酒屋などで演奏され、ヨーロッパで大流行したチャールダーシュ csárdásのふたつだ。

ハンガリー舞踊は劇場や音楽ホールで公演が行われるほか、イベントステージなどで披露される機会も多い。フォークロアショーがセットになったツアーやレストランもある。

国立オペラ劇場
Map P.42-A4

Magyar Állami Operaház オペラ

アンドラーシ通りに面して建つ、伝統と格式を誇るヨーロッパ有数のオペラ劇場。『椿姫』や『マクベス』といった定番から、歌以外の台詞が含まれるコミック・オペラといったジャンルの作品も上演される。子供を対象としたワークショップが行われることも。

チケット売り場は正面玄関を入ってすぐ左側。観劇するのがいちばんだが、昼間に行われる見学ツアーに参加するのもいい。大理石や金メッキ細工、フレスコ画であふれた豪華絢爛な世界に圧倒されることだろう。

劇場内の天井に描かれたフレスコ画。ため息が出るほどの美しさ

マーチャーシュ教会
Map P.40-C2・3

Mátyás templom クラシックコンサート

王宮の丘にあるマーチャーシュ教会は音響効果に優れていることでも有名で、ブダペスト屈指のコンサートホールとしても知られている。年間を通じてクラシック音楽のコンサートを開催しており、なかでもパイプオルガンコンサートが有名だ。

音楽アカデミー（リスト音楽院）
Map P.42-B4

Zeneakadémia クラシックコンサート

リスト音楽院は世界的にも権威のある音楽教育機関。リストをはじめ多くの彫像で飾られた建物内にあるホールは、音響のよさに定評がある。建設されたのは1904〜07年だが、政府からの圧力がかかったため当初のレヒネル風デザインは採用されず、さまざまな様式が融合した折衷様式となった。所要約50分のガイドツアーを毎日開催しており、英語による案内でアカデミー内を見学することができる。

■国立オペラ劇場
→P.84

■マーチャーシュ教会
→P.67

マーチャーシュ教会は内部も広く、コンサート会場として最適な場所でもある

■音楽アカデミー
（リスト音楽院）
住VI. Liszt Ferenc tér 8
☎(1)462-4600
URLzeneakademia.hu
交地下鉄M1オクトゴン駅
Oktogon下車
ガイドツアー
毎日13:30発
料3500Ft（学生1750Ft）

音楽アカデミーはリスト・フェレンツ広場でも最も豪華な建物

左サイドバー

■オペレッタ劇場
住VI. Nagymező u. 17
☎(1)472-2030
URLwww.operettszinhaz.hu
交地下鉄M1オペラ駅Opera
下車

■ブダペスト人形劇場
住VI. Andrássy út 69
☎(1)342-2702
URLwww.budapestbabszin
haz.hu
交地下鉄M1ヴルシュマルティ
通り駅 Vörösmarty utca
下車

**■"芸術の宮殿"国立コ
ンサートホール**
住IX. Komor Marcell u. 1
☎(1)555-3000
URLwww.mupa.hu
交トラム2番クズヴァーゴー
ヒードKözvágóhíd下車

■ドゥナ・パロタ
住V. Zrínyi u.5
☎(1)235-5500
URLdunapalota.hu
交地下鉄M1、M2、M3デア
ーク・フェレンツ広場駅
Deák Ferenc tér駅下車

■マダーチ劇場
住VII. Erzsébet krt. 29-33
☎(1)478-2041
URLwww.madachszinhaz.hu
交地下鉄M2ブラハ・ルイザ
広場駅 Blaha Lujza. tér
下車

マダーチ劇場では日本でも人気
のミュージカルが見られる

■エルケル劇場
住VIII. János Pál pápa tér 30
URLwww.jegy.hu/venue/
erkel-szinhaz
交地下鉄M2東駅Keleti pá-
lyaudvar下車

本文

◆オペレッタ劇場
Map P.42-A4
Budapesti Operettszínház 歌劇、ミュージカル

1894年に建てられ、1920年代にはヨーロッパ有数のバラエティ劇場として名をはせた、アールヌーボー様式の由緒ある劇場。毎年500を超えるオペレッタ（歌劇）やミュージカルを上演し、40万人以上の観客が来場する。

アンドラーシ通りの近くにある

◆ブダペスト人形劇場
Map P.42-B3
Budapest Bábszínház 人形劇

アンドラーシ通り沿いの旧国立人形劇場。演目は『ブレーメンの音楽隊』や『魔笛』、『くるみ割り人形』など誰もが知っている物語が多い。

◆"芸術の宮殿"国立コンサートホール
Map P.45-F5外
Művészetek Palotája コンサート、歌劇

通称Müpa。バルトーク国立コンサートホールとフェスティバル・シアター、ルドヴィク美術館からなる文化施設。クラシックから民俗音楽までさまざまなコンサートを開催。

◆ドゥナ・パロタ
Map P.41-E3
Duna Palota 民族音楽、民俗舞踊

1883～85年に建てられたネオバロック様式の建物で、ドナウ・フォーク・アンサンブルのコンサートが楽しめる。日によってはドナウ・シンフォニー・オーケストラのコンサートが催行される。

ネオバロック様式の壮麗な建物

◆マダーチ劇場
Map P.42-B・C4
Madách Színház ミュージカル

『キャッツ』、『オペラ座の怪人』などミュージカルの定番作品から、ハンガリー国内で製作された演目などを鑑賞できる。オペラやコメディも上演している。

◆エルケル劇場
Map P.43-D5
Erkel Színház クラシックコンサート、オペラ

ハンガリー国家の作曲者としても知られるフェレンツ・エルケルFerenc Erkelの名を冠した劇場。1911に開業、2013年に改装工事を終えた。1800人以上を収容できる大型劇場で、国立オペラ劇場のような華やかさはないものの200～6000Ftという安価で観劇できるとあって人気が高い。

ブダペストのホテル

Budapest Hotel

　ブダペストには優雅でゴージャスな高級ホテルから、ユースホステルまでさまざまな宿泊施設があり、観光シーズンであっても泊まるところがまったくないということはない。最近ではアパートメントタイプの宿の人気も高まっている。

フォーシーズンズ・ホテル・グレシャム・パレス・ブダペスト　Four Seasons Hotel Gresham Palace Budapest　MAP　P.41-E3

　くさり橋を渡れば誰もが目を向ける華やかなたたずまい。1906年に建てられたアールヌーボー建築の華麗な姿をそのまま残し改装オープン。客室の内装はアールデコ様式。屋内プールやオリエンタルムード漂うスパなどの施設も充実し、癒やしの滞在ができる。

ベスト
🏨 V. Széchenyi István tér 5-6
☎ (1) 268-6000
URL www.fourseasons.com
日本での予約先 FREE 0120-024754
料 Ⓢ Ⓓ €340〜
CC Ⓐ Ⓓ Ⓙ Ⓜ Ⓥ　室数179

ケンピンスキ・ホテル・コルヴィヌス　Kempinski Hotel Corvinus　MAP　P.41-F4

　エルジェーベト広場の前、デアーク広場から徒歩2分という、交通至便な場所に建つ。客室は広々とした造りにスタイリッシュな内装が施され、ゆったりと落ち着いた空間だ。オリエンタルな雰囲気が漂うスパや、世界的に有名な日本料理店「NOBU」が入っている。

ベスト
🏨 V. Erzsébet tér 7-8
☎ (1) 429-3777
URL www.kempinski.com
料 Ⓢ Ⓓ €145〜
CC Ⓐ Ⓓ Ⓙ Ⓜ Ⓥ　室数349

ザ・リッツ・カールトン・ブダペスト　The Ritz-Carlton Budapest　MAP　P.41-F4

　旧メリディアンホテル。デアーク広場に面したアクセスに便利な立地だが静かな環境。1918年に建てられた重要文化財の旧アドリア宮殿を利用。2016年に全面改装を終え、クラシカルな雰囲気と最新の設備が融合された高級ホテルとして生まれ変わった。

ベスト
🏨 V. Erzsébet tér 9-10
☎ (1) 429-5500
URL www.ritzcarlton.com
料 Ⓢ Ⓓ €310〜
CC Ⓐ Ⓓ Ⓙ Ⓜ Ⓥ　室数200

ソフィテル・ブダペスト・チェーン・ブリッジ　Sofitel Budapest Chain Bridge　MAP　P.41-E4

　ドナウ川沿いの遊歩道、ドゥナコルゾーの北端、くさり橋のたもとに建つ。外観は地味だが一歩足を踏み入れると、吹き抜けのアトリウムに光と観葉植物があふれ明るい雰囲気。料金が少々高くなるものの、せっかくなら夜景がきれいなドナウ側の部屋に泊まりたい。

ベスト
🏨 V. Széchenyi István tér 2
☎ (1) 235-1234
URL sofitel.accorhotels.com
料 Ⓢ Ⓓ €139〜
CC Ⓐ Ⓓ Ⓙ Ⓜ Ⓥ　室数357

ニューヨーク・パレス・ブダペスト　New York Palace Budapest　MAP　P.42-C5

　1894年建造の建物をリニューアルしたラグジュアリーホテル。スーペリアルームでも36㎡とゆとりのある造りで、バルコニー付きの部屋も。大理石やシルクを使ったインテリアはイタリア製。"氷の洞窟"をコンセプトにしたスパ施設のデザインにも注目したい。

ベスト
🏨 VII. Erzsébet krt. 9-11
☎ (1) 886-6111
URL www.dahotels.com
料 Ⓢ Ⓓ €128〜
CC Ⓐ Ⓓ Ⓙ Ⓜ Ⓥ　室数185

🛁 バスタブ(全室)　📺 テレビ(全室)　🍸 ミニバーあり　🍴 レストランあり
🛁 バスタブ(一部)　📺 テレビ(一部)　💻 インターネット(客室・無料)　💻 インターネット(客室・有料)

ヒルトン・ブダペスト　Hilton Budapest

MAP P.40-B・C2

王宮の丘に建つ。客室からはドナウ川をはじめ、ペスト地区の眺めがすばらしい。このホテルは13世紀にドミニコ会修道院のあった場所を利用しており、遺跡を保存しつつモダンで機能的なホテルを造り上げることに成功している。

ブダ

🏠 I. Hess András tér 1-3
☎ (1)889-6600
URL www.3.hilton.com
料 Ⓓ€169〜
CC A D J M V
客数 321

セント・ジョージ・レジデンス　St. George Residence

MAP P.40-B2

★★
★★
★★

王宮の丘に位置する、バロック様式のクラシカルなホテル。キッチン付きの客室はオールスイートタイプで、広々とした造り。4つの客室にはジャクージが備わり優雅な時間を過ごせる。オリエンタルな雰囲気漂うレストランも人気だ。

ブダ

🏠 I. Fortuna u. 4
☎ (1)393-5700
URL www.stgeorgehotel.hu
料 Ⓢ€139〜
　 Ⓓ€149〜
CC A M V
客数 27

アクインクム　The Aquincum Hotel

MAP P.46-C2

ヘーヴのSzentlék tér駅から徒歩約2分のマルギット島北端の対岸、アールパード橋のたもとに建つモダンなホテル。マルギット島から引かれた温泉を利用した温泉スパ施設「アクインクム・スパ（→P.108）」があり、温泉とセットになったプランもある。館内レストランも好評。

ブダ

🏠 III. Árpád fejedelem út 94
☎ (1)436-4100
URL www.aquincumhotel.com
料 Ⓢ Ⓓ€100〜
CC A D J M V
客数 310

セントラル・バジリカ　Hotel Central Basilica

MAP P.41-F3

1800年代の建物を利用しており、クラシカルな雰囲気に包まれている。エレガントで落ち着いたインテリアで統一され、全客室にセーフティボックスやドライヤーが備わる。聖イシュトヴァーン大聖堂の近くにあるので観光にも便利。

ベスト

🏠 V. Hercegprímás u. 8
☎ (1)328-5010
URL www.hotelcentral-basilica.hu
料 Ⓢ Ⓓ€120〜
　 朝食付き
CC A M V
客数 47

メルキュール・ブダペスト・コロナ　Mercure Budapest Korona Hotel

MAP P.45-E2

★
★★
★

地下鉄Ⓜ3、Ⓜ4 Kálvin tér駅からすぐ、国立博物館の向かいに位置する。淡いオレンジ色の壁と緑色の窓枠がひときわ目を引く、近代的で大きな建物だ。館内設備は整っており、フィットネスルームをはじめ、屋内プールやサウナ、マッサージもある。

ベスト

🏠 V. Kecskeméti u. 14
☎ (1)486-8800
URL www.accorhotels.com
日本での予約先 ☎ (03)4455-6404
料 Ⓢ Ⓓ€49〜200
CC A D J M V
客数 420

ラディソン・ブリュ・ベーケ・ブダペスト　Radisson Blu Béke Hotel, Budapest

MAP P.42-A3

西駅から徒歩3分、にぎやかなテレーズ通り沿いにある。中に入ると通りの喧騒がうそのように落ち着いた雰囲気。一見モダンだが、1913年に建てられた古い建物を改装したものだ。ジョルナイの食器を使ったカフェ「Café Zsolnay」も併設。プールもある。

ベスト

🏠 VI. Teréz krt. 43
☎ (1)889-3900
URL www.radissonblu.com
料 Ⓢ Ⓓ€65〜
CC A D J M V
客数 247

ボヘム・アート・ホテル　Bohem Art Hotel

MAP　P.45-D2

ヴァーツィ通りの1本隣、モルナール通りに面したホテル。周辺にはカフェやレストランも多く、ドナウ川へのアクセスもすぐ。部屋ごとに異なる個性的な内装は、ハンガリーの若手アーティストが手がけたもの。朝食ビュッフェは品数も多く好評。

ベスト
V. Molnár u. 35
(1)327-9020
www.bohemarthotel.hu
Ⓢ€70～140　Ⓓ€80～150
朝食付き
CC A D M V
客数60

コンチネンタル・ホテル・ブダペスト　Continental Hotel Budapest

MAP　P.42-B5

1920年までハンガリア温泉Hungária Fürdöという温泉浴場だった歴史ある建物を改築。客室はアール・デコスタイルを取り入れており、一部のスイートルームには広々としたテラスが備わる。公式ウェブサイトから予約するとWi-Fi無料、朝食付きになる。

ベスト
VII. Dohány u. 42-44
(1)815-1000
continentalhotelbudapest.com
Ⓢ€159～200　Ⓓ€169～200
朝食付き
CC A D J M V
客数272

ソーホー・ブティック　Soho Boutique Hotel

MAP　P.42-C5

地下鉄Ⓜ2 Blaha Lujza tér駅から徒歩約4分。ドハーニ通りに位置するスタイリッシュなホテル。全客室、ミニバーやフラットテレビ、ドライヤーが備わる。レセプションは24時間オープン。1階にはバーも併設しており、ドリンクメニューも種類豊富。

ベスト
VII. Dohány u. 64.
(1)872-8292
www.sohoboutiquehotel.com
Ⓢ€69～
Ⓓ€109～
朝食付き
CC M V　客数76

アトリウム・ファッション　Atrium Fashion Hotel

MAP　P.42-C5

地下鉄Ⓜ2 Blaha Lujza tér駅から徒歩2分。エントランスから見える吹き抜けのアトリウムが開放感満点。客室はグリーンをメインカラーにしており落ち着いた雰囲気。部屋には湯わかしのケトルが備わっているなど、設備も申し分ない。1階のレセプションではおみやげも販売。

ベスト
VIII. Csokonai u. 14
(1)299-0777
www.mellowmoodhotels.com
Ⓢ€74～　Ⓓ€84～
朝食付き
CC A D M V
客数57

ダヌビウス・ヘルス・スパ・リゾート・ヘーリア　Danubius Health Spa Resort Hélia

MAP　P.39-D2, 46-C4

マルギット島と向かい合って建つ温泉ホテル。観光ポイントからは少し離れているが、静かで落ち着いた環境だ。温泉やスパ、プール、フィットネスルームなどの施設は宿泊客以外の利用も可。地下鉄Ⓜ3 Lehel tér駅から市バス15、115番で行ける。

ベスト
XIII. Kárpát u. 62-64
(1)889-5800
www.danubiushotels.com
Ⓢ Ⓓ€81～
CC A D J M V
客数262

ブティック・ホテル・ヴィクトリア・ブダペスト　Boutique Hotel Victoria Budapest

MAP　P.41-D3

地下鉄Ⓜ2 Batthyány tér駅から徒歩5分ほど、王宮の丘の麓に位置するホテル。ホテルはドナウ川に面しており、部屋からは川沿いの景色と夜景を望める。館内の音楽ホールでは無料のアフタヌーンティーサービス（16:00～19:00）を提供。サウナの設備もある。

ブダ
I . Bem rakpart 11
(1)457-8080
victoria.hu
Ⓢ Ⓓ€90～220
朝食付き
CC A J M V
客数27

ラーンツヒード19・デザイン・ブダペスト　Lánchíd 19 Design Hotel Budapest　MAP　P.41-D4

ハンガリーの若手デザイナーによるモダンなデザインが人気のホテル。白を基調とした客室にアーティスティックな絵画や椅子がスタイリッシュさを演出している。王宮の丘のたもとに位置しているので、ドナウ川やくさり橋、王宮の眺めを楽しめる。

 ブダ
🏠 I . Lánchíd u. 19
📞 (1)457-1200
URL www.lanchid19hotel.hu
料 Ⓢ Ⓓ €100〜
　朝食付き
CC Ⓐ Ⓓ Ⓜ Ⓥ
室数48

カールトン・ホテル・ブダペスト　Carlton Hotel Budapest　MAP　P.41-D3

くさり橋の近く。中央通りFő u.から急な階段を上ったところにある。王宮へと続くケーブルカー乗り場にも近く、便利な立地なのに静かな環境だ。白壁の室内はきれいで、設備は十分に整っている。ビュッフェスタイルの朝食も充実している。

ブダ
🏠 I . Apor Péter u. 3
📞 (1)224-0999
URL www.carltonhotel.hu
料 Ⓢ €56〜 Ⓓ €66〜
　朝食付き
CC Ⓐ Ⓓ Ⓜ Ⓥ
室数95

ダヌビウス・ホテル・ゲッレールト　Danubius Hotel Gellért　MAP　P.44-C3

★★★★★

地下鉄Ⓜ3、Ⓜ4 Kálvin tér駅からトラム47、47B、48、49番利用。1918年に建てられた、ゲッレールトの丘の麓に位置するクラシカルなホテル。ゲッレールト温泉(→P.105)を併設しており宿泊者は専用口から直接温泉へ行ける。客室は7タイプある。

ブダ
🏠 XI. Szt. Gellért tér 2
📞 (1)889-5500
URL www.danubiushotels.com
料 Ⓢ €60〜 Ⓓ €95〜
　朝食付き
CC Ⓐ Ⓓ Ⓙ Ⓜ Ⓥ
室数234

ダヌビウス・グランド・ホテル・マルギットシゲット　Danubius Grand Hotel Margitsziget　MAP　P.46-C3

マルギット島のアールパード橋側にある温泉ホテル。1873年に国立オペラ劇場を設計したイブル・ミクローシュによって建てられた。隣接するDanubius Health Spa Resort Margitszigetとは地下でつながっており、宿泊客はそちらの施設も利用できる。

マルギット島
🏠 XIII. Margitsziget
📞 (1)889-4700
URL www.danubiushotels.com
料 Ⓢ Ⓓ €90〜　朝食付き
CC Ⓐ Ⓓ Ⓙ Ⓜ Ⓥ
室数164

プレステージ・ホテル・ブダペスト・スーペリア　Prestige Hotel Budapest Superior　MAP　P.41-E3

1860年に建てられ、住居として使われていた建物を改装したホテル。部屋は4タイプあり、スタンダードでも20㎡以上と広々。コーヒーメーカー、エアコン等設備も充実。吹き抜けのロビーにはシャンデリアが配され、エレガントな雰囲気。

ベスト
🏠 Vigyázó Ferenc u. 5
📞 (1)920-1000
URL prestigehotelbudapest.com
料 Ⓢ €199〜259 Ⓓ €209〜269
　朝食付き
CC Ⓐ Ⓜ Ⓥ
室数85

イビス・ブダペスト・ヒーローズ・スクエア　Ibis Budapest Heroes Square Hotel　MAP　P.42-C1

★★★★

英雄広場から徒歩約3分の便利な場所にあるホテル。白を基調とした客室はシンプルで使い勝手がいい。セーフティボックスやドライヤー、エアコンを完備。ピザやパスタがメニューに揃うカフェでは、夏季のテラス席が気持ちいい。

ベスト
🏠 VI. Dózsa György út 106
📞 (1)269-5300
URL www.accorhotels.com
日本での予約先📞 (03)4455-6404
料 Ⓢ Ⓓ €43〜
CC Ⓐ Ⓜ Ⓥ
室数139

コスモ・シティ　Cosmo City Hotel

MAP P.45-D2

観光やショッピングにも便利なヴァーツィ通りにある、コンパクトなデザインホテル。白と黒を基調とした客室はピンクの椅子やクッション、紫のベッドシーツでコーディネート。レストランを併設しているが、昔ながらの郷土料理店で客室の雰囲気とはまったく違う。

ベスト
🏠 V. Váci u.77
☎ (1)799-0077
URL www.mellowmoodhotels.com
料 ⑤Ⓞ€80〜　朝食付き
CC AMV
客数 36

ブダペスト・パノラマ・セントラル　Budapest Panorama Central Hotel

MAP P.45-D1

シナゴーグ近くの雑居ビル3階部分を利用。広々とした客室は居心地がよく、快適に滞在できる。スーペリアルームはジャクージ付き。朝食はチェックイン時に食べたい物をリストの中から選び、各自部屋で食べるシステム。入口に看板はあるが、わかりにくいので注意。

ベスト
🏠 V. Károly krt. 10
☎ (1)328-0870
URL budapestpanoramacentral.com
料 ⑤€40〜 Ⓓ€50〜
CC 不可
客数 23

12 リーヴァイ　12 Revay Hotel

MAP P.42-A4

聖イシュトヴァーン大聖堂から徒歩3分ほど。2015年にオープンした、旧市街に位置するデザイナーズホテル。3室あるアパートメントタイプの部屋にはテラスがついており、大聖堂のクーポラを目前に望むことができる。24時間営業のバーを併設。

ベスト
🏠 VI. Révay u. 12
☎ (1)909-1212
URL 12revay.com
料 ⑤Ⓓ€57.6〜
CC AMV
客数 56

ルームバッハ・ブダペスト・センター　ROOMbach Hotel Budapest Center

MAP P.42-A5

デアーク広場から徒歩5分と立地も抜群。外観は地味な印象を受けるが、各部屋にはカラフルでポップなデザインが施されており、個性的な内装が楽しめる。館内のレストランは朝食専用だが、周囲にはおしゃれなレストランやバーが並ぶので食べることには困らない。

ベスト
🏠 VII. Rumbach Sebestyén u. 14
☎ (1)413-0253
URL roombach.com
料 ⑤€73〜 Ⓓ€79〜
CC AMV
客数 99

カサティ・ブダペスト　Casati Budapest Hotel

MAP P.42-A4

国立オペラ劇場や聖イシュトヴァーン大聖堂といった観光名所が徒歩圏内にある、便利な立地のブティックホテル。客室はクラシック、ナチュラルなど4つのテーマごとに異なる内装が施されている。フィットネスルーム、サウナなどを併設。

ベスト
🏠 VI. Paulay Ede u. 31
☎ (1)343-1198
URL www.casatibudapesthotel.com
料 ⑤€78〜 Ⓓ€90〜　朝食付き
CC AMV
客数 25

バルタザール・ブダペスト　Baltazár Budapest Hotel

MAP P.40-B2

旧市街の北側に位置するホテル。周囲には博物館やカフェが並んでおり、いろいろと便利。「アーバン・リゾート」がテーマで内装やインテリアにもこだわりを見せており、リラックスできる空間を演出している。1階には人気のグリル・レストランも併設されている。

ブダ
🏠 I . Országház u. 31
☎ (1)300-7051
URL baltazarbudapest.com
料 ⑤Ⓓ€166〜　朝食付き
CC AMV
客数 11

ブルグ・ブダペスト　Burg Hotel Budapest

MAP　P.40-B3

王宮の丘の三位一体広場に面してお
り、夜になると、客室からライトアップ
されたマーチャーシュ教会を望むこと
ができる。部屋は広々と清潔で、ドラ
イヤーなど、設備も整っている。フロ
ントは24時間オープンでレストランや
劇場チケットの予約もOK。

ブダ

🏠 I. Szentháromság tér 7-8
☎ (1)212-0269
URL burg-hotel.go-budapest-
hotels.com
料 ⑤€105〜　⑩€115〜
　朝食付き
CC AMV
客室 26

チャールズ　Hotel Charles

MAP　P.38-C4

王宮の丘の南側に位置しており、中
心部から少しは離れているが、ペスト
側へは市バス8E番で約10分。部屋の
タイプは3種類あり、スタンダートとス
ペースが広いデラックス、キッチン付の
アパートメントがある。少し老朽化が
目立つが設備は充実している。

ブダ

🏠 I. Hegyalja út 23
☎ (1)212-9169
URL www.charleshotel.hu
料 ⑤⑩€45〜95
　朝食付き
CC AMV
客室 60

シャス・ワン　Hotel Sas One

MAP　P.41-F3

デアーク広場に面したプチホテル。
中心部に位置しているので、どこへ行
くにも便利な立地。ホテルは建物の2
階にあり、チェックインの際は玄関で
レセプションを呼び出す。客室はシン
プルだが広々としており、デアーク広
場を一望できる部屋もある。

ペスト

🏠 V. Sas u. 1
☎ (1)614-1344
URL www.sasone.hu
料 ⑤€50〜69 ⑩€60〜79
CC MV
客室 16

イージー・ホテル・ブダペスト・オクトゴン　Easy Hotel Budapest Oktogon

MAP　P.42-B3

地下鉄M1 Oktogon駅から徒歩5分。
英国の格安航空会社が経営するホテル
で、客室の設備は簡素だがなんといっ
ても安さが魅力。客室は窓がない部屋
もあり、若干お得になっている。テレ
ビやドライヤー、ロッカーなどは別料
金で使用可能。

ペスト

🏠 VI. Eötvös u. 25/a
☎ (1)411-1982
URL www.easyhotel.com
料 ⑤⑩€33〜
CC AMV
客室 59

COLUMN

ブダペストのアパートメント

　ブダペストには建物の一部を利用したア
パートメントタイプの宿泊施設がたくさんあ
る。快適に過ごすためチェックインからチェ
ックアウトまでの流れを覚えよう。

①チェックイン
　受付オフィスやレセプションがあるところ
と、ないところがある。あればここでチェッ
クイン。ないところは管理人と建物の前また
は宿泊する部屋の中で待ち合わせ。どちら
も先に宿泊料金を支払い、部屋の鍵を受け

取り、建物入口の扉を開ける暗証番号や設
備についての説明を聞く。

②滞在中
　滞在中は自分で鍵の管理を行うので、な
くさないように。使用した食器はきれいに洗
うなど基本的なマナーは守ろう。

③チェックアウト
　鍵を受付オフィスに返却（早朝などオフィ
スが閉まっている場合は指定されたところ
に置く。郵便ポストが多い）。受付オフィス
がないところも指定されたところに。

日本人宿

アンダンテ・ホステル　Andante Hostel

MAP P.42-B4

地下鉄Ｍ1 Oktogon駅から徒歩約8分の場所にある、日本人が経営する宿泊施設。部屋はドミトリー（男女別）のみ。男女別シャワー、洗濯機や鍵付きロッカーなど充実の設備。共用スペースにはキッチンやTV、日本のマンガも備える。日本人スタッフが24時間対応可能。

ベスト

住 VII. Kertész u. 35
TEL (1)785-6191
URL wp.andantehostel.com
料 ドミトリー
　3〜10月€13、11〜2月€12
　長期滞在割引きあり
CC 不可　室数15ベッド

さくらんぼ　Sakuranbo

MAP P.42-C3

アンドラーシ通りにほど近い、一般の住居を利用したホステル。ドミトリー（男女共用）は貴重品ロッカー付き。ほかプライベートルームが3室。共用キッチンや洗濯機、Wi-Fiは無料で利用できる。2018年12月現在、改装のためクローズ中。2019年3月再オープン予定。

ベスト

住 VI. Benczúr u. 7
TEL (1)321-6993
URL sakuranbo-bp.com
料 ドミトリー6500Ft
　Ｓ1万2500Ft　Ｄ2万Ft
CC 不可
室数2、10ベッド

アパートメント

セブンシーズンズ・アパートメント・ブダペスト　7seasons Apartments Budapest

MAP P.42-A5

デアーク広場から徒歩約3分のセントラル・パッセージ・ビル内にあるアパートメント。オーブン、電子レンジ付きのキッチンに、洗濯機、DVDプレーヤーなど充実の設備。部屋のタイプは5つあり、3ベッドルームでは最大6人まで宿泊可能。

ベスト

住 VI. Király u. 8
♪0620-274-7777
URL www.7seasonsapartments.com
料 ＳＤ€56〜
CC J M V
室数80

ノヴァ・アパートメント　Nova Apartments

MAP P.42-B5

最新のビルの一部を利用。どの部屋もシンプルな造りで、使い勝手のいいキッチンやバスタブ付きの浴室など充実した設備。受付オフィスは通りに面しているのでわかりやすい。周辺にはレストランが多数あるので、自炊しない旅行者も不便なく利用できる。

ベスト

住 VII. Akácfa u. 26
♪0630-442-8731
URL www.novabudapest.com
料 ＳＤ€35〜80
CC A M V
室数48

ユースホステル

ホステル・ワン・ブダペスト　Hostel One Budapest

MAP P.42-A5

ブダペスト中心部に位置しており、周囲はレストランやバーも多く、夜遊びにも便利な立地。部屋は広々として清潔だが、シャワーとトイレは共用となっている。ドミトリーのベッドの数は6〜12。話題の廃墟バーの情報なども集まる。レセプションは24時間オープン。

ベスト

住 VII. Rumbach Sebestyén u. 6
TEL (1)799-8325
URL www.hostelone.com
料 ドミトリー€13〜16
CC M V
室数72ベッド

マルコ・ポーロ・トップ・ホステル　Marco Polo Top Hostel

MAP P.42-B5

地下鉄Ｍ2 Blaha Lujza tér駅から徒歩約5分の場所にある大型ユースホステル。シングル、ダブルのほかに4人部屋があり、室内は清潔で管理もきちんとしている。レセプションは24時間オープン。自転車レンタルや荷物預りサービスも。

ベスト

住 VII. Nyár u. 6
TEL (1)413-2555
URL www.mellowmoodhotels.com
料 ドミトリー€5〜
　Ｓ€19〜　Ｄ€22.8〜
CC A M V　室数168ベッド

ブダペストのレストラン&カフェ
Budapest Restaurant & Cafe

　ブダペスト中心部にはレストランやカフェ、食堂などが無数にある。英語も比較的通じやすく、食事するのに困ることはないだろう。最近では、ランチタイムにお得なセットメニューを出すレストランが増えてきている。食事と一緒に楽しみたいのがハンガリーワイン。

ハンガリー料理

オニキス　ONYX

MAP P.41-F4

　季節の新鮮食材を使ったハンガリー料理をベースに、フレンチなどのヨーロピアンテイストをプラスしたオリジナリティあふれる料理の数々。ネオバロック様式に現代建築が融合したシックでゴージャスな内装も見事。3コースのランチセットは1万8900Ft。

🏠 V. Vörösmarty tér 7-8 ベスト
📞 0630-508-6222
URL www.onyxrestaurant.hu
🕐 12:00～13:00、18:30～20:30
休 日・月
CC A M V

グンデル　Gundel

MAP P.43-D1

　季節感と創意工夫にあふれたオリジナル料理が堪能できるブダペスト随一の高級レストラン。コースディナーの予算はひとり当たり1万7500Ft～（ドリンク別）。日曜の11:30～15:00に行われるサンデーブランチ9800Ftは、ビュッフェ形式で気軽に楽しめる。

🏠 XIV. Gundel Károly út 4 ベスト
☎ (1)889-8111
URL gundel.hu
🕐 月～木　12:00～23:00
　　金・土　12:00～24:00
　　日　　　11:30～15:00、19:00～23:00
休 無休　CC A D J M V

バゴイヴァール　Bagolyvár

MAP P.43-D1

　トランシルヴァニア風の建物を利用した、グンデルと同経営のレストラン。100年以上の歴史をもち、店内は落ち着ける雰囲気。ハンガリーの伝統的な家庭料理をはじめ、多様なメニューが揃う。前菜1600Ft～、スープ1850Ft～、メイン2700～7850Ft。

🏠 XIV. Gundel Károly út 4 ベスト
☎ (1)889-8127
URL www.bagolyvar.com
🕐 12:00～22:00
休 無休
CC A D J M V

カールパーティア　Kárpátia

MAP P.45-D1

　後期ルネッサンス様式の華麗な内装が見事な、1877年創業の老舗レストラン。メニューはパプリカチキン4300Ftなど伝統的なハンガリー&トランシルヴァニア料理。前菜は2900Ft～、スープは1800Ft～。毎夕18:00からはロマ音楽の生演奏が行われる。

🏠 V. Ferenciek tere 7-8 ベスト
☎ (1)317-3596
URL www.karpatia.hu
🕐 月～土　11:00～23:00
　　日　　　17:00～23:00
休 無休
CC A M V

スプーン　Spoon

MAP P.41-E4

　ドナウ川に浮かぶ船上レストラン。バーラウンジやテラスなどがある広々とした船内からは、王宮の丘やくさり橋の眺めがいい。おすすめは夜景を見ながらのディナー。ロマンティックなひとときを過ごそう。予算はランチ1万Ft、ディナー1万5000Ft。日本語メニューあり。

🏠 V. Vigadó tér 3. dock ベスト
☎ (1)411-0933
URL www.spoon.restaurant
🕐 12:00～24:00
休 無休
CC A D J M V

ムーゼウム　Múzeum

MAP P.45-E1

国立博物館の近く。1885年のオープン以来、カフェとして親しまれてきた。現在ではレストランも併設し、ハンガリー＆インターナショナル料理のおいしさにも定評を得ている。メイン3500〜7400Ft。アルコール類も豊富。日本語メニューあり。

住VIII. Múzeum krt.12 ベスト
電(1)267-0375
URLwww.muzeumkavehaz.hu
営18:00〜24:00
休日
CC A M V

カフェ・クルウ・エーッテレム　Café Kör Étterem

MAP P.41-F3

聖イシュトヴァーン大聖堂のすぐそばにある、おしゃれなカフェレストラン。チキンや鴨、サーモンなどのグリルがおすすめで2700Ft〜。自慢のフォアグラのグリルは5890Ft、レバー特有の臭いもなく、とろける口当たり。本日のおすすめは黒板をチェック。

住V. Sas u. 17 ベスト
電(1)311-0053
営12:00〜22:00
休日
CC A

ヴォロシュ・ポシュタコチ・エーッテレム　Vörös Postakocsi Étterem

MAP P.45-E2

オープンテラスのあるレストランが軒を連ねる、ラーダイ通りRáday u.にある。グヤーシュ1490Ftや、ホルトバージ・パラチンタ1590Ft、フォアグラのテリーヌ2990Ftなど伝統的なハンガリー料理が楽しめる。予算はランチ3500Ft、ディナー6000Ft。

住IX. Ráday u.15 ベスト
電(1)217-6756
URLwww.vorospk.com
営11:30〜24:00
休無休
CC M V

トローフェア・グリル　Trófea Grill

MAP P.42-A5

グヤーシュやパプリカチキン、ホルトバージ・パラチンタなどのハンガリー料理を中心に、寿司など100種類以上の料理を味わえるビュッフェ形式のレストラン。平日の昼は4499Ft、土・日は7499Ft。ワインやビール、ソフトドリンクなどのドリンクも込み。

住VI. Király u. 30-32 ベスト
電(1)878-0522
URLkiraly.trofeagrill.eu
営11:30〜24:00
休無休
CC A M V

ファタール　Fatâl

MAP P.45-D2

ボリューム満点のハンガリー料理を食べられると、地元の人にも人気。チキンやターキー、ポテトが山盛りのファタール・ブラッター6190Ft（2人前）やローストポーク3890Ft、パスタ入りグヤーシュ2390Ftなど、量の多さに驚くばかりだ。おなかをすかせて訪れたい。

住V. Váci u. 67 ベスト
電(1)266-2607
URLwww.fatalrestaurant.com
営12:00〜24:00
休無休
CC不可

ケーク・ロージャ　Kék Rózsa

MAP P.42-B5

シナゴーグの裏側に位置する"青いバラ"という名のレストラン。安くておいしいと評判で、メインは1200〜3500Ft、パプリカチキン1700Ft、フォアグラのソテー3500Ftなど。スープ、メイン、デザートなど数品出てくるお得なセットメニュー2600Ft〜は季節によって内容が変わる。

住VII. Wesselényi u. 9 ベスト
電(1)342-8981
URLwww.kekrozsaetterem.hu
営11:30〜21:00LO
休無休
CC A M V

ベルヴァーロシ・ディスノートロシュ　Belvárosi Disznótoros

精肉店と総菜屋が一緒になっており、その場で食べることができる。メニューは豚肉のハンガリー風マリネ100g430Ftや、グリルチキン1羽1600Ft〜など精肉店ならではの肉料理が中心。キラーイ通りKirály u.（ MAP P.40-A5）にも店舗がある。

P.45-D1

🏠 V. Károlyi Mihály u. 17
📞 0670-602-2775
URL belvarosidisznotoros.hu
🕐 9:00〜19:00
🚫 日
CC M V

チャルノク・ヴェンデーグルー　Csarnok Vendéglő

国会議事堂と聖イシュトヴァーン大聖堂の中間あたりに位置し、観光途中の食事に便利。カジュアルな雰囲気のレストランで、昼はビジネスマン、夜は地元の人でにぎわう。おすすめの魚料理は1450Ft〜、スープ690Ft〜と、手頃な値段で楽しめる。

MAP P.41-F2

🏠 V. Hold u. 11
📞 (1)269-4906
URL www.csarnokvendeglo.hu
🕐 11:00〜22:00
🚫 無休
CC A M V

テュクリ　Tüköry

国会議事堂の近くにある庶民的なハンガリー料理のレストラン。仕切られたボックス席もあり、ウッディな内装で落ち着ける。スープ680〜790（小）Ft、メイン2000Ft程度、デザート650〜880Ftと値段は抑えめなので、たくさん注文しても安心。

MAP P.41-F2

🏠 V. Hold u. 15
📞 (1)302-3233
URL www.tukoryetterem.hu
🕐 月〜金　11:00〜23:00
　土・日　11:00〜22:00
🚫 無休
CC J M V

メンザ　Menza

レストランやカフェが集まるリスト広場で連日大にぎわい見せるおしゃれなカフェレストラン。ハンガリー料理にインターナショナルのテイストをプラスしたメニューは、どれもボリューム満点。メインは2690Ft〜。

MAP P.42-B4

🏠 VI. Liszt Ferenc tér 2
📞 (1)413-1482
URL www.menzaetterem.hu
🕐 10:00〜24:00
🚫 無休
CC A M V

エルシォー・ペシュティ・レーテシュハーズ　Első Pesti Rétesház

ハンガリー人が大好きな菓子、レーテシュの専門店。プラムやカッテージチーズなど6種類以上あるレーテシュは1個430Ft〜。食事メニューも充実していて、おすすめは、ナマズのフィレを使ったハラースレー1890Ftや自家製パンのフォアグラのグリル6490Ftなど。

MAP P.41-F3

🏠 V. Október 6. u. 22
📞 (1)428-0134
URL reteshaz.com
🕐 9:00〜23:00
🚫 無休
CC A M V

マンガリッツァ・メニョルサーグ　Mangalica Mennyország

クラウザール広場Klauzál tér横のマーケット内にある店。店名は「マンガリッツァ豚の天国」という意味で、ハンガリーの国宝、マンガリッツァ豚を使用したソーセージやサラミの専門店。ボリュームたっぷりのランチを提供しており、1190Ft〜とリーズナブル。

MAP P.42-B4

🏠 VII. Akácfa u. 42-48 földszint 3
📞 0630-358-3155
URL mangalicamennyorszag.hu
🕐 8:00〜15:30
🚫 土
CC M V

ハンガリー料理

ハンガリー料理

ハンガリクム・ビストロ　Hungarikum Bisztró

MAP P.41-E2

自由広場の近くにある人気店。ハンガリーの伝統的な家庭料理を追求し、「昔懐かしい味」を見事に再現しているとか。ハンガリクム・メニュー5100Ftはグヤーシュとメインの肉料理、アップルパイが付いたセット。メインは2500〜6400Ft。

住 V. Steindl Imre u. 13 ペスト
☎ 0630-661-6244
営 11:30〜14:30、18:00〜22:00
休 無休
CC A M V

モシュト　Most

MAP P.42-A4

国立オペラ劇場の近くにある、ブダペストっ子に人気のおしゃれなレストラン・バー。メニューは伝統的なハンガリー料理からパスタ、ハンバーガーなどもあり、種類豊富。ランチコース1490Ft〜などのセットメニューもあり、価格の安さも人気の秘密。

住 VI. Zichy Jenő u. 17 ペスト
☎ 0670-248-3322
URL mostbisztro.hu
営 月〜木 11:30〜24:00
　 金 11:30〜翌1:00
　 土 10:00〜翌1:00
　 日 10:00〜24:00
休 無休
CC M V

シポス・ハラースケルト　Sipos Halászkert

MAP P.46-B1

美術館が多く集まる、オーブダ地区の中央広場Fő térにあるレストラン。コイやナマズを使用した魚料理が充実しており、看板メニューはシポス風ハラースレー Sipos halászlé 2190Ft。ピアノとバイオリンによる、ロマ音楽の演奏が行われることも。

住 III. Fő tér 6 ブダ
☎ (1)388-8745
URL ujsipos.hu
営 月〜金 12:00〜22:00
　 土 12:00〜23:00
　 日 12:00〜21:00
休 無休
CC M V

ファカナール　Fakanál

MAP P.45-D2・3

中央市場（→P.129）内、2階にあるセルフ式の食堂。11:00までは朝食メニューのみの提供。ランチにはグヤーシュ1370Ftや自家製ソーセージ2270Ftなどハンガリーの家庭料理が並ぶ。月〜金曜の12:00〜15:00は30分ごとにロマ音楽の演奏が行われにぎやか。

住 VIII. Vámház krt. 1-2-3 ペスト
☎ (1)217-7860
URL www.fakanaletterem.hu
営 月 9:00〜17:00
　 火〜金 9:00〜18:00
　 土 9:00〜15:00
休 日
CC J M V

舞踊ショー

マーチャーシュ・ピンツェ　Mátyás Pince

MAP P.44-C1

エルジェーベト橋のたもとにある1904年創業のレストラン。ステンドガラスで飾られた雰囲気のいい店内。毎晩19:00から閉店までロマ音楽の演奏が行われ、20:00からは約40分間のフォークロアダンスショーを見ることができる（無料）。

住 Március 15. tér 7 ペスト
☎ (1)266-8008
URL matyaspince.eu
営 11:00〜24:00
休 無休
CC A M V

イタリア料理

ポモ・ドーロ　Pomo D'oro

MAP P.41-E3

新鮮なシーフードや、ハム、チーズなどをイタリアから空輸し、本場さながらのイタリア料理を提供する。ホームメイドパスタのゴルゴンゾーラチーズソースあえ2650Ft〜ほか、パスタメニューは20種ほど。ピッツァは1890Ft〜。ジェラート350Ftも好評。

住 V. Arany János u. 9 ペスト
☎ (1)302-6473
URL pomodorobudapest.com
営 月〜金 12:00〜24:00
　 土・日 12:00〜16:00、18:00〜24:00
休 無休
CC A M V

スペイン料理

ヴィッキー・バルセロナ・タパス・バー　Vicky Barcelona Tapas Bar　MAP P.42-A5

飲食店が軒を連ねる飲み屋街、ゴジドゥ・ウドヴァルGozsdu Udvar内にあるスペイン料理店。タパスはひと皿950〜1800Ft。メインは3000Ft前後で、肉やシーフードなど種類豊富。ワインやビールなどアルコールも多数揃っている。

🏠VII. Dob u. 16
📞0630-465-9505
🕐日〜木　16:00〜翌2:30
　金・土　16:00〜翌5:00
休無休
CC M V

ベスト

ベルギー料理

ピーター・マルクス　Pater Marcus　MAP P.41-D3

王宮の丘の麓にあるベルギー料理店。ベルギー産のビールが種類豊富に揃い、瓶ビールのほかドラフトでも味わえる。メニューはベルギー料理のほかハンガリーの伝統料理も。名物はムール貝の白ワイン蒸しで、500g 3190Ft、1Kg 6090Ftとたっぷりサイズ。

🏠I. Apor Péter u. 1
☎(1)212-1612
URLwww.patermarcus.hu
🕐12:00〜24:00
休無休
CC M V

ブダ

日本料理

小町ビストロ　KOMACHI Bisztoro　MAP P.42-B4

2014年にオープンした日本料理店。ラーメン1680Ft〜など麺類のほか、カレー1880Ft〜に丼1780Ftとメニューも豊富。ミニサイズのラーメンやカレーがセットになった小町セット1980Ft〜はボリュームもたっぷり。日本のビールも扱っている。

🏠VII. Kertész u. 33
📞0670-297-4942
URLkomachi.hu
🕐12:00〜15:00、
　17:00〜21:00LO
休月
CC不可

ベスト

奥山のSushi　Okuyamano Sushi　MAP P.46-B3

八丈島出身の寿司職人、奥山さんが作る食材本来の味を生かした日本料理を堪能できる。寿司はもちろん、イワシやしいたけの佃煮、厚焼き卵などの一品料理まで多数。予算は6000Ftくらい。地下鉄M2 Batthyány tér駅から19番のトラムでKolosy tér下車すぐ。要予約。

🏠III. Kolosy tér 5-6
☎(1)250-8256
URLszusi.info
🕐12:00〜22:00
休月、第2・4の日曜
CC不可

ブダ

びわこ　BIWAKO　MAP P.42-B3

日本人オーナーが経営するラーメン専門店。麺は自家製で、豚骨とチキンのWスープを使用。人気メニューは味噌ラーメン2530Ft〜や餃子1870Ft。牛丼2380Ftなどの丼物や和風ハンバーグ定食4340Ftといった定食メニューも豊富に取り揃えている。スタッフは全員日本語OK。

🏠VI. Eötvös u. 25/A
☎(1)266-0430
URLwww.biwako.hu
🕐月・水〜土　11:00〜22:00
　日　　　　11:00〜21:00
休火
CC A M V

ベスト

ドンドコドン　DON DOKO DON　MAP P.45-E2

日本のストリートフードを提供。メニューは牛丼と角煮丼に加えカレー丼、シチュー丼、そぼろ丼など週替わりのどんぶりを加え全3種類で、1100Ftと格安。大盛りがプラス400Ft。週替わりのどんぶり味噌汁やソフトドリンクは400Ft。日本人の経営なので、味も本格的。

🏠VIII. Üllői út 2-4
📞0630-670-8846
🕐月〜金　11:30〜15:00、
　　　　　17:00〜21:00
　土　　　11:30〜18:00
休日
CC A M V

ベスト

タイ料理

パッタイ・ウォクバール　Padthai Wokbar

MAP P.45-D1

タイ名物の焼きそば、パッタイの専門店。麺の種類、トッピング、味付け、追加のトッピングを選んでカウンターで注文するスタイル。トッピングの内容によって値段は異なり、2〜3種選んでだいたい2000Ft〜。ブダペスト市内にほか4店舗ある。

V. Papnövelde.u.10 【ベスト】
(1)784-5079
URL padthaiwokbar.com
11:00〜22:30
無休
CC M V

中東料理

フムスバー　Hummusbar

MAP P.42-A5

ブダペスト市内に13店舗ある、フムス専門のチェーン店。フムスとはヒヨコマメをペースト状にし、塩やオリーブオイルで味付けしたもので、他の具材と一緒にピタパンに挟んで食べる。フムスプレートは1290Ft〜、ピタのサンドイッチは890Ft〜。

VI. Király u. 8 【ベスト】
0620-432-5958
URL hummusbar.hu
月〜金　11:00〜22:00
土・日　12:00〜22:00
無休
CC D M V

カフェ

ジェルボー　Gerbeaud

MAP P.41-F4

1858年創業のブダペストを代表するカフェ。ドボシュトルタ2250Ftなど伝統的なスイーツを受け継ぎながら新しいケーキも次々に生み出している。ロココ様式の天井やシャンデリア、大理石のテーブルなど店内は贅沢な造り。ケーキはテイクアウトすると半額になる。

V. Vörösmarty tér 7-8 【ベスト】
(1)429-9000
URL www.gerbeaud.hu
9:00〜21:00
無休
CC M V

ツェントラール　Centrál Café & Restaurant

MAP P.45-D1

そもそもは1887年開業の歴史あるカフェだったが、第2次世界大戦後に閉店。2000年になって、当時の優雅な雰囲気のままによみがえった。ケーキ1400Ft〜、エスプレッソ890Ft、カプチーノ1090Ft。アルコールや食事メニューも豊富で、夜もまた雰囲気がいい。

V. Károlyi Mihály u. 9 【ベスト】
(1)266-2110
URL www.centralkavehaz.hu
8:00〜24:00
無休
CC M V

ニューヨーク・カフェ　New York Café

MAP P.42-C5

1894年のオープン以来、作家や芸術家らが集まる談論と社交の場として19世紀末の文化を担ってきた。バロックスタイルの美しい装飾を施した店内は当時の面影を今に残す豪華絢爛な造りで、一見の価値あり。ケーキは常時10種類揃い、盛り付けも美しい。2700Ft〜。

VII. Erzsébet krt. 9-11 【ベスト】
(1)886-6167
URL www.newyorkcafe.hu
8:00〜24:00
無休
CC A M V

ミューヴェーズ・カーヴェーハーズ　Művész Kávéház

MAP P.42-A4

1898年創業。当時は上流階級の人々が集まる社交場だったが、現在では国立オペラ劇場に出演するアーティストたちをはじめ、常連客が多く集まる。昔ながらの空気を残し、地元の人にも愛され続けているカフェ。スイーツのショーケースは店内奥。ケーキ790Ft〜。

VI. Andrássy út 29 【ベスト】
(1)343-3544
URL muveszkavehaz.hu
月〜土　8:00〜21:00
日　　9:00〜21:00
無休
CC A M V

カフェ

イェーグビュフェー　Jégbüfé

MAP　P.41-F5, 45-D1

地下鉄M3 Ferenciek tere駅を出てすぐ、庶民的な値段のケーキ屋。チョコレートやくるみなどをたっぷり使用した昔ながらの素朴なケーキが並ぶ。セルフサービスになっており、入口手前のカウンターでドリンクを、奥のショーケースでケーキを注文。ケーキは550Ft〜。

住 V. Petőfi Sándor u. 3　ベスト
電(1)318-6205
営月・火・木〜土　7:00〜21:30
　　水　　　　　　 7:00〜20:30
　　日　　　　　　 8:00〜21:30
休無休
CC不可

ジェラート・ローザ　Gelato Rosa

MAP　P.41-F3

聖イシュトヴァーン大聖堂前にある人気のジェラート店。この店のジェラートは、盛り付けがバラの花のような形で見た目もかわいい。フレーバーは20種類以上あるので、組み合わせもいろいろと楽しめる。ジェラートは2種類で700Ft、3種類で800Ft。

住 V. Szt. István tér 3　ベスト
♪0670-383-1071
URLwww.gelartorosa.com
営10:00〜22:00
休無休
CCM V

ルスヴルム・チェックラーザ　Ruszwurm Cukrászda

MAP　P.40-B3

王宮の丘にある小さなケーキ屋。1827年の創業以来の伝統を守った自家製ケーキのほか、焼き菓子やアイスクリームも販売。席数が少ないので、時間帯によっては待つことも。おすすめのケーキはルスヴルム・クレーメシュRuszwurm krémes550Ft。

住 I. Szentháromság u. 7　ブダ
電(1)375-5284
URLwww.ruszwurm.hu
営夏季 10:00〜19:00
　　冬季 10:00〜18:00
休無休
CCM V

ナジ・パラチンターゾーヤ　Nagyi Palacsintázója

MAP　P.40-C1

バッチャーニ広場に面したパラチンタ（ハンガリー版クレープ）専門店。チーズSajtos 390Ft、ハムSonkás 390Ftなどの食事系から、チョコレートクリームCsokikrémes 390Ftなどのスイーツ系まで、30種類以上揃う。24時間営業なのでいつでも利用できる。

住 I. Batthyány tér 5　ブダ
URLnagyipali.hu
営24時間
休無休
CCM V

COLUMN

建国記念日を祝う「国のケーキ」

ハンガリーでは毎年8月20日の建国記念日に合わせて、ケーキのコンクールが行われる。数々の応募の中から優勝したケーキは、「国のケーキOrszag tortaja」として式典で振る舞われた後、その年1年間、国中のケーキ屋で販売される。優勝したケーキのレシピは公開されるため、どのケーキ屋でも同じものを作って販売することができるのだ。

2016年の優勝ケーキは、43のケーキの中から選ばれた2つ。Őrség Zöld Aranyaは、ラズベリージャムを挟んだホワイトチョコムースの上に、カボチャの種をペースト状にしたゼリーを重ねたもの。Áfonya Hercegnőは、砂糖不使用、抵糖質で作られたヘルシーなブルーベリーのケーキ。人気の高いケーキは、任期が終わってもそのまま販売が続けられることもある。

店ごとにデコレーションは多少異なる

ハンガリアン・スイーツ を堪能しよう

19世紀後半からカフェ文化が花開いたブダペスト。それと同時にたくさんのスイーツが誕生した。歩き疲れた体を癒やしてくれるハンガリースイーツの世界へご案内。

ハンガリー人は甘いものが大好き！ カフェ（カーヴェーハーズKávéházまたはカーヴェーゾーKávézó）のショーケースにはケーキやチョコレートがずらりと並び、町を歩けばケーキ屋（ツクラースダCukrászda）の看板が目につく。ケーキ屋には立ち食いカウンターもあるのが普通で、老若男女を問わず、甘いケーキを楽しんでいる。

ブダペストでは、19世紀後半にカフェ文化が発達し、ジェルボー（→P20、123）やニューヨーク・カフェ（→P21、123）、ミューヴェーズ・カーヴェーハーズ（→P123）やルスヴルム・チェックラーザ（→P21、124）などの伝統的なカフェで、優雅な時間を過ごしたい。また、リスト広場Liszt F tér（▶Map P42-B4）や、ラーダイ通りRáday u.（▶Map P45-E2）周辺には、新しいカフェが集まっているので要チェック。

I ♡ Hungarian Sweet

クレーメシュ
Krémes
サクサクのパイ生地の間にバニラクリームを挟んだ立方体のケーキ

ドボシュトルタ
Dobostorta
スポンジとチョコクリームを幾層にも重ね、表面にカラメルをのせたもの

ゲステニェピュレー
Gesztenyepüré
裏ごしした栗に生クリームをた〜っぷりのせたもの

エステルハージ・トルタ
Esterházy torta
クルミが入ったスポンジの間にアーモンドクリームを挟んだケーキ

ラーコーツィ・トゥーローシュ
Rákóczi túrós
カッテージチーズ生地にメレンゲを重ねて焼き上げたケーキ

ショムローイ・ガルシュカ
Somlói galuska
ラム酒を含ませたスポンジの上に、生クリームとチョコレートがたっぷり

パラチンタ
Palacsinta
チョコレートやフルーツなどを挟んだ、ハンガリー版クレープ

レーテシュ
Rétes
ラードを使ったパイ。中身はチーズやアップル、チェリーなどさまざま

クルトゥシュ・カラーチ
Kürtös kalács
筒状の棒に巻き付けて焼いたパン。砂糖やシナモンをまぶして食べる

ブダペストのショッピング
Budapest Shopping

　ブダペストの最もにぎやかなショッピング街は、ヴルシュマルティ広場から南東に延びているヴァーツィ通りを中心とした一帯。有名ファッションブランドはアンドラーシ通りや、デアーク広場とヴルシュマルティ広場を結ぶデアーク・フェレンツ通りDeák Ferenc u.に集まる。

高級磁器

ヘレンド　Herend
MAP　P.41-F4

　1826年にバラトン湖の北に位置するヘレンド村で誕生したハンガリーが誇る磁器ブランド。代表的なデザインから新作まで多数揃う。スタッフの対応も丁寧で、英語も通じる。ブダペスト市内の直営店は、ほかに王宮の丘（**MAP** P.40-B3）にもある。

🏠 V. József Nádor tér 10-11 ［ペスト］
📞 0620-241-5736
URL herend.com
🕐 月〜金　10:00〜18:00
　　土・日　10:00〜16:00
休 10〜4月の日
CC A D J M V

ジョルナイ　Zsolnay
MAP　P.41-F3

　ヘレンドと並んでハンガリーを代表する磁器。ペーチに工場と本社があり、ブダペストには系列店を含め9店舗ほどある。絢爛豪華な柄と色使いが持ち味で、ジョルナイ社が独自に開発したエオシンという釉薬による玉虫色の光沢がとりわけ美しい。

🏠 V. József Nádor tér 12 ［ペスト］
📞 (1)400-7118
URL www.zsolnay.hu
🕐 9:00〜19:00
休 無休
CC A J M V

クリスタルガラス

アイカ・クリスタル　Ajka Crystal
MAP　P.41-F3

　1878年にアイカという小さな村で生まれた、ハンドメイドのクリスタルガラスの老舗。店内には形や大きさ、色もさまざまなクリスタルガラス製品がずらりと並び、目移りしてしまいそう。ほかコシュート・ラヨシュ通り（**MAP** P.45-D1）など2店舗ある。

🏠 V. József Attila u. 7 ［ペスト］
📞 (1)212-0505
URL ajka-crystal.hu
🕐 10:00〜18:00
休 土・日
　（季節により変動あり）
CC A M V

みやげ物

ハンドメイド・ショップ　Handmade Shop
MAP　P.40-B3

　王宮の丘に位置し、カロチャ刺繍のテーブルクロスやショール、人形、アクセサリーなどハンドメイドの民芸品が多数揃い、おみやげ探しにぴったり。アンティークのスカートやベストが並ぶことも。他にもブダペストのオリジナルグッズも多く揃えている。

🏠 I. Szentháromság u. 5 ［ブダ］
📞 (1)212-7640
🕐 10:00〜18:00
休 無休
CC M V

パプリカ・マーケット　Paprika Market
MAP　P.41-E4

　ヴルシュマルティ広場に面する、ブダペスト市内でも最大級のハンガリーみやげ専門店。国内各地から集めたみやげ品が並び、お菓子やワイン、パーリンカといったアルコール類、パプリカ製品に民芸品と、品揃えが豊富。ユーロ払いも可能。

🏠 V. Vörösmarty tér 1 ［ペスト］
📞 0620-555-2288
URL paprikamarket.hu
🕐 10:00〜22:00
　（季節により変動あり）
休 無休
CC M V

アンティーク

ロバート・ガレーリア・アンティークヴィターシュ　Roberto Galéria Antikvitás　MAP P.45-D2

親子3代で60年続く、ヴァーツィ通りにある老舗アンティークショップ。ハンガリー国内から買い付けた絵画や時計、銀製品からジュエリー、ヘレンド製品まで幅広く扱っており、見ているだけでも楽しい。日本への発送も可能だ。ユーロ、ドル、日本円可。

住 V. Váci u. 82　ベスト
☎ (1)317-2746
♪ 0630-570-9808
営 10:00～18:00
休 日
（季節により変動あり）
CC A D M V

ヴァリフォルカート　Valifolkart　MAP P.41-F5

こぢんまりした店内には、ハンガリー各地から集めたヴィンテージグッズがずらり！　細かな刺繍がかわいい民族衣装やファブリック、花柄の陶器に雑貨までさまざま。1920～30年代のものが多く、気になるものがあればオーナーに聞いてみて。ていねいに教えてくれる。

住 V. Váci U. 23　ベスト
♪ 0630-274-5850
URL valifolkart.hu
営 月～土10:00～18:00
　　日　12:00～18:00
休 無休
CC A D J M V

雑貨

オリジナート・ガレーリア　Originart Galéria　MAP P.41-E2

時計や食器、ポストカードなどハンガリー人アーティストの作品が並ぶ。どれも東欧らしいぬくもりある作品ばかり。ほか、『サイコロ模様の耳のうさぎ Kockásfülű nyúl』などハンガリーアニメや絵本に出てくるキャラクターのぬいぐるみもある。

住 V. Arany János u. 18 ベスト
☎ (1)302-2162
URL www.originart.hu
営 10:00～18:00
休 日
CC M V

マグマ　MAGMA　MAP P.41-F5

ハンガリーで活躍するデザイナーやアーティストの雑貨を扱う店。ガラスや陶器のキッチン雑貨からアクセサリー、布製のポーチやバッグなどバラエティ豊かなラインナップ。マンガリッツァ豚やラツカ（羊）などハンガリー特有の動物をデザインしたグッズが人気。

住 V. Petőfi Sándor u. 11 ベスト
☎ (1)235-0277
URL www.magma.hu
営 月～金　10:00～19:00
　　土　　10:00～15:00
休 日
CC M V

絵本

ポジョニ・パゴニイ　Pozsonyi Pagony　MAP P.46-C5

トラム4、6番のヤーサイ・マリ広場 Jászai Mari térから徒歩約6分。ブダペストで最初にオープンした絵本の専門店。店内には国内外の絵本がたくさん並び、日本でおなじみの絵本がハンガリー語版で見られる。ほか、児童書やぬいぐるみ、おもちゃも販売。

住 XIII. Pozsonyi út 26　ベスト
☎ (1)239-0285
URL www.pagony.hu
営 月～金　10:00～19:00
　　土　　10:00～18:00
休 日
CC M V

カード

ケーペシュボルト　Képesbolt　MAP P.41-F4,42-A5

デアーク広場にあるカード専門店。カラフルできれいなカードが種類豊富に揃っているうえ、値段が安いのでおすすめ。ブダペストにちなんだ絵柄のカードも扱っており、おみやげにしてもよさそう。9・10月頃になると翌年のカレンダーも売っている。

住 VI. Deák Ferenc tér 6 ベスト
☎ (1)413-1333
URL www.kepesboltkft.hu
営 月～金　9:00～19:00
　　土　　10:00～18:00
休 日
CC M V

127

マラティンスキ　Malatinszky

歴史ある高級レストラン、グンデルで働いていたというマラティンスキ・チャバ氏が厳選したハンガリーワインが並ぶ。シャンパンやフルーツの蒸留酒パーリンカもある。少々値が高くてもいいものを手に入れたければ、店の人に相談してみよう。

🏠 V. József Attila u. 12　ベスト
☎ (1)317-5919
URL www.malatinszky.hu
🕐 10:00〜18:00
休 日
CC J M V

クルトヴィニ　Cultivini

MAP P.41-F5

ハンガリーワインの専門店。試飲用のサーバーが設置されており、プリペイドのカード6000Ft〜（おつまみ付きは7500Ft）を購入して気になったワインを自由にテイスティングできるシステム。店内のタブレット端末で、銘柄や産地からワインを探すことも可能。

🏠 V. Párizsi u. 4　ベスト
☎ (1)235-0230
URL www.cultivini.com
🕐 日・火〜木　11:00〜21:00
　　金・土　　12:00〜22:00
休 月
CC M V

マジャル・パーリンカ・ハーズ　Magyar Pálinka Háza

MAP P.39-D4

地下鉄M2 Astoria駅とBlaha Lujza tér駅の間、ラーコーツィ通り沿い。ハンガリーの蒸留酒、パーリンカを専門に扱う店で、ぶどう、りんご、洋なし、桃など国内70メーカーのパーリンカが並ぶ。フルボトルは1本5000Ft前後〜。40mlのミニボトルも販売している。

🏠 VIII. Rákóczi út 17　ベスト
☎ (1)338-4219
URL www.magyarpalinkahaza.hu
🕐 9:00〜19:00
休 日
CC A M V

シュガー　Sugar!

MAP P.42-A4

ポップで見た目もかわいいカラフルなスイーツがところ狭しと並ぶ。25種類以上のケーキを扱うほか、マカロンやマシュマロの量り売り、雑貨の販売なども行っている。2階のカフェスペースでは、ケーキやパフェ、アイスクリームのイートインも可能。

🏠 VI. Paulay Ede u. 48　ベスト
☎ (1)321-6672
URL www.sugarshop.hu
🕐 月　　12:00〜22:00
　　火〜日　10:30〜22:00
休 無休
CC J M V

サモシュ・グルメ・ハーズ　Szamos Gourmet Ház

MAP P.41-F4

ヴルシュマルティ広場に面した、マジパン菓子の老舗店。マジパンとはアーモンドと砂糖を挽いて練り合わせたもので、キャラクターや動物の形を模したマジパン細工や、中にジャムが入ったもの、チョコレートでコーティングしたものなどがある。カフェを併設。

🏠 V. Váci u. 1　ベスト
📱 0630-570-5973
URL szamos.hu
🕐 10:00〜20:00
休 無休
CC M V

ウエストエンド・シティ・センター　Westend City Center

MAP P.42-A1・2

西駅からすぐという好立地の、ブダペスト最大のショッピングセンター。ホテル「Hilton Budapest Westend」と隣接している。300もの店舗が入っており、スーパーマーケットや映画館もある。地階は広々としたフードコートになっている。

🏠 VI. Váci út 1-3　ベスト
☎ (1)238-7777
URL westend.hu
🕐 8:00〜23:00
　※店舗により異なる
休 無休
CC 店舗により異なる

ワイン

パーリンカ

スイーツ

ショッピングセンター

ショッピングセンター

アリーナ・モール　Arena Mall

MAP P.43-E・F5

東駅から徒歩5分のところにある、最新の巨大ショッピングセンター。H&MやZARA、ベネトン、リーバイスなどのファッションブランドからファストフード、カフェまでおよそ200の店舗が集結。ほかに、スーパーマーケットや映画館も併設。

住VIII. Kerepesi út 9　ベスト
電(1)880-7010
URL www.arenaplaza.hu
営月〜土　10:00〜21:00
　　日　　10:00〜19:00
※飲食店は8:00〜24:00
（一部店舗により異なる）
休無休
CC店舗により異なる

バールナ　Bálna

MAP P.45-D3

ドナウ川沿いにあるガラス張りの建物。地下1階と1階にはヴィンテージショップやデザインショップなどおしゃれな店が並んでいる。インテリアや小物、アクセサリーを扱う店が多い。2階にイベントスペースを併設。

住IX. Fővám tér 11-12　ベスト
URL www.balnabudapest.hu
営日〜木　10:00〜20:00
　金・土　10:00〜22:00
CC店舗によって異なる

市場

中央市場　Vásárcsarnok

MAP P.45-D2・3

1890年に建てられたブダペストで最も大きい常設市場。2階建ての吹き抜けになっており、光が差し込み明るい雰囲気。1階は野菜や果物、加工肉やワインなど食料品が中心。2階は民芸品を扱う店と軽食スタンドがある。地下にはスーパーもある。

住IX. Vámház krt. 1-3　ベスト
電(1)366-3300
URL www.piaconline.hu
営　月　　6:00〜17:00
　火〜金　6:00〜18:00
　　土　　6:00〜15:00
休日
CC店舗により異なる

レヘル市場　Lehel Csarnok

MAP P.42-B1

地下鉄M3 Lehel tér駅と地下通路でつながっている市場。観光客でにぎわう中央市場とは違い、ここは地元の人たちが買い物をするいわば庶民の台所といった感じ。日本ではなかなかお目にかかれない珍しい食材がたくさん並び、見て回るだけでも楽しめる。

住XIII. Váci út 9-15　ベスト
電(1)288-6887
営月〜金　6:00〜18:00
　　土　　6:00〜14:00
　　日　　6:00〜13:00
休無休
CC店舗により異なる

蚤の市

エチェリ　Ecseri

MAP P.37外

ハンガリー国内でも最大規模のノミの市。ブダペスト中心部からやや遠いが、敷地内には食器や家具、絵画、民芸品などありとあらゆる物が並んでいる。時間をかけて回れば、掘り出し物が見つかる可能性大。値段交渉は根気よく。大金は持ち歩かずにラフな格好で行こう。くれぐれもスリには注意。買ったものを入れる袋を持参すると便利。軽食スタンドもあるので、軽く腹ごしらえができる。行き方は市バス54、55番に乗り、Használtcikk piacを下車。歩道橋を渡ると市場の入口がある。

住XIX. Nagykőrösi út 156　ベスト
営月〜金　8:00〜16:00
　　土　　5:00〜15:00
　　日　　8:00〜13:00
休無休
CC不可

ブダペストのナイトスポット
Budapest Night Spot

街を歩けばバーやパブに当たると言っていいくらい、ブダペスト市内には飲み屋がたくさんある。なかでもⅤ（5区）、Ⅵ（6区）、Ⅶ（7区）に多い。ここ最近では取り壊し予定の建物を利用した"廃墟バー"が若者に大人気。治安がいいといわれているブダペストだが夜間は注意が必要だ。

クラブ

インスタント　Instant
MAP P.42-B4

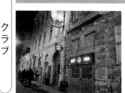

ブダペストの若者が集まる人気クラブ。内部はいくつもの部屋に分かれており、流れている音楽のジャンルが異なり、中にはビアガーデンやパブがメインの部屋も。ロックからポップス、テクノなどジャンルは多彩で、DJのほかライブ音楽が行われることも。

住 Ⅶ. Akácfa u. 51　ベスト
℡ 0670-638-5040
URL instant.co.hu
営 16:00〜朝6:00
休 無休
CC M V

パブ

フォー・セール・パブ　For Sale Pub
MAP P.45-D2

天井からたくさんの手紙がつり下げられた、インパクト大のパブ。テーブルに置いてあるピーナッツは食べ放題で、殻はそのまま床に捨てるユニークなスタイル。アルコールのほか料理の種類も豊富で、ここのグヤーシュがブダペスト一という人も。常に人でにぎわっている。

住 Ⅴ. Vámház krt. 2　ベスト
℡ (1)267-0276
営 12:00〜翌3:00
休 無休
CC M V

レグフェルショーブ・ビーローサーグ　Legfelsőbb Beeróság
MAP P.42-B5

ユダヤ人街に2015年にオープンしたクラフトビールの専門店。ハンガリー国内のクラフトビールをメインに扱い、ボトルは常時120種以上で600〜1600Ft、タップは10種類がローテーションで登場。5種類のビールが試せるサンプラーは2000Ft。

住 Ⅶ. Dohány u. 20　ベスト
℡ (1)790-3191
URL www.beerosag.hu
営 月〜土　14:00〜翌2:00
　　 日　　14:00〜23:00
休 無休
CC M V

廃墟バー

シンプラ・ケルト　Szimpla Kert
MAP P.42-B5

7区のユダヤ人街にある人気の廃墟バー。ブダペスト市内にはいくつも廃墟バーがあるが、ほとんどが夏季のみの営業。ここは年中オープンしている。建物内は広々としていて、中庭もある。グラスビール450Ft〜。各自カウンターで注文するシステム。

住 Ⅶ.Kazinczy u. 14　ベスト
URL szimpla.hu
営 月〜木・土　12:00〜翌4:00
　　 金　　10:00〜翌4:00
　　 日　　 9:00〜翌5:00
休 無休
CC 不可

ラーンパース　Lámpás
MAP P.42-B5

階段を下りると広がる廃墟風の空間。生ビールはグラス450Ft〜、パーリンカやワインの品揃えも豊富。フードはスナック類のみ。店内奥にはステージがあり、バンドやDJなどの音楽を楽しむことができるバーとして、地元の若者たちが集まる人気のスポット。

住 Ⅶ. Dob u. 15　ベスト
℡ 0630-722-7133
URL alampas.com
営 月〜土　17:00〜翌2:00
　　 日　　18:00〜翌2:00
休 無休
CC M V

パローツ様式の家屋が残る世界遺産
ホッロークー
Hollókő

ブダペスト
(→P.36)から
車で約1時間20分

パローツ様式の家々が並ぶ絵はがきのような風景

ホッロークー
★
ブダペスト

DATA
人口　332人
URL www.holloko.hu

ホッロークーへの　行き方

鉄道
　ホッロークーに鉄道駅はなく、最寄り駅はホッロークーから車で20分ほどのところにあるパーストーPásztó駅。ブダペスト東駅からPásztó駅までハトヴァンHatvan駅乗り継ぎで1時間に1〜2便、所要1時間50分〜、2等1860Ft〜。Pásztó駅からホッロークーへのバスはごく少なく不便。

バス
　ブダペストのシュタディオン長距離バスターミナルから1日1〜2便。所要2時間〜。乗り継ぎ便が1日7〜10便で、セーチェーニSzécsény乗り換え。乗り継ぎ便の場合はウーイペシュト・ヴァーロシュカプ・バスターミナル発になる。所要2時間30分〜、1860Ft〜。

世界遺産
ホッロークーの古村落とその周辺地区
1987年登録

■ホッロークーの❶
Küszöb Infomation Office
▶**Map** P.132
住Kossuth u. 68
☎(32)579-010
開8:00〜16:30
休土・日

　ホッロークーはブダペストの北東約100km、スロヴァキアとの国境に近いノーグラードNógrád郡にある、山々に囲まれた静かでのどかな村。この村に住む人々はパローツ人と呼ばれ、13世紀のモンゴル帝国の遠征から逃れてカスピ海沿岸地方から移住した、トルコ系クマン人の末裔に当たる。木造建築の技術に長けたパローツ人の家は「パローツ様式」と呼ばれる独自のもの。泥とわらを混ぜて作った壁の上に石灰を塗り、白くするのが特徴だ。破風には家によって異なる図柄やイニシャルがくり抜かれており、これが表札と煙を外へ逃がす煙突の役割を担っている。これらの家は火に弱く、パローツ人が"赤い雄鳥"と呼ぶ大火で村は何度も灰となった。現在残っている家々は、1909年の大火のあとに伝統的なパローツ式建築法に従って忠実に再建されたもの。台所、居間、蔵からなっている。アクセスがよくないので、ブダペストからのツアーに参加して行くのが便利だ。

ホッロークーの　歩き方と見どころ

　ブダペストからのバスを降り、村の中心に向かって進んでいくと、カフェを併設した売店の建物に突き当たる。ここから右手に真っすぐ続く**コッシュート通りKossuth u.**が村のメインストリート。道の両

ホッロークー城から眺めた村の中心部

■村の博物館
▶Map P.132
住Kossuth u. 82
開4〜10月　10:00〜18:00
　11〜3月　10:00〜16:00
休無休
料400Ft（学生250Ft）

■パローツ人形博物館
▶Map P.132
住Kossuth u. 96
開10:00〜16:00
休12〜3月
料350Ft（学生150Ft）

伝統的な衣装も展示されている

■郵便博物館
▶Map P.132
住Kossuth u. 80
開10:00〜18:00
休月、11〜3月
料600Ft（学生300Ft）
　写真撮影　400Ft

郵便局の隣にある小さな博物館

■ホッロークー城
▶Map P.132
開3月、10月下旬〜11月上旬
　　　　　　10:00〜17:00
　4月〜10月下旬
　　　　　　10:00〜18:00
　11月上旬〜2月
　　　　　　10:30〜15:30
休無休
料900Ft（学生600Ft）

ホッロークーのレストラン

ムシュカートリ・ヴェンデーグルー
Muskátli Vendéglő
▶Map P.132
住Kossuth u. 61
☎(32)379-262
URLwww.muskatlivendeglo.hu
営水〜土　11:00〜18:00
　日　　　11:00〜17:00
休月・火
CC M V
　パローツの伝統料理が味わえる。

側には小さな白壁の家々が建ち並んでいる。のんびり散策を楽しみながら、これらの家を利用した博物館やショップをのぞいてみるのも楽しい。

道の真ん中にある教会は1889年に建てられたもの。ここで道はふた手に分かれ、ぐるりと一周している。かつては教会の横にある井戸と、道の終わりにある井戸が村の水源だった。

木造の塔の上には二重十字架が掲げられている

この村の背後は、標高365mの山に守られており、その山頂には13世紀に造られた**ホッロークー城Hollókő vár**がそびえる。ホッロークーの名は「カラス」と「石」に由来し、カラスが城の石を持ち去って幽閉されていた美女を助けたという伝説が残されている。城へはパローツ人形博物館の先の左側にある石段から続く山道から行くことができ、片道約15分。ここからの眺めは壮大ですばらしい。なお、城へはバス通りの先にある駐車場からも山道が通っている。

村の博物館では伝統的な村の暮らしを紹介

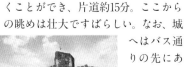
町を見守るホッローク一城

ホッローク一

カロチャ刺繍で知られる小さな町

カロチャ
Kalocsa

ブダペスト
（→P.36）から
車で約1時間30分

カロチャの伝統的な暮らしを垣間見ることができる民芸の家

■DATA
人口　1万5986人
URL www.kalocsa.hu

カロチャへの 行き方

🚌 バス
　ブダペストのネープリゲト長距離バスターミナルから1時間に1便、所要2時間20分〜、2520Ft〜。

■カロチャの旅行会社
IBUSZ
▶Map P.133
住Szent István király út 32
☎(78)462-012
営9:00〜17:00
休土・日

Kalocsa-GoldTours
▶Map P.133
住Negyvennyolcasok tere 1
☎(78)465-347
営月〜木　8:30〜16:30
　金　　8:30〜15:30
　土　　8:30〜12:00
休日

町の西にある大司教館

　カロチャの名物といえば刺繍とパプリカ。白い木綿地やレースに明るい花模様をあしらったカロチャの刺繍製品、そしてマーケットで売られている袋詰めのパプリカは、ハンガリーみやげの双璧をなす。ほんの小さな町だが、シーズンともなれば観光客がひっきりなしに訪れる。

　カロチャはもともとドナウ川沿いにあり、初代ハンガリー王イシュトヴァーン1世によって司教座もおかれていた。しかし川筋が変わり、現在では川から6kmも離れている。

カロチャの 歩き方

　町は**大司教館**Érseki palotaを中心に扇状に広がっている。バスターミナルからレストランやショップが並ぶ、**聖イシュトヴァーン・キラーイ通り**Szent István Király útを真っすぐ歩けば大司教館。徒歩約15分の距離だ。カロチャは小さな町なので宿泊施設も限られている。ブダペストからのバスは便数も多いので日帰りで訪れてもいい。

左サイドバー情報

■ヴィシュキ・カーロイ博物館
📍Szent István Király út 25
📞(78)462-351
🔗www.viskikarolymuz
eum.hu
🕐9:00～17:00
　※11/1～3/14は事前予約
にて見学可
🚫月、3/15～5/14、9/16～
10/31の日、5/15～9/15の火
💴500Ft（学生250Ft）

■パプリカ博物館
📍Hunyadi János u. 2
📞(78)462-166
🕐3月中旬～末、
10月中旬～11月中旬
10:00～16:00
4月～10月中旬
9:00～17:00
🚫月、11月中旬～3月中旬
💴800Ft（学生500Ft）

■大司教宝物館
▶Map P.133
📍Hunyadi János u. 2
📞(78)462-166
🕐9:00～17:00
🚫月、11～3月
💴800Ft（学生500Ft）

■民芸の家
📍Tompa Mihály u. 5-7
📞(78)461-560
🕐4・10月　10:00～16:00
5～9月　10:00～17:00
🚫11～3月
💴600Ft（学生300Ft）
🚌Kossuth Lajos u.通りか
らFüzér u.を右折

メインコンテンツ

🌸 ヴィシュキ・カーロイ博物館 　Map P.133
Viski Károly Múzeum（Viski Károly Museum）

　カロチャの民俗とその文化・歴史に関する資料が集まる。1階はイエズス会による鉱物収集のコレクションが並び、琥珀や孔雀石など日本で採取された鉱物も見られる。2階は17～20世紀にかけてのカロチャの生活様式を、民俗衣装や刺繍など時代ごとに展示。カラフルなカロチャ刺繍も18世紀末の誕生当初は白糸のみで作られていたことがわかる。

色とりどりの刺繍が施された民族衣装

🌸 パプリカ博物館 　Map P.133
Paprika Múzeum（Paprika Museum）

　カロチャにおけるパプリカの歴史を解説する小規模な博物館。ドナウ川とティサ川に挟まれた南ハンガリーは肥沃な土地を利用して古くからパプリカ栽培が盛んに行われていた。ここでは栽培や収穫に使われていた器具やパプリカの種類や辛さなどをパネルを使って解説している。建物は**大司教宝物館**Kalocsai Érseki Kincstárも兼ねており、宗教美術の展示を行っている。

🌸 民芸の家 　Map P.133外
Táj ház（House of Folk Arts）

　約200年前の農家の家を移築、再現した古民家園。家の中に入ると壁や家具、暖炉に花模様がペイントされ、何ともカラフル。これらはピンガーラーシュPingálásと呼ばれるカロチャの伝統装飾。現在のカロチャ刺繍はこのピンガーラーシュに影響されたといわれる。

葺屋根の民家。カロチャ刺繍の展示もある

▶ カロチャのホテル　　　　　　　　　　Kalocsa Hotel

アレキサンドラ・パンズィオー
Alexandra Panzió　　MAP P.133外

📍Széchenyi út 12　📞0630-445-0692
🔗www.alexandrapanzio.hu
💴Ⓢ7000～8500Ft　Ⓓ9500～1万2000Ft
CC A J M V　客室12

セーチェニ通りSzéchenyi útに面しており、バス停やスーパーが近くにある便利な立地。客室にはエアコンを完備。朝食は1500Ft。

クラブ502
Club Hotel 502　　MAP P.133

📍Szent István király út 64
📞(78)562-804
🔗www.club502.hu
💴Ⓓ8000Ft～　CC A J M V　客室7

聖イシュトヴァーン・キラーイ通り沿い。客室はシンプルでテレビや電話、冷蔵庫が備わる。ピッツェリアを併設している。

ドナウベンド
Dunakanyar

センテンドレの中央広場

芸術家が集まるドナウベンドの玄関口

センテンドレ

Szentendre

センテンドレ

ブダペスト

DATA

人口　2万5802人

URL szentendre.hu

ブラゴヴェシュテンスカ教会が面する中央広場

センテンドレへの 行き方

ヘーヴ（郊外電車）

ブダペストの地下鉄M2バッチャーニ広場駅Batthyány térからヘーヴに乗り所要40分～。平日昼間は1時間に3～6便、660Ft～。

バス

ブダペストのウーイペシュト・ヴァーロシュカブ・バスターミナルから1時間に1～3便、所要25分～、310Ft～。

エステルゴムから1時間に1～3便、所要1時間30分～、930Ft～。

船

ブダペストの船着場から3月下旬～4月下旬は土曜のみ1往復、4月下旬～6月上旬と9月上旬～10月下旬は月曜を除く毎日1往復、6月上旬～9月上旬は毎日1往復。往路1時間20～30分、復路50分～1時間、片道2310Ft～、往復3470Ft～。

上記は2018年のデータ。運航スケジュールは年によって変動するので、ウェブサイトで最新情報の確認を。

URL www.mahartpassnave.hu

■**センテンドレの** ❶ **tourinform**

▶**Map** P.137-B2

住Dumtsa Jenő u. 22

電(26)317-965

URL www.iranyszentendre.hu

開月～木　10:00～18:00
　金～日　10:00～20:00

休無休

ブダペストから北へ約19km、ハンガリー国内外からの多くの観光客が訪れるセンテンドレは、日帰りで気軽に訪れることができる小さな美しい町だ。14世紀頃より商業都市として栄え、15世紀にはオスマン帝国の支配から逃れてきたセルビア人が定住し、現在でもセルビア文化が色濃く感じられる。1920年代にはアーティストたちのコロニーが生まれ、現在15以上の美術館やギャラリーが集まっている。

センテンドレの 歩き方

町はドナウ川とドゥナカニャル通りDunakanyar körútに挟まれた起伏豊かな土地に広がる。ヘーヴの駅とバスターミナルは隣り合っており、**中央広場Fő tér**まで徒歩15分ほど。地下道を抜け、**コッシュート・ラヨシュ通りKossuth Lajos u.**を進むと、次第にカフェやギャラリー、雑貨屋が増えてくる。町自体は小さいので、1時間も歩けばだいたいの輪郭がつかめるだろう。細い路地が入り組み、坂道が多いので、歩けば歩くほどに変幻する町の表情が楽しめる。

センテンドレの おもな見どころ

✿ ブラゴヴェシュテンスカ教会　*Map* P.137-B2

Blagovestenszka templom (Blagovestenszka Church)

人波が絶えない中央広場を見下ろすように建つセンテンドレの象徴。1752年、建築家アンドラーシュ・マイエルホファーAndrás Mayerhofferによって設計されたバロック様式のセルビ

136

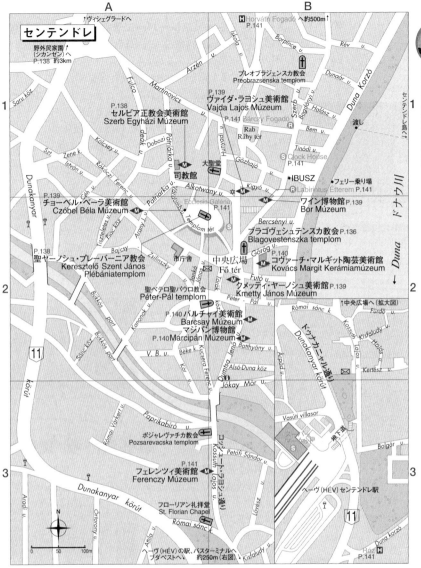

センテンドレ

A

ヴィシェグラードへ

野外民家園 (シカンゼン)へ
P.138 約3km

1

P.138
セルビア正教会美術館
Szerb Egyházi Múzeum

チョーベル・ベーラ美術館
Czóbel Béla Múzeum

P.138
聖ヤーノシュ・プレーバーニア教会
Keresztelő Szent János
Plébániatemplom

市庁舎

聖ペテロ聖パウロ教会
Péter-Pál templom

2

P.140 バルチャイ美術館
Barcsay Múzeum

P.140 マジパン博物館
Marcipán Múzeum

11

ボジャレヴァチカ教会
Pozsarevacska templom

P.141
フェレンツィ美術館
Ferenczy Múzeum

フローリアン礼拝堂
St. Florian Chapel

N

0 50 100m

3

ヘーヴ (HÉV) の駅、バスターミナルへ
ブダペストへ   約250m (右図)

B

Horváth Fogadó へ約500m
P.141

プレオブラジェンスカ教会
Preobrazsenska templom

P.139
ヴァイダ・ラヨシュ美術館
Vajda Lajos Múzeum

P.141 Bárczy Fogadó
Rab
Ráby tér

大聖堂
司教館

Ecclesia Galéria
P.141

•IBUSZ   •フェリー乗り場
Labirintus Étterem P.141

ワイン博物館 P.139
Bor Múzeum

Bercsényi u.
ブラゴヴェシュテンスカ教会 P.136
Blagovestenszka templom

中央広場
Fő tér

コヴァーチ・マルギット陶芸美術館
Kovács Margit Kerámiamúzeum

クメッティ・ヤーノシュ美術館 P.139
Kmetty János Múzeum

中央広場へ (拡大図)

ヘーヴ (HÉV) センテンドレ駅

11

P.141

ドナウベンド

センテンドレ

ア正教会だ。見どころは、1790年代に描かれたというイコン。オーク材の枠を使用しており、色鮮やかな聖者達の姿を飾るように、繊細な装飾が施されている。

東側の壁面にはセルビア様式のフレスコ画が描かれているが、傷みが激しく細部が損なわれているのが残念だ。

セルビア正教会のイコンは必見

■ブラゴヴェシュテンスカ教会
住Fő tér 5
開10:00～16:00
休10～3月
料400Ft

137

■聖ヤーノシュ・プレーバーニア教会
住Templom tér
電(26)500-776
開10:00～17:00
休月
料無料

観光客が入れるのは入口付近まで

■野外民家園（シカンゼン）
住Sztaravodai út 75
電(26)502-537
URLwww.skanzen.hu
開9:00～17:00（祝日、イベント時は延長、短縮あり）
休月、11～3月
料2000Ft（学生1000Ft）
交バスターミナル7番乗り場から1～2時間に1便出るSkanzen行きのバスを利用。所要15分～（午後発の経由便は所要40分～）

■セルビア正教会美術館
住Pátriárka u. 5
電(26)312-399
開10:00～18:00
休月、1・2月
料700Ft
　写真撮影　400Ft

教会の扉は美術館のスタッフに
開けてもらう

聖ヤーノシュ・プレーバーニア教会　Map P.137-A・B2

Keresztelő Szent János Plébániatemplom（Saint John Roman Catholic Parish Church）

　町の高台に建っていることから、別名「丘の上の教会」とも呼ばれている。東方のオスマン帝国、西方のハプスブルク家に抗する新教諸派が入り乱れたなか、センテンドレで唯一のカトリック教会として創建以来の伝統を守っている。

　創建は13世紀だが、度々の損壊と修復とを繰り返し、現在の建物のほとんどは1751年にバロック様式に修復されたもの。祭壇には聖バプティストなどの聖人が描かれ、説教壇は1760年から使われている宝物的な貴重品である。

野外民家園（シカンゼン）　Map P.137-A1外

Szabadtéri Néprajzi Múzeum（Open-Air Ethnographical Museum）

　センテンドレ市街から北西へ約3km、60ヘクタールもの広大な敷地に、ハンガリー各地から移築された300以上の民家や教会が8つの地方ごとに村落を模して並ぶ。建物の中は昔のままの内装が施されており、かつての暮らしぶりがわかる。曜日によってさまざまなイベントが行われており、昔ながらの手工芸品を作る様子を見学したり、焼きたてのパンを食べたりと楽しみは尽きない。園内には鉄道が配されており、レトロな電車に乗って移動することもできる。

入口の案内デスクでレンタサイクルを借りることも可能

センテンドレの

美・術・館・・博・物・館

セルビア正教会美術館　Map P.137-A1

Szerb Egyházi Múzeum（Serbian Ecclesiastical Art Collection）

　セルビア正教会の隣にある八角形の2階建ての建物には、セルビア正教会にまつわる貴重品が並ぶ。イコンや聖杯、司教の法衣など展示品のほとんどは18世紀のもの。描かれたキリスト像には赤い法衣と青い法衣のも

展示品は保存状態がよく見ごたえがある

のがあるが、これはかつては神を意味する赤で塗られていたものを、キリスト＝人という考えから青く塗り直したためだという。

　また、美術館見学後は隣接するセルビア正教会の中に入ることができる。センテンドレに建つ教会の中で最も高い48mの鐘楼を擁しており、内部には18世紀に描かれた巨大なイコンが飾られている。

チョーベル・ベーラ美術館 Map P.137-A2
Czóbel Béla Múzeum (Czóbel Museum)

　世界の巨匠マチスやピカソと親交があったことでも知られるチョーベル・ベーラ（1883～1976）の作品を展示。彼はユダヤ系の家に生まれ、印象派の画家イヴァーニ・グルンワルド・ベーラの下で美術を学んだ後、ミュンヘン、パリへ留学。ブダペストにて他の若手芸術家とともに制作を行うものの、第一次世界大戦によって、活動の拠点をオランダ、ベルリンに移す。その後パリのモンパルナスにしばらく定住し、1965年にハンガリーに帰国、定住した。

　彼の作品は、フランス印象派の影響が色濃い。がっしりとした筆致は生への賛美を力強く訴えている。

丘の上のカトリック教会近く。黄色い外壁が目印

ヴァイダ・ラヨシュ美術館 Map P.137-B1
Vajda Lajos Múzeum (Vajda Lajos Museum)

　戦争や宗教など、尖鋭的なテーマを意味深長なコラージュで表現している。ペイントに、ジャーナリスティックな写真なども取り入れた作品は、ふと目を奪われる不思議な魅力をもつ。ヴァイダ・ラヨシュ（1908～41）は、22歳でパリに留学し、ロシア・アヴァンギャルドの影響を強く受けたとされる。27歳でセンテンドレを創作の本拠としたが、肺の病気を患い、33歳で短い一生を終えた。

ワイン博物館 Map P.137-B2
Bor Múzeum (Wine Museum)

　センテンドレはワインの産地ではないが、220年前のワインセラーを利用した博物館がある。ひんやりと涼しく広々とした地下室にはハンガリー22地域のワインが約5000本揃い、その場でテイスティングができる。入口は地上にあるレストランの中なので、入場の際はウエーターに声をかけよう。館内を回って、英語で楽しくワインの説明をしてくれる。ショップも併設している。

クメッティ・ヤーノシュ美術館 Map P.137-B2
Kmetty János Múzeum (Kmetty Museum)

　クメッティは1889年にミシュコルツで生まれた。20代前半にパリに留学した後、フェレンツィ・カーロイ（→P.141）に師事し、印象派の作風を学んだ。その後もキュビスムやアールヌーボーなど数々の様式を取り入れ、第2次世界大戦前に巻き起こった多くの芸術運動にも意欲的に参加した。

■チョーベル・ベーラ美術館
住Templom tér 1
URLwww.muzeumicentrum.hu
開10:00～18:00
　（受付は～17:30）
休月
料1200Ft（学生600Ft）

■ヴァイダ・ラヨシュ美術館
住Hunyadi u. 1
URLwww.muzeumicentrum.hu
開10:00～18:00
　（受付は～17:30）
休月
料1200Ft（学生600Ft）

2階が展示室になっている

■ワイン博物館
住Bogdányi u. 10
TEL(26)317-054
URLwww.bor-kor.hu
開10:00～21:00
休無休
料テイスティング料金はワインの種類数や銘柄によって異なり1500～3000Ftほど

ラビリントゥス・エーテテレム（→P.141）で申し込む

■クメッティ・ヤーノシュ美術館
住Fő tér 21
URLwww.muzeumicentrum.hu
開10:00～18:00
　（受付は～17:30）
休月
料1200Ft（学生600Ft）

中央広場に建つ美術館

Map P.137-B2

コヴァーチ・マルギット陶芸美術館

Map P.137-B2

Kovács Margit Kerámiamúzeum (Kovács Margit Ceramics Museum)

ハンガリーを代表する女性陶芸作家コヴァーチ・マルギット（1902〜77）の美術館。女性ならではの視点で庶民の生活をモチーフにした作品から

ふたつの建物に作品が展示してある

動物、聖母マリアまで、その独特な愛らしい表情の作品が多数展示されている。

バルチャイ美術館

Map P.137-B2

Barcsay Múzeum (Barcsay Museum)

センテンドレ周辺の町並みや人々を、構成主義らしい陰影

トランシルヴァニア出身のバルチャイは28歳のとき、初めてセンテンドレを訪れた

で描いたバルチャイ・イェヌーは、構成主義と立体主義芸術の旗手。とりわけ若い男女の肉体美を立体的に素描したスタイリッシュな手法は、美術の教科書などで広く紹介されてきた。

マジパン博物館

Map P.137-B2

Marcipán Múzeum (Marcipan Museum)

マジパンとは、アーモンドの粉末に砂糖やハチミツ、シロップ等を加えて粘土状にしたお菓子。ヨーロッパには13世紀頃にペルシャから伝わってきたといわれており、おもに貴族の宴において食べられることが多かった。

ハンガリーでは、マジパン細工のお菓子が盛んに作られている。ここでは、マジパンでできた歴史上の人物や物語の世界、植物や家具など、芸術的な細工が見られる。

ハンガリー王朝時代の王冠も展示

製作期間1ヵ月の国会議事堂に使われたマジパンは、なんと60kg！ショップやカフェも併設しているので、見学後にぜひ味わってみよう。

実際に作る様子を見学できる

■コヴァーチ・マルギット陶芸美術館
住Vastagh György u. 1
URLwww.muzeumicentrum.hu
開10:00〜18:00
（受付は〜17:30）
休無休
料1200Ft（学生600Ft）

■バルチャイ美術館
住Dumtsa Jenő u. 10
URLwww.muzeumicentrum.hu
開10:00〜18:00
（受付は〜17:30）
休月
料1200Ft（学生600Ft）

■マジパン博物館
住Dumtsa Jenő u. 14
☎(26)311-931
URLszamos.hu
開9:00〜18:00
休無休
料500Ft

夏季はアイスクリームの販売も行われている

❖ フェレンツィ美術館

Ferenczy Múzeum (Ferenczy Museum)

Map P.137-A・B3

　1951年に開館した町で最も古い美術館。ハンガリー印象派の巨匠フェレンツィ・カーロイFerenczy Károly（1862～1917）の作品を中心に、フェレンツィ・ベーニFerenczy Béniやフェレンツィ・ノエミFerenczy Noémiの作品を展示。

■フェレンツィ美術館
- 住Kossuth Lajos u. 5
- URL www.muzeumicentrum.hu
- 開10:00～18:00（受付は～17:30）
- 休月
- 料1200Ft（学生600Ft）

▲ センテンドレのホテル　　Szentendre Hotel

▲ ホルバート・フォガドー
Horváth Fogadó　　MAP P.137-B1外

- 住Darupiac 2
- TEL(26)313-950
- URL www.horvathfogado.hu
- 料⑤①€38.5～　朝食€5
- CC MⅤ　客室6

中央広場まで徒歩約10分。ダブルルームのほか、4ベッドルームもある。全室エアコン付き、自転車の貸し出しも。

▲ ローズ
Hotel Róz　　MAP P.137-B3

- 住Pannónia u. 6/B
- TEL(26)311-737
- URL www.hotelrozszentendre.hu
- 料⑤€40～　①€50～　朝食付
- CC MⅤ　客室12

駅、バスターミナルから徒歩5分以内と、アクセス便利な立地。家族経営の小さなホテルで、アットホームなサービスがうれしい。

▲ センテンドレのレストラン　　Szentendre Restaurant

▲ ラビリントゥス・エーッテレム
Labirintus Étterem　　MAP P.137-B2

- 住Bogdányi u. 10　TEL(26)317-054
- URL www.bor-kor.hu
- 営10:00～22:00　休無休　CC MⅤ

ワイン博物館（→P.139）に併設するハンガリー料理店。店内は古民家をイメージした造りで、テラス席も備わる。

▲ バールチィ・フォガドー
Bárczy Fogadó　　MAP P.137-B1

- 住Bogdányi u. 30　TEL(26)310-825
- URL www.voyage-group.com
- 営12:00～22:00　CC MⅤ

1734年に建てられた建物を利用した、雰囲気のいいハンガリー料理レストラン。夏季の夜はロマ音楽の生演奏が披露されることも。

▲ センテンドレのショップ　　Szentendre Shop

▲ エクレシア・ガレーリア
Ecclesia Galéria　　MAP P.137-B2

- 住Alkotmány u. 2　TEL(26)314-576
- 営9:00～18:00　休無休　CC MⅤ

建物の中庭部分を利用した陶磁器の店。食器皿からマグカップ、壺、置物など地元アーティストによるカラフルな作品が多数並ぶ。

▲ クロック・ハウス
Clock House　　MAP P.137-B1

- 住Bogdányi u. 18　TEL(26)313-849
- 営10:00～18:00　休無休　CC MⅤ

ヘレンドのカジュアルライン、ヘレンド・ヴィレッジ・ポッタリーやジョルナイの陶磁器を中心に、カロチャ刺繍など民芸品も揃う。

バスタブ（全室）　テレビ（全室）　ミニバーあり　レストランあり
バスタブ（一部）　テレビ（一部）　インターネット（客室・無料）　インターネット（客室・有料）

141

ヴィシェグラード
Visegrád

ブダペスト
ヴィシェグラード★

DATA
人口 1842人
URL www.visegrad.hu

ヴィシェグラードへの 行き方

バス
ブダペストのウーイペシュト・ヴァーロシュカプ・バスターミナルから1時間に1～2便、所要1時間15分～、745Ft～。
センテンドレから1時間に1～3便、所要45分～、465Ft～。
エステルゴムから1時間に1～2便、所要45分～、465Ft～。

船
ブダペストの船着場から4月中旬～下旬は土曜のみ1往復、4月下旬～9月上旬は月曜を除く毎日1往復、9月上旬～下旬の金～日曜は1往復。往路3時間20分～、復路2時間20分～。片道2890Ft～、往復4330Ft～。
上記は2018年のデータ。運航スケジュールは年によって変動するので、ウェブサイトで最新情報の確認を。
URL www.mahartpassnave.hu

■ヴィシェグラードの **❶**
tourinform
▶**Map P.143**
住 Duna-parti út 1
☎ (26)397-188
開 10:00～16:00
休 月

山道に点在する要塞への標識

要塞から望む「ドナウの曲がり角」の絶景

ヴィシェグラードの黄金時代は14～15世紀の約200年間。時の王がブダペストでの王位争いを避け、王宮を構えたこの地は、重要な外交の舞台でもあった。また15世紀には、ヴィシェグラードを訪れたローマ法王の使者が"地上の楽園"と絶賛するほどの栄華を誇った古都でもある。現在は古跡が残るのみの小さな町だが、ドナウ川がほぼ直角に曲がって流れる、雄大な眺望が楽しめるパノラマスポットとして人気だ。センテンドレとエステルゴムを含めた"ドナウベンド"としてブダペストから日帰りのツアーで行くことができる。

ヴィシェグラードの 歩き方と見どころ

中世に栄華を極めたあと、歴史の表舞台から消えてしまった古都ヴィシェグラードには、現在町と呼べるほどの町並みはない。見どころは現在も発掘調査が進められている**王宮跡（王宮博物館）**と要塞。特に山頂にある要塞とそこからの眺めはドナウベンドを訪れたからにはぜひとも見ておきたい。家々は山の麓に小さく固まっており、ブダペストからのバスが発着する国道11号線から、**中央通りFő u.**と**レーヴ通りRév u.**沿いに十数軒のショップやレストランが並ぶのみ。宿泊する予定なら、事前に宿の手配をしておいたほうがいいだろう。

山の麓から山頂までの間に見どころが散在しているが、それらを結ぶ公共の交通機関はないので歩いて回るかタクシーを利用するしかない。要塞への登り道はいくつかあるが、わかりにくいうえさびしい山道なのであまりおすすめしない。登り口には、目印として標識が立っているものの、字が消えているものも多い。

王宮跡（王宮博物館） `Map` P.143

Királyi palota (Royal Palace)

　この地に王宮が築かれたのは14世紀初頭。カーロイ・ロベルト王Károly Róbert（在位1305〜41）の命により建造された。カーロイ王はナポリのアンジュー家から出た人物。14世紀に入りハンガリー建国以来、3世紀にわたって君臨したアールパード王朝が絶え、その後を引き継いだのがアンジュー家だった。

　カーロイ王の時代は、中世ハンガリーで最も国力が充実した時代であるが、今なお発掘が続く遺跡群から当時の栄華を感じとることは難しい。近隣諸国との外交の舞台でもあったこの地で、絶頂期にあたる1335年には中欧諸国の王家を招いたサミットが開かれ、東西交易のルートを決める協議がなされたという。そして続くラヨシュ1世（在位1342〜82）の時代には、バルカン半島のほとんどを征服しポーランドの領土の一部も手中に収めた。マーチャーシュ王（在位1476〜90）の時代には、華やかなルネッサンス文化の中心地となった。

　この王宮が歴史の表舞台から姿を消すのは、ハプスブルク支配からの独立を目指した自由戦争（1703〜11）以降のことである。ハプスブルク王ヨーゼフ1世は、この地がハンガリ

■王宮跡（王宮博物館）
住Fő u. 23
☎(26)597-010
開10:00〜16:00
休月
料1300Ft（6〜26歳、63歳〜650Ft）

王宮博物館内にある発掘された遺跡の一部

中庭は当時のように彩色されている

ドナウベンド　ヴィシェグラード

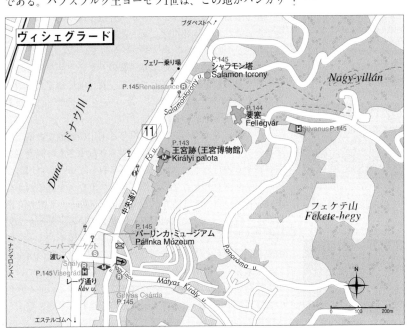

王族の暮らしを垣間見ることが
できる

■要塞
☎(26)398-101
圏3・4月、10/1〜25
　9:00〜17:00
　5〜9月　9:00〜18:00
　10/26〜11/30
　9:00〜16:00
　12/25〜2月　10:00〜16:00
休12/1〜24、1/9〜2/28の
　月〜木
料1700Ft（学生850Ft）

■要塞への行き方
　急な坂道を徒歩で登ると1
時間30分以上かかる。シティ
バスと呼ばれるタクシーが麓
と要塞の間を運んでくれる。
City Bus
☎(26)397-372
URL www.city-bus.hu
料往復4000Ft

バスや車で行った場合の要塞へ
の入口。写真ほぼ中央の門を通
ってからさらに5分ほど坂道を登
ると、見晴らしのいい要塞にた
どり着く

要塞の中には博物館がある

　一独立の拠点となることを恐れ、かつては"地上の楽園"とも謳われた王宮を要塞もろとも破壊した。その後長らく土中に埋められていたが、1934年に近隣の農夫が偶然に建物の一部を発見。以降、考古学者らが史料に基づいた発掘を進め、現在にいたっている。建物内部は博物館になっており、発掘された遺跡の展示をはじめ、当時の部屋や噴水が再現され見ごたえがある。

発掘・修復作業が進む王宮

◆ 要塞　Map P.143
Fellegvár（Citadel）

　ヴィシェグラードとは"高い城"の意。山頂にある要塞は、ヴィシェグラードのシンボルだ。"ドナウの曲がり角"が一望できる名所であり、古くから外敵の侵攻を防御する要衝であった。創建は13世紀だが、要塞の基礎はたび重なる来襲に備え、4世紀頃から少しずつ築かれていったという。現在、内部は博物館となっており、昔の人々の生活を模したろう人形や農具などが展示されている。敷地内には要塞周辺を再現したジオラマや弓矢を使ったゲームコーナーなどがあり、いろいろと楽しめる。

　ところで、ドナウベンドとは単なる河川の屈曲である。なぜこの"ドナウの曲がり角"はひきもきらず多くの観光客を引き寄せるのだろうか。地図を広げてみると、ドナウ川はウィーンからスロヴァキアの首都ブラチスラヴァを経て西から東へ流れている。ところが、この一帯で突如として北から南に向きを変え、ハンガリー国内を縦断している。要塞から見渡すドナウ川は丘陵に囲まれ、凹凸の激しい地形によって川の流れが屈折したことが推測される。古代三大文明の例を引くまでもなく、河川が人類の歴史に重要な影響を与えていることは疑いの余地がない。いわばハンガリーはこの曲がり角のおかげで、国内を貫流する大河を得、美しい景観と肥沃な大地をもつ農業国として発展できたのである。

シャラモン塔
Salamon torony (Solomon's Tower)

Map P.143

要塞と同じく13世紀半ばに建設された。もともとはアンドラーシ1世の息子シャラモン（在位1063～74）が王位継承の戦いに敗れた後、幽閉された場所であったといわれている。塔が完成してからはドナウ川を行き交う航路の監視塔となり、兵舎としても使われた。

ドナウ川を見下ろしてきたシャラモン塔。歴史の深さが独特な雰囲気を醸し出す

パーリンカ・ミュージアム
Pálinka Múzeum

Map P.143

ハンガリーの名産である果物の蒸留酒、パーリンカの製法や歴史などを展示する博物館。事前予約制のツアーを行っており、製造工程を見学しながら、パーリンカの試飲をすることができる（所要1時間、料金3900Ft～）。

■シャラモン塔
☎(26)597-010
開9:00～17:00
休月・火、10～4月
料700Ft（6～26歳、63歳～350Ft）

■パーリンカ・ミュージアム
住Rév u. 1
☎(26)597-026
URL www.palinkamuzeum visegrad.hu
開14:00～18:00
休日・月
料600Ft（学生500Ft）

パーリンカの製法が学べる

ヴィシェグラードのホテル
Visegrád Hotel

シルヴァヌシュ
Hotel Silvanus　　MAP P.143

住Fekete-hegy
☎(26)398-311
URL hotelsilvanus.hu
料Ⓓ€95～　朝食付き
CC A M V　客室150

フェケテ山頂に建つ、ドナウ川のすばらしい眺めが楽しめる高級リゾートホテル。屋内プール、サウナなど、施設も充実。遠いので、タクシーを利用しよう。

ヴィシェグラード
Hotel Visegrád　　MAP P.143

住Rév u. 15
☎(26)397-034
URL www.hotelvisegrad.hu
料Ⓓ€52～　朝食付き
CC A M V　客室73

ドナウ川に面した通りと要塞に向かう道の角に建つ。すべての客室にはバルコニーが付く。室内プールやジャグージ、サウナあり。

ヴィシェグラードのレストラン
Visegrád Restaurant

グヤーシュ・チャールダ
Gulyás Csárda　　MAP P.143

住Nagy Lajos u. 4
☎(26)398-329
営12:00～21:30　休無休　CC M V

ハンガリーの伝統料理が味わえるレストラン。カントリー調の内装は、野趣にあふれている。メインは1500～3800Ftと手頃な値段。

ルネッサンス
Renaissance　　MAP P.143

住Fő u. 11
☎(26)398-081　URL www.renvisegrad.hu
営日～金　12:00～21:00　土　12:00～22:00
休無休　CC A J M V

ルネッサンス時代の衣装を着た店員が迎えてくれるハンガリー料理店。メインは2900Ft～。写真付きメニューあり。

 バスタブ（全室）　 テレビ（全室）　ミニバーあり　レストランあり
 バスタブ（一部）　テレビ（一部）　 インターネット（客室・無料）　インターネット（客室・有料）

ハンガリーにおけるキリスト国家誕生の地
エステルゴム
Esztergom

エステルゴム
ブダペスト

━━DATA
人口　2万7990人
URL www.esztergom.hu

エステルゴムへの 行き方

🚃 鉄 道
ブダペスト西駅から1時間に1〜2便、所要1時間10分〜、2等1120Ft〜。

🚌 バ ス
ブダペストのアールパード橋長距離バスターミナルから1時間に1〜2便、所要1時間15分〜、930Ft〜。
ヴィシェグラードから1時間に1〜2便、所要45分〜、465Ft〜。

⛴ 船
ブダペストの船着場から4月下旬〜9月下旬は金曜を除く毎日1往復。往路・復路1時間30分〜。片道5300Ft〜、往復8000Ft〜。
上記は2018年のデータ。運航スケジュールは年によって変動するので、ウェブサイトで最新情報の確認を。
URL www.maharpassnave.hu

■エステルゴムの旅行会社
IBUSZ
▶Map **P.147-B2**
🏠Kossuth Lajos u. 5
☎(33)520-920
🕗8:00〜16:00
🚫土・日

堂々とそびえる大聖堂

丘の上に建つ大聖堂からの眺め。対岸はスロヴァキア

　ハンガリー・カトリックの総本山である大聖堂を有するエステルゴムは、キリスト教国家としてのハンガリー建国の地だ。西暦1000年、初代国王イシュトヴァーン1世は、ドナウ川を望むエステルゴムで戴冠し、小高い丘に王宮と大聖堂を築いた。ここに西洋文明の一翼を担うキリスト教国として、ハンガリーはその歴史の幕を開けたのである。16世紀にはオスマン帝国の侵攻によって占領されたものの、現在にいたるまでハンガリー・カトリックの中心地であり続けている。

エステルゴムの 歩き方

　船着場、バスターミナルともに町の中心**セーチェニ広場**Széchenyi térまで徒歩10分ほど。駅から広場までは約2kmあるため、バスでのアクセスが楽。カフェやショッピングモールが軒を連ね、郵便局、市役所などがあるセーチェニ広場からくねくねと曲がる坂道**バイチ・ジリンスキ通り**Bajcsy-Zsilinszky u.を約10分上れば、大聖堂への入口につながる。全体になだらかな坂道が多く、ドナウ川の支流キシュ・ドナウKis-Duna沿いの遊歩道も気持ちがいい。

エステルゴムの おもな見どころ

✤ 大聖堂

Szent Adalbert Főszékesegyház （Cathedral）

　高さ100m、直径53.5mのドームを頂く壮大な新古典様式の大聖堂は、創建当初から現在にいたるまでハンガリー・カト

リックの総本山であり、国内最大の大聖堂である。建国の祖である聖イシュトヴァーンとともに1万Ft札の絵柄にもなっている。

　現在の聖堂は、オスマン帝国の襲撃によって破壊された後、1822年から約50年をかけて再建されたもの。1856年の奉献儀式を兼ねたミサでは作曲家リスト・フェレンツが曲を提供したことでも知られている。

　聖堂内の祭壇上部を飾る絵画「聖母マリアの被昇天」は圧巻。大きさは13.5m×6.6mにも及び1枚のキャンバスに描かれた絵画としては世界最大級。また、入口左手側にあるバコーツ礼拝堂Bakócz kápolnaは大司教バコーツ・タマーシュBakócz Tamásのために創建さ

イタリア人のミケランジェロ・グリゴレッティ作

■大聖堂
住Szent István tér 1
電(33)402-354
URLwww.bazilika-esztergom.hu
開3月上旬～下旬
　　　　　　8:00～17:00
　3月下旬～4月下旬、
　9月上旬～10月下旬
　　　　　　8:00～18:00
　4月下旬～9月上旬
　　　　　　8:00～19:00
　10月下旬～3月上旬
　　　　　　8:00～16:00
　※ミサの間は見学不可
休無休
料無料

宝物館
※2018年12月現在、改装のため閉館中。2019年春に再開予定。

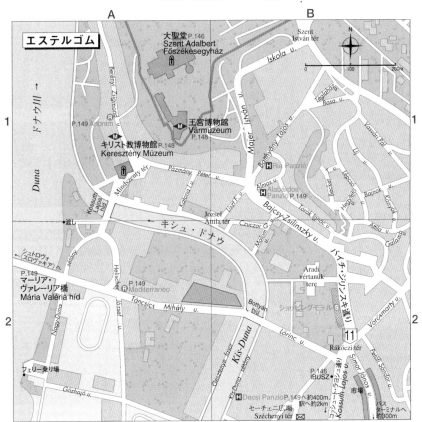

バコーツ礼拝堂は、ルネッサンス期の建築物としてはイタリアを除くヨーロッパの中で最古のもの

ドーム展望台
開3月上旬〜下旬
　9:00〜17:00 (16:00)
　3月下旬〜4月下旬、
　9月上旬〜10月下旬
　9:00〜18:00 (17:30)
　4月下旬〜9月上旬
　9:00〜19:00 (18:30)
　日9:00〜18:00 (17:30)
　10月下旬〜1月上旬
　9:00〜16:00 (15:30)
　（　）内は最終入場
休1月上旬〜3月上旬
料700Ft（学生500Ft）

大司教ミンドセンティの墓石
開3月上旬〜4月下旬、9月
　上旬〜10月下旬
　9:00〜17:00
　4月下旬〜9月下旬
　9:00〜18:00
　10月下旬〜3月上旬
　9:00〜16:00
　※最終入場は閉館の20分前
休無休
料300Ft

■王宮博物館
住Szt. István tér 1
電(33)415-986
URLwww.varmegom.hu
開4〜10月　10:00〜18:00
　11〜3月　10:00〜16:00
休月
料1600Ft（学生800Ft）
　ガイドツアー
　1〜10人
　1グループ5000Ft
　11〜25人
　1グループ8000Ft
　（英語、所要1時間）
　2日前までに要予約

■キリスト教博物館
住Mindszenty tér 2
電(33)413-880
URLwww.keresztenymuzeum.hu
開10:00〜17:00
休月・火、1・2月
料900Ft（学生・シニア450Ft）
　写真撮影　500Ft
　オーディオガイド（英語）
　500Ft

れたバロック様式の礼拝堂。オスマン帝国との戦闘時には1600に分解して破壊を逃れ、大聖堂再建時に組み直された。

　祭壇右側の通路は、宝物館への入口。アールパード王朝（10世紀末）から伝わる金色の

ドーム展望台からの眺め

聖杯や法衣などを収蔵しており、なかでも歴代のハンガリー国王が戴冠式で宣誓した十字架は宝物館きっての貴重品だ。そのまま順路に沿って進むと、ガラス窓越しにドナウ川を望めるパノラマホールへ出る。その先にある413段の階段を上りきれば、ドーム展望台だ。展望台からはピリシ山脈、対岸にあるスロヴァキアの町シュトロヴォŠtúrovoが見渡せる。地下には旧ソ連に反対していた大司教ミンドセンティ・ヨージェフなどの墓石Altemplom grust-cryptがある。

王宮博物館　Map P.147-A1
Vármúzeum (Castle Museum)

　13世紀、ベーラ4世（在位1235〜70）によってブダに遷都されるまで、歴代のハンガリー国王の居城だった建物。館内は複雑に入り組み、上へ下へと小さな階段が連なっている。1241年のモンゴル軍来襲の際、一部の聖職者は逃げずに王宮内に残ったとされるが、迷路さながらの館内を歩けば合点がいく。英語のガイドツアーも催行されている（要事前予約）。

見学は左側の建物から

展示物は銃剣や鎧など

キリスト教博物館　Map P.147-A1
Keresztény Múzeum (Christian Museum)

　ハンガリーにおけるキリスト教美術のコレクションが展示されている。15世紀後半の宗教画や聖人の木彫像が中心で、相当数に上る。19世紀の大司教シモル・ヤーノシュが収集していた貴重なものばかりだ。建物は大司教館の一部を移築したもの。

15世紀に作られたカタファルキュー（棺台）などが飾られている

マーリア・ヴァレーリア橋 Map P.147-A2

Mária Valéria híd (Mária Valéria Bridge)

スロヴァキア国境の町シュトロヴォとの間に架かっていた橋は、第2次世界大戦で破壊、そのままの状態で放置され、しばらくの間両国の間は渡し船が結んでいた。2001年に再建工事が開始され、同年10月には57年ぶりに両国が橋で結ばれた。シュトロヴォには特に見どころがあるわけではないが、

橋の中間にはスロヴァキアの国旗がある

徒歩で気軽にスロヴァキアへ渡ってみるのもいい。また、橋からは丘の上に建つ大聖堂と王宮跡を一望することができ、フォトスポットとしても人気がある。

美しく再建された橋

大聖堂の展望台から眺めたマーリア・ヴァレーリア橋

エステルゴムのホテル   Esztergom Hotel

デチィ・パンズィオー
Decsi Panzio   MAP P.147-B2外

🏠Babits M. út 8.
📞(30)500-3350
🌐www.decsipanzio.hu
💴⑤8500～1万2500Ft　⑩1万～1万4000Ft　朝食付き
💳不可　🛏11

コッシュート・ラヨシュ通りKossuth Lajos u.からバビチ・ミハーイ通りBabits M. útへ入り、西へ200m先にある。19世紀のワインセラーを改装している。

アラバールドシュ・パンズィオー
Alabárdos Panzió   MAP P.147-B1

🏠Bajcsy-Zsilinszky u. 49
📞(33)312-640
🌐alabardospanzio.hu
💴⑤1万1500Ft～　⑩1万4500Ft～　朝食1500Ft
💳不可　🛏24

バイチ・ジリンスキ通りの交差点角に建つ黄色い建物。大聖堂の敷地まですぐという便利な立地と、緑に囲まれたアットホームで落ち着ける雰囲気から人気が高い。

エステルゴムのレストラン   Esztergom Restaurant

アノニム
Anonim   MAP P.147-A1

🏠Berényi Zsigmond u. 4　📞(33)631-707
🌐www.anonim-vendeglo.hu
🕐12:00～22:00　休月　💳🅰Ⓜ︎Ⓥ

ハンガリーの家庭料理を気軽に楽しめる人気店。スープ550Ft～、メインは2400Ft～で、どれもボリューム満点だ。夏季は緑に囲まれたガーデンテラスがおすすめ。店の正面には大聖堂へ続く道がある。

メディテッラネオ
Mediterraneo   MAP P.147-A2

🏠Helischer József u. 2
📞(33)311-411
🕐12:00～22:00　休無休　💳Ⓜ︎Ⓥ

同名のホテルに併設されたレストラン。自家製グヤーシュ750Ft～のほか、ハンガリー料理をイタリア風にアレンジしたメニューを扱う。夏季はテラス席も利用可。

🛁 バスタブ(全室)　📺 テレビ(全室)　🍸 ミニバーあり　🍴 レストランあり
🛁 バスタブ(一部)　📺 テレビ(一部)　🌐 インターネット(客室・無料)　🌐 インターネット(客室・有料)

ハンガリー唯一の凱旋門が立つ歴史ある町
ヴァーツ
Vác

DATA
人口　3万2981人
URL www.vac.hu

ヴァーツへの 行き方

鉄道
ブダペスト西駅から1時間に2～4便、所要25分～、2等650Ft～、1等815Ft～。

バス
ブダペストのウーイベシュト・ヴァーロシュカプ・バスターミナルから1時間に1～3便、所要50分～、560Ft～。
センテンドレからヴァーツィ・レーヴVáci Rév行き890番のバスで終点下車、目の前からヴァーツへの渡し船が出ている。バスは1時間に1～2便、所要30分～、370Ft～。フェリーは1時間に1～2便、所要15～45分、430Ft～。行きのチケットは売店横のカウンターで、帰りのチケットは乗るときに乗務員から購入する。

船
ブダペストの船着場から4月下旬～9月下旬は金曜を除く毎日1往復。往路・復路約40分、片道3300Ft、往復5000Ft。
上記は2018年のデータ。運航スケジュールは年によって変動するので、ウェブサイトで最新情報の確認を。
URL www.mahartpassnave.hu

■ヴァーツの ⓘ
tourinform
▶Map P.151
住Március 15 tér 17
☎(27)316-160
圖9:00～17:00
休無休

山の手教会が建つ3月15日広場

センテンドレからドナウ川の対岸を北へ約15km、のんびりとした町並みのヴァーツは歴史の古い町だ。2世紀頃からドナウ川を渡る交易の中継地点となり、11世紀イシュトヴァーン1世の時代にはキリスト教自治区として発展。16世紀にはオスマン帝国の侵入によって全壊したが、18世紀以降ミガジ司教らが町の再建に着手した。1846年にペスト市との間に鉄道が敷設された最初の町でもある。

ヴァーツの 歩き方

町全体は小さくまとまっているので、1時間もあれば歩いてひと回りできる。駅を出てドナウ川までは徒歩15分ほど。銀行やカフェ、ショップが並ぶ町一番の目抜き通り、**セーチェニ通り**Széchenyi u.を進むと**3月15日広場**Március15 térに出る。広場から北に延びる**クズタールシャシャーグ通り**Köztársaság útを行けば、約5分でミニサイズのかわいい**凱旋門**Diadalívにいたる。門のすぐ横にはヴァーツの名を国内すみずみにまで知らしめてきた監獄がある。広場から南東に延びる**カープタラン通り**Káptalan u.を進めば、どっしりと威厳ある**大聖堂**Székesegyházに突き当たる。川沿いの並木道は、作曲家リスト・フェレンツの名がついた心地よい散歩道。また、センテンドレ島へ行き来する渡し船からは、波うつ木立ちの向こうに教会の尖塔が望める。

ヴァーツの おもな見どころ

◆ 大聖堂
Székesegyház (Cathedral)
Map P.151

1775年、ミガジ司教の時代に創建され、ハンガリー新古典様式の建築物としては最古のひとつに数えられる。その特徴は左右対称に造られたふたつの塔と、正面に並ぶコリント様式の列柱だ。設計はフランス人イジドル・カネヴァレIsidore Canevaleで、内部にはフランツ・アントン・マウルベルチFranz

Anton Maulbertschのフレスコ画「三位の勝利」が掲げられている。この大聖堂は町の規模と比べるとやや大き過ぎる感があるが、ある意味では、当時ハプスブルクの寵愛を受けた司教が、いかに強大な権勢を誇ったかが推測できる建物だといえよう。

凱旋門 *Map* P.151
Diadalív
(Triumphal Arch)

ハンガリー国内で唯一の凱旋門。1764年、ミガジ司教がハプスブルクの女帝マリア・テレジアを迎えるために建設。門の最上部にはマリア・テレジアの肖像が刻まれている。1740年からのオーストリア継承戦争でハンガリー貴族の援助をあおいだマリア・テレジアは、神聖ローマ帝国内でもとりわけハンガリーに対してさまざまな優遇政策を施した。

凱旋門の隣にある監獄は、第2次世界大戦前はナチス・ド

ミニサイズの凱旋門

イツに協力した右派政権のもと、また戦後は社会主義政権のもとで多くの政治犯が収牢され、現在も刑事犯を投獄している。非常に小さな建物だが、ここには18世紀以降、激動のハンガリー近代史の光と影が凝縮されている。

パンノニア・ハウス・ショールーム *Map* P.151
Pannónia Haź Kiállítóhely (Pannonia House)

ハンガリーの芸術家ヒンツ・ジュラによる彫刻や陶芸作品ほか、中庭にはハンガリー出身のアーティストによる数々の作品が展示されている。

メメント・モリ *Map* P.151
Memeto Mori

1731～1801年に、墓地だった場所に造られた博物館。かつてのヴァーツ市民のミイラや、棺埋葬に使われていたアクセサリーなどが見られる。

■パンノニア・ハウス・ショールーム
🏠Köztársaság út 19
☎(27) 200-868
URLmuzeumvac.hu
🕐4～10月
　10:00～18:00
　11～3月
　10:00～17:00
休月
料1200Ft
　（学生・シニア600Ft）

■メメント・モリ
🏠Március 15 tér 19
URLmuzeumvac.hu
🕐4～10月
　10:00～18:00
　11～3月
　10:00～17:00
休月
料1200Ft
　（学生・シニア600Ft）

コマーロム
Komárom

DATA

人口 1万8786人
URL www.komarom.hu

コマーロムへの**行き方**

鉄 道
　ブダペスト南駅から1時間に1便、東駅から1～2時間に1便、所要1時間30分～、2等1860Ft～。

バ ス
　ブダペストのアールパード橋長距離バスターミナルから、1日2～3便、所要2時間～、1680Ft～。
　エステルゴムから1日5～6便、所要1時間15分～、1120Ft～。

**■コマーロムの❶
tourinform**
▶**Map** **P.153-A1**
住 Igmándi út 2
☎ (34)540-590
URL www.iranykomarom.hu
開 月～金　9:00～17:00
　　土　　9:00～14:00
休 日

■ブリゲティオ温泉
▶**Map** **P.153-B1**
住 Táncsics Mihály u. 34-36
☎ (34)342-551
URL www.komthermal.hu
営 9:00～20:00
休 無休
料 1950Ft（学生1600Ft）

■イグマーンディ要塞
URL fort-monostor.hu
開 10:00～16:00
休 月、11月中旬～3月中旬
料 500Ft（学生400Ft）

　エステルゴムから西へ約40km、ドナウ川沿いに位置する静かな国境の町。鉄橋が架かるドナウ川対岸はスロヴァキアのコマールノKomárno。1920年までコマーロムの一部でハンガリーの領土だったが、第1次世界大戦後にドナウ川を境に、スロヴァキアの領土となった。

スロヴァキアとを結ぶエルジェーベト橋

　コマーロムは古くから外部からの侵入を防ぐ要衝の町であり、ハプスブルク皇帝フランツ・ヨージェフ1世はここを拠点にナポレオン戦争を戦った。以後、1848年の独立戦争でも主戦場となり、現在は町の周辺に3つの砦が残っている。

コマーロムの **歩 き 方**

　バスターミナルと鉄道駅は、町の中心から北西500mほど離れており、ひと気は少ない。駅から南側へ出るには歩道橋を渡る。さらに東へ向かうと**イグマーンディ通り**Igmándi útにぶつかる。左側の河岸はスロヴァキア、コマールノとの国境で、1892年に建造された**エルジェーベト橋**Erzsébet hídが架かっており、車と徒歩で越境できる。ここを右折すると**ブリゲティオ温泉**Brigetio Gyógyfürdőと数軒のホテルが建ち並ぶ**ターンチチ・ミハーイ通り**Táncsics Mihály u.に出る。そのまま進めば、町の中心のヨーカイ・モール広場Jókai Mór térだ。この町唯一の見どころである3つの軍事要塞は、いずれも町の中心から徒歩20分ほどの郊外にある。

コマーロムの **おもな見どころ**

◆ イグマーンディ要塞
Map P.153-A・B2

◆ **Igmándi-erőd (Igmánd Fortress)**

　1871～77年に建造されたこの要塞は、ぐるりと堀に囲まれているのが特徴。これは敵からの激しい攻撃に耐えられるように設計されたものだ。要塞の片隅にあるメモリアル・パークは1848年の独立戦争で活躍した英雄たちをしのぶもの。

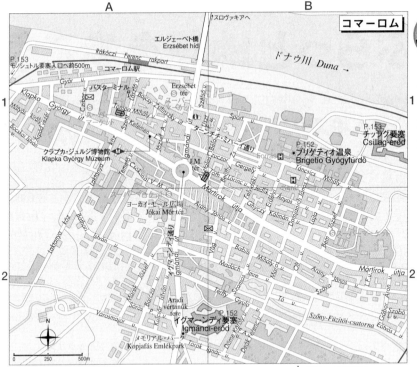

❧ チッラグ要塞

Map P.153-B1

Csillag-erőd (Cillag Fortress)

1586年、当時のコマーロム総督パールフィ・ミクローシュ Pálffy Miklósによって、ドナウ川からの攻撃から町を守るために建造された。要塞は1850～71年に再築され、独立戦争の際には反ハプスブルク軍の拠点となった。現在は倉庫などとして使われているため、見学は外観のみ。

❧ モノシュトル要塞

Map P.153-A1外

Monostori-erőd (Monostor Fortress)

19世紀半ば、ハプスブルク皇帝によって建造された要塞。広大な敷地の総面積は約4万m²に及び、19世紀の軍事要塞としては中欧最大とされる。現在は博物館として公開されて

おり、軍服や武器などの展示がある。要塞の屈強で複雑な造りからは、当時の精巧緻密な軍事技術を知ることができる。

堅牢な造りのモノシュトル要塞

■チッラグ要塞
※2018年12月現在、一般には開放されていない。

■モノシュトル要塞
URL fort-monostor.hu
開9:00～18:00
休11月上旬～2月
料1600Ft（学生1200Ft）
　モノシュトル要塞のチケットで、イグマーンディ要塞にも入場できる。

153

地球の歩き方

ぷらっと地球を歩こう!

自分流に
旅を楽しむための
コンパクトガイド

これ1冊に
すべて
凝縮!

軽くて
持ち歩きに
ピッタリ!

定価1100円～1650円（税込）

\写真や図解でわかりやすい!/

人気の観光スポットや旅のテーマは、
じっくり読み込まなくても写真や図解でわかりやすく紹介

モデルプラン&散策コースが充実!/

そのまま使えて効率よく楽しめる
モデルプラン＆所要時間付きで便利な散策コースが満載

ハンガリー東部

Kelet-Magyarország

トカイの店先の看板

ハンガリー有数の赤ワインの産地
エゲル
Eger

ドボー・イシュトヴァーン広場に面して建つのは聖フランシスコ会修道士教会

■DATA
人口 5万4480人
URL visiteger.hu

エゲルへの 行き方●

鉄道
ブダペスト東駅から1日8便、所要1時間50分〜、2等2725Ft〜。

バス
ブダペストのシュタディオン長距離バスターミナルから1時間に1〜2便、所要1時間50分〜、2520Ft〜。

■エゲルの❶ tourinform
▶Map **P.157-A2**
住Bajcsy-Zsilinszky u. 9
☎(36)517-715
開4〜6・9・10月
　月〜金　8:00〜17:00
　　土　　9:00〜13:00
　7・8月
　月〜金　8:00〜18:00
　土・日　9:00〜13:00
　11〜3月
　月〜金　8:00〜17:00
休9〜6月の日、11〜3月の土

観光情報が豊富で地図なども配布している

■エゲルの旅行会社
IBUSZ
▶Map **P.157-A2**
住Dobó István tér 2
☎(36)311-451
営月〜金　8:30〜16:30
　　土　　9:00〜13:00
休日

　ハンガリー北東に位置し、マートラとビュックの山々に囲まれた高原の町。かつて司教座の中心として栄え、今なおバロック様式の歴史ある建造物が数多く残る。数々の武勇伝が残されているエゲル城をはじめ、古い建物の重要文化財の数はブダペスト、ショプロンに次いで国内第3位。近代化の波に取り残されたのがかえって幸いし、町そのものが生きた博物館と称されるほど。

　そしてエゲルといえばワインの産地としても有名で、"雄牛の血"を意味するエゲル産のエグリ・ビカヴェールは、ハンガリーを代表する赤ワインのひとつ。国外からもワインを購入しにエゲルにやってくる人は多く、ワイン好きならぜひ「美女の谷」へ足を運んでみたい。

エゲルの 歩き方●

　エゲル駅から1ブロック先を右へ曲がるとデアーク・フェレンツ通りDeák Ferenc u.。緩やかな坂を上るように15分ほど歩くと**エステルハージ広場** Eszterházy térに出る。広場の左手にある堂々とした建物が**大聖堂** Főszékesegyház。美しい町並みが見られるのは、そのエステルハージ広場から、**セーチェニ・イシュトヴァ**

古い建物に挟まれた石畳の路地

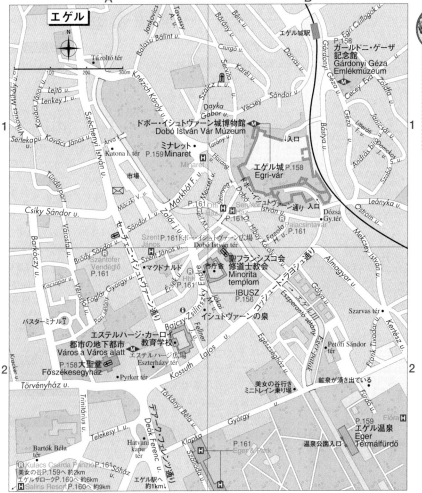

エゲル

A B

N

Tűzoltó tér

0 100 200 300m

Vikovics Mihály u.

Kovács János

Tejtő u.
Lenkey J. u.

Balassa
Jankovics u.
Balassi Bálint u.
Tovasey

Bárány u.
Béric u.
Csurgó u.

エゲル城駅

Egri Csillagok u.
Gárdonyi Géza u.

P.158
ガールドニ・ゲーザ
記念館
Gárdonyi Géza
Emlékmúzeum

Cecey Éva u.
Zoltán u.
Litteráti

Sertekapu
Kovács János u.

Katona I. tér
Árva u.

Knézich Károly u.

Szalóc u.
Karét u.
Servita u.

Dayka Gábor u.
Vécsey
Sándor

Bástya u.
Géza u.

Litteráti
Jankáar u.
Domokos

András bíró u.
Szabó u.

ドボー・イシュトヴァーン城博物館
Dobó István Vár Múzeum

入口

1

ミナレット P.159 Minaret
Minaret

市場

エゲル城 P.158
Egri-vár

Leányka u.

Ostrom u.

Csíky Sándor u.

Tündérpart

Macsári V. u.

Markhot F. u.

Maceár u.

Szépvegy u.

P.161 Dít
ハーズ
P.161

Senator-
Ház
P.161

Dobó István u. 入口

Dózsa
Gy. tér

R
Palacsintavár
P.161

Mecsey István u.

Csíky Sándor u.

Városi u.
Sándor I. u.

Zalári i u.

Szent P.161
János

Gál tér u.
Hibay Károly u.

Fazola
H. u.

Almagyar u.

ドボー・イシュトヴァーン広場
Dobó István tér

Bródy Sándor u.

Kacsapar u.

Foglár György u.

Yősi u.

Szántófer
Vendéglő
P.161

Szent János u.

Eszterházy u.

市庁舎 Hbh
Észl P.161

•マクドナルド

聖フランシスコ会
修道士教会
Minorita
templom

Esperanto sétány

Góba u.

Szarvas tér

Kertész u.

Kacsapar u.
バスターミナル 🚌

Fellner u.

Bajcsy-Zsilinszky u.

イシュトヴァーンの泉

IBUSZ
P.156

コッシュート・ラヨシュ通り

Egészségház u.

Frank Tivadar u.

Petőfi Sándor
tér

2

**エステルハージ・カーロイ
教育学校**

都市の地下都市
Város a Város alatt

Kraáker u.

Törvényház u.

P.158 **大聖堂**
Főszékesegyház

•Pyrket tér

デアーク・フェレンツ通り

Fellner u.

Lajos u.

エステルハージ広場
Eszterházy tér

Kossuth

György

美女の谷行き
ミニトレイン乗り場

鉱泉が湧き出ている

温泉公園入口

Fürdő u.

P.159 Flóra
エゲル温泉
Eger
Termálfürdő

Bartók Béla
tér

Trinitárius u.

Telekesy L. u.

Hatvani
kapu tér

Deák Ferenc u.

Tárkányi Béla u.

Klapka
Sáház

H
P.161
Eger & Park

Szalladta u.

R Kulacs Csárda Panzió P.161
美女の谷P.159へ 約2km
エゲルサロークP.160へ 約6km
Saliris Resort P.160へ 約9km

エゲル駅へ
約1km

1

2

ーン通りSzéchenyi István u.とコッシュート・ラヨシュ通りKossuth Lajos u.に挟まれたエリアだ。町には観光スポットへの標識がいたるところに立っているので歩きやすい。町の中心は**ドボー・イシュトヴァーン広場 Dobó István tér**。広場には1758〜73年にかけてプラハの建築家によって建てられた、バロック様式の聖フランシスコ会修道士教会 Minorita templomが建つ。広場から延びるドボー・イシュトヴァーン通りDobó István u.を東へ進むとエゲル城まで上ることができ、城壁ごしにエゲルの美しい町並みを一望できる。また、市街から40分ほど歩いたところには、ワインセラーが何十軒と軒を連ねる**美女の谷Szépasszony völgy**がある。

英雄イシュトヴァーンの像

エゲル城
Egri-vár (Eger Castle)
Map P.157-B1

　13世紀、旧市街を望む丘の上に建てられた城。1552年、すでにブダを制したトルコ軍がエゲルを襲撃したが、城主ドボー・イシュトヴァーンの下、この城に立てこもったハンガリー軍はついにトルコ軍を追い返した。最終的には1596年の2度目の戦いでドボー率いるハンガリー軍は敗れてしまうが、それまで町を守った彼は、エゲルだけでなくハンガリーの国民的ヒーローとして今も語り継がれている。

　現在、城壁の内側には13世紀の聖堂の跡と15世紀のゴシック様式の司教館があるが、城館は残っていない。司教館には囚人博物館、歴史展示、英雄ホール（ツアーでのみ入場可、1日4回ほど行われる）といった施設があり、**ドボー・イシュトヴァーン城博物館**Dobó István Vár Múzeumと総称されている。昔の兜や鎧などを使い、オスマン帝国との間で繰り広げられたさまざまな歴史的できごとを再現した展示は見応えがある。迷路のような地下要塞部分もおもしろい。ほかにも時期によりアートギャラリーや3Dシアターなどがあり、セット券で見学できる。城の上からはエゲル市街が一望できる。

高い城塞に囲まれたエゲル城

大聖堂
Főszékesegyház (Cathedral)
Map P.157-A2

　古くから司教座がおかれた格式高い大聖堂。当初は城と同じ丘の上に建てられていたが、オスマン帝国軍の襲撃などで破壊され、1831～36年にここに新しく建て直された。設計者はエステルゴムの大聖堂と同じヒルド・ヨージェフ。新古典様式で、左右の塔の高さは54m、正面に並ぶコリント式の列柱は17m。地下にはイムレ王が眠っている。

堂々とした姿の大聖堂

ガールドニ・ゲーザ記念館
Gárdonyi Géza Emlékmúzeum (Gárdonyi Memorial Museum)
Map P.157-B1

　エゲル城の裏側の門からすぐ、通りを隔てた向かい側にある。トルコ軍との戦いを題材にした小説『エゲルの星』を書いた作家、ガールドニ・ゲーザGárdonyi Gézaが暮らしていた家をそのまま記念館にしたもの。入って左側が寝室、右側が書斎兼客間だった部屋だ。

■エゲル城
住Vár u. 1
☎(36)312-744
URLwww.egrivar.hu
開入場
　4月～11月上旬
　8:00～22:00
　11月上旬～3月
　8:00～18:00
　博物館常設展
　4月～11月上旬
　10:00～18:00
　11月上旬～3月
　10:00～16:00
休無休（博物館は11月上旬～3月の間）
料1700Ft（学生・シニア850Ft。博物館の入場料込）

博物館にはトルコ軍との戦いを再現したジオラマもある

■大聖堂のオルガンコンサート
住Eszterházy tér 2
URLwww.eger-bazilika.plebania.hu
催5～10月
　月～土　11:30～12:00
　日　　　12:45～13:15
料800Ft（学生500Ft）

大聖堂の内部は何本もの柱と天井絵が印象的

■ガールドニ・ゲーザ記念館
住Gárdonyi Géza u. 28
☎(36)312-744
開9:00～17:00
休月、11～2月
料400Ft（学生200Ft）

ガールドニの寝室

ミナレット（尖塔）
Minaret (Minaret)

Map P.157-A1

　トルコ軍による支配下時代、エゲルにも多くのモスクが建設された。唯一当時の名残を残しているのがこのミナレット。1841年までは隣にモスクがあったが、取り壊されてしまった。40mもの高さがあり、エゲルのシンボル的存在だ。頂上まで97段の階段を上って行くことができるが、階段が狭くすれ違うことができないので入口で上る人の数を制限している。かなり老朽化しているので、上るのは相当怖いが、上から望む美しい町並みは一見の価値がある。

エゲル城から見たミナレット

エゲル温泉
Eger Termálfürdő (The Thermal Bath-Complex of Eger)

Map P.157-B2

　エゲルの町なかにある大きな温泉施設。15世紀にはすでに温泉として親しまれており、16～17世紀のオスマン帝国占領下に現在の施設の基礎が造られた。金色の円天井をもつトルコ式屋内温泉から、屋外プール、打たせ湯など、さまざまな設備が揃っている。水着着用。豊かな緑に囲まれて、心身ともにリラックスできるだろう。

トルコ式温泉ではマッサージや泥パックなども行っている

美女の谷
Szépasszony völgy (Valley of the Beautiful Women)

Map P.157-A2外

　町の中心から南西に約2km、ブドウ畑の丘に囲まれた小さな窪地は美女の谷と呼ばれている。山肌に穴を開けたワインセラーが30軒以上も並び、穴蔵の中にはテーブルと椅子が置かれ、それぞれ自慢のワインを試飲できるようになっている。試飲は1杯100Ft～。気に入ったワインがあったら、おみやげ用には瓶で購入するのがいいが、比較的早く飲んでしまうならプラスチックの容器にタンクから直接詰めてもらうと割安。ちゃんとした食事のできる店もあるので、食事を兼ねてゆっくり過ごすのもいい。

セラーごとに内部の雰囲気もさまざま

狭い範囲にセラーがズラリと並んでいる

■ミナレット（尖塔）
住Knézich Károly u.
URLwww.minareteger.hu
開4・10月　10:00～17:00
　5～9月　10:00～18:00
休11～3月
料400Ft
※2018年12月現在、改装のため閉館中。

■エゲル温泉
住Petőfi Sándor tér 2
℡(36)510-558
URLegertermal.hu
営9:00～18:00
　（季節により変動あり）
休無休
料1900Ft（学生1600Ft）

温泉の近くにある公園では鉱泉が湧き出ている

■美女の谷
URLszepasszonyvolgy.hu

■美女の谷への行き方
　大聖堂から徒歩約40分。タクシーを利用すると楽。片道1500Ft程度。
　または、町の南東にあるEgészségház u.から道路を走るミニトレインが10:00～18:00頃の間、15分おきに運行している。片道ひとり600Ft～。悪天候時は運休。
　帰りはレストランでタクシーを呼んでもらうといい。セラーは夕方には閉めてしまうところが多いので、訪れるのは明るいうちに。

美女の谷へ行くにはミニトレインが便利

エゲルサロークへの 行き方

バス

エゲルサローク行きの市内バスで約20分。Gyógyfürdő下車後、600mほど歩く。温泉前で停まるバスは、本数が少ないので注意。タクシーは片道3000Ft程度。

サリリス・リゾート・スパ＆カンファレンス
Saliris Resort
Spa & Conference Hotel
▶ **Map** **P.157-A2外**
🏠 Forrás u. 6
☎ (36)688-600
🌐 salirisresort.hu
💰 Ⓢ€143〜　Ⓓ€159〜
スパ
☎ (36)688-500
🕐 日〜木　10:00〜20:00
　金・土　10:00〜21:00
🚫 無休
💰 1日券5800Ft
　（シニア4800Ft、子供4300Ft）
　3時間券3400Ft
　（シニア2400Ft、子供1900Ft）

エゲルからの エクスカーション

✤ エゲルサローク
Egerszalók (Egerszalók)

Map P.157-A2外

エゲルから6kmほどの場所にある温泉地。温泉が楽しめるサリリス・リゾート・スパ＆カンファレンスSaliris Resort Spa & Conference Hotelが有名。1,900㎡の敷地内には自噴する温泉の成分が固まった、白い石灰華の棚が独特な景観を造り出す。このような景観が見られるのはトルコのヒエラポリス-パムッカレと、アメリカのイエローストーン国立公園のみといわれている。17種類の温泉プール、スパ、4つ星ホテルからなり、温泉施設は日帰りでも利用可能だ。

水着を持って出かけよう

COLUMN

エゲルのワイン

ハンガリーはもとより、中欧ヨーロッパのなかでも高品質のワインの生産地として知られるエゲル。赤、白いずれも多品種のブドウが栽培されている。とりわけ有名なのが「エグリ・ビカヴェールEgri Bikavér＝雄牛の血」という銘柄。エゲルといえばエグリといわれるゆえんだ。

名前の由来にはこんな説がある。トルコ軍と戦いを重ねていた頃、指揮官であるドボー・イシュトヴァーンは兵士の士気が下がってきたのを察知するやいなや、ワインセラーを開放した。エゲルの赤ワインをたっぷり飲んで元気づいた兵士たちの口も衣服も真っ赤に染まり、それを見たトルコ軍は「ハンガリー人は雄牛の血を飲んでいる！」と驚き退散していったという。

エグリ・ビカヴェール　Egri Bikavér
ケークフランコシュをベースにカベルネ・ソーヴィニヨン、メルローなど、2〜3数種のブドウをブレンドして造られた赤ワイン。濃厚な味、芳醇な香り、適度な渋みがある。

ケークフランコシュ　Kékfrankos
柔らかなタンニンの風味、フルーティな香りがほどよく混じり合う赤ワイン。

カベルネ・ソーヴィニヨン　Cabernet Sauvignon
酸味やタンニンがしっかり感じられる、重厚な味わいの赤ワイン。

エグリ・レアーニュカ　Egri Leányka
エゲル地方の代表的な白ワイン。リンゴの渋みのような味と、フルーティな香りが特徴。

ムシュコターイ　Muskotály
ハチミツの風味と、さわやかな香りの白ワインで飲みやすい。セミスイートがおすすめ。

オラスリスリング　Olaszrizling
ハンガリーの伝統品種。フルボディの白ワイン。辛口でさっぱりした酸味が特徴。

美女の谷のセラーに並ぶ試飲用のワイン。いろいろな種類がある

エゲルのホテル　Eger Hotel

エゲル＆パーク
Hotel Eger & Park　MAP P.157-A・B2

🏠Szálloda u. 1-3
☎(36)522-200
💰⑤①2万8000Ft〜　朝食付き
💳AMV　客室214

エゲル初のホテルとしてオープンした歴史のある3つ星のホテル・エゲルと、その新館である4つ星のホテル・パークをつなげた大型ホテル。連泊割引あり。

セント・ヤーノシュ
Szent János　MAP P.157-A2

🏠Szent János u.12
☎(36)548-544
🔗www.szentjanoshotel.hu
💰⑤①€70〜90　朝食付き
💳MV　客室20

旧市街の中心部、車の入らない路地に位置する細長いホテル。とはいえ中は広々。通り沿いに同系列のレストランあり。有料だがフィットネス施設もある。受付は2階。下で呼び鈴を鳴らそう。

セナートル・ハーズ
Senátor Ház　MAP P.157-B1

🏠Dobó István tér 11
☎(36)411-711
🔗www.senatorhaz.hu
💰⑤€48〜55　①€64〜81　朝食付き
💳AMV　客室11

エゲル城と中心部の間に位置する、18世紀の建物を利用したブティックホテル。併設のハンガリー料理のレストランが人気。

オフィ・ハーズ
Offi Ház　MAP P.157-B1

🏠Dobó István tér 5
☎(36)518-210
🔗www.offihaz.hu
💰⑤1万4500〜1万7500Ft　①1万7500〜2万500Ft
　朝食付き
💳AMV　客室5

エゲルの中心部に位置する3つ星ホテル。バロックスタイルの建物を利用しており、客室内もクラシックな雰囲気。エゲル産ワインが充実したレストランを併設。

エゲルのレストラン　Eger Restaurant

パラチンタヴァール
Palacsintavár　MAP P.157-B1

🏠Dobó István u. 9
☎(36)413-980　🔗www.palacsintavar.hu
🕐火〜日　12:00〜22:00
休月　💳不可

ハンガリー風のクレープ、パラチンタの専門店。ベーコンやチキン、トマトなどがのった食事系から、フルーツ、カッテージチーズやピーナッツクリームがのったスイーツ系など、バリエーションが豊富。

サーントフェル・ヴェンデーグルー
Szántófer Vendéglő　MAP P.157-A2

🏠Bródy Sándor u. 3
☎(36)794-782　🔗www.szantofer.hu
🕐月〜土　11:30〜22:00　休日　💳MV

裏路地にある、落ち着いた雰囲気の店内で食事ができる老舗。豊富に揃うエゲルワインと一緒に、グヤーシュ890Ft〜やパプリカチキン1950Ft〜などのハンガリーの定番料理から、この地方ならではの料理まで味わえる。

ハビハ
Hbh　MAP P.157-A2

🏠Bajcsy-Zsilinszky Endre 19
☎(36)515-516
🕐11:30〜22:00　休無休　💳MV

中心部にあるダイニングバー。ハンガリー料理もしっかり楽しむことができる。グリルがメインで、値段は1950〜4900Ft。

クラチ・チャールダ・パンズィオー
Kulacs Csárda Panzió　MAP P.157-A2外

🏠Szépasszony völgy（美女の谷）
☎(36)311-375　🔗www.kulacscsarda.hu
🕐12:00〜23:00　休無休　💳ADJMV

美女の谷の入口にある、大きな一軒家のワインレストラン。メイン料理は2500Ft前後。ゲストハウスを併設している。

バスタブ（全室）　テレビ（全室）　ミニバーあり　レストランあり
バスタブ（一部）　テレビ（一部）　インターネット（客室・無料）　インターネット（客室・有料）

洞窟温泉で知られる工業都市

ミシュコルツ
Miskolc

ミシュコルツ
ブダペスト

DATA
人口　15万8101人
URL www.hellomiskolc.hu

ミシュコルツへの 行き方

鉄道
ブダペスト東駅から1〜2時間に1便、所要2時間〜、2等3705Ft〜、1等4735Ft〜。ブダペスト西駅発の便も出ているが、所要3時間以上かかる。

バス
ブダペストのシュタディオン長距離バスターミナルからエゲル、メゾーニャーラードMezőnyárádなどで乗り換える便が1時間に1〜2便、所要2時間50分〜、3170Ft〜。
エゲルから1時間に1〜2便、所要1時間30分〜、1300Ft〜。

■ミシュコルツの❶
tourinform
▶Map P.163-A1
住Széchenyi István u. 16
☎(46)350-425
開夏季
　月〜金　8:45〜16:30
　土　　　9:00〜14:00
　日　　 10:00〜14:00
　冬季
　月〜金　8:45〜16:30
　土　　　9:00〜14:00
休冬季の日

■ミシュコルツの
市内交通
URL mvkzrt.hu

■アヴァシュの丘
交市内バス乗り場から市内バス35番で終点下車。突き当たりを右に進むとTV塔にたどり着く。❶から歩いて20分ほど。

フーショク広場に建つ聖母被昇天教会

　ハンガリー北東部最大、ブダペスト、デブレツェンに次ぎ国内第3の都市。戦後、ソ連を中心に発足したコメコン（経済相互援助会議）体制のもと多くの工場が建設され、急激な発展を遂げた。工業都市のため見どころはあまり多くないが、中心部に多数の教会がある。郊外にあるディオーシュジュール城からは眺めがいい。

ミシュコルツの 歩き方

　町の中心部は東西に細長く、トラムが走る**セーチェニ・イシュトヴァーン通り**Széchenyi István u.が貫いている。ブダペストからの列車が着くミシュコルツ・ティサイMiskolc Tiszai駅から町の中心である**市庁舎広場**Városház térまでは約2kmあるので、トラム1、2番を利用するといい。バスターミナルからは**アディ・エンドレ通り**Ady Endre u.を南へ下るとセーチェニ・イシュトヴァーン通りに出る。

　ミシュコルツの見どころのほとんどは市庁舎広場から歩いていける範囲にあるが、**ディオーシュジュール城**Diósgyőri várはトラム利用となる。

ミシュコルツの おもな見どころ

◆アヴァシュの丘　　　　　Map P.163-A1
Avas hegy（Avas Hill）

　町の南にある丘。麓にはアヴァシュ教会と鐘楼があり、

1557年に建てられた鐘楼は、町の紋章として長く使用されていた。周囲は墓地になっている。丘の頂上に建つTV塔の高さ52mの展望台からは、カルパチア山脈まで見渡せる。

✦ マジャール正教会

Map P.163-A1

Magyar Orthodox templom

1785〜1806年にかけて建設された東方正教系の教会。キリストの生涯を描いた88枚のイコンからなる、高さ16mのイコ

ノスタシスが見事。入口にある教会博物館には18世紀のイコンおよび典礼に使われた道具などが展示されており、それらを見学してから、教会の鍵を開けてもらい中に入るシステム。

イコンの数に圧倒される

✦ 板張教会

Map P.163-A1

Deszka templom (Plank Church)

トランシルヴァニア様式で建てられた総板張りの教会。1698年に最初の木造教会が建設され、その後何度も建て直された後、1938年に現在見られる姿となった。1997年に焼失したがもとどおりに再建された。

✦ 雄鳥教会

Map P.163-A1

Kakas templom (Rooster Church)

1786〜1808年に建立されたこの教会は、十字架でなく雄鳥を祀っているためこの名で呼ばれている。4つの小さな塔に囲まれた鐘楼は高さ62.24mで、1865年に完成した。

■マジャール正教会
住Deák Ferenc tér 7
☎(46)415-441
開10:00〜16:00
休月・日
料博物館800Ft（学生400Ft）
　教会300Ft

■板張教会
住Petőfi Sándor tér
☎(46)506-613
開9:00〜12:00、13:00〜16:00
　（電話にて要予約）
休無休
料400Ft（学生250Ft）

かわいらしい板張教会

■ヘルマン・オットー博物館
Herman Ottó Múzeum
(Otto Herman Museum)
▶**Map** **P.163-A1**
住Görgey Artúr u. 28
☎(46)560-170
URLwww.hermuz.hu
開9:00〜17:00
休月
料1000Ft（学生500Ft）
　考古学者ヘルマン・オットーが発掘した古代の石器や陶器のほか、歴史にまつわるガラス器、鉱物標本などを展示。

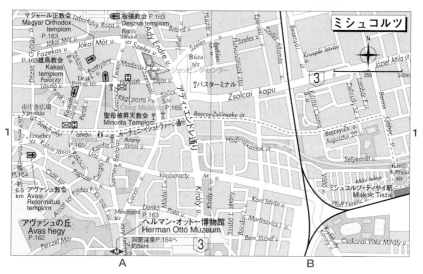

ミシュコルツ

■ディオーシュジュール城
住Vár u. 24
☎(46)533-355
URLwww.diosgyorivar.hu
開4～6・9・10月
　　　　　　　　9:00～18:00
　7・8月
　日～木　　9:00～18:00
　金・土　　9:00～20:00
　11～3月　9:00～17:00
休無休
料1500Ft（学生1200Ft）
　30分おきに催行されるガ
　イドツアー込み
交トラム1番 でDiósgyőr
　városközpont下車、徒歩
　約10分

■洞窟温泉
住Miskolc-Tapolca, Pazár István
　sétány 1
☎(46)560-030
URLwww.barlangfurdo.hu
開9:00～20:00
　（最終受付は～19:00）
休冬季にメンテナンス休業あり
料2600Ft（学生2100Ft）
交市内バス2番で終点Tapolca
　下車。バス停から温泉の入
　口までは200mほど

●リラフレドへの 行き方

🚃森林鉄道 LÁEV
　ミシュコルツ市街からトラ
ム1番に乗り、LÁEV下車。ガ
ラドナGaradna行きでリラフ
レドまで35分、800Ft。
🚌バス
　ミシュコルツ市街からトラ
ム1番に乗り、終点Felső-
Majláth下車。バス5番に乗り
換え、Palotaszálló 下車。ア
ナウンスはないので、右側に
湖が見えたら、その次のバス
停で降りる。

■アンナ鍾乳洞
☎(46)334-130
開4～9月　10:00～16:00
　10～3月　10:00～15:00
休無休
料1200Ft（学生800Ft）
　11～3月は12:00発のガイ
　ドツアー1回のみ。
■聖イシュトヴァーン鍾乳洞
☎(46)334-130
開 3月下旬～9月
　　　　　　　　9:00～17:00
　10月～3月下旬
　　　　　　　　9:00～14:00
休無休
料1200Ft（学生800Ft）

🏰ディオーシュジュール城

Map P.163-A1外

Diósgyőri vár（Diósgyőri Castle）

　13世紀半ばのモンゴル襲来後、防衛のために石造りの砦が築かれたのが始まりとされる。14世紀半ば、ラヨシュ1世（在位1342～82）によって、現在残る塔が4本ある城に建て替えられた。次の国王ジグモンドZsigmondの時代以降、オスマン帝国の支配下におかれるまで王妃の離宮として使われていたという。1673年の独立戦争の際には反ハプスブルクであるクルツ軍の砦となり、彼ら自身の手で破壊された。現在、内部は、中世の様子を再現しており、城の歴史を紹介する情報端末や資料も置かれている。当時の武器や日用品の展示もある。塔からはすばらしいパノラマが楽しめる。

石造りの堅牢な砦

🏰洞窟温泉

Map P.163-A1外

Barlangfürdő（Cave Baths）

　町の南部、ミシュコルツ・タポルツァMiskolc-Tapolcaにある。中世から利用されていた温泉を、1959年に洞窟温泉に造り替えたもの。中には温泉のほかプールがふたつある。いずれも水着着用。水温は29～34℃とやや低め。交感神経障害や胃腸病に効能があるといい、旅の疲れをとるのに最適だ。

ミシュコルツからの エクスカーション

🏰リラフレド

Map 折り込み表

Lillafüred

　ミシュコルツから、ガラドナ川とシンヴァ川の織りなす渓谷と谷間の村を越えると、3つの山に囲まれたリラフレドが現れる。ミシュコルツから日帰りできる避暑地で、夏には多くの人が涼を求めてやってくる。森林鉄道LÁEVに乗るだけでもおもしろい体験になるだろう。

　パロタサーローPalotaszállóのバス停とリラフレドの駅は隣接しており、周辺は緑に囲まれた広場のようになっている。

　ハーモリ湖Hámori-tóのほうへ歩くと、壮麗なネオルネッサンス様式のホテル「Palota」の姿が見える。

　ホテルの正面から階段を下ると、**アンナ鍾乳洞Anna Barlang**が見えてくる。ここは世界に4ヵ所しかない凝灰岩の洞窟だ。また、リラフレドの駅からホテルと反対方向へ坂道を進むと、**聖イシュトヴァーン鍾乳洞Szent**

István Barlangがある。どちらも毎時ちょうどに出発するガイドツアーでのみ見学することができる。

森の中を疾走する森林鉄道

アッグテレク
Aggtelek

Map 折り込み表

スロヴァキアまで続くバラドラ洞窟の入口

スロヴァキアとの国境にまたがるカルスト台地で、全体では700を超える洞窟があることがわかっている。ハンガリー側のアッグテレク国立公園はその一部で、300の洞窟が存在する。なかでも、最も

有名なのが**バラドラ洞窟Baradla Barlang**。全長25kmとヨーロッパ最大の長さを誇る。そして、そのうち約5.3kmがスロヴァキアに属し、ドミニカ洞窟Dominica Barlangという名前になっている。

洞窟内はツアーに参加して見学できる。一般的なのは所要1時間のショートツアーで、1kmほど歩く。中はありの巣のように分岐しており、何ヵ所かの出入口がある。また、それぞれ名前のつけられたコーナーがあり、さまざまな形状や色の鍾乳石が立ち並んでいる。ライトアップに浮かび上がる自然のアートは幻想的だ。さらには、実際のコンサートホールもあり、ガイドがオーディオで音楽を流すと、見事な音響効果と音に合わせたライトアップのショーを体験できる。

迫力ある奇岩が連なる洞窟内部

アッグテレクへの **行き方**

🚆 鉄 道
　ミシュコルツ・ティサイ駅からジョーシュヴァフ・アッグテレク駅Jósvaf-Aggtelekへ行き、バスで40分かけて行く方法があるが、駅発のバスの本数が少ないので不便。

🚌 バ ス
　ブダペストのシュタディオン長距離バスターミナルから1日1～2便、所要4時間30分～、3950Ft～。ミシュコルツからカジンツバルチカKazincbarcikaなどでの乗り継ぎ便が1日4便程度、所要1時間40分～、1120Ft～。
　アッグテレクバスターミナルから洞窟入口まで約300m。

🏛世界遺産
アッグテレク・カルストとスロヴァキア・カルストの洞窟群
1995年、2000～2008年登録

■バラドラ洞窟
☎(48)503-000
URL www.anp.hu
ガイドツアー（1km、1時間）
🗓4～9月
　10:00、12:00、13:00、15:00、17:00発
　10～3月
　10:00、11:30、13:00、15:00発
※上記は2018年のスケジュール。最新スケジュールはウェブサイトにて確認を
休無休
料2200Ft（学生1500Ft）

ミシュコルツのホテル
Miskolc Hotel

ウレグ・ミシュコルツ
Öreg Miskolcz　　MAP P.163-A1
🏠Horváth Lajos u. 11
☎(46)550-550
URL www.oregmiskolcz.hu
料⑤1万7300Ft～　①2万2900Ft～　朝食付き
CC AMV　客室23

　町の中心から近く、静かな一角にある。客室はシックな内装で広々。サウナあり。

パンノニア
Hotel Pannonia　　MAP P.163-A1
🏠Kossuth Lajos u. 2
☎(46)504-980
URL www.hotelpannonia-miskolc.hu
料⑤1万8500Ft～　①2万2100Ft～　朝食付き
CC AMV　客室34

　歴史的エリアに建つ3つ星ホテル。系列のレストラン、マロムMalomは地元でも人気。

貴腐ワインの王様 "トカイ・アスー" の生産地

トカイ
Tokaj

トカイ
ブダペスト

■DATA
人口　4282人
URL www.tokaj-turizmus.hu

トカイへの 行き方

鉄道

ブダペスト西駅または東駅から1〜2時間に1便、所要3時間20分〜、2等4485Ft〜、1等5475Ft〜。

ミシュコルツ・ティサイ駅 Miskolc Tiszaiから1時間に1〜2便、所要40分〜、2等1120Ft〜、1等1550Ft〜。

デブレツェンから1日6便、所要55分〜、2等1830Ft〜、1等2250Ft〜。

世界遺産

トカイワイン産地の歴史的文化的景観
2002年登録

トカイのメインストリート、背後にブドウ畑が広がる

　ハンガリー北東部、ティサ川流域にひっそりとたたずむ町トカイ。ここは世界に名高いトカイワインの産地だ。トカイワインといえば、貴腐ワイン（→P.168）が特に有名だが、トカイのワイン造りは12世紀に始まり、貴腐ワイン以外のワインも多く造られている。町自体は小さく、メインストリートの周辺に家々が集まっているのみで、すぐ後ろには山が迫っており、その斜面にはブドウ畑がどこまでも広がる。町の地下にはいくつものワインセラーが残り、受け継がれるワインとその暮らしが世界文化遺産に登録されている。トカイへはブダペストからの日帰りツアーで行くこともできる。時間に余裕があれば1泊して、トカイワインのテイスティングとショッピングをゆっくりと楽しみたい。

トカイの　歩き方

　鉄道駅から町まではバスが出ているが、便数が少ない。徒歩の場合、駅を出て左へ行くと、やがて**バイチ・ジリンスキ通りBajcsy-Zsilinszky út**にぶつかる。ここを左折し、真っすぐ進むとやがてティサ川が見えてくる。ここで道が分かれ、「Tokaj Hotel（→P.168）」の左側に延びているのがメインストリート、**ラーコーツィ・フェレンツ通りRákóczi Ferenc u.**だ。この道を進むと右側に❶があり、町の中心**コッシュート広場Kossuth tér**にたどり着く。ショップ、レストラン、ワインセラーはすべてこの周辺にあり、半日あれば見て回ることができる。

コッシュート広場と教会

トカイの　おもな見どころ

　ブドウ畑に囲まれ、ワインセラーが並ぶトカイの町自体が見どころといえる。ワインの歴史を知るには、コッシュート広場そばの**トカイ博物館Tokaj Múzeum**に行ってみよう。かつてワイン造りに使われていた木製の道具などが展示されており、興味深い。また、ワインセラーを訪れて試飲し、お気に入りのワインを手に入れるのもいい。ブダペスト市内で購入するよりも割安で手に入る。代表的な下記のふたつ以外にもいくつかのワインセラーがある。

ラーコーツィ・ピンツェ Rákóczi Pince

古いセラーの中で試飲ができる

　コッシュート広場に面した歴史を感じさせる建物。15世紀に建てられたもので、王のワインを貯蔵した28mもの長さがあるセラーが残っている。いろいろなワインを組み合わせたテイスティングができ、人気は5プットニョスの貴腐ワインを含む6種類のワインが試せるセットで3500Ft～。

ヒーメシュウドヴァル Himesudvar

　コッシュート広場から5分ほどの所にひっそりとたたずむ、16世紀に建てられた建物。家族経営のワイナリーで、貴腐ワインは甘みの強い6プットニョスのみを製造。ほかにも数多くのワインを製造しており、オーク樽が並ぶ500年前のワインセラーでテイスティングができる。5種類のワインが試せるセットは1990Ft。

家族経営でワインには定評がある

■トカイの❶
tourinform
▶**Map** P.166
住Serház u. 1
☎(47)352-125
開夏季
　　月～金　　9:00～18:00
　　土　　　10:00～16:00
　　日　　　10:00～14:00
　　冬季
　　月～金　　9:00～17:00
　　土　　　10:00～14:00
休冬季の日

■トカイ博物館
▶**Map** P.166
住Bethlen Gábor u. 7
☎(47)352-636
URL www.tokajimuzeum.hu
開5～8月　10:00～18:00
　9～4月　　9:00～17:00
休月
料800Ft（学生400Ft）

建物も印象的なトカイ博物館

■ラーコーツィ・ピンツェ
▶**Map** P.166
住Kossuth tér 15
☎(47)352-408
URL tokajhetszolo.com
開6～8月　11:00～20:00
　9月～10月中旬
　水・木　13:00～18:00
　金～日　11:00～18:00
※10月中旬～5月と9月～10月中旬の水・木11:00～13:00は事前予約で訪問可能
休9月～10月中旬の月・火、10月中旬～5月

お酒の神様バッカスの像と、ラーコーツィ・ピンツェの外観

■ヒーメシュウドヴァル
▶**Map** P.166
住Bem József u. 2
☎(47)352-416
URL www.himesudvar.hu
開10:00～18:00
休無休

トカイ
Tokaj Hotel　　　MAP　P.166

住Rákóczi u. 5
☎(47)352-344
URLwww.tokajhotel.hu
料⑤8000Ft～　◎8900Ft～　CC MV　客室42

　ティサ川とボドログ川の合流地点にあり、一部の部屋とレストランからは川が眺められる。1時間につき1000Ftでサウナの利用も可能。

ヴァスコー・パンズィオー
Vaskó Panzió　　　MAP　P.166

住Rákóczi u. 12　☎0670-315-8481
URLwww.vaskopanzio.hu
料⑤◎8000Ft　CC AMV　客室11

　バーが受付になっていて、道を挟んでペンションが建つ。トカイ駅からの無料送迎サービスあり（要問い合わせ）。ワインの試飲が含まれた宿泊プランもある。

COLUMN

貴腐ワイン「トカイ・アスー」

●貴腐（きふ）ワインって何？

　簡単にいうとカビによって変質したブドウを使って造ったワインのこと。ボトリティス・シネレア菌がブドウに付着すると皮の表面にあるろう質が溶けて中の水分が蒸発し、果実が房についたまま、まるで干しブドウのようにしぼむ。この状態を貴腐という。このときブドウの果汁には凝縮された糖分が30～50％も含まれている。このため醸造したワインはハチミツを入れたように甘くなるのだ。

　しかしこの菌は特定の地区でしか発生しないうえ、通常の収穫期を過ぎた成熟果実に付いた場合のみ貴腐という現象を起こす。付く時期が早過ぎるとただの腐ったブドウになってしまうのだ。もちろん土壌や水質、温度や日照時間なども大きく関係する。トカイはティサ川、ボドログ川の2本の川に挟まれているため、秋から冬にかけて濃い霧が発生する。その霧による湿度が貴腐状態を生み出すのである。もともとワインは自然環境に微妙に左右されるが、なかでも貴腐ワインは特にデリケートといえるだろう。

貴腐状態になったブドウ。果汁成分も凝縮されるため深みのある味わいに

●実は偶然による産物だった！

　トカイの貴腐ワインは、ドイツのラインガウ産、フランスのボルドー地方ソーテルヌ産のものとともに世界三大貴腐ワインとして名高い。

　実は、世界で初めて貴腐ワインを世に出したのがトカイなのだ。17世紀半ば、戦乱のためトカイのブドウ畑は収穫期が過ぎ、ブドウの摘み取りができなかった。そしていざ摘もうとしたときにはブドウはすでに腐敗してしまっていた。しかしそれを捨てるに忍びなく醸造してみたところ、かつてない甘味をもったワインができた。こうして世界初の貴腐ワインが生まれたのである。

●トカイ・アスーTokaji Aszú

　トカイ産の貴腐ワインはトカイ・アスーと呼ばれる。かつてフランス王ルイ14世に「ワインの王様にして、王様のワインなり」と言わせた世界有数のワインだ。トカイ・アスーは、通常のブドウで造ったワインと、貴腐ブドウを搾ったエッセンスを混ぜ、長い間熟成させて造る。ハチミツのような甘い香りと、白ワインとは思えないほど濃い黄金色が特徴だ。仕込まれたワインは木の樽で5～6年熟成させたあと、瓶に詰め替えられてさらに数年のときを酒蔵で過ごす。ワイン樽や瓶は灰色の真綿のようなカビで覆われているが、このカビは酒蔵を一定の気温・湿度に維持する役割を果たす。このように、トカイ・アスーは原料のブドウでも熟成においても、カビがうまく働かないとできない。

　なお、貴腐ワインのボトルのラベルにある3や6の数字は、甘さの度合いを示すもの。プットニョスputtonyosという単位で、貴腐ブドウの収穫に使用する小さな背負い桶の名から取られている。数字は、ベースとなる辛口ワイン1樽に貴腐ブドウを何桶分加えるかを表している。通常、数字は3から6で、数字が多くなるほど甘くなる。また、貴腐ブドウだけで造った最高級品はトカイ・エッセンシアTokaji Eszenciaと呼ばれる。

デブレツェン
Debrecen

カルヴァン派大教会とコッシュート・ラヨシュの像

3つの総合大学と3つのアカデミーがある学園都市としても知られる。16世紀に起こった宗教改革でカトリック教会は閉鎖され、"カルヴァン派のローマ"としてカルヴァン派信者のみ居住が許された。1848～49年に起こった独立戦争では、短い期間ではあったがこの地が首都となった。第2次世界大戦末期には、ソ連軍の支援によりナチス・ドイツに抗する拠点となるなど、政治の表舞台にたびたび登場している。

DATA

人口　20万3059人
URL www.debrecencity.com

デブレツェンへの **行き方**

🚂 **鉄道**
ブダペスト東駅または西駅から1時間に1～2便、所要2時間45分～、2等3690Ft～、1等5115Ft～。

■**デブレツェンの❶**
tourinform
▶**Map P.170**
🏠Kossuth tér
♪0670-933-9908
URL www.debrecen.hu
開9:00～18:00
休日

■**カルヴァン派大教会**
🏠Kossuth tér 1
☎(52)614-160
URL www.nagytemplom.hu
開3～5・9・10月
　月～金　9:00～16:00
　土　　　9:00～13:00
　日　　12:00～16:00
　6～8月
　月～金　9:00～18:00
　土　　　9:00～13:00
　日　　12:00～16:00
　11～2月
　月～金　10:00～15:00
　土　　　9:00～13:00
　日　　12:00～16:00
休無休
料700Ft～(学生400Ft～)

■**デーリ博物館**
🏠Déri tér 1
☎(52)322-207
URL www.derimuzeum.hu
開10:00～18:00
休月
料2000Ft (学生1000Ft)

デブレツェンの **歩き方**

トラムも走るピアツ通り

　町の中心は、駅から真っすぐ北に延びる**ピアツ通り**Piac u.周辺。駅からはトラム1、2番がこの通りを走っている。トラム1番はピアツ通りから北へ走り、大きな森公園Nagyerdőまで行ったら駅に戻るルートで循環している。駅からカルヴァン派大教会のある中心部分までは徒歩だと約20分。学園都市らしく、町は明るく落ち着いた雰囲気がある。

デブレツェンの **おもな見どころ**

◆ カルヴァン派大教会
.Map P.170
Református Nagytemplom (Great Church)

　左右に2本の塔がそびえるネオクラシック様式の大きな建物。左側の塔にある鐘は、「ラーコーツィの鐘」と呼ばれている。三十年戦争のときに外国から奪った大砲を使い、ラーコーツィ・ジョルジ1世により造られたもので、国内一の大

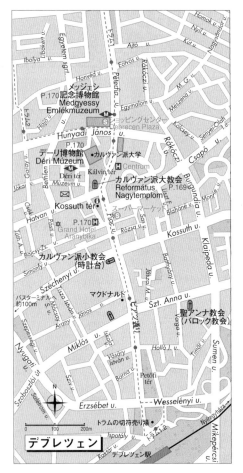

デブレツェン

夜にはライトアップされるカルヴァン派大教会

きさを誇る。またこの教会は、1849年4月14日、コッシュート・ラヨシュがここでハプスブルク家からの独立宣言を行うなど、数々の歴史の舞台となった場所でもある。教会の裏にあるのはカルヴァン派大学で、1849年には国会に、1944年には臨時政府の会議場に使われた。

❖ デーリ博物館 　Map P.170

Déri Múzeum (Déri Museum)

　おもに考古学と民族学に関するもの、また19～20世紀の芸術作品が展示されている。最大の見どころは、19世紀のハンガリーの巨匠ムンカーチ・ミハーイMunkácsy Mihály（1844～1900）によるキリストをテーマにした3部作「Krisztus Piláus Elott（総督ピラトの前のキリスト）」、「Golgota（ゴルゴダ）」、「Ecce Homo!（この人を見よ！）」だ。どれも4m×6m以上の大作で、館内でも別格扱いで展示されている。デブレツェンに来たならまずは観ておきたい傑作だ。

　なお、博物館の前にある4つの像は彫刻家メッジェシ・フェレンツの作で、科学、芸術、考古学、民族学を象徴している。

落ち着いた風格のあるデーリ博物館

■メッジェシ記念博物館
🏠Péterfia u. 28
☎(52)413-572
🕐10:00～18:00
🈺月
🎫600Ft（学生300Ft）

デブレツェンのホテル

グランド・アラニビカ
Grand Hotel Aranybika
MAP P.170
🏠Piac u. 11-15
☎0620-363-6121
🌐hotelaranybika.com
🎫Ⓢ1万2900Ft～
　Ⓓ1万4900Ft～　朝食付き
💳 M V
🛏205

❖ メッジェシ記念博物館 　Map P.170

Medgyessy Emlékmúzeum (Medgyessy Memorial Museum)

　デブレツェン出身の彫刻家メッジェシ・フェレンツ（1881～1958）の生家を博物館にしたもの。作品のほか、彼の生い立ちなどを解説する展示物がある。

大平原に息づく遊牧騎馬民族の雄姿

ホルトバージ
Hortobágy

デブレツェン
→P.169から
車で約30分

ハンガリー東部
ホルトバージ

広大なプスタでハンガリー人のルーツを探ろう

DATA

人口 1449人
URL www.hnp.hu
URL www.hortobagy.eu

ハンガリー東部に広がる大平原プスタ。ホルトバージの町を含むその一部は、ホルトバージ国立公園として自然保護区域に指定されている。ホルトバージは、中世には52もの小さな村が集まる肥沃な耕作地だったが、オスマン帝国の統治時代に過疎化が進み、ハンガリー人の祖先である遊牧騎馬民族の生活の舞台となった。現在も伝統的な家屋に暮らし、ハンガリー固有の家畜を飼育して暮らす牧畜景観が、世界文化遺産に登録されている。また、湿地帯で池や川が多く、ヨーロッパ有数の野鳥の宝庫としても知られる。ホルトバージでの楽しみは牧場内を馬車で巡るツアー。アクセスがよくなく、小さな町には宿泊施設もほとんどないので、ブダペストからの日帰りツアーに参加して行くのが一般的だ。

ホルトバージの 歩き方

鉄道で着いた場合、駅から正面に延びる**コッシュート通り**Kossuth u.を10分ほど南に進むと、国道33号線にぶつかる。その左側には**ホルトバージ国立公園ビジターセンター**Hortobágyi Nemzeti Park Látogató Központがあり、国道を渡った所には牧畜博物館、ケルシン博物館、売店がある。路線バスで来る場合はこの国道沿いで下車する。バス停の目印はないので気をつけよう。

9つのアーチの石橋

ホルトバージへの 行き方

🚃 鉄 道
ブダペスト東駅または西駅からフュゼシャボニ Füzesabonyかデブレツェン乗り換えの便が1時間に1〜2便、所要2時間45分〜、2等3795Ft〜、1等4425Ft〜。
デブレツェンから2時間に1便、所要45分〜、2等840Ft〜。

🚌 バ ス
ブダペストから1日1便、所要2時間40分〜、3130Ft〜。

🏠 世 界 遺 産
ホルトバージ国立公園
1999年登録

**■ホルトバージ国立公園
ビジターセンター**
▶**Map P.172**
🏠Petőfi tér 9
☎(52)589-000
URL www.hnp.hu
🕐1月中旬〜6月、9〜11月
　月〜金　8:00〜16:00
　土・日 10:00〜16:00
　7・8月　　9:00〜18:00
　12月頭〜中旬
　　　　10:00〜14:00
🈺12月中旬〜1月中旬

まずは❶で情報収集を

171

左カラム

■プスタツアーを催行している牧場

Mátai Ménes
▶**Map** P.172外
📞0670-492-7655
URL www.hortobagy.eu
E-mail mataimenes@hortob
agy.eu
開4月中旬〜10月の10:00、
12:00、14:00、16:00発
（所要1時間30分）
料3000Ft（子供1500Ft）
駅から徒歩30分。10:00、
12:00、14:00発は最小催行
人数6名、16:00発は10名。
牧場での馬術ショーと家畜
動物が見られる。

■ケルシン博物館
▶**Map** P.172
☎(52)369-025
開3月中旬〜4月、10・11月
10:00〜16:00
5・6・9月　9:00〜17:00
7・8月　　9:00〜18:00
休12月〜3月中旬
料500Ft（学生250Ft）

■牧畜博物館
▶**Map** P.172
☎(52)369-040
開3月中旬〜4月、10・11月
10:00〜16:00
5・6・9月　9:00〜17:00
7・8月　　9:00〜18:00
休12月〜3月中旬
料1200Ft（学生600Ft）

角に特徴のあるラツカ。白毛もいる

敵から身を隠すために馬を草むらに隠すための技

右カラム

ホルトバージの

おもな見どころ

灰色牛は成長するにつれ色が白くなる

　ホルトバージ国立公園ビジターセンターの中には、周辺に生息する野鳥や家畜を紹介する展示スペースが、国道沿いには菓子屋や鍛冶職人などが使用していた道具を紹介する**ケルシン博物館Körszín**、かつてホルトバージ周辺で行われていた牧畜に関する資料、道具を展示する**牧畜博物館Pásztor Múzeum**がある。

　牧畜博物館の先には国内一の長さを誇るという**9つのアーチの石橋Kilenclyukú híd**が見える。これは、1833年に完成した石橋で、全長83mある。

　ホルトバージ国立公園といっても、そこは樹木や畑などが一切ない大平原がひたすら広がっているだけ。また、勝手に入ってはいけない場所も多いので、何か見たいものがある場合は必ずツアーに参加しよう。

　牧場ツアーでは、広大な牧場内を馬車で巡る。途中、騎馬民族だった頃の伝統的な衣装を身につけた男性による馬術ショーがあり、カチカチと鳴るムチを回しながら、馬をたくみに操る技術を見せてくれる。その後、ハンガリー固有のくるくるとねじれた角が生えたラツカと呼ばれる羊や、長い角のある灰色牛などの家畜を見学。牛たちの群れはグヤと呼ばれ、牛飼いはグヤーシュと呼ばれる。有名なハンガリー料理のグヤーシュとは、この牛飼いたちが好んで食べた食事から名づけられた。ワゴンに乗ってプスタを回る食事付きのツアーなどもある。乗馬体験も可能だ。

ホルトバージ

ハンガリー
西部と
バラトン湖

ugat-Magyarország
és Balaton

ジュールのベネディクト教会

交易、宗教の中心地として栄えた歴史ある都市
ジュール
Győr

DATA
人口　12万9568人
URL www.gyor.hu

ジュールへの 行き方

🚃 鉄道
ブダペスト南駅から1時間に1便、東駅から1時間に1〜2便。所要1時間20分〜、2等2520Ft〜、1等3535Ft〜。
ショプロンから1時間に1便程度、所要1時間10分〜、2等1680Ft〜、1等2430Ft。

🚌 バス
ショプロンから1時間に1〜2便、所要2時間〜、1680Ft〜。

■ジュールの🛈 tourinform
▶ Map P.175-A・B2
住Baross Gábor út 21
☎(96)311-771
開月〜金　9:00〜17:00
　　土　　9:00〜14:00
休日

1階にはショップを併設、2階で観光案内を受けることができる

ネオバロック様式で建てられたジュールの市庁舎

セーチェニ広場に建つベネディクト教会

11世紀からラーバ川沿いの交易都市として発展してきた。現在でも繊維製品や鉄道車両を産出する国内有数の工業都市である。一方、11世紀にイシュトヴァーン1世によって司教座がおかれてからは宗教の中心地としても栄えた。ブダペスト、ショプロンに次ぐ歴史的な町でもあり、目抜き通りは華やかさと旧市街ならではの落ち着きが感じられる。

ジュールの 歩き方

バスターミナルと駅は隣接している。駅の正面右側に大きな尖塔をもつ**市庁舎**Várossházaの白い建物があるので、その横の**バロッシュ・ガーボル通り**Baross Gábor útに入ろう。車やバスが行き交う聖イシュトヴァーン通りSzent István útを渡りそのまま進むと、人波が絶えない歩行者専用道路となっている。

約300mのプロムナードは、美しいデザインの建物が両脇を固め、ショップやカフェテラスが並んでいる。大きくふたつの区域に集中する見どころは、歩行者道路の中ほどにあるカヌー乗りの像を起点に考えればいい。**キラーイ通り**Király u.を右に行けば**ベネディクト教会**Bencés templomが建つ**セーチェニ広場**Széchenyi tér、左側へ進めば**カルメル教会**Karmelita templomが建つ**ウィーン門広場** Bécsi kapu térに

いつもにぎやかなバロッシュ・ガーボル通り

出る。ウィーン広場から北に200mほど行くと**大聖堂Széke-segyház**がある。

　ラーバ川沿いは遊歩道として整備されており、豊かな緑を眺めながらの散策が楽しめる。また、バスターミナルからは世界遺産でもあるパンノンハルマ修道院（→P.180）を結ぶバスが運行している。町自体は見どころが固まっているため日帰りでもゆっくり回れるが、ぜひ1泊してパンノンハルマ修道院とセットで訪れたい。

町の北を流れるモショニ・ドナウ川

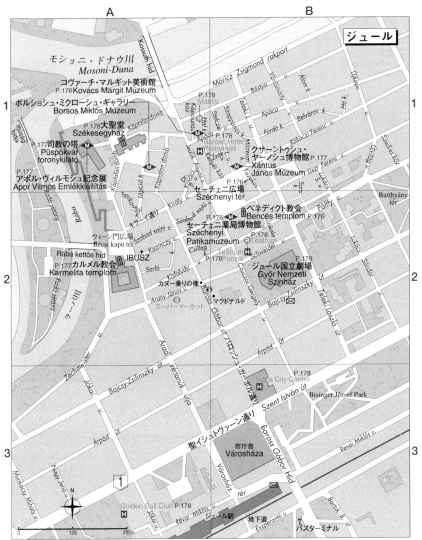

ジュール

A

B

モショニ・ドナウ川
Mosoni-Duna

コヴァーチ・マルギット美術館
P.176 Kovács Margit Múzeum

ボルショシュ・ミクローシュ・ギャラリー
Borsos Miklós Múzeum

P.176 大聖堂
Székesegyház

P.177 司教の塔
Püspökvár
toronykilátó

P.177
アポル・ヴィルモシュ記念展
Apor Vilmos Emlékkiállítás

Kossuth híd

Móricz Zsigmond rakpart

P.178
Matróz

Barokk Hotel
Promenád

クサーントゥシュ・
ヤーノシュ博物館 P.177
Xántus
János Múzeum

セーチェニ広場
Széchenyi tér

ベネディクト教会
Bencés templom P.176

キラーイ（通り）

セーチェニ薬局博物館 P.178
Széchenyi
Patikamúzeum

P.176

Teatrum

Batthyány
tér

ウィーン門広場
Bécsi kapu tér

Rába kettős híd

IBUSZ

P.178
Panzió

Teatrum

ジュール国立劇場
Győr Nemzeti
Színház

P.178

P.177 カルメル教会
Karmelita templom

カヌー乗りの像
マクドナルド

スーパーマーケット

Golden Ball Club P.178

Rába City Center

P.178

Bisinger József Park

聖イシュトヴァーン通り

市庁舎
Városháza

ジュール駅　地下道

バスターミナル

0　　　125　　　250m

1

2

3

■ベネディクト教会
▶Map P.175-B2
住Széchenyi tér 9
☎(96)513-020
開月～金　　9:00～17:00
　　土　　　9:00～13:00
休日
料無料

イタリア生まれの画家パウル・トロガーによって描かれた天井画

■セーチェニ薬局博物館
▶Map P.175-B2
住Széchenyi tér 9
☎(96)550-348
開7:40～16:00
休土・日
料無料

薬局として医薬品の販売も行なわれている

■コヴァーチ・マルギット美術館
住Apáca u. 1
☎(96)326-739
開10:00～18:00
休月
料700Ft（学生350Ft）

■大聖堂
住Káptalandomb 17
☎(96)618-304
開月～土　　8:00～12:00、
　　　　　　14:00～18:00
　　日　　　8:00～13:00、
　　　　　　15:00～18:00
休無休
料500Ft（学生300Ft）

聖堂内にはアポル・ヴィルモシュの墓がおかれている

ジュールの

おもな見どころ●

❖ セーチェニ広場
Széchenyi tér (Széchenyi Square)　　Map P.175-B1・2

　町の中心となる広場で、いちばん目を引くのは**ベネディクト教会**Bencés templom。ローマのイル・ジェズ教会をモデルに17世紀に建てられたもので、2本の塔が堂々とそびえている。この教会の並びには**セーチェニ薬局博物館**Széchenyi Patikamúzeumが、広場から北に200mほど行った所に**コヴァーチ・マルギット美術館**Kovács Margit Múzeumがある。広場にはオープンテラスのカフェやレストランが出店している。

❖ コヴァーチ・マルギット美術館
Kovács Margit Múzeum (Margit Kovács Museum)　　Map P.175-A1

　通りの角に位置する、ネオクラシック様式の建物。ジュール出身の陶芸作家コヴァーチ・マルギットの作品を展示している。ブダペスト、ウィーン、ミュンヘンで勉強した彼女は、パリ近郊の町セーヴルにて磁器の製造に携わり、さらに技能を磨く。センテンドレ（→P.140）にも似たような名前の美術館があり、そちらのほうが展示数が多い。

❖ 大聖堂
Székesegyház (Cathedral)　　Map P.175-A1

石壁が独特な雰囲気の大聖堂

　川寄りの一角に建つ。ファサード（正面）は新古典様式、南側のチャペルはゴシック、そして全体はロマネスク調と、破壊と増改築が繰り返されるうちに建築様式が混在した。聖堂内は荘厳さに満ちており、フランツ・アントン・マウルベルチFranz Anton Maulbertschのフレスコ画が威風堂々と構えている。堂内の左側には聖母マリアの肖像がある。細かな金細工に囲まれたこの像は、17世紀、クロンフェルト司教がアイルランドから持ち帰ったものだ。大聖堂は現在でも礼拝者が訪れ、法衣をまとった聖職者の姿も目につく。歴史遺産としての趣が強いエステルゴムの大聖堂と比べると、庶民の生活に根づく息吹が感じられる。

　入口脇には小規模なミュージアムを併設しており、大聖堂の歴史にまつわる品々が展示されている。

司教の塔
Püspökvár toronykilátó

Map P.175-A1

　大聖堂に隣接する、4階建ての塔を備えた宮殿。15世紀後半に造られた礼拝堂が前身となっており、1526年のモハーチの戦いでハンガリー軍がオスマン帝国に敗れた後は、要塞として使用されていた。16世紀後半にはハンガリーの統治下に戻り、数回にわたって改装工事が行われたが、現在見られるような姿になったのは18世紀頃。塔の1階部分がチケット売り場となっており、奥には第2次世界大戦時にこの地区の司教を務めていたアポル・ヴィルモシュApor Vilmosの遺物や肖像画、当時の暮らしの様子を展示する**アポル・ヴィルモシュ記念展**Apor Vilmos Emlékkiállításがある。

　塔は展望台となっており、館内からつながる長いらせん階段を上っていくと、屋上から市街を一望することができる。

カルメル教会
Karmelita templom (Carmelite Church)

Map P.175-A2

　12世紀のパレスチナを起源とする、カルメル会がジュールに定着したのが17世紀末。1721〜25年にかけて修道院は建設され、イタリア様式のファサードが完成したのは1732年。内部はドーム状になっており、円蓋に描かれた天井画が見事。

外壁には3体の聖人像が

クサーントゥシュ・ヤーノシュ博物館
Xántus János Múzeum (János Xántus Museum)

Map P.175-B1

　1910年まではジュール郊外にあるパンノンハルマ修道院の寄宿舎として使われ、現在は古代から現代までの歴史博物館になっている。

　なかでも目を引くのが、1703年、ハプスブルク家からの独立を求めた民族戦争時代の槍や鉄砲など。当時の指導者であり、ハンガリー独立の英雄でもあるラーコーツィ・フェレンツ2世Rákóczi Ferenc IIの肖像とともに陳列してある。

　ほかには日独伊三国同盟側についた第2次世界大戦時の軍服などの展示もあり、ナチス・ドイツのシンボルであるハーケンクロイツ（鉤十字）が生々しい。また、数は少ないが、社会主義時代のプロパガンダの資料や、ハンガリー動乱（1956年）当時の新聞も展示してあり、近代ハンガリーの足跡を知ることができて興味深い。

■司教の塔
住Káptalandomb 1
☎0630-793-2959
URL www.kaptalandomb.hu
開7・8月
　日〜木　10:00〜18:00
　金・土　10:00〜20:00
　9〜6月　10:00〜18:00
休無休
料1000Ft（学生500Ft）

■アポル・ヴィルモシュ
　記念展
▶Map P.175-A1
☎開休料司教の塔と同じ

かつて見張り塔として使われていた展望台

■カルメル教会
住Aradi vértanúk útja 2
☎(96)618-863
開7:00〜12:00、
　15:00〜18:00
休無休
料無料

■クサーントゥシュ・
　ヤーノシュ博物館
住Széchenyi tér 5
☎(96)310-588
開5〜9月　10:00〜18:00
　10〜4月　13:00〜17:00
休月
料650Ft

年代、内容ごとに14の部屋に分けられている

住Czuczor Gergely u. 7
☎(96)314-800
URLwww.gyoriszinhaz.hu

◆ ジュール国立劇場

Győr Nemzeti Szinház (National Theatre of Győr)　Map P.175-B2

ハンガリー人画家ヴァザレリによる壁の幾何学模様が目を引くモダンな建物で、国際的な評価も高いジュール・バレエ団の本拠地。公演時期は毎年6月下旬から7月の末頃まで。

オペラのほかミュージカルや演劇も上演

▲ ジュールのホテル　　　Győr Hotel

▼ ラーバ・シティセンター
Hotel Rába City Center　MAP P.175-B3

住Árpád út 34
☎(96)889-400
URLwww.danubiushotels.com
料⑤€57〜　①€67〜
CC MV　室料155

駅から徒歩5分。建物は古いがサウナやマッサージルーム、フィットネスルームを併設。ベルギービールが楽しめるカフェも。

▼ バロック・プロムナード
Barokk Hotel Promenád　MAP P.175-A1

住Kenyér köz 4
☎(96)618-000
URLpromenadhotelgyor.hu
料⑤€88〜　①€97〜　朝食付き
CC AMV　室料11

セーチェニ広場の北約100mほどにある4つ星ホテル。客室は木の香りが漂い、清潔感にあふれる。レストランはないが、カフェバーを併設。ラウンジでは無料のドリンクサービスあり。

▼ ゴールデン・ボール・クラブ
Golden Ball Club　MAP P.175-A3

住Szent István út 4
☎(96)618-100
URLgoldenball.hu
料⑤1万8000Ft〜　①2万2000Ft〜　朝食付き
CC AMV　室料32

駅から徒歩3分ほどの立地。客室内はシックな色合いでまとめられており、広々。スパやサウナを備えるウェルネスセンターが好評。

▼ テアートルム・パンズィオー
Teátrum Panzió　MAP P.175-B2

住Schweidel u. 7
☎(96)310-640
URLteatrum.hu
料⑤1万1450Ft〜　①1万5900Ft〜　朝食付き
CC AMV　室料10

ジュール国立劇場の正面にあるペンション。併設のレストランが人気で、ハンガリーの伝統料理が楽しめる。客室はシンプルにまとまっている。

▲ ジュールのレストラン　　　Győr Restaurant

▼ マトロー
Matróz　MAP P.175-A1

住Káposztás Köz 1
☎(96)336-208
営11:00〜21:00　休無休　CC AMV

船乗りという名前が付けられた、魚介料理が中心のレストラン。人気メニューはハラースレー（魚のパプリカ風味スープ）1550Ft〜。

▼ テアートルム
Teátrum　MAP P.175-B2

住Schweidel u. 7
☎(96)310-640　URLteatrum.hu
営7:00〜22:00　休無休　CC AMV

同名のペンションに併設のレストラン。伝統的なハンガリー料理のほか、多国籍料理を提供。メニュー数は少ないが、価格は良心的。

バスタブ（全室）　テレビ（全室）　ミニバーあり　レストランあり
バスタブ（一部）　テレビ（一部）　インターネット（客室・無料）　インターネット（客室・有料）

聖なる丘のハンガリー最古のキリスト教会

パンノンハルマ
Pannonhalma

ジュール
→P.174から
車で約30分

■DATA
人口 4001人
URL pannonhalma.hu

パンノンハルマへの 行き方

🚌 バス
ジュールから1時間に1〜2便程度、土・日曜は1〜2時間に1便程度、所要33分〜、465Ft〜。

🏛 世界遺産
パンノンハルマのベネディクト会修道院とその自然環境
1996年登録

■パンノンハルマの ❶
tourinform
▶Map P.180
住Váralja 3
☎(96)960-072
開月・土   8:00〜12:00
　火〜金   8:00〜16:00
休日

小高い丘から町を見下ろす修道院

　ジュールの南東約21km、バコニュ山脈の北に位置する小さな町。チェコからやってきたベネディクト会の修道士たちが修道院を建て、ハンガリーのキリスト教信仰の出発点となった地だ。また、ハンガリーで初めてのギムナジウム（大学進学準備学校）が設置された場所でもある。そのため町外れにある聖マールトンの丘は、今も「パンノニアの聖なる丘」と呼ばれる。丘の周辺は例年6月下旬から7月上旬にかけてラベンダーがいっせいに花開き、芳香があたり一面に漂う。頂上には1996年12月にユネスコの世界遺産に登録されたパンノンハルマ修道院が静かにたたずんでいる。ブダペストからの日帰りも十分可能で、ツアーも催行されている。

パンノンハルマの 歩き方

　パンノンハルマ修道院と修道院博物館以外にこの町で見るべきものは特にない。列車は便数が少ないうえ、駅から修道院まで歩くと40分以上かかるので、ジュールのバスターミナルから出ているパンノンハルマ方面へのバスを利用しよう。バスは2種類あり、Pannonhalma, vár fökapu行きのバスは修道院正門前のバス停まで行くが、それ以外の経由するだけの便は麓のバス停までしか行かない。その場合はサバドサグ広場Szabadság tér前のバス停で下車。進行方向左側に郵便局が見えたら降りる準備をするといい。広場から北に延びるフニャディ通りHunyadi u.をひたすら登ること約20分、右側にある建物がビジターセンターとなっている。

丘から眺めるパンノンハルマの町並み

ビジターセンターでチケットを購入後、森の中の道を通り、修道院の入口へ

1996年にはローマ法皇ヨハネ・
パウロ2世も訪れ、祈りを捧げた
という

パンノンハルマ

■パンノンハルマ修道院
☎Vár 1
☎(96)570-191
URLbences.hu
開1月上旬〜3月下旬、
11月中旬〜12月
10:00〜15:00
3月下旬〜4月、10月〜11月中旬
9:00〜16:00
5・9月
9:00〜17:00
6〜8月
9:00〜18:00
休1月頭〜上旬、10〜4月の
月
料入場券
2400Ft（学生1400Ft）
ガイドツアー
3200Ft（学生2100Ft）
入場券にはオーディオガ
イド料が含まれており、日
本語にも対応している。ガ
イドツアーは15人以上のグ
ループのみ受付（英・独・
ハンガリー語）。ほか、併設
ワイナリーのテイスティン
グツアー（2400Ft〜）もあ
る。ツアーは事前予約制。

パンノンハルマの

おもな見どころ

🔻 パンノンハルマ修道院　　　*Map* P.180

◆ **Pannonhalmi Főapátság（Pannonhalma Abbey）**

　パンノンハルマ修道院は清貧と貞潔を旨とした初期のベネ
ディクト会らしく、人里離れた小高い丘に建っている。現存
する最古のキリスト教会であり、1950年以降ハンガリー唯一
のベネディクト会の修道院だ。

　修道院の創設は996年。初代国王イシュトヴァーンの父ゲ
ーザ公の時代にまで遡る。チェコのボヘミアから招かれた修
道士たちはイシュトヴァーンの保護のもと、ここを拠点にハ
ンガリーのキリスト教化への一端を担うことになる。途中、

モンゴル軍の攻撃やオスマン帝
国の支配を受けながら、修道院
は幾度となく増改築を繰り返し
た。1786年には、神聖ローマ帝
国ヨーゼフ2世の修道院廃止令
により閉鎖にまで追い込まれる
が、1802年に再興された。この
とき修道院に国の認可を受けた
ギムナジウムが創設され、ハン
ガリー教育史がここから始まる
こととなった。

聖マルティン教会の身廊

　見学はまず時計塔の横の扉を通って聖マルティン教会Szent Martin Bazilikaからスタート。13世紀に建てられた初期ゴシック様式の教会だが、幾度も改装を重ね、近年では2006〜12年にかけて改装を行った。次に教会の東に隣接する回廊へ向かうが、両者をつなぐポルタ・スペシオーサPorta Speciosaという扉を見逃さないように。幾重にも連なる柱とアーチをもつ豪華な装飾が特徴的な扉だ。修道士たちは回廊から教会へ向かうときにこの扉を眺め、神聖な思いを抱きながら教会へ足を踏み入れたことだろう。また、回廊の北にあるイシュトヴァーン礼拝堂は小さいながらもステンドグラスが美しい。そして、見学ツアーのラストを飾るのが30万冊以上の蔵書を誇る古文書館。入口手前には1055年、バラトン湖ティハニ半島での修道院建設を記したマジャル語最古の公文書が掲げられている。ラースロー1世László I（在位1077〜95）が創設した古文書館には、ラテン語文献のほかにマジャル語の起源を知るうえで貴重な史料が多い。蔵書は宗教書のみならず、法学や薬学、地理学など広範囲にわたり18〜19世紀に作成された地球儀も展示されている。修道院のシンボルともいわれる高さ55mの時計塔は、19世紀になって、エステルゴム大聖堂の建設にも関わったヤーノシュ・パックによって建てられた。

教会と回廊をつなぐポルタ・スペシオーサ

■修道院博物館
住Mátyás Király u. 1-3
☎(96)570-220
URLapatsagimuzeum.hu
開休パンノンハルマ修道院と同じ
料常設展示750Ft（学生450Ft）

　ここでは修道士たちによって古くからワイン造りが盛んに行われていたが、社会主義時代にブドウ畑やワイン製造所が押収され、生産が中止となった。しかし2000年代に入ってからワイン造りを再開。現在では修道院近くにあるワイナリーでワインのティスティングも楽しめる。

古文書館には13世紀に書かれたというハンガリー最古の聖書も保存されている

◆修道院博物館
Pannonhalmi Apátsági Múzeum　Map P.180

　2014年にオープンしたパンノンハルマの町なかにある博物館。常設展、ワインセラー、特別展という3つのパートからなっている。常設展ではおもに修道院の歴史紹介と宗教美術品の展示が行われており、タッチパネルの情報端末を利用しながら、パンノンハルマ修道院がどのようにして発展してきたかを知ることができる。ワインセラーは、実際のワイン貯蔵所を利用しており、大きなワイン樽が並ぶ。ここではワイン造りと修道院の関係をはじめ、樽作りやワイン造りの方法などを紹介している。

オーストリアに接する美しい古都
ショプロン
Sopron

ショプロン
★
ブダペスト

DATA

人口　6万1887人

URL www.sopron.hu

ショプロンへの 行き方

鉄　道
ブダペスト東駅から1〜2時間に1便、所要2時間30分〜、2等4735Ft〜、1等5785Ft〜。
ジュールから1時間に1〜2便、所要1時間〜、2等2010Ft〜、1等2430Ft〜。

バ　ス
ジュールから1時間に1〜2便、所要2時間〜、1680Ft〜。

中央広場に建つ三位一体の像

　オーストリア国境から約6km、中世都市ショプロンはオスマン帝国軍の襲撃を免れた、国内でも数少ない町のひとつ。旧市街はゴシック様式や初期バロック様式の歴史的建造物が連なり、中世の面影を今に伝える美しい町並みを残している。また、フェルトゥード、ナジツェンクへの玄関口でもあり、ハンガリー西部を代表する観光地だ。

ショプロンの 歩き方

　鉄道駅から旧市街までは約500m。**マーチャーシュ・キラーイ通り**Mátyás Király u.沿いに、**デアーク広場**Deák tér、教会の尖塔が目立つ緑豊かな**セーチェニ広場**Széchenyi térを突っ切っていくと、**城区域**Várkerületに出る。

■ショプロンの **ⓘ**
tourinform
▶Map P.183-A1
住Szent György u. 2
☎(99)951-975
URLturizmus.sopron.hu
開10:00〜18:00
　（時期により変動あり）
休無休

石畳が美しい旧市街のウーイ通り。奥には火の見塔が見られる

　バスターミナルから城区域までは徒歩3分ほど。見どころが集まる旧市街は楕円形をしており、1周約30分。中世に築かれた城壁はほとんど残っておらず、レストランや商店の建物が旧市街を囲んでいる。にぎやかな城壁の外と変わり、城壁内は石畳の道に古い建物が残るこぢんまりとした静かなエリア。宿泊施設やレストランがぽつぽつとある程度でほとんどが住宅地となっている。

A B

ショプロン

フェルトゥーラーコシュP.188へ
約12km

聖ヨハネ教会 聖ミハーイ教会
P.187Szt. Mihály templom

パン博物館 ふたりのムーア人の家
Pékmúzeum P.186 Két Mór Ház

聖ヤコブ礼拝堂
Szt. Jakab
Kápolna

P.186聖霊教会
Szentlélek
templom

城区域
Várkerület

P.187 正門
Graben 火の見塔 Előkapu
P.185 P.183
鉱物博物館 Tűztorony
Kozponti P.187 Corvinus
Bányászati
Múzeum P.184中央広場 市庁舎
Fő tér Városház

三位一体の像 薬局博物館 P.184
Patikamúzeum
森林博物館 フォーラムの抜道
Erdészeti Múzeum
P.185

P.184 新シナゴーグ
山羊教会 P.185
Kecske templom
P.185旧シナゴーグ レンケの抜道

ペトゥーフィ劇場
Palatinus P.187
Orsolya
Árpád u.

マリアの噴水
Mária-Kút

セーチェーニ広場 P.186
Széchenyi tér

0 100 200m

① シュトルノの家
Storno-ház P.184
② ラックネルの家
Lackner-ház
③ ファブリツィウシュの家
Fabricius-ház P.184

ショプロンの おもな見どころ

火の見塔

Map P.183-A1

Tűztorony (Fire Tower)

　1409年にローマ時代の遺跡の上に建てられたが、1676年の
火事で焼け、その後再建された塔。中間部と回廊はルネッサ
ンス様式、上部はバロック様式で、尖頭
にある時計は17世紀の初めから変わらず
時を刻み続けている。実はショプロンは
第1次世界大戦の敗戦後、サン・ジェル
マン条約によってオーストリアに属する
こととなっていた。しかし1921年の住民
投票によってハンガリーに帰属すること
に決まった。火の見塔下部にある忠誠の
門はその記念として造られたもの。

■火の見塔
住Fő tér 8
電(99)311-327
URLwww.tuztorony.sopron.hu
開 5～9月　10:00～20:00
　 10～4月　10:00～18:00
休無休
料1200Ft（学生600Ft）
　火の見塔の入口部分がイ
ンフォメーションとなってい
る。ミュージアムショップや
カフェを併設。

夜間はライトアップされる

183

中央広場に並ぶ3軒の家

■シュトルノの家
Map P.183-A1
住Fő tér 8
URL sopronimuzeum.hu
開10:00～18:00
休月
料1000Ft（学生500Ft）

■ファブリツィウシュの家
Map P.183-A1
住Fő tér 6
URL sopronimuzeum.hu
開10:00～18:00
休10～3月の月
料800Ft（学生400Ft）

■薬局博物館
Map P.183-A1
住Fő tér 2
URL sopronimuzeum.hu
開10:00～14:00
休月、11～3月
料500Ft（学生250Ft）

展示内容は小規模だが当時の雰囲気が感じられる

■山羊教会
住Templom u. 1
URL bencessopron.hu
開4～10月　8:00～18:00
　11～3月　8:00～16:00
休月
料聖堂のみ
　　500Ft
　聖堂、地下室、チャプターハウス
　　900Ft（学生500Ft）

◆ 中央広場
Map P.183-A1

Fő tér（Fő Square）

　もとは14世紀に起源をもつ市場であり、現在は三位一体の像が建つショプロンの中心。火の見塔や山羊教会、市庁舎Városházが広場を囲む。興味深いのが、広場の北側に建ち並ぶ14世紀に建設された3軒の家。向かって右より**シュトルノの家**Storno-ház、**ラックネルの家**Lackner-ház、**ファブリツィウシュの家**Fabricius-ház。シュトルノの家はマーチャーシュ王が1482～83年に滞在したことで知られ、1872年にスイス出身の美術品収集家シュトルノが買収。現在では内部が公開され、ルイ16世様式のダイニングルームやシュトルノ家が収集した美術品が展示されている。ラックネルの家は、もと市長ラックネル・クリシュトーフLackner Kristóf（1571～1631）の邸宅。現在は雑居アパートになっている。ファブリツィウシュの家は博物館になっており、ローマ時代の彫刻や17世紀からの家具コレクションが見学できる。この3つの家の向かいには**薬局博物館**Patikamúzeumがあり、昔から使われている薬壺や器具などが展示されている。

作曲家のリストも滞在した、シュトルノの家　　18世紀の家具を展示するファブリツィウシュの家

◆ 山羊教会
Map P.183-A1

Kecske templom（Goat Church）

　ハンガリーのゴシック建築を代表するベネディクト会の教会。高さ約43mの黒ずんだ外観には重みが感じられる。一風変わった名前は、13世紀後半の敬虔な山羊飼いガイゼル・ヘンリックGeizel Henrickに由来する。彼は、山羊が掘り当てた埋蔵金を教会建設のために寄付したという。建設以来、教会は順調な発展を遂げ、1553年から1681年の間に計5回の国会審議、1600年代には2度の戴冠式がここで行われた。現在でも教会の入口にはガイゼル家の家紋を見ることができる。

　また、隣接して14世紀に建てられたゴシック様式のベネディクト会修道院がある。

山羊教会はそれほど大きくないが、どっしりとした重みがある

鉱物博物館

Kozponti Bányászati Múzeum (Central Museum of Mining)

鉱業関連の展示に特化した博物館としてはハンガリー国内でも最大規模。建物はエステルハージ宮殿（→P.192）の一部を移築したもので、当時の壁装飾の一部が残っている部屋もある。1階にはダイナマイトや酸素ボンベなど近代以降の大がかりな採掘にまつわる備品が、2階には貨幣や武器の素材となった鉱物が並ぶ。最も興味深いのは、20世紀初頭の坑道を実物大で再現したもので、中に入って見学することも可能。

鉱山の採掘現場を再現した展示

森林博物館

Erdészeti Múzeum

鉱物博物館に隣接する緑の扉が目印の建物。19〜20世紀にかけて使用された林業、工業、土地の測量や地図作成に使用された機器類の展示を通して、人間と森林との歴史を学ぶことができる。ハンガリー国内外で狩猟された動物の剥製も多く展示されているほか、随時企画展も行われている。

シナゴーグ

Zsinagóga (Synagogue)

ウーイ通りÚj u.を挟んで新旧ふたつのシナゴーグがあり、向かって西側の旧シナゴーグは博物館として利用されている。

ショプロンへのユダヤ人の入植について正確な日付は残されていないものの、早ければ13世紀頃には、この通りの周辺に10〜16組のユダヤ人家族が住んでいたといわれている。彼らは商業や金融業に従事しており、決して裕福ではな

旧シナゴーグにある礼拝堂

かったものの、14世紀にはゴシック様式のシナゴーグを建設。シナゴーグは祈りの場や集会会場、教育の場としても用いられた。1526年、彼らは迫害を受けショプロンから追放されてしまう。その後建物は個人宅として長きにわたり使用されていたが1967年に復元工事が行われ、元の美しさを取り戻した。2階のアーチ状の格子窓と淡い色合いのステンドグラスが印象的である。

■鉱物博物館
住Templom u. 2
電(99)312-667
URLwww.kbm.hu
※2018年12月現在、改装のため閉館中。2019年4月中旬より再開予定。

青い壁に白の窓枠が印象的

■森林博物館
住Templom u. 4
電(99)338-870
URLerdmuz.emk.nyme.hu
開月〜金　14:00〜17:00
　　土・日　10:00〜17:00
休無休
料1300Ft（学生700Ft）

■旧シナゴーグ
住Új u. 22
URLsopronimuzeum.hu
開10:00〜18:00
休月、11〜3月
料800Ft（学生400Ft）

中世の頃、シナゴーグを通りに面して建てることは許されなかった

ユダヤ教のお祈りの際に使用される装飾具の展示

城壁沿いは遊歩道として整備さ
れている

セーチェニ広場

Map P.183-A2

Széchenyi tér (Széchenyi Square)

ショプロン近郊ナジツェンク出身の貴族、セーチェニの家名を冠した広場。同名の広場はハンガリー国内に星の数ほどあるが、ここは1861年セーチェニ・イシュトヴァーンSzéchenyi Istvánの死去にともない命名された、由緒正しきセーチェニ広場だ。カフェやブティックが並ぶなか、東側に建つ荘厳なバロック様式の建物が元セーチェニ邸で、広場には1897年から彼の銅像がたたずんでいる。

セーチェニ・イシュトヴァーンは1848年バッチャーニ首相率いる独立内閣に参画したものの、急進的な改革を主張する蔵相コッシュート・ラヨシュKossuth Lajosとの政争に敗れ、精神病を患った晩年は不遇であった。しかし、イシュトヴァーンへの賛辞"最も偉大なハンガリー人"は、独立戦争の盟友であり政敵でもあったコッシュートが贈ったものである。

広場にはマトライ・ラヨシュ作のセーチェニ像が立っている

■聖霊教会
住Szentlélek u. 2

1605年、オスマン帝国軍により破壊されたが1627年に修復された

聖霊教会

Map P.183-B1

Szentlélek templom (Holy Spirit Church)

創建は1406年で、1782年に改築された。建物には1782年当時の面影が残り、独特の風情がある。内部に見られる美しいフレスコ画は、18世紀の画家ドルフメイスターDorfmeisterによるものだ。教会隣の2階建ての建物は、ヒルド・ベンツェル設計の司祭館。ここには貴重な絵画コレクションが保存されているが、残念ながら見ることはできない。

天井一面に描かれた見事な
フレスコ画

■パン博物館
住Bécsi út 5
URL sopronimuzeum.hu
開14:00～18:00
休月、10～3月
料500Ft（学生250Ft）

パン博物館

Map P.183-B1

Pékmúzeum (Bakery Museum)

17～19世紀頃まで実際にパン屋として使われていた建物。館内は店頭、パンを窯で焼く部屋、調理部屋と分かれており、製造過程がよくわかる。パンの型をはじめとする調理器具の展示のほか、地下倉庫も見学できる。ヨーロッパの食文化は、寒い冬にいかに飢えをしのぐかの工夫の結晶という一面がある。冬の保存も考慮した、パン製造方法に関するさまざまな知恵の一端がうかがえる。

奥の部屋でパンを作り、ここで
販売していた

聖ミハーイ教会

Map P.183-B1

Szt. Mihály templom (St. Michael's Church)

🏠聖ミハーイ教会
🏠Szent Mihály u.

13～15世紀にかけて完成した教会。奉献式にはマーチャーシュ王も参列したという由緒ある大教会だったが、モハーチの戦い（1526年）前後に荒廃した。その後、19世紀になってシュトルノ・フェレンツが20年あまりをかけてゴシック様式からバロック様式に改築。

ショプロンのホテル

Sopron Hotel

パンノーニア
Hotel Pannónia　MAP P.183-B2

🏠Várkerület 75
☎(99)513-678
URL pannoniahotel.com
料⑤€28～　⑩€34～　朝食付き
CC AMV　客室78

1893年創業のホテル。プールやサウナなど設備が充実。ヨハン・シュトラウスも宿泊したことがあるという。

パラティヌシュ
Palatinus　MAP P.183-A2

🏠Új u. 23
☎(99)523-816
URL www.palatinussopron.com
料⑤7800Ft～　⑩8800Ft～　朝食付き
CC MV　客室31

客室はシンプルで最低限の設備が揃う程度だが、宿泊料金と立地を考えればお得。火の見塔までは約200m。

ショプロンのレストラン

Sopron Restaurant

グラベン
Graben　MAP P.183-A1

🏠Várkerület 8
☎(99)340-256　URL www.grabenetterem.hu
営9:00～22:00　休日
CC JMV

モダンな雰囲気のなかで家庭的なハンガリー料理を味わえるレストラン。メイン料理は2800Ft～。夏季はテラス席も出る。

コルヴィヌシュ
Corvinus　MAP P.183-A1

🏠Fő tér 8
☎(99)505-035　URL www.corvinusetterem.hu
営月～木　11:00～22:00　金・土　11:00～23:00
休無休　CC MV

シュトルノの家の1階部分にあるピッツェリア。星空をイメージした内装。ピザは20種類ほどあり、1000～1950Ft。

COLUMN

ハンガリーのビール

ハンガリーを代表するアルコールといえば、真っ先に挙げられるのはワインやパーリンカだが、実はビールの生産も国内各地でさかんに行われている。

小規模なブルワリーでの生産は1000年以上前から始められていたといわれており、大規模な工場での生産が軌道にのりだしたのは19世紀に入ってから。ウィーンの実業家、ドレーハー・アンタルDreher Antalが1844年にブダペストのクーバーニャ市に工場を設立。同社のドレーハーDreherはハンガリー国内ナンバーワンのシェアを誇り、多くの飲食店で見かけることができる。

また、ショプロンには1895年に設立されたショプローニ・ビール工場があり、ショプローニと呼ばれるビールも人気。

ドレーハーはクセが少なく、軽めで飲みやすい

🛁バスタブ（全室）　📺テレビ（全室）　🍸ミニバーあり　🍴レストランあり
🛁バスタブ（一部）　📺テレビ（一部）　💻インターネット（客室・無料）　💻インターネット（客室・有料）

フェルトゥーラーコシュ

Fertőrákos

Map 折り込み表

歩道が整備されており、採石場周辺を散策できる

🚌 バス

ショプロンから1時間に1〜2便、所要約25分、250Ft〜。採石場で降りたい場合は運転手に声をかけておこう。

🏠 世界遺産

フェルトゥー湖／ノイジートラー湖の文化的景観
2001年登録

■採石場
住 Fő u. 1
☎ (99)530-400
URL www.fertorakosikofejto.hu
開 3月下旬〜5月中旬、9月中旬〜10月下旬
10:00〜16:00
5月中旬〜9月中旬
10:00〜18:00
休 3月下旬〜4月と10月頭〜下旬の月、10月下旬〜3月下旬
料 1800Ft（学生1200Ft）

採石場の入口はバス停の目の前

採石場内部は広いホールになっている

■ヨーロッパ・ピクニック計画記念公園
交 ショプロン駅からタクシーで約15分、片道3000Ft〜

オーストリアとの国境350kmにもわたって張り巡らされていた鉄条網の一部

ハンガリーとオーストリアの国境にまたがる、ヨーロッパ最大の塩水湖フェルトゥー湖Fertő-to（ドイツ語名ノイジートラー湖）。乾燥や降雨により水位が大きく変動しやすく、最大水深1.8mと全体的に浅い。2001年には2国にまたがる文化的景観がユネスコの世界遺産に登録された。

湖畔の町、フェルトゥーラーコシュでは、ローマ時代から1948年まで使われていた**採石場Kőfejtő**の跡が見られる。興味深いことに、石壁にはかつてこの場所が海だったことを物語る貝殻の層を目にすることができる。夏場になると採石場内の劇場でクラシックやオペラなどのコンサートも開催される。

また、フェルトゥーラーコシュ近くのオーストリアとの国境は、ベルリンの壁崩壊のきっかけとなった「ヨーロッパ・ピクニック計画」の舞台としても知られている。

ハンガリーはほかの東欧諸国より早く、1960年代後半から徐々に民主化政策を進めていた。ソ連のペレストロイカにより民主化への波が加速していた1989年8月19日、オーストリアとの国境が一時開放され、1000人もの東ドイツ市民がハンガリーからオーストリアを経由して西ドイツに亡命する事件が起きた。このできごと（ヨーロッパ・ピクニック計画）が引き金となり、社会主義崩壊へとつながった。

その場所は現在、**ヨーロッパ・ピクニック計画記念公園 Páneurópai Piknik Emlékpark**となっていて、記念のモニュメントや平和の鐘があるほか、国境に張り巡らされていた鉄条網の一部やヨーロッパ・ピクニック計画について解説する展示パネルがいくつもある。今からほんの30年ほど前に起こったできごとだ。

広場の入口にある平和の鐘

セーチェニ・イシュトヴァーンゆかりの地
ナジツェンク
Nagycenk

ショプロン
→P.182から
車で約20分

ハンガリー西部　ショプロン／ナジツェンク

5000Ft札に描かれているセーチェニ家の館

フェルトゥードから西へ約14kmに位置する小さな町ナジツェンクは、"最も偉大なハンガリー人"として尊敬される名士セーチェニ・イシュトヴァーン伯爵ゆかりの地として知られる。町自体の規模は小さいが、ハンガリー近代化に尽力したイシュトヴァーンの邸宅であったセーチェニ家の館は現在博物館となっており、一見の価値がある。

ナジツェンクの

歩き方

ショプロンからのバスは**セーチェニ記念博物館**Széchenyi Emlékmúzeumのすぐ先で停車する。ここから**セーチェニ家の霊廟**Széchenyi Mauzóleumまでは徒歩約10分だ。博物館裏手に続くヴァーム通りVám u.を進み、イシュコラ通りIskola u.を左へ。右側に聖イシュトヴァーン教会が見える。その横の路地を入ると、左側に広がる墓地にセーチェニ家の霊廟がある。さらに進めばナジツェンク駅がある。

ナジツェンクの

おもな見どころ

◈ セーチェニ記念博物館

`Map P.190`

◈ Széchenyi Emlékmúzeum (Széchenyi Memorial Museum)

ハンガリーでも有数の上流貴族であるセーチェニ家に生まれたセーチェニ・イシュトヴァーンSzéchenyi István（1791～1860）は、ブダペストのくさり橋の建設、ヴァーツへの鉄道敷設など数多くの偉業を成し遂げた。なかでも氾濫の多いドナウ川とティサ川の治水工事は、数多くのハンガリー農民を洪水の恐怖から救うものだった。貴族のなかでもいち早く農奴制の廃止を訴え、自ら所有する土地を農民に開放した。

博物館は、セーチェニ家の館の一部を利用して造られており、1階には豪奢で品のよい家具や調度品、肖像画などが並び、セーチェニ家の歴史をたどることができる。2階にはくさり橋や蒸気機関車の模型をはじめ数多くの資料が展示さ

■ DATA

人口 2103人

`URL` www.nagycenk.hu

ナジツェンクへの **行き方**

🚃 **鉄道**
　ショプロンから1時間に1便、所要10分～、2等310Ft～。
　ソンバトヘイから1～2時間に1便、所要40分～、2等930Ft～。

🚌 **バス**
　ショプロンから1時間に1～3便、所要20分～、250Ft～。
　ジュールから1～2時間に1便、所要1時間40分～、1300Ft～。

聖イシュトヴァーン教会前にたたずむセーチェニ・イシュトヴァーン像

■ **セーチェニ記念博物館**
🏠 Kiscenki u. 3
☎ (99)360-023
`URL` www.szechenyi
orokseg.hu
🕐 4～9月　10:00～18:00
　10～3月　8:00～16:00
　（時期により変動あり）
🚫 10～3月の月
💴 1400Ft（学生700Ft）

■セーチェニ博物館鉄道
▶Map P.190
URL www2.gysev.hu
運4～10月の土・日曜、祝日の一部のみ運行
料片道390Ft～
※上記は2018年のデータ。最新情報はウェブサイトを確認

かわいらしいセーチェニ博物館鉄道

いくつもの蒸気機関車が展示されている

■セーチェニ家の霊廟
住Széchenyi tér
電(99)360-023
URL www.szechenyi
oroksseg.hu
開4～9月
　10:00～18:00
　10～3月
　8:00～16:00
休10～3月の月
料600Ft（学生400Ft）

この門の奥、正面に霊廟がある

バロック様式の小さな聖堂

ナジツェンク

れ、セーチェニ・イシュトヴァーンの業績をつぶさに知ることができる。また、博物館近くには**セーチェニ博物館鉄道** Széchenyi Múzeumvasútがあり、屋外で機関車を展示するほか、4km先のフェルトゥーボズFertöboz駅（ショプロン行きの列車への接続あり）との間を蒸気機関車が行き来している。車掌を務めているのは、近在の子供たちだ。

セーチェニ家の霊廟 Map P.190

Széchenyi Mauzóleum（Széchenyi Mausoleum）

1778年に建てられたこの霊廟には、47人ものセーチェニ家の人々が眠る。聖堂奥の祭壇に飾られた絵は、エゲルの画家ミハーイ・ヘッシュMihály Hess作。1800年頃に作られた木製のオルガンは、かつてリスト・フェレンツが演奏したこともあるという。1860年ピストル自殺を遂げたセーチェニ・イシュトヴァーンは、妻とともにこの霊廟の地下に葬られている。なお、隣接する聖イシュトヴァーン教会は、国立オペラ劇場（→P.84）を造ったイブル・ミクローシュによるもの。その前に立つセーチェニ・イシュトヴァーンの像は、著名な彫刻家ストローブル・アラヨシュの作品だ。

手前がセーチェニ・イシュトヴァーンとその妻の墓石

フェルトゥード
Fertőd

ショプロン
→P.182から
車で約35分

壮麗なエステルハージ宮殿

ショプロンから約27km、多くの水鳥が集まる湿地帯にひっそりとたたずむ町。"ハンガリーのヴェルサイユ"と呼ばれるエステルハージ宮殿を擁するが、町自体は人口約3400人とバスで一瞬のうちにとおり過ぎてしまうほど小さい。それでもこの町唯一の見どころ、壮麗なバロック様式宮殿への見物客はひきもきらない。宮殿内は、からし色の壁面が手入れの行き届いた芝生と調和し、18世紀に権力を極めたエステルハージ家の栄華が再現されている。

フェルトゥードの　歩き方

ショプロンからバスに乗って行く場合、右手前方に庭園と**エステルハージ宮殿**Esterházy-kastélyが見えてきたら、降りる準備を。宮殿の入口前にあるFertőd, gránátosházのバス停で下車。

中央通りFő útとヨセフ・ハイドン通りJoseph Haydn u.にレストランやカフェ、ショップ、銀行が集まっているが、小さな町なので軒数は少ない。

DATA

人口　3396人
URL www.fertod.hu

フェルトゥードへの　行き方

🚌 バス
ショプロンから1時間に1～3便、所要45分～、465Ft～。

夏季は臨時の❶が宮殿の入口前に設置される

🏛 **エステルハージ宮殿**
🏠 Joseph Haydn u. 2
☎ (99)537-640
URL www.esterhazy-kastely.com
🕐 3月中旬～10月
　10:00～18:00
　11月～3月中旬
　10:00～16:00
🚫 月、11月～3月中旬の火～木
💰 2500Ft（学生1500Ft）
　見学はガイドツアーのみで、ハンガリー語、英語、ドイツ語にて行われる。所要約1時間10分。宮殿の正面左手側の建物がインフォメーション兼チケット売場となっている。

フェルトゥード

エステルハージ宮殿の庭園

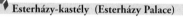
✦ エステルハージ宮殿

Esterházy-kastély (Esterházy Palace)

`Map` P.191

セレモニーホールの天井が高いのは音の響きをよくするため

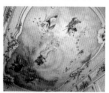

天井のフレスコ画「太陽の神アポロンの凱旋」

中国風サロンに置かれた日本製のチェスト

1720年、エステルハージ・ヨージェフ侯爵が狩りの館を造らせたのがこの宮殿の始まりとされる。エステルハージ家は16世紀頃より不動産の取り引きなどで財をなした大富豪だが、とりわけ18世紀後半のエステルハージ・ミクローシュEsterházy Miklósの時代には華麗なる絶頂期を迎えた。現在見られる宮殿は、彼の命により1762～66年にかけて建てられたもので、ウィーンのシェーンブルン宮殿をモデルにしたともいわれる。

　エステルハージ宮殿を語るうえで欠かせないのが、交響楽の父ヨゼフ・ハイドンJoseph Haydn（1732～1809）だ。彼は宮廷音楽家として仕え、第45番嬰ヘ短調「告別」（1722）や第48番ハ長調「マリア・テレジア」（1768～69）などをここで作曲した。宮殿内の音楽ホールにはグランドピアノが置かれ、毎年5月末～9月末にかけては彼の名を冠したコンサートが催されている。音楽ホールに隣接しているのが、コンサートの際に観客が入るセレモニーホールだ。高さ約10mの天井には、太陽神アポロンと4頭の馬がどこから見ても正面に向かって走ってくるよう描かれている。

　ハイドン生誕250年を記念して設置されたハイドン展示室には、リスト・フェレンツの実父をはじめとする、数多くの宮廷音楽家たちの肖像画や譜面が並んでいる。また、マリア・テレジアは1773年に貴賓として迎えられ、仮面舞踏会にも参加した。彼女が滞在した部屋にはベッドが残され、サロンには肖像画が掲げられている。

　その華やかな宮廷文化は、館内のコレクションなどからもうかがい知ることができる。世界各地から集められた品々はどれもすばらしいものばかりで、中国製の金魚鉢や1700年に作られた日本製のチェストも置かれている。また、1階の暖炉室から熱風を吹き上げる床下暖房設備まで整っていたというから驚きだ。

　このように栄華を誇ったエステルハージ家であったが、1790年ミクローシュの死後は没落の一途をたどり、両大戦後に宮殿はなかば廃墟と化した。現在の建物は1957年以降に修復されたもの。

当時の貴族の暮らしぶりが調度品によって再現されている

古代ローマ時代の面影を残す遺跡の数々
ソンバトヘイ
Szombathely

ショプロン
→P.182から
車で約1時間10分

中央広場の噴水

ハンガリー西部、オーストリアとの国境近くにある歴史深き古都ソンバトヘイ。紀元43年、ローマ皇帝クラウディス（在位41〜54）によって築かれ、当時はサヴァリアと呼ばれていた。107年にはローマ帝国パンノニア州の州都となり、その後町は衰退したが、1777年マリア・テレジアによって再興された。オスマン帝国の支配を免れたため、今でも町なかには古代ローマや中世の遺跡が残る。現在はハンガリーにおける軽工業の中心地でもある。

ソンバトヘイの 歩き方と見どころ

鉄道駅から**中央広場Fő tér**までは徒歩約15分。**セール・カールマーン通りSzéll Kálmán u.**を進み、クーセギ通りKőszegi u.を左に曲がる。セール・カールマーン通りの途中左側にある風格あふれる建物は**サヴァリア博物館Savaria Múzeum**だ。館内にはローマ時代の石器類をはじめ、ソンバトヘイ付近で発掘された品々が多く展示されている。1848年の独立戦争にまつわるコレクションもすばらしい。

バスターミナルから中央広場へは徒歩約10分。バスターミ

町の中心に立つ大聖堂

ナル近くには**ローマ遺跡園Romkert**が、中央広場から徒歩約5分の所には、考古学についての展示を行っている**イシス・サヴァリエンス考古学の家Iseum Savariense Régészet**

ブダペスト
ソンバトヘイ

━━ DATA
人口 7万7973人
URL www.szombathely.hu

ソンバトヘイへの 行き方

🚃 鉄道
ブダペスト東駅から1時間に1便、南駅から2時間に1便、所要2時間40分〜、2等4415Ft〜、1等6460Ft〜。
ショプロンから1〜2時間に1便、所要40分〜、2等1300Ft〜。

🚌 バス
ショプロンから1日6〜7便、所要1時間35分〜、1300Ft〜。

■**ソンバトヘイの❶**
tourinform
▶Map P.194-B2
🏠Király u. 1/A
☎(94)317-269
🕐月〜金　9:00〜12:30、
　　　　　13:00〜17:00
　土　　　9:00〜12:30、
　　　　　13:00〜16:00
　（10〜5月は9:00〜13:00）
休日

■**サヴァリア博物館**
▶Map P.194-B1
🏠Kisfaludy Sándor u. 9
☎(94)501-948
URL www.savariamuseum.hu
🕐10:00〜18:00
休月、12月下旬〜1月上旬
料1000Ft（学生500Ft）

■**ローマ遺跡園**
▶Map P.194-A1・2
🏠Mindszenty József tér 1
☎(94)313-369
🕐10:00〜17:00
休月、11〜3月
料1200Ft（学生600Ft）
　入口は大聖堂の北。

ハンガリー西部　フェルトゥード／ソンバトヘイ

193

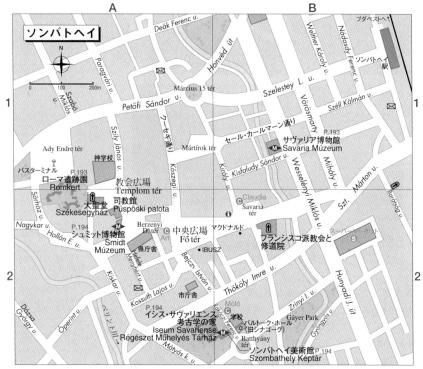

ソンバトヘイ

A B

ブダペストへ
ソンバトヘイ駅

Deák Ferenc u.

Honvéd út

Welher Károly u.

Nádasdy Ferenc u.

Paragvári u.

Szabó Miklós u.

Szelestey L. u.

Vörösmarty u.

Széll Kálmán u.

Petőfi Sándor u.

Szily János u.

Március 15 tér

セール・カールマーン通り

P.193
サヴァリア博物館
Savaria Múzeum

Ady Endre tér

神学校

Mártírok tér

Kisfaludy Sándor u.

Kőszegi u.

Király u.

Wesselényi Miklós u.

Mihály u.

Szt. Márton u.

Bardóság u.

バスターミナル
ローマ遺跡園
Romkert

P.193

教会広場
Templom tér

司教館
Püspöki palota

大聖堂
Székesegyház

Claudia

Savaria
tér

Art

Nagykar... u.

Hollán E. u.

Berzenyi Dániel

シュミット博物館
Smidt Múzeum

中央広場
Fő tér

マクドナルド

IBUSZ

フランシスコ派教会と
修道院

Kiskar u.

県庁舎

Hunyadi J. út

Dózsa György u.

Operint u.

Bejcza István u.

Kossuth Lajos u.

市庁舎

Thököly Imre u.

Zrinyi u.

Gáyer Park

Gyöngyös u.

P.194
イシス・サヴァリエンス
考古学の家
Iseum Savariense
Régészet Műhelyés Tárház

Móló

学校

バルトーク・ホール
(旧シナゴーグ)

Batthyány tér

ソンバトヘイ美術館 P.194
Szombathely Képtár

Mátyás k. u.

Rákóczi Ferenc u.

**■イシス・サヴァリエン
ス考古学の家**

▶Map P.194-A・B2

住Rákóczi Ferenc u. 6-8
☎(94)501-709
開10:00～17:00
　（木曜のみ～18:00)
休月
料1600Ft（学生800Ft)

■ソンバトヘイ美術館

▶Map P.194-B2

住Rákóczi Ferenc u. 12
☎(94)508-800
URLwww.keptar.szombathely.hu
開10:00～17:00
休日～火
料1000Ft（学生500Ft)

■シュミット博物館

▶Map P.194-A2

住Hollán E. u. 2
☎(94)311-038
開10:00～17:00
休日・月、10～3月の土
料1000Ft（学生500Ft)

重厚な外観が特徴的な
バルトーク・ホール

MűhelyésTárház がある。もとは1～2世紀に造られた6本の石
柱をもつイシスの神殿跡で、1950年代には地下から宝物も発
見された。神殿の隣は現代美術作品が展示されている**ソンバ
トヘイ美術館**Szombathely Képtár。また、通りを挟んで反対
側の角には旧シナゴーグがある。これはルドウィグ・ショネ
Ludwig Schöneの設計により1880年に建築されたもの。1975年
からはコンサートホールとして使用されており、ハンガリーの
名作曲家の名前をとってバルトーク・ホールと呼ばれている。

また、教会広場Templom térには
ローマ時代の装飾品や絵画など多岐
にわたる個人美術収集家のコレクシ
ョンを展示した**シュミット博物館**
Smidt Múzeum、ハンガリーで3番
目に大きいとされている**大聖堂**
Székesegyházがある。建築家メニ
ヘルト・ヘフェレMenyhert Hefeleが
中心となり1791年から23年もの年月
をかけて完成。祭壇にはハンガリー
の代表的画家マウルベルチのフレス
コ画が飾られている。

194

中世の面影を今に残す素朴な町
クーセグ
Kőszeg

ソンバトヘイ
→P.193から
車で約25分

歴史的な建物が並ぶユリシチ広場

クーセグ
ブダペスト

■DATA
人口 1万1730人
URL www.koszeg.hu

クーセグへの 行き方

🚃 鉄道
ソンバトヘイから1時間に1便、所要約23分、2等370Ft〜。
ショプロンから1時間に1便程度、ソンバトヘイで乗り換える。所要1時間20分〜、2等1490Ft〜。

🚌 バス
ソンバトヘイから1時間に1〜3便、所要30分〜、370Ft〜。
ショプロンから1日6便程度、所要1時間〜、930Ft〜。

■クーセグの❶
tourinform
▶Map P.196
🏠Fő tér 2
☎(94)563-120
🕐月〜金　　9:00〜17:00
　　土　　　9:00〜13:00
休日

クーセグは、「ハンガリーの小さな宝石箱」といわれる町だ。オスマン帝国の攻撃を退けた堅固な城壁は、今も旧市街の素朴でかわいらしい町並みを守り続けている。13世紀に建てられたユリシチ城は、1777年の火災で大きな被害を受けたが、すぐに現在の姿に再建された。中世の空気を今に伝えるこの町へ、ぜひ立ち寄ってみたい。

クーセグの 歩き方と見どころ

鉄道駅から旧市街までは約1.5km。駅前にはバス停があるが、便数が少ないので、**ラーコーツィ・フェレンツ通り**Rákóczi Ferenc u.をひたすら歩いたほうが早い。右側にホテル「Írottkő」が見えたら街路樹が枝葉を垂れる美しい並木通りバークーVárkör u.に入る。**ユリシチ城**Jurisics Várを囲む並木通りは、色とりどりの家屋を木々の緑が覆う。そのまま進めば中央広場Fő térに出る。左側にそびえる**中央教会**Jézus Szíve templomは、壮麗なステンドグラスを備えるネオゴシック様式の建物だ。バスターミナルは旧市街の近くにあり、中央広場まで徒歩5分。

中央広場から市庁舎通りVárosház u.を100mほど行った所にある**英雄の門**Hősök kapuは、1532年のオスマン帝国皇帝スレイマン1世撃退から400年を記念して、1932年に建造された。門をくぐった目の前が**ユリシチ広場**Jurisics tér。広場に面して建つ中世の面影が色濃い教会は**聖イムレ教会**Szent Imre templom。内部のフレスコ画は地元の画家ドルフマイシュテ

旧市街への入口、英雄の門

聖イムレ教会。右側にフレスコ画
が見える

■**ユリシチ城博物館**
▶**Map P.196**
住Rajnis József u. 9
☎(94)360-113
URL jurisicsvar.hu
開10:00～17:00
休月
料1200Ft（学生800Ft）

■**クーセグ市立博物館**
▶**Map P.196**
住Jurisics tér 4-6
☎(94)360-240
URL www.koszegi
　muzeumok.hu
開9:00～17:00
休月
料600Ft（学生300Ft）
　英雄の門を抜けて左にあ
る黄色い外壁の建物。市の
博物館として民芸品や工芸
品のほか、生活にまつわる
ものを展示。閉まっている
ときは金の角薬局に頼んで
開けてもらおう。

クーセグのホテル

イーロットクー
Írottkő
MAP P.196
住Fő tér 4
☎(94)360-373
URL www.irottko.hu
料Ⓢ€38～　Ⓓ€50～
　朝食付き
CC ＡＭＶ　客室50
　ロビーは3階までの吹き抜
け。中央広場に面した町い
ちばんのホテル。設備も充
実している。

ポルトレー
Portré
MAP P.196
住Fő tér 7
☎(94)363-170
URL www.portre.com
料ⓈⒹ1万2000Ft～
　朝食付き
CC ＡＭＶ　客室7
　中央広場に面して建つ、
小さなホテル＆レストラン
バー。サウナもある。

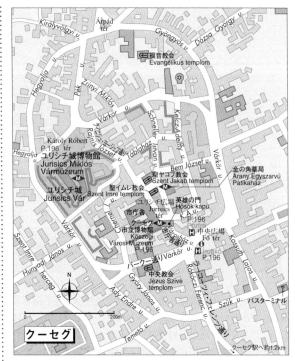

ルDorfmeisterとマウルベルチMaulbertschの手によるものだ。
その隣が**聖ヤコブ教会**Szent Jakab templom。黄土色の外
観に華やかさはないものの、落ち着いた装飾が美しい。この
教会はクーセグで最も古く美しいといわれる後期ゴシック様
式の建物だ。必見は内部、右正面にあるビザンチン様式のフ
レスコ画。ペストの恐怖におびえる人々にマントを差し出す
聖女の姿が描かれている。損傷が激しく、太い円柱が立って
いるため日曜朝の礼拝時以外は近づくことができない。この
教会の地下にはオスマン帝国撃退の際、城主であったユリシ
チ・ミクローシュJurisics Miclósの墓がある。また広場に面
して建っているゴシック建築の市庁舎は、14世紀に造造され
たものだ。

今はただ静かに町を見守るユリシチ城

　　　　聖ヤコブ教会を越えた
ライニシュ・ヨージェフ
通りRajnis József u.はユリ
シチ城への参道。現在城
内は博物館になっており、
クーセグ出身の軍人や名
士の写真や遺品、武器や
軍服が展示されている。

バラトン湖の楽しみ方

中欧ヨーロッパ最大の大きさを誇るバラトン湖。面積は約600km²、東京23区をそのまま包み込んでしまうほどの広さだ。湖岸に立って見渡すと水平線が遠くかすんで見え、"ハンガリーの海"と呼ばれるのも納得。夏は海水浴ならぬ湖水浴を楽しむ外国からの観光客や地元の人々であふれかえる。近隣には温泉もあり、保養地としても人気が高い。

● バラトン湖情報のウェブサイト
URL www.balaton.hu
URL www.balatonfured.info.hu

バラトン湖周辺のおもな町

東西に細長く延びるバラトン湖は、北岸と南岸とで趣が多少異なる。周辺に火山が多い北岸は中欧有数の温泉地で、**バラトンフレド**といった歴史ある温泉保養地や温泉湖の**ヘーヴィーズ**がある。また、**バダチョニ**は白ワインの産地として有名。南岸は1861年に鉄道が敷かれて以来、**シオーフォク**など高級リゾート地として発展してきた。

観光シーズンは何といっても夏

バラトン湖に行くなら6月中旬から9月上旬頃がおすすめ。リゾート地ということもあり、シーズンオフには大型ホテルを除いた宿泊施設は休業するところが多く、周遊フェリーも運休してしまう。ただし、夏はたいへん混み合うので、ホテルなどは早めの予約を。

バラトン湖への行き方

列車の場合、ブダペストからほとんどの町へ乗り換えなしで行ける。所要45分～2時間40分。バスも同様で、所要1時間15分～2時間40分。出発時刻をあらかじめ調べれば日帰りでいくつかの町を周遊することも十分可能。

◉ ブダペスト発の日帰りツアー
ラプソーディア旅行代理店（→P.25）
ヘレンドとバラトン湖
⌚ 2月27日～12月20日の火～土曜
💰 1名€175（2名で参加の場合）
　ヘレンド工場見学とティハニ観光。日本語ガイド、専用車、ランチ付き。所要8時間。

大平原トラベル（→P.27）
ヘーヴィーズの温泉湖とバラトン湖のティハニ半島ツアー
⌚ 毎日
💰 1名€269（2名で参加の場合）
　ヘーヴィーズ温泉湖での入浴とティハニ観光。日本語ガイド、専用車、入場料、ランチ付き。所要11時間。

Program Centrum（→P.61）
ヘレンド、ティハニ、バラトンフレド
⌚ 5～10月の水・金曜
💰 €70
　英語とドイツ語のツアー。ティハニでワイン付きのランチ。所要10時間。

※上記は2018年のスケジュール。
最新スケジュールはウェブサイトにて要確認

バラトンカードでリゾートライフを満喫

バラトン湖周辺にしばらく滞在するなら、バラトンカードを購入するとお得な場合がある。バラトンカード（5500Ft）では、遊泳場や温泉の入場、ボートチケット、一部の美術館、博物館の入場が半額または無料になる。購入は、❶で。
URL www.balatoncard.com

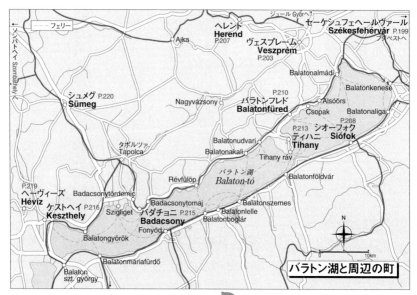

バラトン湖と周辺の町

ジュール Győrへ

←ソンバトヘイ
Szombathely へ

フェリー

ヘレンド
Herend
P.207

セーケシュフェヘールヴァール
Székesfehérvár P.199
ブダペストへ

Ajka

ヴェスプレーム
Veszprém
P.203

Balatonalmádi

Balatonkenese

シュメグ P.220
Sümeg

Nagyvázsony

P.210
バラトンフレド
Balatonfüred

Alsóörs

Balatonaliga

Csopak

タポルツァ
Tapolca

Balatonudvari

Balatonakali

P.213 シオーフォク
ティハニ **Siófok**
Tihany P.208

Tihany rév

Révfülöp

バラトン湖
Balaton-tó

Balatonföldvár

P.219
ヘーヴィーズ
Hévíz

Badacsonytördemic

ケストヘイ P.216
Keszthely

Szigliget

Badacsonytomaj

Balatonszemes

バダチョニ P.215
Badacsony

Balatonlelle

Balatonboglár

Balatongyörök

Fonyód

N

Balaton
szt. györgy

Balatonmáriafürdő

10km

🌿 バラトン湖で泳いでみたい！

　せっかく湖岸リゾートに来たのなら、やはり泳いでみたい。場所によっては非常に遠浅なので、安心して遊ぶことができる。遊泳できる場所（シュトランドStrandという）は決まっており、多くが有料だがそのぶん設備も整っている。なかでも代表的なのは北岸のバラトンフレドと南岸のシオーフォクだ。ま

バラトンフレドにあるシュトランドの入口

た、湖畔沿いのリゾートホテルでは、ホテル利用者専用のシュトランドを設けているところも多い。

🌿 ボートや浮き輪を借りよう

　遊泳場やその周辺では、足漕ぎボートや滑り台付きのボート、また浮き輪やエアマットなど、水遊びが楽しめるさまざまな乗り物やグッズを貸し出したり、販売したりしている。広いとはいっても、海ではないので大きな波はほとんどないが、エアマットに乗って水上でゆらゆら揺れているだけでもかなり気持ちがいい。軽食スタンドなども充実しているので、のんびりくつろいでリゾートを満喫しよう。

🌿 バラトン湖で快適クルージング

　4月下旬から10月上旬にかけては、バラトン湖畔の町間を結ぶフェリーが運航する。運航本数は時期により異なり、7・8月のハイシーズン期が最も多くなる。ただし本数は限られているため、旅行計画の際には事前に運航スケジュールの確認を。現地発のツアーやクルージングを楽しむのもおすすめだ。湖なのでほとんど揺れることがなく、船酔いの心配もいらない。

屋外テラスのほか屋内席もある

◉クルージング・ツアー
Balatoni Hajózási Zrt.
📞(84) 310-050
🔗www.balatonihajozas.hu
クルージング
🗓4月上旬～10月下旬
　1日4～8便（バラトンフレド、ケストヘイ、シオーフォク発など）
💴1時間1800Ft
サンセット・クルージング
🗓7月上旬～8月下旬（シオーフォクとバラトンフレド発は毎日運行）
💴2000Ft
　シャンパン付き。19:30発（季節により変動）、所要1時間。

"戴冠の白い城"を意味するハンガリー最古の町
セーケシュフェヘールヴァール
Székesfehérvár

ブダペスト

セーケシュフェ
ヘールヴァール

DATA
人口 9万8207人
URL www.szekesfehervar.hu

旧市街の町並み。夜になると道がライトアップされる

ブダペストとバラトン湖のほぼ中間点にあり、湖観光の玄関口に当たる。ハンガリー最古の町として見どころが多いうえ、ブダペストから日帰りで訪れることもできるとあって観光客に人気だ。町の歴史は9世紀末に始まる。ハンガリー最初の王朝を開いた大首長アールパードが陣地を構え、イシュトヴァーン1世がアルバ・レギアと呼ばれる聖堂を建築したことから、歴代ハンガリー国王の戴冠式が行われる地となった。

セーケシュフェヘールヴァールの 歩き方

見どころが集中しているのは、城壁に囲まれた旧市街。駅から旧市街の東に延びる**城通りVárkör út**までは徒歩約20分。駅を背にして左方向へ延びる**プロハースカ通りProhászka O. út**を進むと、やがて前方に城壁が見えてくる。

旧市街へは、駅からバス33、34番に乗って行くこともできる。右側にデパートSKÁLAが見える場所で降りれば、左側に旧市街へと続く門がある。門をくぐってすぐ右側には現在も発掘が続く**遺跡公園Romkert**がある。そのまま路地を進めば、旧市街の中心、市庁舎広場Városház térに出る。

バスターミナルは旧市街のすぐ近く。リスト・フェレンツ通りLiszt Ferenc u.に入れば、そのまま市庁舎広場へ出る。

見どころが集まる城壁内は、細かな路地が多いがさほど複雑ではない。聖イシュトヴァーン大聖堂の近くには、**仕掛け時計Órajáték**があり、4〜10月は10:00〜18:00の2時間おきに鐘の音とともにハンガリー史の登場人物たちの人形が現れる。

セーケシュフェヘールヴァールへの **行き方**

🚆 **鉄　道**
ブダペスト南駅から1時間に1〜3便、所要45分〜、2等1300Ft〜、1等1780Ft〜。

🚌 **バ　ス**
ブダペストのネープリゲト長距離バスターミナルから1時間に1〜3便、所要1時間15分〜、1300Ft〜。

■セーケシュフェヘールヴァールの ❶
tourinform
▶Map P.200-A2
🏠Oskola u. 2-4
☎(22)537-261
URL turizmus.szekesfehervar.hu
開5・6・9・10月
　月〜金　　9:00〜18:00
　土・日　　10:00〜16:00
　7・8月
　月〜金　　9:00〜18:00
　土・日　　10:00〜18:00
　11〜4月
　月〜金　　9:00〜17:00
休11〜4月の土・日

■セーケシュフェヘールヴァールの旅行会社
IBUSZ
▶Map P.200-B2
🏠Táncsics M. u. 5
☎(22)329-393
営月〜金　　9.00　17:00
　土　　　　8:00〜12:00
休日

かわいらしい仕掛け時計

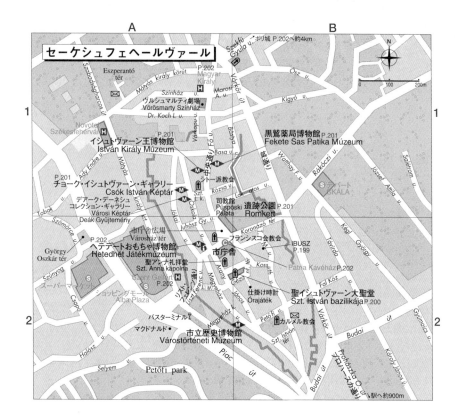

■聖イシュトヴァーン
大聖堂

住 Arany János u. 9
☎ (22)315-114
URL www.szfvar.katolikus.hu

ハンガリー動乱の殉死者にささげ
られた、キリストの磔像

バロック調のフレスコ画が美しい

セーケシュフェヘールヴァールの **おもな見どころ**

◆ 聖イシュトヴァーン大聖堂 　Map P.200-A・B2

Szt. István bazilikája (St. Stephen's Cathedral)

　2本の塔に挟まれた3体の聖者像が美しい。建物は1470年に
完成したが、オスマン帝国の攻撃で崩壊し、18世紀中頃にバ
ロック様式の聖堂として生まれ変わった。天井のフレスコ画は
ヨハン・シンバル Johannes Cymbalの作品。
この大聖堂でひときわ目を引くのが、隣の
聖アンナ礼拝堂 Szt. Anna kápolnaに向か
って掲げられている木製のキリスト磔像だ。
これは、1956年ハンガリー動乱の殉死者に
捧げられたもの。漆黒の木片に刻まれたイ
エス・キリストの複雑な表情にじっと見入
っていると、旧ソ連の支配にあえぎ、冬の
時代を過ごしたカトリック信仰者たちの忍
耐がひしひしと伝わってくるようだ。

再建にはマリア・テレジアも協力したという

遺跡公園
Romkert (Medieval Ruin Garden)

Map P.200-B1・2

11世紀初頭、イシュトヴァーン1世はこの地にロマネスク様式の大聖堂を建設した。この聖堂は歴代ハンガリー国王の戴冠・埋葬の場として、38人のハンガリー王が戴冠式を行い、

歴代のハンガリー王が、かつてここで戴冠し埋葬された

18人が納骨堂に葬られたとされる。しかし、16世紀のオスマン帝国来襲の際、聖堂は破壊され瓦礫の山と化した。その遺跡は現在公園として整備され、一般公開されている。戴冠の様子や王冠の歴史を描いた美しい壁画に囲まれて安置されている大理石の棺は、大聖堂跡から救い出されたイシュトヴァーン1世のものだ。

イシュトヴァーン王博物館
István Király Múzeum (King Stephen Museum)

Map P.200-A1

考古学に関する展示を行なっており、特に東ケルトの陶器コレクションは質・量ともに国内最大級である。展示品は鎧や馬具の鉄片、装飾品など。当時の人々の姿や生活が、図画でわかりやすく説明されている。イシュトヴァーン王にまつわる展示はほとんどない。

チョーク・イシュトヴァーン・ギャラリー
Csók István Képtár (István Csók Gallery)

Map P.200-A1

イシュトヴァーン王博物館から徒歩3分のところにある、ハンガリー人画家チョーク・イシュトヴァーン（1865～1961）の作品が展示されたギャラリー。19～20世紀を代表するハンガリーアートのコレクションを見ることもできる。

黒鷲薬局博物館
Fekete Sas Patika Múzeum (Museum of Black Eagle Pharmacy)

Map P.200-A1

1746年開店の薬局をそのまま博物館として開放している。ぷーんと薬品の匂いが漂う内部は当時とほとんど変わらず、古い薬壺がロココ調の棚に並んでいる。展示されている華麗な家具類は、教会の祭壇などを作っていた信徒ベルナート・バウムガルトナーBernat Baumgartnerの手になるもの。薬壺のなかには1758年当時のオリジナルもある。

小さな黒鷲薬局博物館

■遺跡公園
住Koronázó tér
TEL(22)315-583
URLszikm.hu
開9:00～17:00
休11～3月
料700Ft（学生350Ft）

入口正面にあるイシュトヴァーン1世の棺

■イシュトヴァーン王博物館
住Fő u. 6
TEL(22)315-583
URLszikm.hu
開10:00～18:00
休冬季
料700Ft（学生350Ft）

ローマ時代に関する展示

■チョーク・イシュトヴァーン・ギャラリー
住Bartók Béla tér 1
TEL(22)315-583
URLszikm.hu
開月～金・日 10:00～18:00
　土　　　　9:00～18:00
休無休
料700Ft（学生350Ft）

■黒鷲薬局博物館
住Fő u. 5
TEL(22)315-583
URLszikm.hu
開10:00～18:00
休月、冬季
料700Ft（学生350Ft）

ヘテデートおもちゃ博物館

Map P.200-A2

Hetedhét Játékmúzeum

2種類の常設展からなり、ひとつはブダペストの国立美術館で館員を務めたエーヴァ・モシュコヴシュキÉva Moskovszkyとその母エルジェーベト・アウエルErzsébet Auerが収集した

美しくディスプレイされたドールハウス

おもちゃのコレクション。ヨーロッパ中から集められた60以上のドールハウスやミニチュア模型など、精巧な造りのおもちゃが並ぶ。もうひとつはイラストレーターとして活躍したラースロー・レーベルLászló Réberのギャラリー。独特なデフォルメによって描かれたイラストや絵本などの作品が展示されている。

ボリ城

Map P.200-B1外

Bory vár (Bory Castle)

建築家ボリ・イェヌーBory Jenő（1879～1959）が造った城。20世紀初頭に建てられたものだが、独自の設計に基づいて中世風の装飾が施され、細部まで非常に凝っている。また、彼は画家・彫刻家でもあり、城内にはおびただしい数の作品が展示されている。伝説的な愛妻家としても知られており、妻をモデルとした作品からはその愛情が伝わってくるようだ。郊外に位置しているが、たいへん見応えがあるので、ぜひゆっくり時間を取って訪れたい。

城内は数多くの美術品で埋め尽くされている

サイドバー

■ヘテデートおもちゃ博物館
住Oskola u. 2-4
電(22)202-601
URL www.deakgyujtemeny.hu
開10:00～18:00
休月
料700Ft（学生350Ft）

■ボリ城
住Máriavölgy út 54
電(22)305-570
URL bory-var.hu
開3月中旬～10月下旬
　9:00～17:00
　10月下旬～12月中旬
　9:00～16:00
休10月中旬～12月中旬の月
　～金、12月中旬～3月中旬
料1500Ft（学生700Ft）
交バスは駅から32番、バスターミナルからは26A番でVágújhelyi u.下車。どちらからも所要約20分。道を挟んで向かい側の坂を下る

セーケシュフェヘールヴァールのレストラン

パートリア・カーヴェーハーズ
Pátria Kávéház
MAP P.200-A2
住Városház tér 1
電(22)397-089
URL www.patriakavehaz.hu
営月～木　9:00～22:00
　金・土　9:00～23:00
休日
CC M V
　市庁舎広場に面したカフェレストラン。週替わりメニューはスープ460Ft～、メイン1120Ft～と良心的な価格。

セーケシュフェヘールヴァールのホテル　Székesfehérvár Hotel

マジャール・キラーイ
Magyar Király
MAP P.200-A1

住Fő u. 10
電(22)311-262
URL magyarkiraly.hu
料S1万9340Ft～　D2万1820Ft～　朝食付き
CC A M V　客室79

中央通りFő u.沿いに建つ4つ星ホテル。200年ほど前の建物を利用したクラシカルなたたずまい。複数のサウナを備えたフィットネスセンターも完備。

セント・ゲッレールト
Szent Gellért Hotel
MAP P.200-A2

住Mátyás király krt. 1
電(22)510-810
URL www.szentgellerthotel.hu
料S1万9000Ft～　D2万Ft～　朝食付き
CC A M V　客室39室

バスターミナルから徒歩約3分、旧市街のそば。客室はトイレ、シャワールーム付きと共同のバジェットタイプがある。

バスタブ（全室）　テレビ（全室）　ミニバーあり　レストランあり
バスタブ（一部）　テレビ（一部）　インターネット（客室・無料）　インターネット（客室・有料）

300年近く前の町並みが当時のままに息づく
ヴェスプレーム
Veszprém

教会に囲まれた旧市街の三位一体広場

ブダペスト
★ヴェスプレーム

DATA
人口　6万392人
URL veszpreminfo.hu

ヴェスプレームへの **行き方**

🚃 鉄道
　ブダペスト南駅から30分〜2時間に1便、所要1時間30分〜、2等2200Ft〜、1等2925Ft〜。

🚌 バス
　ブダペストのネープリゲト長距離バスターミナルから1時間に1〜3便、所要1時間50分〜、2520Ft〜。

■ヴェスプレームの❶ tourinform Veszprém Office
▶**Map** P.204-A2
⌂Óváros tér 2
☎(88)404-548
開5・9月
　月〜金　　9:00〜17:00
　土　　　10:00〜18:00
　日　　　10:00〜14:00
　6〜8月
　月〜金　　9:00〜18:00
　土　　　10:00〜18:00
　日　　　10:00〜14:00
　10〜4月
　月〜金　　9:00〜17:00
　土　　　　9:00〜13:00
休10〜4月の日

　10世紀末、アールパード王朝の君主ゲーザ大公の時代にハンガリー最初の司教区がおかれた由緒ある町。オスマン帝国による攻撃で町は大きく破壊されたが、18世紀初頭にバロック様式の美しい町並みに再建された。以降、教育・研究の町として発展を続けている。

ヴェスプレームの **歩き方**

　駅から町の中心へは約3km。バス2番または4番に乗ってユタシ通りJutasi útを南下し、バスターミナルを経由して旧市街の近くまで行こう。**自由広場**Szabadság tér近くのバス停、バス2番ならSzinház、4番ならMegyeház térで下車するのが便利。バスターミナルから旧市街へ歩いていくには、市場をとおり抜けたところにあるスーパーマーケット前から地下道をくぐり、左右にショップが並ぶ歩行者専用の道、**コッシュート・ラヨシュ通り**Kossuth Lajos u.を西へ進む。10分も歩けば自由広場に出る。

　見どころが集中するのは旧市街。自由広場から**ラーコーツィ通り**Rákóczi u.を進めば、前方に白い**火の見塔**Tűztornyが見えてくる。そこからクネクネと曲がる坂道を上ると**英雄の門**Hősök kapujaにさしかかる。ここから**イシュトヴァーン王とギゼラ妃像** I. István és Gizella királyné szobraiまで続くのが**城通り**Vár u.である。ヴェスプレームのいちばんの魅力は、この城通り。ハンガリーにはいくつもの美しい旧

コッシュート・ラヨシュ通りにも
小規模ながら❶がある

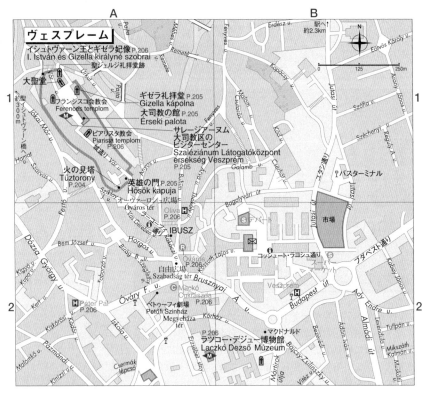

ヴェスプレーム

A / B

イシュトヴァーン王とギゼラ妃像 P.206
I. István és Gizella királyné szobrai
聖ジェルジ礼拝堂跡
大聖堂
フランシスコ会教会
Ferences templom
ギゼラ礼拝堂 P.205
Gizella kápolna
大司教の館 P.205
Érseki palota
サレージアーヌム
大司教区の
ビジターセンター
Szaléziánum Látogatóközpont
érsekség Veszprém
P.205
ピアリスタ教会
Piarista templom P.206
火の見塔
Tűztorony P.204
英雄の門 P.205
Hősök kapuja
オーヴァーロシュ広場
Óváros tér
IBUSZ P.206
バスターミナル
市場
コッシュート・ラヨシュ通り
ブダペスト通り
自由広場 P.206
Szabadság tér
マッコー
Cukrászda
ペトゥーフィ劇場 P.206
Petőfi Szinház
Megyeháza
tér
ラツコー・デジュー博物館 P.206
Laczkó Dezső Múzeum
マクドナルド
Péter Pál P.206
駅へ 約2.3km

市街があるが、この通りはまさに300年前で時間が止まった
かのような一画だ。

城通りの北端

■火の見塔

住Vár u. 9
電(88)610-516
URLwww.ldm.hu
開10:00～18:00
休無休
料800Ft（学生400Ft）

火の見塔からの眺め

ヴェスプレームの おもな 見 どころ

🔻 火の見塔

Map P.204-A1

Tűztorony（Fire Lookout Tower）

　オーヴァーロシュ広場Óváros térに入ると、真っ先に目に
飛び込んでくるのが火の見塔だ。
塔の基礎部分は中世に完成したも
のだが、オスマン帝国の攻撃や、
1848年からの独立戦争で一部が破
損し、上部は19世紀になって再建
された。ゆえに、バロック様式や
ネオクラシカル様式が入り混じっ
た建築になっている。高さは48m。
展望台もあるが高いところが苦手
な人は身が縮む思いをするかもし
れない。

上品なたたずまいの火の見塔

英雄の門
Hősök kapuja (Heroe's Gate)

城通りの入口にそびえる英雄の門は、第1次世界大戦の被害者を追悼する意を込めて、1936〜38年にかけて造られた。ネオ・ロマネスク様式を用いて建てられており、内部には町の歴史や門の改修工事にまつわる資料が展示されている。テラスからの眺めもいい。

大司教の館
Érseki palota (Bishop's Palace)

1776年、建築家フェルネル・ヤカブFellner Jakabが設計したバロック様式の建物。ヨハン・シンバルJohannes Cymbalが1772年に天井いっぱいに描いたフレスコ画が有名だ。1908年にはハプスブルク皇帝フランツ・ヨージェフ1世が投宿したことでも知られる。

品格のある司教館

ギゼラ礼拝堂
Gizella kápolna (Gizella Chapel)

小さな礼拝スペースの壁面に描かれたフレスコ画

大司教の館の一角にあるギゼラ礼拝堂には、ビザンチン風のフレスコ画がある。13世紀に描かれたギゼラ像は傷みが激しく、歴史の重みを感じる。

この地はイシュトヴァーン1世の妃ギゼラが即位した場所だといわれている。ギゼラの戴冠は11世紀だが礼拝堂は13世紀に造られたもの。人々から忘れられたまま地下に埋もれていたが、18世紀、館の建設中にフレスコ画とともに発見された。したがって、「ギゼラ礼拝堂」の名がついたのは18世紀以降のことである。

サレージアーヌム 大司教区のビジターセンター
Szaléziánum Látogatóközpont érsekség Veszprém (Salesianum Archbishopric's Tourist Centre)

18世紀の建造物を利用した観光センター。大司教の館前にある建物内には、ヴェスプレームの町を紹介する映像室をはじめ、大司教の法衣や聖杯、バロック様式のフレスコ画などが設置されている。また、カフェやショップも併設。

バロック時代の煌びやかな法衣や聖杯は3階のロフトに展示

■英雄の門

🏠Vár u. 2
☎(88)610-516
URL www.hosok-kapuja.hu
🕐10:00〜18:00
休無休
料600Ft（学生400Ft）

2014年に改修工事を終え、内部にも入れるようになった

■大司教の館
🏠Vár u. 18
☎(88)426-088
🕐5〜10月　10:00〜18:00
※11〜4月は事前予約にて見学可
休11〜4月
料1800Ft（学生900Ft）
　毎正時にハンガリー語、英語、ドイツ語のガイドツアーを催行。ツアー料は入場料に含まれている。

■ギゼラ礼拝堂
🏠Vár u. 16
☎(88)426-095
🕐10:00〜18:00
※11月〜5月上旬は事前予約にて見学可
休11月〜5月上旬
料1400Ft（学生700Ft）

■サレージアーヌム 大司教区のビジターセンター
🏠Vár u. 31
☎(88)580-528
URL szalezianum.hu
🕐9:00〜17:00
休9〜5月の月、10/1〜3/9の日
料1200Ft（学生600Ft）

■イシュトヴァーン王とギゼラ妃像
住Vár u. 13

町を見守る王と王妃像

イシュトヴァーン王とギゼラ妃像 　Map P.204-A1

I. István és Gizella királyné szobrai
(Statues of King Stephen and Queen Gizella)

　聖イシュトヴァーンの没後900年を記念して造られたもの。2体の像は断崖沿いにたたずみ、ここから眺める景色はすばらしい。左側には聖イシュトヴァーン橋Szt. István völgyhídが見え、右側に広がるギザギザとした白い岩肌の断崖は、まるで軍艦が浮かんでいるように見える。

■ラツコー・デジュー博物館
住Erzsébet stny. 1
電(88)426-081
URL www.ldm.hu
開10:00～18:00　休月
料1600Ft（学生800Ft）
※企画展は別途

■ピアリスタ教会
▶Map P.204-A1
住Vár u. 12
開10:00～17:00
休月、10月中旬～4月

ラツコー・デジュー博物館 　Map P.204-A2

Laczkó Dezső Múzeum　(Dezső Laczkó Museum)

　考古学、歴史、民族学など、ヴェスプレームとその周辺の地域に関する展示を行っている博物館。

　ラツコー・デジューは、**ピアリスタ教会**Piarista templomに付属した学校で教鞭を執っていた学者。ヴェスプレームはラツコーをはじめ作家チョルノキ・ヴィクトルCholnoky viktortなど多くの学者や詩人を輩出している。

ヴェスプレームのホテル　　Veszprém Hotel

◆オリヴァ
Oliva　　MAP P.204-A2
住Buhim u. 14-16
電(88)403-875
URL oliva.hu
料⑤1万9900Ft～　⑩2万5900Ft～　朝食付き
CC A M V　客室20

　自由広場から徒歩3分と便利ながらも閑静な立地。サウナやホットタブ施設、ハンガリー料理のレストランが備わる。

◆ペーテル・パール
Péter Pál　　MAP P.204-A2
住Dózsa György u. 3
電(88)328-091
URL www.peterpal.hu
料⑤9100Ft～　⑩1万2400Ft～　朝食付き
CC M V　客室14

　市内中心部から500mほどの立地。部屋は簡素な作りだが、暖房、ネット設備が整っており、快適に滞在できる。

ヴェスプレームのレストラン　　Veszprém Restaurant

◆オーヴァーロシュ
Óváros　　MAP P.204-A2
住Szabadság tér 14
電(88)326-790
営11:00～22:00　休無休　CC M V

　カワマスのグリル2450Ft～やロールキャベツ1680Ft～などハンガリー料理のほかパスタ1480Ft～も人気。広々としたテラスは心地いい。

◆マツコー・ツクラースダ
Mackó Cukrászda　　MAP P.204-A2
住Megyeház tér 2　電0630-782-5232
URL www.mackocukraszda.hu
営月～金　7:00～19:00　土・日　9:00～19:00
休無休　CC M V

　自由広場近くにあるケーキ屋。マジパンやフルーツを使用した伝統的なケーキがショーケースに並び、1つ400～700Ftほどと手頃な値段。

バスタブ(全室)　　テレビ(全室)　　ミニバーあり　　レストランあり
バスタブ(一部)　　テレビ(一部)　　インターネット(客室・無料)　　インターネット(客室・有料)

ヘレンド
Herend

Map P.198

ヴェスプレームから西へ約13km、小さな村の一角に世界的な磁器ブランド、ヘレンドの本社がある。見どころは**ヘレンド・ミニ工場Herend Minimanufactory**と**ヘレンド博物館Herend Múzeum**のみだが、それを目当てに世界中から大勢のツーリストが訪れる。

ヘレンドのバスターミナルで下車後、バスターミナルとスーパーマーケットを挟んだ道路を市街地に向かって100mほど進み、右折。道沿いを5分ほど歩くと建物が見える。左側に並んでいるのがヘレンド本社と博物館、右側がミニ工場だ。

ミニ工場では職人が実際に作る様子を見学できる。写真はバスケットを作る工程

まず、チケット売り場に行き、ヘレンド・ミニ工場の見学ツアーの開始時刻を確認しよう。ツアーはハンガリー語、英語、ドイツ語となっている。ミニ工場では、まずヘレンドの歴史を簡単に解説する映像を観てから（日本語字幕あり）、華麗な磁器がどのように作られていくかを見学する。絵付け、人形の成形、透かし彫りなど、すべてが緻密な手作業で行われている様は、言葉を失うほど見事だ。ヘレンドで働くスタッフは1000人ほどいるそうだが、徹底して伝統的な製法にこだわる職人として鍛えられている。1992年以来、ヘレンド社の株主のほとんどは工場で働く職人になっているそうだ。こうした点もヘレンドの品質が保たれている秘密だろう。

ヘレンド博物館はさほど広くないものの、シノワズリ磁器やアールヌーボー、20世紀の作品などに分けて展示があり、1826年の創業以来の変遷を知ることができる。日本語の解説もあるのでわかりやすい。ミニ工場、博物館見学が終わったらカフェで休憩しよう。ここではヘレンドのカップ＆ソーサーを使っており、コーヒーまたは紅茶のサービスが付く。

うっとりするほど美しい作品が展示されている

ヘレンドへの 行き方 ●

🚌 バス

ヴェスプレームからヘレンド行きが頻発、所要15分〜、310Ft〜。

簡素な造りのバスターミナル

■ヘレンド・ミニ工場
住 Kossuth Lajos u. 140
FAX (88)523-190
URL herend.com
開 4/8〜10/31
　　毎日　　　　9:30〜18:00
　　11/1〜4/7
　　火〜土　　10:00〜16:00
休 11/1〜4/7の日・月、12/20〜2/25
※上記は2019年のスケジュール
料 ヘレンド博物館との共通券3000Ft（学生1500Ft）
※ガイドツアー込み。陶器のバラ作り（所要30分、2000Ft）といったワークショップも開催。

建物の左端がミニ工場ツアーの入口。中央がカフェ、右端はショップ

バラトン湖南岸のリゾートタウン
シオーフォク
Siófok

ヴェスプレーム
→P.203から
車で約40分

バラトン湖南岸に沿い、17kmもの長さにわたる町。バラトン湖を訪れる旅行者はドイツ語圏の年配者が多いが、シオーフォクでは若い家族連れの姿も珍しくない。湖水は石灰色に

DATA
人口 2万5364人
URL www.siofok.hu

近いブルーで、泳ぐことができる。湖面に沈む夕日も美しく、ゆったり優雅に過ごすにはうってつけのリゾートタウンだ。

バラトン湖の南岸に位置する

シオーフォクへの 行き方

🚃 鉄道
ブダペスト南駅から1日9〜10便、所要1時間20分〜、2等2200Ft〜、1等2925Ft〜。
ケストヘイから1日9〜10便、所要1時間30分〜、2等1640Ft〜。

🚌 バス
ブダペストのネープリゲト長距離バスターミナルから1日3〜4便、所要2時間10分〜、2200Ft〜。
ヴェスプレームから1〜2時間に1便、所要55分〜、930Ft〜。

⛴ フェリー
4・10月の土・日と5〜9月のみ運行。ティハニから1日2〜4便、所要1時間20分〜、1800Ft〜。バラトンフレドから1日2〜4便、所要50分〜、1800Ft。
URL www.balatonihajozas.hu

シオーフォクの 歩き方と見どころ

バスターミナルと鉄道駅の正面口は隣り合っている。駅前には青々とした芝生が広がり、**中央通りFő u.**が左右に延びている。❶がある給水塔がそびえる町の中心、**自由広場Szabadság tér**までは徒歩5分ほど。中央通りと線路に挟まれて平行に走る**カールマーン・イムレ通りKálmán Imre sétány**は、カフェテラスやみやげ物屋が道にせり出し、人々の談笑が絶えることなく響いている。

この通りは、オペレッタ作曲家として世界的に活躍したシオーフォク出身のカールマーン・イムレにちなんで名付けられた。『チャールダーシュの女王』ほか数々のオペレッタを作曲した彼のゆかりの品々を展示しているのが**カールマーン・イムレ博物館Kálmán Imre Múzeum**だ。ここは生誕105周年を記念して1987年にオープン。館内ではオペラの曲が流れ、ピアノや楽譜、

■ シオーフォクの❶
tourinform
▶ **Map** P.209-A2
🏠 Fö tér II (給水塔下)
☎ (84) 310-117
URL hellosiofok.hu
🕐 4月下旬〜6月中旬、8月下旬〜9月
　月〜金　　8:00〜18:00
　土　　　　9:00〜13:00
　6月中旬〜8月下旬
　月〜土　　8:00〜18:00
　日　　　　9:00〜13:00
　10月〜4月下旬
　月〜金　　8:00〜16:30
🈺 4月下旬〜6月中旬と8月下旬〜9月の日

カールマーン・イムレが使用したピアノ

❶のある給水塔

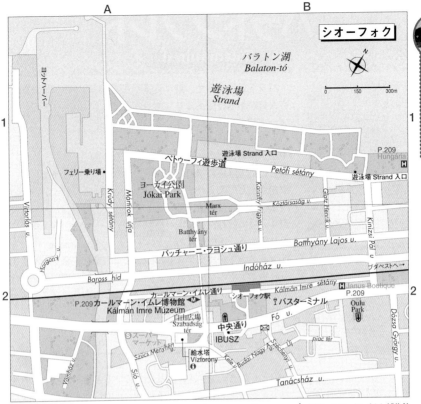

バラトン湖

シオーフォク

線路を渡った湖側、**バッチャーニ・ラヨシュ通り**Batthyány Lajos u.は、両側に豊かな樹木がトンネルのように茂る静かな散歩道となっている。それとは対照的に、最も湖畔に近い**ペトゥーフィ遊歩道**Petőfi sétányはホテルやレストラン、パブ、ナイトクラブが集まり、夜遅くまで観光客が行き交うスポットだ。

舞台衣装、写真やポストカードなどが展示されている。

■カールマーン・イムレ博物館
▶Map P.209-A2
住Kálmán Imre sétány 5
☎(84)311-287
URLemlekhaz.konyvtar-siofok.hu
開 月　　12:00〜17:00
　 火〜金　10:00〜17:00
　 土　　 9:00〜13:30
休日
料500Ft（学生250Ft）

◢ シオーフォクのホテル

Siófok Hotel

ハンガーリア
Hotel Hungária 　　　MAP P.209-B1

🖵🍸

住Petőfi sétány 13　☎0670-366-5091
URLhcseurope.hu
料①1万5000Ft〜　朝食付き
CC A M V　客室240
営6/21〜8/17

- -

湖に沿うペトゥーフィ遊歩道のいちばん奥にある3つ星ホテル。サウナ、屋内外プール、全長250mのプライベートビーチがあり、リゾートムード満点。フロントのみ無線LAN接続可。

ヤヌシュ・ブティック・ホテル＆スパ
Janus Boutique Hotel & Spa 　MAP P.209-B2

🛁🖵🍸🛜

住Fő u. 93-95
☎(84)312-546
URLjanushotel.hu
料⑤①1万8450Ft〜　朝食付き
CC A M V　客室26
営3月下旬〜12月上旬

- -

駅やバスターミナルから徒歩5分の4つ星ホテル。客室の内装に凝っており、規模は小さいがサウナ、ジャグージ、プールと施設が充実。

 バスタブ(全室)　 テレビ(全室)　 ミニバーあり　 レストランあり
バスタブ(一部)　テレビ(一部)　インターネット(客室・無料)　インターネット(客室・有料)

209

バラトンフレド
Balatonfüred

DATA
人口 1万3082人
URL www.balatonfured.hu

バラトンフレドへの 行き方

鉄道
ブダペスト南駅から1日2〜3便（夏期増便）、所要2時間〜、2等2725Ft〜。

バス
ブダペストのネープリゲト長距離バスターミナルから1日6〜7便、所要2時間10分〜、2520Ft〜。
ヴェスプレームから1時間に4〜6便、所要30分〜、370Ft〜。

フェリー
4月上旬〜10月下旬のみ、シオーフォクから1日2〜7便、所要50分、1800Ft〜。同様にティハニから1日2〜6便、所要約20分、1400Ft〜。4・10月は土・日のみの運航。

■バラトンフレドの ❶
tourinform
▶Map P.211-B2
住Blaha Lujza u. 5
☎(87)580-480
URLbalatonfured.info.hu
開月〜金 9:00〜17:00
　　土 9:00〜15:00
休日

右手側、ガラス張りの建物が駅の構舎。左手側がバスターミナル

バラトン湖北岸で、最も人気がある歴史あるリゾート地。1820年代よりハンガリーを代表する文士が一種のコロニーを形成し、上流階級の避暑・療養地として栄えた。この伝統は現在にも受け継がれ、夏には舞踏会が開かれている。国内最初の

シュトランドへと続くタゴール遊歩道

ヨットクラブがオープンしたのもここ。また、泉から湧き出る温泉水を求める療養客が世界中から押し寄せている。バラトン湖を代表するリゾート地ということもあり、ブダペストからの日帰りツアーも催行している。

バラトンフレドの 歩き方

駅とバスターミナルは隣り合っている。見どころやホテルが集まるバラトン湖畔へ出るには、正面口から出て真っすぐ約50mほど行くと突き当たる**ホルヴァート・ミハーイ通り**Horváth Mihály u.を左へ。**ヨーカイ・モール通り**Jókai Mór u.を右折し、緩い坂を下っていこう。少しずつ両側に商店やレストランが見えてくるはずだ。そのまま進んでいくと、右側に**ヨーカイ・モール記念館**Jókai Mór Emlékhazの小さな建物がある。左へ行けば、療養地バラトンフレドを象徴する**コッシュートの泉**Kossuth Lajos-forrásにつながる。正面に見えるヨットハーバー付近から左右に延びる**ザーコニ・フェレンツ通り**Zákonyi Ferenc u.、**タゴール遊歩道**Tagore sétányは散歩道だ。湖畔はシュトランドStrand（遊泳場）になっており、夏は人であふれている。

バラトンフレドの おもな見どころ

❖ コッシュートの泉

Map P.211-B2
Kossuth Lajos-forrás（Kossuth Well）

伝統ある療養地バラトンフレドのシンボル。手前には19世紀からその名を知られている病院があり、今でも療養者が水

筒持参で足しげく訪れている。この泉水は飲用でき、おもに心臓疾患に効くという。ただし泉とはいっても、源泉からコンコンと湧き出ているのではなく、ボタンを押すと出てくる。

　泉の北側には、バラトン・パンテオンBalaton Panteonがあり、療養所で治癒した著名人の記念碑が並んでいる。1926年にはインドの詩人タゴールもこの地で療養した。彼は全快を祝って湖畔沿いに数千本の植樹を行い、現在は美しい並木道タゴール遊歩道となっている。

♦ ホルヴァートの家　　　　　`Map` P.211-B2
Horváth Ház （Horváth House）

　上流階級の保養地でもあるバラトンフレドを代表するかつて療養所だった建物。1825年、優雅な舞踏会、アンナ・ベッラAnna Bellaが初めて催されたのが、ここホルヴァートの家だ。現在は1階部分にいろいろなショップが出店している。

♦ ヨーカイ・モール記念館　　　`Map` P.211-B2
Jókai Mór Emlékhaz （Jókai Mór Memorial House）

　1870年に建てられた、小説家ヨーカイ・モール（1825～1904）のもと邸宅を利用した博物館。独立の気運みなぎる人心を鼓舞する政治家であると同時に、今なお作品が読み継がれるほどの人気作家であったヨーカイ。館内では、おもな著作のほかヨーカイによって発行された、当時の世相を風刺するマンガ入りの新聞、遺品などが展示されている。

■コッシュートの泉
住Gyógy tér

■ホルヴァートの家
住Gyógy tér 3
URL horvath-haz.hu

洗練されたたたずまいのホルヴァートの家

■ヨーカイ・モール記念館
住Honvéd u. 1
℡(87)950-876
URL balatonfured.hu
開10:00～18:00
休月（時期により変動あり）
料1600Ft（学生800Ft）

バラトンフレド

（地図内表記）
Köztársaság u.　Zrinyi Miklós u.　Perczel Mór u.　Ady Endre u.　Csók u.　Kiss János u.　Vass Endre u.　Móricz Zsigmond u.　Nádor u.　Séta u.　ブダペストへ
Vasút u.　バラトンフレド駅　バスターミナル　ヨーカイ・モール通り
Dobó István u.　Gábor Á. u.　Csók u.　Petőfi Sándor u.
Horváth Mihály　ホルヴァート・ミハイ通り　Fenyves Park
Kéthely Károly u.　Vörösmarty M.　Astoria P.212　Zsig. Mond　Park u.　Séta u.
Vincellér u.　Endrődi Sándor u.　Huray u.　バラトン・パンテオン Balaton Panteon
Mikszáth　Garay János　Jókai Mór u.　コッシュートの泉 Kossuth Lajos-forrás P.210
Kálmán　Illyés Gyula u.　Borsos M. u.　Honvéd u.　P.212 Anna Grand
ティハニへ　Rianes u.　P.211ヨーカイ・モール記念館 Jókai Mór Emlékhaz　Tátra lépcs.　Blaha Lujza u.　Kisfaludy u.　ホルヴァートの家 Horváth Ház P.211
Széchenyi u.　Halászkert P.212 Eletem　Zákonyi Ferenc u.　円形教会 Kerektemplom　Tagore sétány　シュトランドへ 約400m
Uni　ザーコニ・フェレンツ通り　P.212 Karolina　タゴール遊歩道
P.212 ヴァサリ・ヴィラ・ギャラリー Vaszary Villa Galéria　ヨットハーバー
バラトン湖 Balaton-tó　フェリー乗り場
0　200　400m

■ヴァサリ・ヴィラ・
　ギャラリー
🏠Honvéd u. 2-4
☎(87)950-876
URL balatonfured.hu
🕐10:00〜18:00
休月（時期により変動あり）
💰1800Ft（学生900Ft）

ヴァサリ・ヴィラ・ギャラリー
Vaszary Villa Galéria

Map P.211-B2

アールヌーヴォー画家としてハンガリーに名を残した、ヴァサリ・ヤーノシュ Vaszary János（1867〜1939）がかつて居住した建物を改装し、2010年にアートホールとしてオープン。彼の生涯を描いた展示のほか、期間ごとに異なる画家やテーマの作品を展示している。

館内にはカフェとミュージアムショップを併設

バラトンフレドのホテル
Balatonfüred Hotel

アンナ・グランド
Anna Grand Hotel
MAP P.211-B2

🏠Gyógy tér 1
☎(87)581-200
URL www.annagrandhotel.hu
💰⑤€120〜180　⑩€150〜210　朝食付き
CC A M V
客数100

バラトンフレドを代表する4つ星ホテル。1825年以来開かれているアンナ舞踏会の会場でもある。客室はすべて内装が異なっており、設備も調っている。ボーリング場やフィットネスセンター、スパ、ワインバーなどを併設している。

アストリア
Astoria Hotel
MAP P.211-B2

🏠Jókai Mór u. 28
☎(87)343-643
URL www.astoriaszallo.hu
💰⑤€55〜76　⑩€72〜113　朝食付き
CC A M V
客数17

駅や町の中心部までは徒歩圏内。19世紀に建てられた歴史ある館を使用しており、館内はクラシックな雰囲気。客室内は清潔で過ごしやすい。併設のレストランも好評。自転車やヨットのレンタルも行っている。

バラトンフレドのレストラン
Balatonfüred Restaurant

ハラースケルト・エーッテレム
Halászkert Étterem
MAP P.211-B2

🏠Zákonyi Ferenc u. 3
☎(87)581-050
URL www.halaszkert.hu
🕐12:00〜21:00
休月〜水、冬期休業あり　CC A M V

フィッシャーガーデンという意味の店名どおり、魚料理が名物のレストラン。ハラースレーやカワマスのグリルなどが人気。メインは2590Ft〜。

カロリナ
Karolina
MAP P.211-B2

🏠Zákonyi Ferenc u. 4　☎(87)583-098
URL karolina.hu
🕐日〜木　9:00〜21:00　金　9:00〜23:00　土　9:00〜24:00　休無休　CC不可

船着場からすぐの立地にあるカフェレストラン。自家製のチャバタを使用したサンドイッチのほか、ホームメイドケーキが種類豊富に並ぶ。オリジナルブランドのワインや紅茶、ジャムなどの販売も。

🛁 バスタブ（全室）　📺 テレビ（全室）　🍸 ミニバーあり　🍴 レストランあり
🛁 バスタブ（一部）　📺 テレビ（一部）　💻 インターネット（客室・無料）　🔌 インターネット（客室・有料）

ベネディクト会修道院が建つバラトン湖の絶景地

ティハニ
Tihany

🚗 バラトンフレド
→P.210から
車で約15分

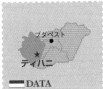

小高い丘の上に建つ修道院教会

ティハニ半島は長さ5.5km、幅3km。バラトン湖に恐竜の頭のような形に突き出ている。歴史は古く、11世紀にベネディクト会の修道院ができたことに始まる。13世紀にオスマン帝国の襲撃に備えて堡塁が築かれたが、18世紀になってハプスブルク家によって破壊された。半島は全体になだらかな丘陵地帯になっており、昔ながらの農村風景とその向こうに広がるバラトン湖が美しい。

ティハニの 歩き方

フェリーの船着場から町の中心部までは距離があるので、バスのほうが便利。バスで行く場合、メインストリートの**コッシュート・ラヨシュ通り**Kossuth Lajos u.にある郵便局、ティハニ・ポシュタTihany Postaのバス停で下車しよう。目の前が**修道院教会**Apátsági templomへの上り坂になっている。教会周辺は町というほどの通りや広場はないが、コッシュート・ラヨシュ通りや、わら葺屋根が並ぶ**バッチャーニ通り**Batthyány u.にレストランやみやげ物屋が並んでいる。教会から湖畔を見下ろすように続く**ピシュキ遊歩道**Pisky sétányは、最も眺めがよいといわれる**山びこの丘**Echó hegyへと続く。途中には19世紀まで使用された民家を公開している**民家博物館**Szabadtéri Néprajzi Múzeumがある。

町の中心部から約2km、半島の先端は**ティハニ・レーヴ**Tihany Rávと呼ばれる緑豊かな一帯。ティハニからフェリー、バスで行くことができる。

ティハニの おもな見どころ

🔶 修道院教会
Apátsági templom (Abbey Church)

`Map` P.214

ベネディクト会修道院として、11世紀から古文書に記されている教会。創建は1055年だが、現在の建物は1754年に

DATA

人口 1383人
URL www.tihany.hu

ティハニへの 行き方

🚌 **バス**
バラトンフレドから30分～2時間に1便、所要約30分、250Ft～。

⛴ **フェリー**
4月上旬～10月下旬のみ、バラトンフレドからティハニまで1日2～6便、所要約20分、1400Ft～。4・10月は土・日のみの運航。またティハニからティハニ・レーヴまでは4月下旬～10月上旬の1日2～4便、所要約15分～、1400Ft～。

■**ティハニの** 🛈
tourinform
▶**Map** P.214
🏠Kossuth Lajos u. 20
☎(87)448-804
🕘月～金　9:00～18:00
土・日　10:00～18:00
（季節により短縮あり）
🚫1/2～4/15の土・日、4/16～30の日

船着場から中心部まではミニ汽車も運行している

■**修道院教会と教会博物館**
🏠András tér 1
☎(87)538-200
URL www.tihanyiapatsag.hu
🕘月～土　9:00～18:00
日　11:15～18:00
（時期により変動あり）
🚫無休
🎫夏季1600Ft（学生950Ft）
冬季　600Ft（学生400Ft）

バラトン湖 バラトンフレド／ティハニ

■民家博物館
▶**Map** P.214

⑪Pisky sétány 12
☎(87)714-960
⑪火～金　10:00～16:00
　土・日　10:00～18:00
⑯月、9月上旬～6月下旬
⑭350Ft（学生250Ft）

独特な造りのキッチンも必見

一帯ではラベンダーの栽培も盛ん。みやげもの屋にはラベンダーグッズが多く並ぶ

ティハニのホテル

クラブ・ティハニ
Club Tihany
MAP P.214外

⑪Rév u. 3
☎(87)538-564
⑯clubtihany.hu
⑭⑤2万500Ft～
　⑩3万5000Ft～
　朝食付き
CC MV 客室330

　ティハニ・レーヴに広大な敷地をもつ大型リゾートホテル。高層階からは湖が見渡せる。冬期休業あり。

ティハニのレストラン

ケチケクルム・チャールダ
Kecskeköröm Csárda
MAP P.214

⑪Kossuth Lajos u. 19
☎(87)438-500
⑯www.kecskekorom.hu
⑬11:00～22:00
⑯無休
CC MV

　メインストリート、コッシュート・ラヨシュ通り沿いに建つレストラン。茅葺き根のあたたかみあふれる店内で、伝統的なハンガリー料理を味わえる。広々としたテラス席も好評。

バロック様式で再建されたもの。丘の中腹に位置し、湖からの突風を一身に受ける姿は実に堂々としている。そして、何より内部の礼拝堂が多くの旅行者をひきつけている。1996年に修復が施された堂内には何枚ものフレスコ画があり、数え切れないほどの装飾で満ちている。装飾はすべて木製で、そのほとんどは再建時にオーストリア出身の木工職人ゼバスティアン・シュトゥールホフSebastian Stohlhofが仕上げたもの。礼拝堂を見学したら、地下の博物館へ進もう。

✦ 教会博物館　　　　　　　　　　　　*Map* P.214
❖ Templom Múzeum（Abbey Museum）

　祭壇裏の聖堂地下室には、ハンガリー国王アンドラーシュ1世András I（在位1046～60）の墓碑が横たわっている。ハプスブルク帝を除いたハンガリー歴代国王の墓碑では、外襲による崩壊を免れた唯一の例だ。墓の前には、修道院教会の設立を記したハンガリー（マジャル）語最古の文書が掲げられている。ただしこれは複製で、オリジナルはパンノンハルマ修道院（→P.180）の古文書館前にある。

　また、展示品のなかにはハプスブルク最後の皇帝カール1世Karl I（在位1916～18）と妻ツィタZitaの写真もある。1921年10月、大西洋にあるポルトガル領マディラ島へ流される直前、もと皇帝夫妻はティハニを訪れている。保存状態のよい白黒写真はとても鮮明で、退位した皇帝の表情が手に取るようにわかる。

バダチョニ
Badacsony

ブドウ畑とバラトン湖の絶景

バラトンフレド
→P.210から
車で約45分

バラトン湖

ティハニ／バダチョニ

数あるバラトン湖の眺望のなかで、最も雄大かつ美しいといわれるのが、バダチョニ山Badacsony hegyからの眺め。ハンガリーでも有数のワイン産地でもあり、最も見晴らしのよいレストラン「Kisfaludy-Ház」を訪れるワイン通も多い。

ブドウ畑の向こうに湖が広がる

バダチョニの歩き方と見どころ

鉄道駅周辺にはレストランやみやげ物屋がある。メインストリートは、緑の公園に沿った**パルク通り**Park u.。周辺にはいくつかの宿泊施設がある。

バダチョニに訪れたらぜひワイナリー巡りをしたい。レストラン併設のワイナリーが数軒あり、店は**キシュファルディ・シャーンドル通り**Kisfaludy Sándor u.沿いに点在しているので、歩いて上るのがいちばん。「Kisfaludy-Ház」までは約30分。その近くには詩人キシュファルディ・シャーンドルKisfaludy Sándorの妻であり女優であった**セゲディ・ローザの家**Szegedy Rózaház があり、居室や家具などが公開されている。

さらに標高437mのバダチョニ山頂へ行くには、険しい山道を30分ほど登らなければならない。頂上付近には木製の展望台Kisfaludy-kilátóがひっそりと立っている。

バダチョニ

P.215
Kisfaludy-Ház
セゲディ・ローザの家
Szegedy Rózaház
P.215

遊泳場
Strand
バダチョニ駅
フェリー乗り場

エグリ・ヨージェフ記念美術館
Egry József Emlékmúzeum

ブダペスト
バダチョニ

DATA
人口 2077人
URL www.badacsony.hu

バダチョニへの行き方

鉄道
ブダペスト南駅から1日2便〜（夏期増便）、所要2時間40分〜、2等3395Ft〜。
バラトンフレドから1日10〜13便、所要40分〜、2等745Ft〜。

フェリー
6月上旬〜9月中旬のみ、ケストヘイから1日1便、所要約2時間、1900Ft〜。

■バダチョニの❶ tourinform
Map P.215
Park u. 14 ☎(87)531-013
URL www.badacsony.com
開月〜金　10:00〜17:00
　　土・日　10:00〜15:00
休10〜4月の土・日

■セゲディ・ローザの家
Map P.215
Kisfaludy Sándor u.17
♪ 0670-382-9210
URL www.szegedyrozahaz.hu
開10:00〜18:00
　（季節により変動あり）
休火、11〜2月の月〜木
料900Ft（学生600Ft）

バダチョニのレストラン
キシュファルディハーズ
Kisfaludy-Ház
Map P.215
Kisfaludy Sándor u. 28
☎(87)431-016
URL www.kisfaludyhaz.hu
営日〜木　11:30〜21:00
　金・土　11:30〜22:00
　（季節により変動あり）
休11〜4月　CC A M V

壮麗な宮殿が建つバラトン湖観光のハイライト

ケストヘイ
Keszthely

ブダペスト

ケストヘイ

■DATA
人口　1万9910人
URL www.keszthely.hu

ケストヘイへの 行き方

🚃 鉄道
ブダペスト南駅から2時間
に1便（夏期増便）、所要約2
時間30分、2等3705Ft～。

🚌 バス
ブダペストのネープリゲ
ト長距離バスターミナルか
ら1～2時間に1～2便、所要
2時間20分～、3410Ft～。

⛴ フェリー
6月上旬～9月中旬のみ、
バダチョニから1日1便、所
要約2時間、1900Ft～。

■ケストヘイの❶
tourinform
▶Map P.217-A1
⬛ Kossuth Lajos u. 30
☎ (83)314-144
🕐6/15～8/31
月～金　　9:00～19:00
土・日　　9:00～16:00
9/1～6/14
月～金　　9:00～17:00
土　　　　9:00～13:00
休9/1～6/14の日

■遊泳場
▶Map P.217-B2
営8:30～19:00
休9月中旬～4月
料800Ft（学生560Ft）

バラトン湖畔の最西端にあるケストヘイ。リゾートホテルが並ぶ湖畔は緑豊かなヘリコン公園につながり、夏の喧騒から離れたリゾート地として人気がある。そして、白亜のフェシュテティッチ宮殿は文句なくすばらし

壮麗なフェシュテティッチ宮殿

い。温泉湖ヘーヴィーズへの玄関口として訪れる観光客も多いが、この立派な宮殿を見るだけでも立ち寄る価値がある。

ケストヘイの 歩き方

鉄道駅とバスターミナルは隣接しており、**中央広場Fő tér**までは徒歩約20分。中央広場には市庁舎や教会があり、いちばんの見どころ**フェシュテティッチ宮殿**

中央広場に建つゴシック教会

Festetics-kastélyにつながっている。中央広場から緩い下り坂**エルジェーベト通りErzsébet királyné u.**を進み、**ヘリコン公園Helikon Park**を過ぎるとバラトン湖が迫ってくる。周遊フェリー乗り場近くにはリゾートホテルがあり、遊泳場Városi Strandやテニスコートなどの行楽施設が充実。

ケストヘイの おもな見どころ

✿ フェシュテティッチ宮殿

Festetics-kastély (Festetics Palace)

1745年、ケストヘイの礎を築いたフェシュテティッチ・クリシュトーフFestetics Kristófが建設した大宮殿。建物は美しい庭園を囲んで大きなコの字形をしている。宮殿内は非常に広いが、ガイドなしでゆっくりと見学できる。宮殿内のサロンは101室にも及び、現在は18室が一般公開されている。豪奢な調度類はおもに高級建具師ケルブル・ヤーノシュKerbl

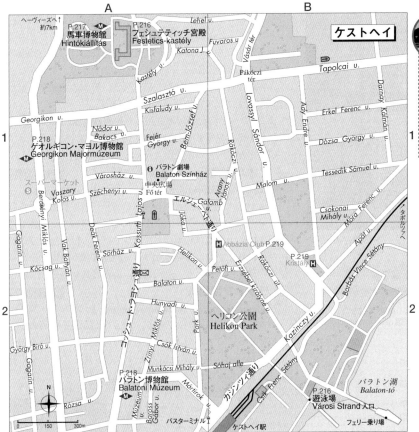

地図内の表記

A　B

ヘーヴィーズへ↑
約7km

P.217
馬車博物館
Hintókiállítás

P.216
フェシュテティッチ宮殿
Festetics-kastély

ケストヘイ

Lehel u.

Fővaros u.

Katona J.

Kastély u.

Pákóczi tér

Tapolcai u.

Ady Endre u.

Darnay

Szalasztó u.

Kisfaludy u.

Georgikon u.

Nádor u.
Bakács u.

Fejér György u.

Bem József u.

Lovassy Sándor

Rákóczi u.

Erkel Ferenc u.

Kálmán u.

Dózsa György u.

P.218
ゲオルギコン・マヨル博物館
Georgikon Majormúzeum

Városház u.

Széchenyi u.

Balaton Színház
中央広場
Fő tér

Atádi János

Malom u.

Tessedik Sámuel u.

スーパーマーケット

Vaszary Kolos u.

Bercsényi Miklós u.

Deák Ferenc u.

Kossuth Lajos u.

Sörház u.

Galamb
エルジェーベト王妃通り

Jóka u.

Erzsébet királyné u.

Csokonai Mihály u.

Mária Ferenc u.

Apát u.

タポルツァへ

Gagarin u.

Vak Bottyán u.

Helikon u.

Abbázia Club P.219

P.219
Kristály

Kőcsag u.

Balaton u.

Petőfi u.

Rákóczi u.

Bárdos Vince Sétány

György Bíró u.

Gagarin u.

Hunyadi u.

Zrínyi Miklós u.

Csók István u.

Pór u.

ヘリコン公園
Helikon Park

Kazinczy u.

Munkácsi Mihály u.

Mártírok u.

Sóhaj alle

Csík Ferenc Sétány

バラトン湖
Balaton-tó

Rózsa u.

P.218
バラトン博物館
Balatoni Múzeum

Baross Gábor u.

Múzeum u.

N

カジンツィ通り

P.216
遊泳場
Városi Strand 入口

バスターミナル
ケストヘイ駅

フェリー乗り場

0　150　300m

バラトン湖

ケストヘイ

Jánosの作品。いくつもの戦禍を免れたうえ、1944年に国家に接収されるまでフェシュテティッチ家の邸宅だったため保存状態がいい。数え切れないほどの家具や美術工芸品は、17世紀以降にイギリス、ドイツ、北イタリア、ウィーンなどから寄せられた逸品。ロココ調にネオゴシック様式と、まるで世界のデザイン工芸展のようだ。

　圧巻は8万6000冊の蔵書を誇るヘリコン図書館。1745年、フェシュテティッチ・クリシュトーフが約600冊の蔵書を収容するための部屋を造ったのが始まりとされる。現在残る古典様式の図書館はフェシュテティッチ・ジュルジFestetics Györgyの指示により1799年から2年がかりで完成したもので、建築家ランツ・ヤーノシュが設計を担当した。蔵書には1541年シルヴェステル・ヤーノシュSzilvester János訳の新約聖書などの稀少本も多い。本の貸し出しは行っていないが、内部の見学は可能。碩学であり、神聖ローマ帝国の政策ブレーン

■フェシュテティッチ宮殿
住Kastély u. 1
☎(83)314-194
URLhelikonkastely.hu
開7・8月　　9:00〜18:00
　9〜6月　10:00〜17:00
休10〜4月の月
料2500Ft（学生1250Ft）
　ガイドツアー（英語）
　1万Ft（1グループ）
　写真・ビデオ撮影 1500Ft
　馬車博物館の入場料を含
　むコンビネーションチケッ
　トとして販売している。
ヘリコン図書館
開8:00〜16:00
休土・日
料1500Ft（学生700Ft）
馬車博物館
開休フェシュテティッチ宮
殿と同じ

膨大な蔵書に圧倒される
ヘリコン図書館

さまざまな馬車が見られる馬車
博物館

■ゲオルギコン・マヨル
　博物館
🏠Bercsényi Miklós u.
　65-67
☎(83)311-563
URLwww.elmenygazdasag.hu
🕐4・5・9〜11月
　　　　9:00〜16:00
　6〜8月　9:00〜16:00
休4・10・11月の土・日、5・
　9月の日、12〜3月
料600Ft（学生400Ft）

■バラトン博物館
🏠Múzeum u. 2
☎(83)312-351
URLwww.balatonimuzeum.hu
🕐6〜8月　9:30〜17:30
　9〜5月　9:00〜17:00
休9〜5月の日・月
料900Ft（学生450Ft）

でもあったフェシュテティッチ家を支えた知識の宝庫である。

　そのほか、ハンガリーの古い武具、イスラム美術などの展示がある。おもしろいのは、宮殿の一角に設けられた狩猟の展示Vadászati Kiállitás。ヨーロッパ、アフリカ、インドなど世界各地で狩られた動物たちの剥製が、野生の状態を再現したジオラマになっている。

　また、かつての馬小屋を利用した**馬車博物館**Hintókiállitásも、合わせて見学したい。19世紀後半から20世紀初めにかけての馬車が並べられ、見応えがある。

ゲオルギコン・マヨル博物館　Map P.217-A1
Georgikon Majormúzeum　(Georgikon Farm Museum)

　フェシュテティッチ・ジュルジによって1797年に設立された、ヨーロッパ初の農業大学ゲオルギコンの歩みを伝える博物館。広い中庭には戦車ほどの大きさがある巨大なトラクターが置かれている。そのほかワイン醸造に使う農機具や荷運び用の馬具やソリなど、近代農業以前の農具が多い。

バラトン博物館　Map P.217-A2
Balatoni Múzeum　(Balaton Museum)

　おもにバラトン湖周辺の自然、および湖を巡る航海の歴史について知ることができる。周辺から発掘された土器やかつての生活用具、装飾品、船にまつわる道具などを数多く展示。また、温泉湖ヘーヴィーズの仕組みが地学的に分析された資料は興味深い。また、バラトン湖は丘陵地をもつ北岸側から水が流れ込み、湖水が南岸の町へ吸い込まれる構造であることもわかる。

バラトン湖周辺について知ろう

COLUMN

ハンガリー史にその名を刻むフェシュテティッチ家の人々

　フェシュテティッチ家は17世紀にハンガリーに移住してきたクロアチア出身の貴族。移住以来ハンガリー史において重要な役割を果たしてきた。

　3代目で初代城主のクリシュトーフFestetics Kristófは西欧諸国から職人や交易商人を呼び寄せることで町を発展させ、1739年にはケストヘイのほとんどの土地を所有した。1741年には神聖ローマ帝国の最高裁審議官になっている。4代目パール3世Festetics Pál IIIは、税制および財政担当官としてマリア・テレジアに仕え、財政局カマラKamaraを設けてハンガリー領内の財政管理に努めた。ハンガリーは帝国内でも経済的な自立を保証されていたが、後の二重帝国の基盤を培ったのがパール3世だといえる。そして彼の娘ユリアンナJuliannaは、1848年の独立戦争の英雄セーチェニ・イシュトヴァーンの母であり、息子はヨーロッパ最初の農業大学ゲオルギコンを設立したフェシュテティッチ・ジュルジFestetics Györgyである。

ケストヘイからの エクスカーション

ヘーヴィーズ
Hévíz

Map P.198

水深は最大38mもあるため浮き輪が必須

広大な**温泉湖**Gyógytóで有名な、バラトン湖きっての温泉療養地。その名はヨーロッパ中に知れ渡っており、季節を問わず多くの湯治客が押し寄せている。温泉湖の入口は北、南、西の3ヵ所あり、バスターミナルのすぐ前が西口。通りを挟んでカフェやレストラン、みやげ物屋がところ狭しと並んでいる。入口横のチケット売り場ではタオルのチケットも売っている。温泉湖の入り方はハンガリーのほかの温泉と同じで、入浴料を支払うとICチップ入りの腕輪（リストバンド）を渡されるので、入場、更衣室でロッカーを開ける際に使用する。温泉湖の広さは、周囲の公園も含めて約4万4000m²。湖面には睡蓮の花がそこかしこに開き、ぽちゃぽちゃと泳ぐ湯治客の浮き輪と入り交じっている。温泉源はヤドカリのような尖頭をもつ入浴館の下にあり、噴出時の水温は38.5℃だという。湖沼には冷水が噴き出る泉源もあり、場所によって少しずつ温度が異なる。夏の平均水温は35℃、冬でも24℃前後に保たれる。代表的な適応疾患はリューマチ、関節炎、慢性の神経痛、婦人病など。なお

悪性腫瘍、血液疾患、てんかん、アルコール中毒、湿疹、また妊娠している人にはよくないそうなので入浴は控えよう。

デッキチェアが並び、リゾート地のような雰囲気

ヘーヴィーズへの 行き方

バラトン湖 / ケストヘイ

■バス
ケストヘイから1時間に1～7便運行、所要10分～、250Ft～。ケストヘイのバスターミナルから出発するバスは、中央広場Fő térにも停車する。

■温泉湖
住 Dr. Schulhof Vilmossétány 1
☎ (83)501-700
URL www.spaheviz.hu
営 9:00～17:30
（季節により変動あり）
休 無休
料 3時間　　3000Ft
　 1日　　　5200Ft

▲ ヘーヴィーズのホテル

ダヌビウス・ヘルス・スパ・リゾート・アクア
Danubius Health Spa Resort Aqua
住 Kossuth L. u. 13-15
☎ (83)889-500
URL www.danubiushotels.com
料 ⑤Ⓓ€90～
CC A D J M V
室数 167室

2つの屋内温水プールに屋外スイミングプール、ほかサウナやスチームバスなどスパ施設が充実したホテル。オールインクルーシブで、滞在中の飲食やスパ料金が宿泊料金に含まれている。さまざまなプランあり。

ケストヘイのホテル
Keszthely Hotel

▲ クリスターリ
Kristály Hotel
MAP P.217-B2

住 Lovassy Sándor u. 20
☎ (83)318-999
URL kristalyhotel.hu
料 ⑤Ⓓ€76～　朝食付き　CC M V　室数 40

スパ施設が充実した3つ星ホテルでジャクージやサウナを完備。バラトン湖へも近い。

▲ アバージア・クラブ
Abbázia Club Hotel
MAP P.217-B2

住 Erzsébet királyné ú. 23
☎ (83)312-596
URL abbazia-clubhotel.hu
料 ⑤Ⓓ①1万5300Ft～　CC A D J M V　室数 120室

アパートメントタイプのホテル。キッチン付きの客室は広々としていて快適。

バスタブ(全室)　テレビ(全室)　ミニバーあり　レストランあり
バスタブ(一部)　テレビ(一部)　インターネット(客室・無料)　インターネット(客室・有料)

オスマン帝国の襲来に耐えた堅固な城

シュメグ
Sümeg

ケストヘイ
→P.216から
約30分

シュメグ
●ブダペスト
★

DATA

人口 6133人

URL sumeg.hu

シュメグへの 行き方

鉄道
ケストヘイから1日7便程度（夏期増便）、所要50分～、2等840Ft～。

バラトン湖畔の各都市からは、タポルツァTapolcaで乗り換える。タポルツァからは1～2時間に1便（夏期増便）、所要20分～、2等370Ft～。

バス
ケストヘイから30分～2時間に1便、所要45分～、650Ft～。

ソンバトヘイから1～2時間に1便、所要1時間15分～、1490Ft～。

ヴェスプレームから1時間に1～2便、所要1時間25分～、1300Ft～。

■シュメグの❶
tourinform
▶Map P.220
住Kossuth Lajos u. 15
☎0620-417-6346
URL sumeginfo.hu
E-mail sumeg@tourinform.hu
開8:00～16:00
休土・日

■キシュファルディ博物館
▶Map P.220
住Kisfaludy Sándor tér 2
☎(87)350-130
開5～9月　10:00～18:00
　10～4月　8:00～16:00
休5～9月の月、10～4月の土・日
料500Ft（学生300Ft）

ハンガリー最大、かつ保存状態のよい古城シュメグ城を擁するシュメグは、バコニ山脈の南西端に位置する小さな町だ。この町が最も栄えたのは1552年。オスマン帝国が侵攻し

丘の上から町を見下ろすシュメグ城

たヴェスプレームから一時的に司教座が移された際のことである。現在では当時の面影はほとんどないが、丘の上にそびえるシュメグ城の雄姿は一見の価値がある。

シュメグの 歩き方

バスターミナルがある**フローリアーン広場**Flórián térからいちばんの見どころ**シュメグ城**Sümeg várへの登り口までは徒歩約10分。町のメインストリートである**コッシュート・ラヨシュ通り**Kossuth Lajos u.を北へにぎわいのあるほうに行き、❶の先で右折する。曲がってすぐ左に進めば**キシュファルディ博物館**Kisfaludy Múzeumがある。一方、正面に見え

シュメグ

220

るフランシスコ会教会右側の道を進むと、やがて城への登り口が現れる。

　駅は町の中心からやや離れている。バスもあるが歩いたほうが早く、10分ほどで中心地へ着く。まずは駅の正面から、住宅街を突っ切って**ダルナイ・カールマーン通り**Darnay Kálmán u.を進む。ルコニッチ・ガーボル通りDr. Lukonich Gábor u.に突き当たったら右へ。左側上方に山頂の城郭が見えるはずだ。ここから3分ほど歩くと、茶色の小さな教会が立つ分岐点にさしかかる。右へ行けば**ローマ・カトリック教区教会**Plébánia templom、左へ折れるとコッシュート・ラヨシュ通りKossuth Lajos u.だ。

シュメグの おもな見どころ ●

🏰 シュメグ城
Sümeg vár (Sümeg Castle)

Map P.220

　標高約270mの丘に建つシュメグ城は13世紀頃、アールパード王朝ベーラ4世（在位1235〜70）の治世下に築城された。急峻な登り道から見上げる城郭は、屈強な風格をたたえている。この城は、16世紀にはオスマン帝国軍撃退の、18世紀には反ハプスブルク軍にとっての要衝となった。しかし1713年、ハプスブルク帝国からの独立戦争に敗れると、その堅固さを嫌うハプスブルク軍によって徹底的に破壊され炎上した。修復されたのは1960年代になってからだ。

　現在、中庭では中世の騎士たちが馬に乗って槍試合などを行うショーが催される。城塞内部には小さな博物館もあり、城の歴史や武器、再現された拷問部屋などが見られる。

🏰 ローマ・カトリック教区教会
Plébánia templom (Church of the Ascension)

Map P.220

　画家フランツ・アントン・マウルベルチFranz Anton Maulbertsch（1724〜96）のすばらしいフレスコ画が内部を飾る教会。マウルベルチの作品はいくつもの由緒ある教会を飾っているが、この教会のフレスコ画は印象が少々異なる。薄い黄色を基調としたパステルカラーが用いられ、さわやかな雰囲気だ。

緑に囲まれたローマ・カトリック教区教会

シュメグ城からの眺め

■**シュメグ城**
🏠Vároldal u.
☎(87)550-166
URLwww.sumegvar.hu
開4・5・9・10月
　　　　　　　9:00〜17:00
　6〜8月　　9:00〜19:00
　11〜3月　9:00〜16:00
休無休
　（悪天候時は入場不可）
料1500Ft（学生800Ft）

■**ローマ・カトリック**
　教区教会
🏠Bíró M.u. 3
☎(87)352-003
URLplebania-sumeg.blog
　　spot.com
開9:00〜16:45
休日・月
料無料

🏨 **シュメグのホテル**

カピタニ・ウェルネス
Hotel Kapitany Wellness
MAP P.220
🏠Tóth Tivadar u. 19
☎(87)550-166
URLwww.hotelkapitany.hu
料⑤①2万2500Ft〜
　朝食付き
CC A M V 客室154
　シュメグ城の麓に建つ4つ星ホテル。冬期休業あり。

ブガツでハンガリー大平原を満喫

ケチケメート（→P.224）からほど近いところにあるブガツ・プスタBugac Pusztaはドナウ川とティサ川の間にある平原地帯の一部。3万1529ヘクタールあるキシュクンシャーギ国立公園Kiskunsági Nemzeti Parkのうち、1万880ヘクタールを占める地域である。ここはアルカリ土壌の砂地に塩水の沼、池、湖が点在し、ホルトバージ（→P.171）とともにハンガリーを代表するプスタの風景が見られる。観光の拠点となるのはブガツ村。村はずれの牧畜博物館Pásztor Múzeumはわらぶき屋根の小さな建物で、付近に生息する野生動物の剥製や生活用品などが展示されている。また、近くの牧場では、馬術ショーを行っている。なお、ショーは基本的に夏場、ツアー参加者がいる場合にのみ行われるので注意。プスタとしてはホルトバージよりも小規模だが、ブダペストから近いために日帰りのツアーなども多く出ている。個人で行く場合にはケチケメートの❶などで情報収集しよう。

■牧場

大平原のなかにある伝統的な家屋、チャールダを拠点とした牧場カリカーシュ・チャールダでは、馬術ショーが見学できる。レストランや、宿泊施設もある。

カリカーシュ・チャールダ
Karikás Csárda
🏠6114 Bugac, Nagybugac 135
☎(76)575-112
URLwww.bugacpuszta.hu
🕐5〜9月の毎日12:15〜

牧場の入口付近にあるインフォメーション窓口でチケットを購入、ショーが行われる会場までは1.5kmほど距離があるため、11:30までには受付を済ませるように。

■ブガツへの行き方

ケチケメートとセゲドを結ぶ鉄道線上にあるキシュクンフェーレジハーザKiskunfélegyháza下車。さらにバスに乗って約30分でブガツの集落に着く。ただし、ここから牧場までは約5kmほどあるので、ブダペストやケチケメートからのツアーを利用するのがおすすめ。

大興奮の馬術ショー

ハンガリーサラミ発祥の地

ハンガリーの食卓に欠かせないサラミ。ハンガリー産のサラミはヨーロッパのなかでも味がよいと評価が高い。そのサラミがハンガリーで最初に作られたのは1841年のセゲド（→P.226）においてだった。農業が盛んなセゲド周辺の良質な肉やスパイスと、何よりティサ川を吹く風がサラミの乾燥や熟成に欠かせなかったという。1869年に今のドーム広場にサラミの店をオープンしたのが、マールク・ピックという人物。ハンガリーで最も有名なサラミメーカーPICKの創始者だ。今もPICKの本社はセゲドにあり、サラミ製造の専門知識をもつサラミマスターにより、伝統の味が受け継がれている。なお、サラミにも種類がいろいろあり、有名なのはウィンターサラミ。表面が白カビで覆われていること、寒い冬に製造したことが名前の由来だ。乾燥、熟成と、完成までには2年以上もかかるという。

おみやげに買って帰りたいところだが、サラミの日本への持ち込みには検疫証明書が必要で、旅行者の持ち帰りは基本不可。ハンガリーで思う存分味わおう。

PICKのハンガリーサラミ。パプリカ入りで赤い色をしている

ハンガリー南部

Déli-Magyarország

ペーチのジョルナイ博物館

作曲家コダーイや劇作家カトナを生んだ町

ケチケメート

Kecskemét

町の中心コッシュート広場

19世紀後半から、レヒネル・エデンをはじめとする若い建築家がここケチケメートで活躍し、今でも彼らの残したユニークなフォルムの建物が数多く残されている。周囲は中世から農業が栄えた農耕地で、現在でもアンズやプラムなどの果実栽培が盛ん。ハンガリー特産の蒸留酒パーリンカのなかでも、ケチケメート名産のアンズを使ったバラック・パーリンカは特に有名だ。

ケチケメートの 歩き方

駅とバスターミナルは隣り合っている。どちらに着いても、公園を抜けてナジクールシ通りNagykőrösi u.からラーコーツィ通りRákóczi útを歩き、**自由広場Szabadság tér**に出よう。見どころはこの広場周辺と、隣の**コッシュート広場**Kossuth térに集まっている。駅から来て広場の突き当たりにあるピンク色の建物が**市庁舎Városház**。毎正時になると、市庁舎の鐘が独特の音色で鳴り響く。広場の中心には17世紀に建てられた**カルヴァン派教会Református templom**が、市庁舎の向かいには**聖ミクローシュ教会Szt. Miklós templom**が、そして市庁舎の隣には**古い教会 Öregtemplom**がある。コッシュート広場から歩いて10分くらいのところには、身近な題材を素朴な力強さで描くナイーヴアートを集めた**ナイーヴ美術館Naív Múzeum**と、20世紀初頭のおもちゃを展示する**おもちゃ博物館Játék Múzeum**がある。

ケチケメートの おもな見どころ

装飾宮殿

Map P.225-B2

Cifrapalota (Ornamented Palace)

個性的な装飾に彩られていることから「装飾宮殿」という名で呼ばれている、アールヌーボー様式のかわいらしい建

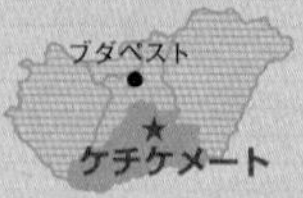

DATA

人口　11万1724人

URL www.kecskemet.hu

ケチケメートの 行き方

鉄道

ブダペスト西駅から1時間に1〜2便、所要1時間15分〜、2等2375Ft〜、1等3105Ft〜。

バス

ブダペストのネープリゲト長距離バスターミナルから1時間に1〜3便、所要1時間10分〜、1680Ft〜。

■ケチケメートの i
tourinform
▶Map P.225-B2
住 Szabadság tér 5A
電 (76)800-040
E-mail kecskemet@tourinform.hu
開 5〜9月
月〜金　8:30〜17:30
土　9:00〜13:00
10〜4月
月〜金　8:30〜16:30
休 日、10〜4月の土

■ナイーヴ美術館
▶Map P.225-A2
住 Gáspár András u. 11
電 (76)324-767
開 10:00〜12:30、13:00〜17:00
休 月、11〜2月
料 450Ft(学生250Ft)

■おもちゃ博物館
▶Map P.225-A2
住 Gáspár András u. 11
電 (76)481-469
開 3〜10月
10:00〜12:30、13:00〜17:00
11〜2月　10:00〜16:00
休 日・月　料 450Ft

■装飾宮殿
住 Rákóczi u. 1
電 (76)480-776
開 10:00〜17:00
休 月　料 700Ft(学生350Ft)

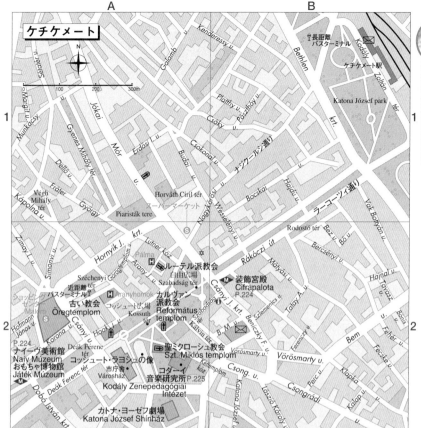

ケチケメート

物。1階は現代、2階は19世紀半ば頃の作家の油彩画を中心に展示。3階にはセゲド出身の画家トート・メニヘルトTóth Menyhértの作品が並ぶ。柔らかい色彩の人物画がすばらしいが、注目すべきは建物。マールクシュ・ゲーザの設計で

3階建てのギャラリーとなっており、随時企画展も行われる

1914年に完成したもの。マールクシュは市庁舎（1896年完成）を設計したレヒネルの影響を受けている。

コダーイ音楽研究所

`Map` P.225-A2

Kodály Zenepedagógiai Intézet(Kodaly Institute of Music Pedagogy)

ケチケメート出身の音楽家コダーイは「コダーイ・メソッド」といわれる独特の音楽教育方法を編み出した。そのシステムに従って指導が行われるこの音楽学校では、コダーイの人生や仕事について、小規模のパネル展示が見られる。

■コダーイ音楽研究所
住Kéttemplom köz 1-3
☎(76)481-518
URL kodaly.hu
開10:00～18:00
休無休
料150Ft（学生100Ft）

建物の奥は教室として使われているため、入場できるのは手前の回廊部分まで

セゲド
Szeged

DATA
人口 16万2621人
URL www.szegedvaros.hu

鉄 道
　ブダペスト西駅から1時間に1〜2便、所要2時間20分〜、2等3705Ft〜、1等4735Ft〜。
　ケチケメート駅から1時間に1〜2便、所要1時間5分〜、2等1680Ft〜、1等2430Ft〜。

バス
　ブダペストのネープリゲト長距離バスターミナルから1日6便程度、所要3時間〜、3130Ft〜。
　ケチケメートから1時間に1〜2便、所要1時間35分〜、1680Ft〜。

■セゲドの❶
tourinform
▶Map P.227-A2
住Dugonics tér 2
☎(62)488-699
URLszegedtourism.hu
開月〜金　9:00〜17:00
　　土　10:00〜16:00
　　（時期により変動あり）
休日

市内移動はトラムが便利

セゲドの市庁舎と噴水。市庁舎の屋根はジョルナイ製のタイルが使われている

　ブダペストの南約175km、セルビアとルーマニアの国境近くに位置するセゲド。ティサ川とマロシュ川が合流するこの町は、11〜12世紀には地の利を生かした塩貿易で発展し、トランシルヴァニア地方から塩を積んだ船が絶えず行き来していた。しかしその後、戦争や洪水で町は幾度となく破壊されてしまう。特に1879年には、川の氾濫によりセゲドは壊滅的な被害を受ける。現在の町は、20世紀に入ってヨーロッパ各国の援助で復元や整備されたもの。ビジネスマンや留学生など外国人の姿も多く、インターナショナルな雰囲気がある。また、夏には大規模なフェスティバルが開かれ、コンサートやミュージカルなどが連日開催される。

セゲドの

　町の中心は**セーチェニ広場**Széchenyi térで、それを囲むように環状線のティサ・ラヨシュ通りTisza Lajos krt.が走っている。駅に着いたら駅前の停留所からトラム1番か2番に乗り、セーチェニ広場まで出ると楽。切符は駅前にある小屋のような売り場か、トラム内でも購入できる。
　カフェやショップが軒を連ねてにぎやかなのは、セーチェニ広場の南の**クラウザール広場**Klausál tér周辺。中心部の北西に位置するバスターミナルからセーチェニ広場までは歩いて約10分。見どころはだいたいセーチェニ広場から**ドーム広場** Dóm térの間にある。

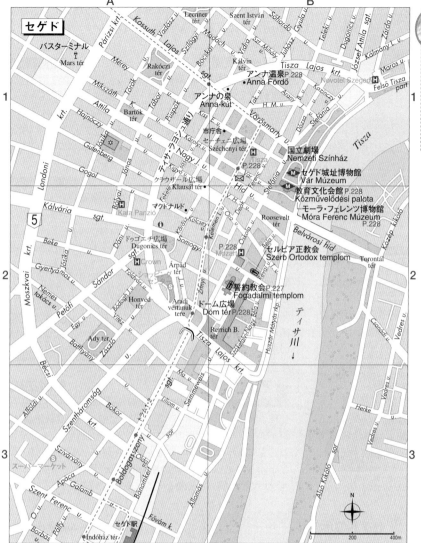

セゲド

A　　　　　　　　　　　　B

バスターミナル
Mars tér

Lechner tér
Szent István tér

Kossuth Lajos

Párizsi krt.
Szilágyi
Madách
Bocskai
Vár
Sz. Mihály
Juhász
Sóhordó
Gyula
Teleki
Dugonics
József Attila sgt.
Kálmány L. u.

Mérey
Rakóczi tér
Kiss
Kálvin tér
Tisza Lajos
Anna温泉 P.228
Anna Fördö
Novotel Szeged
Maros u.
Felsö Tisza part

Mikszáth
Tárok
Puskin
二人通り
アンナの泉
Anna-kút
Aradi
H. M. u.
Kozinczy
Felsö Tisza part

Attila
Bartók tér
Nagy J. u.
市庁舎
セーチェニ広場
Széchenyi tér
Vörösmarty
Dózsa
Stefánia

Hajnóczy
Gutenberg
Károly u.
クラウザール広場
Klauzál tér
Tisza P.228
国立劇場
Nemzeti Színház

Londoni
Gogol
Bajai
Feketesas
Kárász u.
Oroszlán
Stefánia
セゲド城址博物館
Vár Múzeum
教育文化会館 P.228
Közművelődési palota
モーラ・フェレンツ博物館
Móra Ferenc Múzeum P.228

Kálvária sgt.
Kata Panzió
マクドナルド
Kölcsey
Roosevelt tér
Belvárosi híd

Beke
Dáni
ドゥゴニチ広場
Dugonics tér
Somogyi
P.228
Mozart
Oskola
Béla
Torontál tér

Moszkvai krt.
Gyertyámos u.
Sándor
Árpád tér
ショッピングセンター
セルビア正教会
Szerb Ortodox templom

Nemes takács u.
Petöfi
Honvéd tér
Földváry
Aradi vértanúk tere
誓約教会 P.227
Fogadalmi templom

Ady tér
Báthyány
Zászló
László
Egy.
Vitéz
Boldi
ドーム広場
Dóm tér P.228
Rerrich B. tér
Huszár Mátyás Béla u.
Stefánia
ティサ川
↓

Bécsi
Alföldi
Szenthárámság krt.
Bokor
Tisza Lajos krt.
Semmelweis
Tömörkény
Maár
Tisza Lajos krt.
Csanádi u.
Vedres u.

Moszkvai krt.
Szivárvány
スーパーマーケット
Oldal u.
Boldogasszony
Bánomkert
Herke
Vedres u.
Alsó Kikötő sgt.

Szent Ferenc u.
Apáca
Galamb
Állomás
セゲド駅
Fővám k.

Borbás
Paify
Indóház tér

N
0　　200　　400m

ハンガリー南部

セゲド

セゲドの

◆誓約教会

Map P.227-B2

Fogadalmi templom（Votive Church）

　セゲドのシンボルともいえる誓約教会は、1930年に完成したネオロマネスク様式の建物。2本の塔の高さは91m。中にあるオルガンは9000本以上のパイプをもち、イタリアのミラノに次いでヨーロッパ第2の大きさを誇る（見学不可）。誓約

■誓約教会
🏠Dóm tér 15
📞(62)420-157
🔗www.fogadalmite
　mplom.hu
🕐8:00〜17:00
　※ミサの間は入場不可
休無休
料塔　650Ft（学生400Ft）
　地下墓地　200Ft

227

天を突く誓約教会の塔とデメトリウスの塔

3方向がアーケードに囲まれている。左上に仕掛け時計がある

■モーラ・フェレンツ博物館
▶Map P.227-B1·2
🏠Roosevelt tér 1-3
☎(62)549-040
URLmoramuzeum.hu
🕐10:00〜18:00
休無休
料1990Ft（学生1390Ft）

■アンナ温泉
🏠Tisza Lajos krt. 24
☎(62)553-330
URLwww.szegedsport.hu
🕐6:00〜20:00 休無休
料2000Ft

アンナの泉。地元の人がひっきりなしに鉱泉をくみに来る

教会の前にある八角形の塔はデメトリウスの塔 Szt. Dömötör torony で、もともと別の教会にあったものだが、1925年にここに移された。

🌿 ドーム広場 　　　　　　　　*Map* P.227-B2

◈ Dóm tér（Dóm Square）

誓約教会のある大きな広場。毎年夏にはここでオペラやミュージカルの上演を中心としたオープンエア・フェスティバルが行われる。ドーム広場の裏側にあるバロック様式の教会はセルビア正教会 Szerb Ortodox templomで、1778年に建てられた。中には貴重なイコンが納められている。

🌿 教育文化会館 　　　　　　　*Map* P.227-B1·2

◈ Közművelődési palota（Palace of Education）

おもに19世紀後半から20世紀前半にかけてのハンガリー出身アーティストの作品を展示。セゲド出身の作家モーラ・フェレンツの愛用した机や家具、肉筆の書簡などが展示されている**モーラ・フェレンツ博物館 Móra Ferenc Múzeum**もこの中にある。重厚な雰囲気の建物の前には美しい庭園がある。また、この建物の裏側から川沿いに緑豊かな公園が広がっている。

ギリシア建築を思わせる堂々たる建物

🌿 アンナ温泉 　　　　　　　　*Map* P.227-B1

◈ Anna Fördő（Medicinal Thermal and Wellness Spa）

地下944mから湧き出す52℃の温泉は鉄分の含有量が高い。ジャクージ、サウナがあり、マッサージを受けることもできる。もちろん水着着用。温泉を出て左側のバス停前には、鉱泉が湧き出ている**アンナの泉Anna-kút**があり、ペットボトルをいくつも持って鉱泉をくみに来る人が絶えない。

セゲドのホテル 　　　　　　　　　　　　　**Szeged Hotel**

◣ ティサ
Tisza Hotel 　　　　　　　　**MAP P.227-B1**

🏠Széchényi tér 3　☎(62)478-278
URLwww.tiszahotel.hu
料⑤€50〜69　ⓓ€65〜80　朝食付き　CC A M V　客室50

セーチェニ広場に面した、1885年建築の古い建物をリノベーションした3つ星ホテル。ホテル内にレストランやカフェがある。部屋は4タイプありコロニアルなスタイル。アパートタイプもある。

◣ モーツァルト
Mozart Hotel 　　　　　　　**MAP P.227-B2**

🏠Oskola u.16　☎(62)800-040
URLwww.mozarthotel.hu
料⑤€48〜　ⓓ€55〜　朝食付き　CC A M V　客室15

誓約教会と道を挟んだ便利な立地にある、こぢんまりとした雰囲気のいいホテル。ドアを開けるとカフェスペースがある。室内はブラウン系でまとめたモダンなデザインで落ち着ける。

初期キリスト教遺跡とジョルナイ陶器の町

ペーチ

Pécs

バロック様式の市庁舎が面する、町の中心セーチェニ広場

　ハンガリー第5の都市ペーチは活気にあふれた学生の町だ。ローマ時代にはソピアネと呼ばれ、すでにキリスト教の中心地のうちのひとつであった。14世紀に国内最初の大学が創立され、学問文化や商業の中心としても発展した。1543年から150年にわたって、オスマン帝国に占領された時代に受けたイスラム文化の影響も色濃く残っている。

　また、ペーチはハンガリーを代表する陶磁器、ジョルナイの発祥地であり、町にはジョルナイの工場や美術館がある。

ペーチの 歩き方

　ほかの地方都市に比べると町は広く、見どころは次の4つのエリアに分けることができる。バスターミナル近くから町の中心の**セーチェニ広場**Széchenyi térまで続く目抜き通り、**バイチ・ジリンスキ通り**Bajcsy-Zsilinszky u.から**イルガルマショク通り**Irgalmasok út。国立劇場があり高級ホテルやレストランが並ぶにぎやかな**キライ通り**Király u.。美術館が多い**カープタラン通り**Káptalan u.。大聖堂や司教館があり、学生寮が多い**ドーム広場**Dóm tér周辺。駅からセーチェニ広場までは、駅正面から真っすぐ延びる自由通りSzabadság u.を進み徒歩15分。バス30番を利用してもいい。バスターミナルから広場までは徒歩約10分。

町なかにはジョルナイのタイルを使用した噴水や建物が点在する

ブダペスト

★ペーチ

━━ DATA

人口　14万5347人

URL m.iranypecs.hu

ペーチへの 行き方

🚄 鉄　道
　ブダペスト東駅から2時間に1便、所要3時間30分〜、2等4350Ft〜、1等5295Ft〜。

🚌 バ　ス
　ブダペストのネープリゲト長距離バスターミナルから1〜2時間に1便、所要3時間20分〜、3690Ft〜。
　シオーフォクから1日4便程度、所要2時間20分〜、2520Ft〜。

🏛 世界遺産
ペーチ（ソピアネ）にある初期キリスト教墓地遺跡
2000年登録

■ペーチの🛈
tourinform
▶**Map** P.230-B1
🏠Széchenyi tér 1
☎(72)213-315
開月〜金　　8:00〜18:00
　土・日　10:00〜18:00
休無休

夜間は広場の噴水もライトアップされる

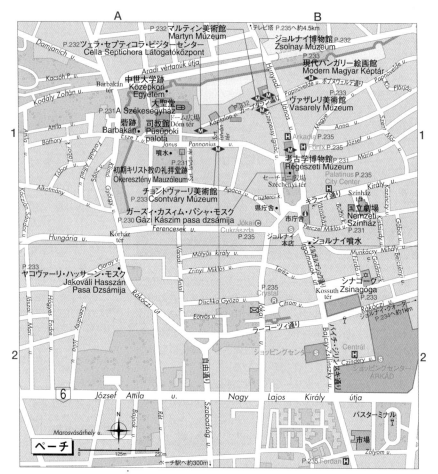

A   B

Damjanich u.

P.232 マルティン美術館
Martyn Múzeum

テレビ塔 P.235へ約4.5km

ジョルナイ博物館 P.232
Zsolnay Múzeum

P.232 ツェラ・セプティコラ・ビジターセンター
Cella Septichora Látogatóközpont

P.233
現代ハンガリー絵画館
Modern Magyar Képtár

Kacsóh P. u.

Aradi vértanúk útja

Kodály Zoltán u.

Barbakán
tér

中世大学跡
Középkori
Egyetem

大聖堂
P.231 A Székesegyház

砦跡
Barbakán

司教館
Püspöki
palota

ドーム広場
Dóm tér

Papnevelde u. ポプスヴェルデ通り

ヴァザレリ美術館
Vasarely Múzeum

Attila

Bâthory

Esze T. u.

噴水

Pannonius u.

初期キリスト教の礼拝堂跡
P.231
Ókeresztény Mauzóleum

チョントヴァーリ美術館
P.233
Csontváry Múzeum

ガーズィ・カスィム・パシャ・モスク
P.230 Gázi Kászim pasa dzsámija

Apáca u.

セーチェニ広場
Széchenyi tér

Ciszterci u.

県庁舎

Jókai C
Cukrászda
P.235

Arkada P.235

Fönix P.235

考古学博物館 P.231
Régészeti Múzeum

Palatinus
City Center

Kiraly

Színház
tér

国立劇場
Nemzeti
Színház

P.231

市庁舎

ジョルナイ
本店

ジョルナイ噴水

 P.233
ヤコヴァーリ・ハッサーン・モスク
Jakováli Hasszán
Pasa Dzsámija

Hungária u.

Kórház
tér

Ferencesek u.

Várad

Mátyás király u.

Zrinyi Miklós u.

Teréz u.

P.235
Crystal

Citrom u.

Munkácsy Mihály

シナゴーグ
Zsinagóga

P.233

Garay u.

Dischka Gyozo u.

Eötvös u.

Kossuth
tér

Rákóczi
ジョルナイ・ウォーク
P.234へ約1km

ラーコーツィ通り

Central

ショッピングセンター
ÁRKÁD

József   Attila   u.

Nagy   Lajos   Király   útja

バスターミナル

市場

Marosvásárhely u.

ペーチ

0   125m   250m

ペーチ駅へ約300m↓

P.235 Fordan

■ガーズィ・カスィム・
パシャ・モスク

住Széchenyi tér 20
電(72)373-8900
開月〜土 9:00〜17:00
　 日 13:00〜17:00
休無休
料1800Ft（学生900Ft）

モスク建築にキリスト教が織り
交ぜられたユニークな造り

ペーチの

おもな見どころ

ガーズィ・カスィム・パシャ・モスク   Map P.230-B1

Gázi Kászim pasa dzsámija (Mosque of Pasha Gazi Kasim)

　セーチェニ広場に建つペーチ随一のモニュメント。16世紀にモスクとして建立されたハンガリー最大のオスマン建築で、現在はカトリック教会として使われている。北側の半分は20

モスクの外観をしたカトリック教会

世紀中頃に増築されたもので、南側に見ることができるイスラム文化の名残がこの教会の特徴だ。通常のカトリック教会では説教者は信者に向かって立つものだが、ここで

は信者席の半分が円形劇場のようになっており、祭壇は信者に囲まれるような位置に置かれている。

モスクの裏側にはペーチ周辺から出土した鉄器などが展示されている**考古学博物館**Régészeti Múzeumがある。

■考古学博物館
▶Map P.230-B1
Széchenyi tér 12
(72)312-719

国立劇場

Map P.230-B1

Nemzeti Színház (National Theatre)

にぎやかなキラーイ通りで、特に目を引く美しい建物が国立劇場だ。堂々としたたたずまいながら、柔らかな色調が優しい印象を与えている。1893〜95年に、アントン・ラングAnton Langおよびアントン・シュタインハルトAnton Steinhardtにより、折衷様式で建てられた。毎夜19:00頃になると、着飾った人々が観劇を楽しみに集まってくる。

壮麗な国立劇場の建物

■国立劇場
Perczel Miklós u.17
(72)211-965
URL www.pnsz.hu
　正面右側にあるチケットオフィスでは、公演内容のスケジュールを配布している。

大聖堂

Map P.230-A1

A Székesegyház (Cathedral)

高さ約70m、幅約40mという大きさと四隅にそそりたつ尖塔が鮮烈な印象を与える大建築。11世紀に創建されたがオスマン帝国軍によって破壊され、1882年から1891年にかけネオロマネスク様式の大教会として再建された。堂内は広く天井は高く、パンノンハルマ修道院（→P.180）の礼拝堂をしのぐスケールがある。教会内ではいくつかの小さな礼拝所や正面左の尖塔と聖堂地下室のみがわずかに創建当時の部分として

残っている。なお、この周辺には18世紀に修復された司教館Püsüpoki palotaや15世紀の砦跡Barbakán、フランツリストの彫像など見どころが集まっている。

天井一面に描かれた見事なフレスコ画

■大聖堂
Szt. István tér 23
開 月〜土　　9:00〜17:00
　 日　　11:30〜17:00
休無休
料1500Ft（学生800Ft）

大聖堂が面するドーム広場では頻繁にイベントも行われる

砦跡は内部に階段が設けられており、上って町並みを眺めることができる

初期キリスト教の礼拝堂跡

Map P.230-A1

Ókeresztény Mauzóleum (Early Christian Mausoleum)

大聖堂の南側にあり、2000年にユネスコの世界遺産に登録された初期キリスト教墓地遺跡の一部。礼拝堂跡の下には、4世紀頃のローマ時代に作られた小さなカタコンベ（地下埋葬室）があり、アダムとイブと蛇、預言者ダニエルとライオンなど旧約聖書に関する壁画と石棺のレリーフをガラス越しに見ることができる。

ペーチ旧市街には初期キリスト教の礼拝堂跡を含め、18ヵ所の地下遺跡が発見されている。その内の8ヵ所（八角形の埋葬室Nyolcszögű sírkamraなど）は**ツェラ・セプティコラ・**

■初期キリスト教の礼拝堂跡
Szt. István tér
(72)224-755
開 4〜10月　10:00〜18:00
　 11〜3月　10:00〜17:00
休月
料ツェラ・セプティコラ・ビジターセンターとの共通チケット1900Ft（学生1100Ft）

ツェラ・セプティコラ・ビジターセンター内にある埋葬室

■ツェラ・セプティコラ・
　ビジターセンター
▶Map P.230-A1
住Szt. István tér
☎(72)224-755
URLwww.pecsorokseg.hu
開4～10月　　10:00～18:00
　11～3月　　10:00～17:00
休月
料初期キリスト教の礼拝堂
　跡との共通チケット
　1900Ft（学生1100Ft）
　中世大学跡
　1000Ft（学生600Ft）
　初期キリスト教の礼拝堂、
　中世大学跡との共通チケ
　ット
　2200Ft（学生1400Ft）

ツェラ・セプティコラ・ビジタ
ーセンターの入口

■ジョルナイ博物館
住Káptalan u. 2
☎(72)514-045
URLwww.jpm.hu
開10:00～18:00
休月
料1500Ft（学生750Ft）

■ジョルナイ製品を使用
　したおもな建造物
ジョルナイ噴水
▶Map P.230-B1
郵便局
▶Map P.230-B2
住Jókai u.10
県庁舎
▶Map P.230-B1
住Széchenyi tér
Hパラティヌシュ・シティ・
　センター
→P.235
Hフーニックス
→P.235

■マルティン美術館
▶Map P.230-B1
住Káptalan u. 4
☎0630-934-8466
URLwww.jpm.hu
開10:00～18:00
休月
料500Ft（学生250Ft）

ビジターセンターCella Septichora Látogatókőzpont内に
あり、地下通路で各遺跡を見学できる。また、ツェラ・セプ

ティコラ・ビジターセン
ターでは、大聖堂の北に
ある中世大学跡Középkori
Egyetemのガイドツアー
の申し込みもでき、ビジ
ターセンター、礼拝堂と
の共通チケットもある。

高度な技術があったと推測される壁画

ジョルナイ博物館　　　Map P.230-B1
Zsolnay Múzeum（Zsolnay Museum）

　ジョルナイはヘレンドと双璧をなすハンガリーの名窯。ヘ
レンドに比べ、より絢爛豪華な雰囲気を漂わせている。紫や
赤茶色といった暗い色調を大胆に使うのが特徴で、特にジョ
ルナイが独自に開発したエオシン釉薬は、玉虫色に輝き強烈
な印象を残す。館内には壁や柱のタイル装飾をはじめ、1906
年のミラノ国際博覧会に出展したアヒルの噴水、創業者のジ
ョルナイ家が使用した家具なども展示されている。なかには
19世紀の日本の伊万里焼を模したジョルナイの皿が比較展示
されており興味深い。

　また、ペーチの町にはジョルナイの工場と敷地内にジョルナ
イ・クオーター（→P.234）が、旧市街には食器類を販売する
ジョルナイ本店もあるほか、い
たるところでジョルナイ製品を
見つけることができる。

花のレリーフが美しいテラコッタ

2階では随時企画展が行われている

カープタラン通り　　　Map P.230-A・B1
Káptalan u.（Káptalan Street）

　大聖堂前から東へ延びるカープタラン通りには、いくつも
のミュージアムが集まっている。
　ジョルナイ博物館の脇にある建物には、20世紀後半にペー
チで活躍したマルティン・フェレンツ（1899～1986）による
絵画、彫刻などが展示されているマルティン美術館Martyn
Múzeumが入っている。

ジョルナイ博物館の向かいに位置するのは**ヴァザレリ美術館**Vasarely Múzeum。ペーチ生まれのヴィクトル・ヴァザレリ（1908～97）は、幾何学模様や目の錯覚を利用したモダンアートの旗手であった。ここからさらに東へ行き、ポプヌヴェルデ通りPapnövelde u.へ入った左側には**現代ハンガリー絵画館**Modern Magyar Képtárがある。

　ドーム広場近くにある**チョントヴァーリ美術館**Csontváry Múzeumは、入口を進み階段を上った2階が展示室となっている。チョントヴァーリ・コストカ・ティヴァダルCsontváry Kosztka Tivadar（1853～1919）は、もともと薬剤師だったが、27歳のときに「偉大な画家になる」との啓示を受け、ヨーロッパ各地を放浪しつつ絵を描いた。力強い独特のスタイルの絵画が強い印象を残す。

✤ ヤコヴァーリ・ハッサーン・モスク 　Map P.230-A2

Jakováli Hasszán Pasa Dzsámija（The Mosque of Pasha Yakovali Hassan）

中心部から少し西に外れた場所にある16世紀のモスク。ただし、現在はモスクとして機能していない。ハンガリーにイスラム教寺院は少なくないが、モスクに添えられたミナレット（尖塔）が残っているのはここだけ。ミナレットの高さは23mに及ぶ。内部は小さな博物館になっており、イスラムの服や楽器、コー

天高くそびえる後方のミナレット

ランなどが展示され、イスラム文化の豊かさを伝えている。

✤ シナゴーグ 　Map P.230-B2

Zsinagóga（Synagogue）

　1865年から1869年にかけて建設されたもの。この頃、ペーチにはいくつものシナゴーグが建設されたが、現存するのはここだけだ。幅23.3m、奥行き32.25m、高さ18.73mという大きさ。ダビデの星が描かれた教壇部分には、当時のままに残されたユダヤ教典や時計、ユダヤ・カレンダーなどを見ることができる。なお、シナゴーグを見学する際、男性は受付にある帽子をかぶらなければならない。

正面ファサードにはヘブライ語で「すべての国民のための祈りの家」と書かれている

■ヴァザレリ美術館
▶Map P.230-B1
住Káptalan u. 3
✆0630-934-6127
URLwww.jpm.hu
開10:00～18:00
休月
料1500Ft（学生750Ft）

■現代ハンガリー絵画館
▶Map P.230-B1
住Papnövelde u. 5
URLwww.jpm.hu
開10:00～18:00
休月
料700Ft（学生350Ft）

絵画、彫像、オブジェなど、展示内容は多岐にわたる

■チョントヴァーリ美術館
▶Map P.230-A・B1
住Janus Pannonius u. 11
✆0630-313-8442
URLwww.jpm.hu
開10:00～18:00
休月
料1500Ft（学生750Ft）

■ヤコヴァーリ・ハッサーン・モスク
住Rákóczi út 2
✆0620-400-9301
開3月中旬～9月
　10:00～18:00
　10月～3月中旬
　10:00～17:00
　※11月中旬～1月上旬の金～日は事前予約にて見学可
休月
料1000Ft（学生500Ft）

■シナゴーグ
住Kossuth tér 1
☎(72)315-881
開4～10月　10:00～17:00
　11～3月　10:30～12:30
休土（時期により変動あり）
料800Ft（学生400Ft）

住Zsolnay Vilmos u. 37

URL www.zsolnaynegyed.hu

交セーチェニ広場から徒歩
20分ほど。またはラーコー
ツィ通りRákóczi u.の
バス停Árkádから2、2A、
4、4Y番のバスに乗り2つ
目のZsolnay Negyed下
車、徒歩2分

■インフォメーション
　センター

電(72)500-350

開4～10月　　9:00～18:00
　11～3月　　9:00～17:00

休11～3月の月

敷地内3ヵ所にある。各施
設のチケットはインフォメー
ションセンターで購入。
各施設個別のチケットもあ
るが、何施設か回るのであ
ればコンビネーションチケ
ットの購入がお得。

ギュギ・コレクション

開4～10月　10:00～18:00
　11～3月　10:00～17:00

休月

料1600Ft（学生1000Ft）

ピンク・ジョルナイ

開4～10月　10:00～18:00
　11～3月　10:00～17:00

休月

料1300Ft（学生800Ft）

ジョルナイ家の墓所

開4～10月　10:00～18:00
　11～3月　10:00～17:00

休11～3月の月

料1000Ft（学生800Ft）

シンプルであたたかみのある磁
器。ピンク・ジョルナイ

ゆっくり見て回るのであれば半日
は欲しいところ

★ ジョルナイ・クオーター

Zsolnay Kulturális Negyed (Zsolnay Quarter)

Map P.230-B2外

作品を通してジョルナイの歴史を学べるギュギ・コレクション

ペーチの中心部から東へ約1km。ハンガリーを代表する陶磁窯、ジョルナイ工場内に美術館や人形劇場などが集まる文化施設。

　ジョルナイの歴史はジョルナイ・ヴィルモシュZsollnay Vilmos（1828～1900）が兄のミクローシュから小さな磁器工場を受け継いだことから始まる。ヴィルモシュはもと実業家でデパートの経営者だった人物。アマチュアの画家でもあった彼は独学で試行錯誤を繰り返した末、エオシン釉薬を使った独特な磁器を生み出す。1870年代にはウィーンやパリの博覧会にも出展し、激賞された。社会主義時代になり工場は国営化されてしまうが、1995年に再び民営化され、2010年にはジョルナイ陶磁器の歴史と世界観を体感できるジョルナイ・クオーターがオープンするにいたる。

　いくつもの建物が建ち並ぶ工場のなかでも、注目したいのがジョルナイの黄金期、1870～1910年にかけてのコレクションを展示する**ギュギ・コレクション**Gyugyi-Gyűjtemény。ジョルナイの代名詞、エオシン釉薬を使った壺や置物など約600点が並ぶ。ほか敷地内には、初期に作られたピンク色の磁器を集めた**ピンク・ジョルナイ**Rózsaszín Zsolnay Kiállítás、人形劇場、プラネタリウム、ショップやカフェにゲストハウスまである。

　また、ジョルナイ・クオーターから徒歩約7分の所には**ジョルナイ家の墓所**Zsolnay Mauzóleumがある。ネオロマン様式のドーム型をした墓所内には、ジョルナイのタイルや陶器が使われている。地下に行くとエオシン釉薬の光沢が輝く石棺が置かれ、ヴィルモシュが眠る。

独特な光沢が美しいエオシン釉薬の石棺。
ジョルナイ家の墓所

テレビ塔

Map P.230-B1外

TV-torony és kilátó （TV Tower and Observation Terrace）

ペーチ旧市街から北へ約4.5km。標高535mのミシナ山Misina Hegyi周辺は緑に囲まれた自然豊かなエリア。山頂にはテレビ塔が建ち、高さ75mの部分は窓ガラスのない屋外展望エリアとなっており、360度の大パノラマを楽しめる。下の階には展望レストランもある。

高さ197mのテレビ塔

■テレビ塔
国Misina tető
☎(72)336-900
URLwww.tvtoronypecs.hu
開4〜10月　9:00〜21:00
※11〜3月は要問い合わせ
休冬季の積雪時
料1100Ft（学生950Ft）
交市バス35、35Yで終点下車すぐ。バスは1〜3時間に1便運行、所要約30分

ハンガリー南部　ペーチ

ペーチのホテル

Pécs Hotel

パラティヌシュ・シティ・センター
Palatinus City Center　MAP P.230-B1

国Király u. 5　**☎**(72)889-400
URLwww.danubiushotels.com
料Ⓢ€36〜　Ⓓ€49〜
CCADMV　**客室**94

1915年にアールヌーヴォー様式で建てられたホテル。格式、サービスともにペーチ随一。洗練されたデザインが美しい。スパセンターも併設。

アルカディア
Hotel Arkadia　MAP P.230-B1

国Hunyadi János u.1
☎(72)512-550
URLwww.hotelarkadiapecs.hu
料Ⓢ1万5000〜1万6500Ft　Ⓓ1万7300〜1万9900Ft　朝食付き
CCADJMV　**客室**32

セーチェニ広場のすぐ近くにある3つ星ホテル。白を基調とした館内はシンプルでスタイリッシュ。無料Wi-Fiやランドリーサービスあり。

フォルダン・ペーチ
Fordan Hotel Pécs　MAP P.230-B2

国Bajcsy-Zsilinszky u. 14-16
☎(72)333-166　**URL**www.fordancenter.hu
料Ⓢ1万2600Ft〜　Ⓓ1万4300Ft〜　朝食付き
CCMV　**客室**31

バスターミナルを出て西へ進み、左折したところにある。設備は新しく、快適。アパートメントタイプの部屋もあり、サウナを完備。

フーニックス
Főnix Hotel　MAP P.230-B1

国Hunyadi János u. 2
☎(72)311-680
URLwww.fonixhotel.com
料Ⓢ7990Ft〜　Ⓓ1万3990Ft〜　朝食付き
CCAMV　**客室**13

サービスのよさに定評があるペンション風のこちんまりとしたホテル。創業30年を越えるピッツェリアを併設している。

ペーチのレストラン

Pécs Restaurant

クリスタル
Crystal Restaurant　MAP P.230-B2

国Citrom u. 18　**☎**0630-590-6001
URLwww.crystalrestaurant.hu
営月〜土　11:00〜23:00　日　11:00〜16:00
休無休　**CC**MV

町の中心部に位置するカフェレストラン。パスタ1600Ft〜やリゾット1600Ft〜といったイタリアンほか伝統的なハンガリー料理も提供。

ヨーカイ・ツクラースダ
Jókai Cukrászda　MAP P.230-B1

国Ferencesek u. 6
☎0620-929-2025
営10:00〜21:00
休無休　**CC**MV

地元民からも人気が高いパティスリー。かわいらしくデコレーションされたケーキ480Ft〜やマカロン、カップケーキなどを扱う。

🛁 バスタブ（全室）　📺 テレビ（全室）　🍸 ミニバーあり　🍴 レストランあり
🛁 バスタブ（一部）　📺 テレビ（一部）　💻 インターネット（客室・無料）　💻 インターネット（客室・有料）

薬効豊かな温泉リゾート地

ハルカーニ
Harkány

ペーチ
→P.229から
車で約30分

★ブダペスト
★ハルカーニ

DATA

人口　4303人
URL turizmus.harkany.hu

ハルカーニへの行き方

バス
ペーチから1時間に1～3便、所要30分～、560Ft～。

■ハルカーニの❶ tourinform
▶Map P.236
住Kossuth Lajos u. 7
☎(72)479-624
開5月～6月中旬
　月～金　8:00～17:00
　6月中旬～9月中旬
　月～金　8:00～18:00
　土　　　9:00～13:00
　9月中旬～4月
　月～金　8:00～16:00
休日、9月中旬～6月中旬の土

■温泉公園
▶Map P.236
住Kossuth Lajos u. 7
☎(72)580-830
URL www.harkanyfurdo.hu
営9:00～18:00
休無休
料1日券3500Ft(学生2400Ft)
屋外温泉
営5・6月、9月中旬～下旬
　9:00～18:00
　7月～9月中旬
　9:00～20:00
料1日券2400Ft(学生1950Ft)
休9月下旬～4月

チケットが購入できる正面入口

ペーチから南へ約26km、硫黄泉の温泉として名高く、国内や旧ユーゴスラヴィア諸国からの湯治客も多い。長期滞在

硫黄の臭いが立ち込める温泉でくつろごう

者が中心だが、ペーチから日帰りでも十分にリラックスできる。開湯は1823年。ある日ポガーニ・ヤーノシュPogány Jánosという農民が、農作業中に地面から熱い湯がこんこんと湧出するのを見つけた。関節炎で痛む腕を湯につけたところ、しばらくして疼痛が引いたという。この一帯は"臭い牧草地"として付近の農民には知られていたが、それ以降は効能を求める農民たちのオアシスとなった。

ハルカーニの歩き方と見どころ

バスターミナルは、**温泉公園Gyórgyfürdő**の正面入口があるバイチ・ジリンスキ通りBajcsy-Zsilinszky u沿い。温泉

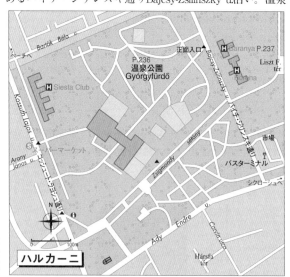

ハルカーニ

236

公園の周辺にはバイチ・ジリンスキ通りを筆頭に、温泉ホテルが点在している。レストランなどの飲食店は公園反対側のコッシュート・ラヨシュ通りKossuth Lajos u.に多い。

　公園内には計12のプールがあり、季節に応じて水道水を入れたり温泉にしたりする。いわゆる普通のプールにはウォータースライダーなどもあり、夏は歓声を上げる子供たちでにぎわっている。温泉プールは水着着用で、入り方はハンガリー国内のほかの温泉と同じ。プール周辺の緑地では、バスローブや水着姿でくつろぎながらそぞろ歩く人たちの姿が見られる。温泉館内の軽食レストランや貸ベッドで休むこともできる。

ハルカーニからの エクスカーション

◆シクローシュ

Siklós　　　　　　　　　　　　　　Map 折り込み表

　ハルカーニからバスで約10分、シクローシュは中世の古城がたたずむ静かな町だ。唯一の見どころ**シクローシュ城 Siklósi vár**は、バスターミナルから徒歩約5分。バスを降りると左側後方に城塞の赤れんがが目に入るので、そこからスーパーマーケットの向こう側に小道をぐるりと回り、Várの矢印に沿って行けば、城の正門が見えてくる。

　築城は13世紀終わり。1900年代半ばまで城主が居住していたため歴代城主の遺品が多く残されている。特に1728年から1900年代初頭までは、貴族であったバッチャーニ家の所有となり栄華を誇った。同家出身の最も有名な政治家に、1848年独立内閣の外相バッチャーニ・カーズメールBattyány Kázmér（1807〜54）がいる。この地は独立戦争で、ハプスブルク軍の反攻からデブレツェンに勇退していたコッシュート・ラヨシュ率いるハンガリー軍の重要拠点にもなった。城塞に囲まれるバロック様式の建物は、1993年までホテルとして旅行者を受け入れていたが、現在は閉鎖したままだ。

　南側の博物館には、19世紀にペーチを本拠とした手袋メーカー「フーナーHunor」の商品が展示されている。必見は博物館横に残る地下牢。わずかな光が入る小窓には何重もの鉄格子が重なり、厚い石壁がいかにも暗い印象を与える。手前の1室には拷問道具が図解入りで陳列してあり、壁から突き出たつるし棒が生々しい。木製の拷問台は囚人の衣で磨かれテカテカに光っている。外界から閉ざされた拷問部屋にひとりたたずむと、囚人たちのうめき声が響いてくるようだ。

ハルカーニのホテル

バラニャ
Baranya Hotel
MAP P.236

🏠 Bajcsy-Zsilinszky u. 5-7
☎ (72)200-154
URL www.baranyahotel.hu
料 ⑤€29.5〜
　　⑩€59〜　　朝食付き
CC M V
客数 105

　温泉公園の正門近くにある、3つの建物をつなげたホテル。棟によって部屋の広さや内装、宿泊料金が異なる。

シクローシュへの 行き方

🚌 バス
　ペーチから1時間に2〜4便、所要45分〜、560Ft〜。ほとんどのバスはハルカーニを経由する。ハルカーニからは所要約8分、250Ft〜。

■シクローシュ城
🏠 Vajda János tér 8
☎ (72)579-090
URL www.siklosivar.hu
開 5月〜6月中旬、9月
　　9:30〜18:00
　　6月中旬〜8月
　　9:30〜19:00
　　10〜4月　　9:30〜17:00
　　※上記は2018年のスケジュール、2019年以降はウェブサイトをチェック
休 1・2月の月
料 1800Ft（学生900Ft）

眺めのいい高台にある
シクローシュ城

場内には現代アートの展示スペースも

中世ハンガリーの運命を決した地
モハーチ
Mohács

ブダペスト
★モハーチ

DATA
人口　1万7355人
URL www.mohacs.hu

モハーチへの 行き方

バス
　ブダペストのネープリゲート長距離バスターミナルから1日5〜6便、所要3時間5分〜、3690Ft〜。
　ベーチから1時間に1〜3便、所要55分〜、840Ft〜。鉄道駅は町外れにあるので、バスのほうが便利。

■モハーチの🛈
tourinform
▶Map P.238
住Széchenyi tér 1
☎(69)505-515
開6/15〜8/31
　月〜金　　8:00〜16:00
　土　　　　9:00〜14:00
　日　　　10:00〜14:00
　9/1〜6/14
　月〜金　　8:00〜16:00
休9/1〜6/14の土・日

■戦闘記念の丘
▶Map P.238外
URL www.mohacsiemlekhely.hu
開4月〜10月下旬 9:00〜18:00
　10月下旬〜3月 9:00〜16:00
休無休　料1500Ft（学生1200Ft）

■誓約教会
▶Map P.238
住Széchenyi tér 12
開9:00〜12:00、13:00〜16:00
休土・日（事前予約で見学可）
料無料

■モハーチの"なまはげ"祭り
　毎年冬に行われるブショー・ヤーラシュBusó Járás。ブショーと呼ばれる面と毛皮を身に着けた人々が町をねり歩く、日本のなまはげに似たお祭りだ。日程は毎年異なるが2月下旬頃。

　1526年、ハンガリー国王ラヨシュ2世は、ここモハーチでオスマン帝国軍と壮絶な戦いを繰り広げた。しかし敗北したハンガリーは、以後150年にわたってオスマン帝国の支配

モスクのような外観の誓約教会

下におかれることになったのである。現在はクロアチア人やセルビア人など5つの民族が共生している。

モハーチの 歩き方と見どころ

　見どころはモハーチの戦いの**慰霊塔Busó Szobor**と**戦闘記念の丘Történelmi Emlékhely**。慰霊塔はメインストリートの**自由通りSzabadság u.**がドナウ川に突き当たるところにある。簡素な白い尖塔が1本建っているだけのものだが、それがかえって重い史実を感じさせる。戦闘記念の丘は市街から南西に約5km。広々とした野原に100本以上の柱状の彫刻が立ち、入口には"ここで強国ハンガリーは地に落ちたのだ"と書かれたサインボードが掲げられている。自由通り沿いには外観がモスクの形をした**誓約教会Fogadalmi templom**がある。自由通りをドナウ川方面に進めば歩行者用のプロムナードになり、両側にはレストランなどがある。

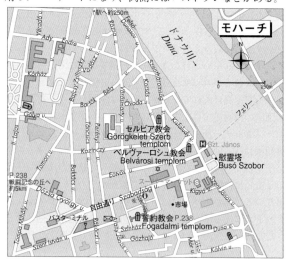

モハーチ

旅の準備と技術

旅の必需品

左が5年用、右が10年用

● パスポートに関する
問い合わせ先
外務省渡航情報ページ
URL www.mofa.go.jp/
mofaj/toko/passport
東京都
パスポート案内センター
☎ (03)5908-0400
URL www.seikatubunka.
metro.tokyo.jp/
passport
大阪府パスポートセンター
☎ (06)6944-6626
URL www.pref.osaka.lg.jp/
passport
愛知県旅券センター
☎ (052)563-0236
URL www.pref.aichi.jp/
soshiki/kenminseikatsu
/0000000757.html

● パスポートの
残存有効期限
ハンガリー出国の際のパスポートの残存有効期限が3ヵ月以上あること。なお、残存有効期限が1年未満になったら切り替え申請ができる。

パスポートの取得

パスポート（旅券）は、海外で持ち主の身分を公的に証明する唯一の公文書。これがないと日本を出国することもできないので、海外に出かける際はまずパスポートを取得しよう。パスポートは5年間有効と10年間有効の2種類がある。ただし、20歳未満の人は5年間有効のパスポートしか取得できない。代理人による申請書類の提出は、認められない場合もあるので事前に確認すること。受け取りは必ず本人が行かなければならない。なお2006年よりセキュリティ対策のため、ICチップ入りのパスポートが発行された。原則として、パスポートの申請は、住民登録している都道府県にあるパスポート窓口で行う。

申請から受領までの期間はパスポート窓口の休業日を除いておよそ1〜2週間程度かかる。申請時に配布されるパスポート引換書に記載された交付予定日に従って6ヵ月以内に受け取りに行くこと。受領時にはパスポート引換書と発給手数料が必要。発給手数料は5年間有効のパスポートは1万1000円（12歳未満は6000円）、10年間有効のパスポートは1万6000円。

申請書の「所持人自署」欄に署名したサインが、そのままパスポートの署名になる。署名は漢字でもローマ字でも構わない。

すでにパスポートを取得している場合、国ごとに決められているパスポートの残存有効期限に足りないと入国できない場合があるので、必ず事前に確認しよう。

パスポート申請に必要な書類

❶一般旅券発給申請書（1通）
各都道府県にあるパスポート窓口で手に入る。5年用と10年用で申請書が異なる。
❷戸籍謄本または抄本（1通）
6ヵ月以内に発行されたもの。本籍地の市区町村の役所で発行してくれる。代理人の受領、郵送での取り寄せも可。有効期間内のパスポートを切り替える場合、戸籍の記載内容に変更がなければ省略可。家族で申請する場合は家族全員の載った謄本1通でよい。
❸写真（1枚）
6ヵ月以内に撮影されたもので、サイズはタテ45mm×ヨコ35mm、背景無地、無帽、正面向き、上半身。白黒でもカラーでもよい。スナップ写真不可。

❹申請者の身分を確認するための書類
失効後6ヵ月以内のパスポート、運転免許証、個人番号カード（マイナンバーカード）など官公庁発行の写真付き身分証明書なら1点。健康保険証や国民年金証書や厚生年金証書、恩給証書などは2点必要（うち1点は、写真付きの学生証、会社の身分証明書でも可）。コピー不可。
❺パスポートを以前に取得した人はそのパスポート
※2009年3月より申請時の郵便はがきの提出が不要となっている。
※住民票は、住民基本台帳ネットワークにより確認できるため不要。ただし、居所申請など特別な場合は必須。

ビザ

　ハンガリーはシェンゲン協定に加盟しており、他の加盟国同様180日間に90日以内の滞在であればビザは不要。90日を超えて滞在する場合は、ビザが必要となる。なお、シェンゲン協定加盟国間では、国境検査はない。

国外運転免許証

　ハンガリーは長距離バスや鉄道も整備されてはいるが、より効率よく回りたいならレンタカーを借りるといい。運転するには、日本で国外運転免許証International Driving Permitを取る必要がある。所持する日本の運転免許証を発行している都道府県の免許センターか試験場、指定警察署で申請する。必要書類は運転免許証（有効期限の切れた国外運転免許証を持っている場合は、その免許証）、有効なパスポート（また申請中の場合は旅券引換書でも可）など渡航を証明するもの、写真1枚（タテ50mm×ヨコ40mm、無帽、正面、上三分身、無背景、枠なし、6ヵ月以内に撮影したもの）。手数料は2350円。有効期間は1年間。

ISICカード（国際学生証）

　学生の人はユネスコ承認のISICカード（国際学生証）を持っていると、国際的に共通の学生身分証明書として有効なほか、世界中の美術館や博物館などの入館料、交通機関をはじめさまざまな割引が約15万件以上適用される。また、日本国内でもEFオンライン英語学習が90日間無料で体験できるサービスなどの特典が利用できる。国際学生証取得の資格がなくても、30歳以下の人はIYTCカード（国際青年証）を取得できる。

海外旅行傷害保険

　海外旅行傷害保険はすべて掛け捨てだが、体調不良や盗難など、慣れない土地では何が起こるかわからないので、必ず入るようにしよう。掛け金は各種保険会社ほぼ同じだが、保証内容に違いがある。「日本語緊急医療サービス」や「キャッシュレス医療サービス」、「疾病治療費用」、「携帯品保険」などがあれば心強い。また、海外旅行傷害保険がクレジットカードに付帯している場合が多いが、疾病死亡が保証されなかったり、補償額が小さいなど、保険のカバーする範囲が限られている場合があるので、そちらの保証内容も加入前に確認を。

● シェンゲン協定加盟国

　チェコ、ポーランド、スロヴァキア、アイスランド、イタリア、オランダ、オーストリア、ギリシア、スペイン、ドイツ、フランス、ベルギー、ポルトガル、ルクセンブルク、デンマーク、ノルウェー、スウェーデン、フィンランド、ハンガリー、エストニア、ラトヴィア、リトアニア、マルタ、スロヴェニア、スイス、リヒテンシュタイン

● 国際学生証の問い合わせ先

ISIC Japan
アイジック・ジャパン
東京

 info@isicjapan.jp
 www.isicjapan.jp

● ISICカード（国際学生証）

カード代金：1750円（オンラインおよび郵便の場合は2300円）
発行に必要な書類:申請書、学生証のコピー（有効期限が記載されている面を含む）、または在学証明書。証明用顔写真（タテ3.3×ヨコ2.8cm、6ヵ月以内撮影のカラー写真1枚）
　日本ではISIC Japanのウェブサイトや大学生協、各大学の書店などで販売している。

● IYTCカード（国際青年証）

有効期間：発行日から翌年の発行月末日まで
カード代金：1750円（オンラインおよび郵送の場合は2300円）
発行に必要な書類：申請書、パスポートまたは免許証のコピー。証明用顔写真（タテ3.3×ヨコ2.8cm、6ヵ月以内撮影）

旅の準備

旅の持ち物

● **機内持ち込み手荷物**
機内に持ち込めない物

　万能ナイフやはさみなどの刃物、スプレー類（ヘアスプレー、虫よけスプレーなど）は機内預け荷物に入れること。ガスやオイル（ライター詰替用も）、キャンピング用ガスボンベは機内預け荷物に入れても輸送不可。

電子機器の機内での使用について

　ビデオ機器、音響機器（CD/MDプレーヤー、ラジオ）、システム機器（パソコン、電子手帳）、デジタルカメラ、ゲーム機器、充電器などは、離着陸時は使用できない。

　携帯電話、トランシーバー、ワイヤレス式音響機器、ラジコン式機器、無線機能を使う電子ゲーム機器類など、明らかに電波を発信する機器は、機内ではドアの開放中またはフライトモード設定時のみ使用可。また、上記離着陸時のみ使用不可とした機器でも作動時に電波を発するものは常時使用不可。

● **液体物の持ち込みについて**
国土交通省
URL www.mlit.go.jp/
koku/15_bf_000006.
html

旅の服装

　ハンガリーは、日本とほぼ同じく四季の移り変わりがある。日本の北海道をイメージした服装がベターで、夏でも長袖の上着があると安心。12～3月はダウンなど厚手の上着と手袋、帽子、雪道でも歩ける靴を用意しよう。

機内預け荷物（チェックイン・バゲージ）

　機内に預けられる手荷物は通常、ひとり23kg（エコノミークラス）1個までで、重量を超えると超過料金が発生する。ただし航空会社や座席クラスによって変わるので、自分が利用する航空会社に直接確認を。100ml以上の液体物、カミソリやはさみなどは必ず預け荷物に入れること。

機内持ち込み手荷物

　航空会社や座席クラスによって制限は変わる。どの航空会社も液体物の持ち込みには制限があり、持ち込めるのは100ml以下の容器に入った液体のみ。縦横の合計が40cm以下の透明なプラスチック袋（ジッパー付き、ひとり1枚）に入るぶんだけとなる。詳細は国土交通省のウェブサイトへ。

持ち物チェックリスト

貴重品	□パスポート		日用品	□歯みがきセット
	□クレジットカード、国際キャッシュカード			□化粧品
	□現金（日本円）			□洗顔料、石鹸、シャンプー、リンス
	□航空券（eチケット）			※液体物機内持ち込み制限あり
	□鉄道パス◆			□シェーバー◆
	□海外傷害保険証			□めがね、コンタクトレンズ用品◆
	□国外運転免許証◆			□洗剤、トラベル用物干し
	□YH会員証、国際学生証など◆			□綿棒、爪切り
	□顔写真（4.5×3.5cmを2枚）		その他	□ガイドブック
衣類	□普段着、おしゃれ着			□会話集、辞書
	□羽織もの			□目覚まし時計、腕時計
	□歩きやすい靴			□折りたたみ傘、レインコート
	□水着◆			□折りたたみバッグ、エコバッグ
	□部屋履き用サンダル、スリッパ			□携帯電話（スマートフォン）
	□下着、パジャマ			□カメラ
	□サングラス			□充電器、バッテリー
	□帽子			□メモリーカード
薬品類	□常備薬			□変圧器、プラグアダプター
	□生理用品			□お箸、スプーン、フォーク
	□ファーストエイドキット			□万能ナイフ※機内持ち込み不可

◆は必要な人のみ

旅のシーズン

気候

　内陸部に位置するハンガリーは大陸性気候で、日本と同じように四季がある。地方ごとの気候の差というのはあまりなく、降水量は年間を通して少ない。

春｜3月頃から寒さ、暖かさを繰り返し、本格的な春を迎えるのは4月下旬。この時期になると各地で春の訪れを祝うフェスティバルが開催される。

夏｜6月から気温が上がり、30℃以上になることも多い。日照時間も長くなり、20時を過ぎても明るい。暑さ、日焼け対策のためにサングラスや帽子、日焼け止めがあると重宝する。夜になると気温が下がるので薄手の長袖の上着があったほうがいい。

秋｜9月頃から秋の気配が感じられる。日中でも肌寒くなるので、ジャケットなどの上着を持参しよう。

冬｜10月下旬頃から寒さが厳しくなり、霧が出る日が多くなる。1・2月は雪が降り、気温はマイナス10℃以下になることも。訪れる際は防寒対策を万全に。

● ベストシーズン

　旅行に適した季節は4〜9月の春から秋にかけて。ただし、7・8月はバカンスシーズンなので混雑する。ここ数年、夏は異常気象の影響で35℃近くの猛暑日が続いている。出発前に現地のウェブサイトなどで気候を確認しておきたい。

● 日本気象協会
　世界の天気
 www.tenki.jp

● ハンガリーの気象局
 www.met.hu

ハンガリーのおもなイベント

開催月	開催地	イベント名	イベント内容
2月下旬	モハーチ	ブショー・ヤーラシュ	面と毛皮を身につけた人々が町を練り歩き、春の訪れを祝う。世界無形文化遺産に登録されている。
4月上旬から下旬	ブダペストほか	春の祭典	コンサートホールや劇場で、バレエや演劇、クラシックコンサートなどが開催され、春を祝う。
4月上旬	ホッロークー	復活祭	パローツの民族衣装を着た人々がダンスを披露。男性が女性に水をかける「水かけ」の伝統行事も。
7月中旬から8月上旬	バダチョニ	ワイン週間	白ワインの名産地バダチョニで、ワインのテイスティングやコンサートなどが開かれる。
7月下旬	フンガロリング	フォーミュラ1 ハンガリーグランプリ	ブダペストから東へ約20km、フンガロリングで開催される世界が注目するフォーミュラ1（F1）。
8月20日	ブダペスト	聖イシュトヴァーンの日	初代国王・聖イシュトヴァーンが聖人になった日。夜、ドナウ川沿いで花火が打ち上げられる。
9月上旬	ブダペスト	ワインフェスティバル	ブダの王宮で開催。国内外のワインをチーズやハンガリー料理と楽しめる。
10月上旬	トカイ	ヘジアイヤ ブドウ収穫の日	収穫を祝って、民族衣装をまとったブドウ生産者がパレード。ワインのテイスティング、販売あり。
10月上旬から中旬	ブダペスト	オータムフェスティバル	クラシックからジャズの演奏をはじめ、ダンスパフォーマンスや演技も見られる。
11月中旬から12月下旬	ブダペスト、エステルゴム、エゲル、ペーチ、ショプロンなど	クリスマス市	各町の広場や通りでクリスマスグッズや民芸品を販売。ホットワイン、ソーセージなどグルメも多数。
12月31日	ブダペスト	ニューイヤーイブコンサート	クラシック、オペラ、オペレッタ、ロマなど各劇場でさまざまなコンサートを開催。

旅のモデルルート

　地域ごとにまったく異なる風景が広がる魅力的な国ハンガリー。そんなハンガリーの魅力をとことん味わえる、ブダペストを拠点としたモデルコースを紹介。どの町もブダペストから日帰りで訪れることができる距離なので、ブダペストに数泊し、日替わりでいろんな都市に足を運んでみるのもいい。

Plan1　ブダペストとグドゥルー宮殿　1日

1日目
ブダペスト➡グドゥルー

➕半日あったら…
ブダペストの温泉でリフレッシュ、のみの市でショッピングまたはマルギット島でサイクリングなど。

ブダペストの王宮

　ドナウ川西、ブダ地区の王宮の丘からくさり橋を渡ってペスト地区の見どころを巡ったあとは、地下鉄M2からヘーヴに乗り換えてハプスブルク皇妃、エルジェーベトがお気に入りだったグドゥルー宮殿へ。

Plan2　ブダペストとドナウベンド観光　2日間

1日目
ブダペスト

2日目
ヴィシェグラード➡センテンドレ

➕半日あったら…
ハンガリー・カトリックの総本山エステルゴムへ。各都市から鉄道、バスでアクセス可能。

ヴィシェグラードの要塞からの眺め

　センテンドレ、ヴィシェグラードのドナウベンドを巡る。両都市とも半日あれば十分回りきれる。夏季はフェリーが運航しているため、利用してみるのもいいだろう。

Plan3　バラトン湖とヘレンドの村　3日間

1日目
ブダペスト

2日目
ヴェスプレーム➡ヘレンド

3日目
バラトンフレド➡ティハニ

➕1日あったら…
バラトンフレドからハンガリー有数のワイン産地、バダチョニへ。

ヘレンド・ミニ工場を見学

　中世の町並みが残るヴェスプレーム、世界に名だたる磁器ヘレンドの本社では工場を見学。最終日はバラトン湖畔の町へ。丘陵地帯のティハニからバラトン湖の眺めはすばらしい。夏季は各町間をフェリーが運航している。

Plan4　ハンガリーワインを満喫 3日間

1日目 ブダペスト
2日目 エゲル
3日目 ミシュコルツ➡トカイ

+1日あったら…
ミシュコルツから世界遺産、アッグテレクのバラドラ洞窟へ。

エゲルの美女の谷のワインセラー

エグリ・ビカヴェールの赤ワインが有名なエゲル、世界三大貴腐ワインのひとつトカイ・アスーで名高いトカイ。どちらの町にもワインセラーがあり、テイスティングとショッピングが楽しめる。

Plan5　大平原で騎馬民族の雄姿を見る 3日間

1日目 ブダペスト
2日目 ホルトバージ➡エゲル
3日目 エゲル➡エゲルサローク

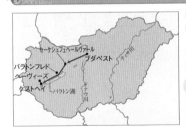

+1日あったら…
ミシュコルツの洞窟温泉でのんびりしたり、森林鉄道でリラフレドへ。

ホルトバージの馬術ショー

大平原地帯に広がるホルトバージ国立公園でハンガリー固有の家畜や、騎馬民族時代の馬術ショーを見学。エゲルの町では、13世紀に建てられたエゲル城やワインセラーが集まる美女の谷へ行ってみよう。

Plan6　ハンガリーを代表する温泉で湯浴み三昧 4日間

1日目 ブダペスト
2日目 セーケシュフェヘールヴァール➡ケストヘイ
3日目 ヘーヴィーズ
4日目 ブダペスト

+1日あったら…
バラトンフレドからフェリーに乗ってバラトン湖クルージング。

ブダペストのセーチェニ温泉

ブダペストではアールヌーヴォー様式のゲッレールト温泉やトルコ式のルダシュ温泉など、自分好みの浴場でリラックス。セーケシュフェヘールヴァール、ケストヘイの町を散策したら、温泉湖のヘーヴィーズへ。

Plan7　ハンガリーの世界遺産巡り 5日間

1日目 ブダペスト
2日目 ジュール➡パンノンハルマ
3日目 ペーチ
4日目 ホッロークー
5日目 ホルトバージ

+1日あったら…
オーストリアとの国境にまたがるフェルトゥー湖、湖畔の町フェルトゥーラーコシュへ。

山々に囲まれたホッロークーの村

"ドナウの真珠"ブダペストを皮切りに、中世から残る荘厳なパンノンハルマ修道院、ペーチの初期キリスト教墓地遺跡、伝統家屋が残るホッロークーなど興味は尽きない。移動が面倒ならブダペスト発のツアーに参加するといい。

● 駐日ハンガリー大使館
🏠 〒108-0073
　 東京都港区三田2-17-14
📞 (03)5730-7120
📠 (03)5730-7442（領事部
　 直通）
🌐 tokio.mfa.gov.hu/jpn
🕐 月～木 8:30～17:00
　 金 8:30～13:30
　 領事部の受付は火・木曜の
　 9:30～12:00、13:30～
　 16:30。上記以外の時間帯を
　 希望の場合は要アポイント。
🚫 土・日、日本とハンガリー
　 の祝日

● 駐日ハンガリー観光室
🌐 www.hungarytabi.jp
📱 @HungaryTravelClubJP

● 外務省領事局
　 領事サービスセンター
　 →P.281

日本での情報収集

🍀 ハンガリー大使館

　ビザ（査証）の取得に関することや、留学、文化交流などについて情報を提供。ウェブサイトではイベント情報などが得られる。

🍀 外務省「領事サービスセンター（海外安全担当）」

　出発前に、外務省が発信している海外安全情報をチェックしておきたい。外務省内において安全情報資料が閲覧できるほか、話を聞くこともできる。また、「海外安全ホームページ」では、国ごとにスポット情報・危険情報、安全体策基礎データ、テロ概要に分けて掲載していて、治安情勢や具体的な安全対策を知ることができるほか、査証（ビザ）や出入国の注意事項も掲載されている。

現地での情報収集

　ハンガリー国内での情報収集は
ツーリストインフォメーション（ツ
アーインフォームtourinform、本
文中では❶と表記）に集約されて
いる。これはハンガリー観光協会
運営の案内所で、国内主要都市の

ブダペストの中心部、デアーク広場近くにある❶

中心部にたいていおかれている。無料の市内地図やホテルリ
ストを配布するほか、観光名所やイベントの案内、各旅行会
社が主催するツアーなどの情報提供を行っている。ほとんど
は英語が通じるので旅行者にとっては心強い存在だ。ただし
ホテルの予約は行っていない（地方都市の場合、空き部屋の
確認などは行ってくれる場合あり）。

　また、両替やホテルの予約、鉄道やバスの予約発券、現地
ツアーの案内などを行っている旅行会社も頼りになるだろう。
かつての国営旅行会社イブスIBUSZをはじめとし、たくさんの
旅行会社がある。取り扱い業務は会社ごとに異なるので、目
的に応じて使い分けよう。なお、地方のオフィスでは、土曜
は午前中のみ、日曜は休みというところが多いので注意。

● 日本で予約できる専門
　旅行会社
（株）ユーラシア旅行社
住〒102-8642
　東京都千代田区平河町
　2-7-4　砂防会館別館4階
☎03-3265-1691
FAX03-3239-8638
URLwww.eurasia.co.jp
圏10:00〜18:00
休土・日、祝日

● ブダペストのソーシャ
　ルメディア
f @visitbudapest
t @VisitBudapest

インターネットでの情報収集

ハンガリー全体

「地球の歩き方」ホームページ
URLwww.arukikata.co.jp
（日本語）
　天気や為替レート、クチコミ
掲示板など、海外旅行の最新情
報が満載。

tourinform
URLhellohungary.com
URLtourinform.hu
　ハンガリー観光協会の公式サ
イト。各都市の基本情報、観光
案内、グルメ、温泉情報など。
各都市のウェブサイトも検索で
きる。

Hungarian Museums
URLwww.museum.hu
　ハンガリー国内にある美術館、
博物館の情報を掲載。

Termálfürdő.hu
URLwww.termalfurdo.hu
　ハンガリー国内の温泉施設、

温泉ホテルの情報を掲載。

ハンガリーデイリーニュース
URLhungarynewsde.gozaru.
jp（日本語）
　ブダペスト市内の大学で日本
学科を受け持つ若井誠二さんが
運営するサイト。ハンガリーの
最新ニュースが随時更新されて
いるほか、ハンガリーの学生が
作成した「私の町の歩き方」等
を読むことができる。

ブダペスト

Budapest Info
URLwww.budapestinfo.hu
　ブダペスト観光案内所の公式
サイト。

Budapest Gyógyfürdői
URLwww.budapestgyogy
furdoi.hu
　ブダペストの温泉情報を細か
く紹介。

パプリカ通信
URLpaprikatsushin.client.jp
（日本語）
　ブダペストのニュースやコン
サート、イベント情報を月刊の
メールマガジンで配信。在ハン
ガリーの日本人のための情報も。
過去の更新内容はウェブサイト
で見ることが可能。

日本語の通じる旅行会社

大平原トラベル
URLwww.daiheigentravel.
com（日本語）
　日本語ガイドによるハンガリ
ー国内ツアーや送迎サービスの
ほか、通訳やチケット販売など。

ラプソーディア旅行代理店
URLwww.rapszodia.hu
（日本語）
　日本語ガイドサービス。ブダ
ペストのコンサート、オペラなど
のチケット予約も行う。

旅の予算とお金

●レストランのチップについて

レストランでの食事料金にはサービス料が含まれていないのが一般的。サービスを受けるレストランでは、合計金額の10％程度をチップとして払うのが慣習となっている。しかし、それほど厳格ではない。あらかじめサービス料が入っている場合は不要（レシートを見て確認を）。ファストフードやセルフサービスの店、食堂でも必要ない。

ハンガリーの物価

物価は西ヨーロッパと比べれば安いといえるが、宿泊代や食費代はそれほど安くない。もちろん安宿やセルフサービスのビュッフェ、またはスーパーの食品売り場、総菜屋を利用すれば安く上げることもできるが、特にブダペストの観光エリアにあるホテル、レストランやカフェでの料金は日本とそれほど変わらない。ただし、食事に関していえば、料理の量がかなり多いのでお得感はあるだろう。また、地方のほうが物価は安いが、観光客用の店はブダペストとたいして変わらない。

宿泊代と食事代のほかにかかるのが、交通費、博物館や美術館の入館料だ。列車は1時間ほど乗っても500円くらい、長距離バスも1500円程度と、日本の感覚でいえばかなり安い。美術館や博物館もどんなに高くても2000円を超えるところは少ない。ブダペスト・カード（→P.60）を上手に利用すれば節約ができる。

🍀 物価の目安

宿 泊			娯 楽 費		
最高級ホテル	4万6000Ft〜	（1万7940円〜）	市内観光	6000Ft前後	（2340円前後）
高級ホテル	2万4000Ft〜	（9360円〜）	博物館、美術館	500〜3500Ft	（195〜1365円）
中級ホテル	1万5000Ft〜	（5850円〜）	オペラ、ミュージカル鑑賞		
ペンション	7000Ft〜	（2730円〜）		500〜1万8000Ft（195〜7020円）	
アパートメント	1万4300Ft〜	（5577円〜）			
ユースホステル	3000Ft〜	（1170円〜）			

食 事			通 信 費		
朝食 ホテルのビュッフェ	2500Ft〜	（975円〜）	封書・はがき	355Ft〜	（138円〜）
昼食 高級レストラン	5000Ft〜	（1950円〜）	テレホンカード	500〜5000Ft	（195〜1950円）
一般レストラン	1500Ft〜	（585円〜）	インターネット	15分150Ft前後	（58円前後）
夕食 高級レストラン	8000Ft〜	（3120円〜）	電話	公衆電話50Ft〜	（19円〜）
一般レストラン	3000Ft〜	（1170円〜）			

交 通 費			そ の 他		
エアポートシャトルバス（片道）	3900Ft	（1521円）	ミネラルウオーター500ml	110Ft前後	（42円前後）
タクシー	初乗り450Ft（175円）		コーラ500ml	250Ft前後	（97円前後）
	1Kmごとに280Ft（109円）加算		ビール	300Ft前後	（117円前後）
市バス（1回券、ブダペスト）	350Ft	（136円）	たばこ	800Ft前後	（312円前後）
1日券（ブダペスト）	1650Ft	（643円）			

※1Ft＝0.39円（2019年1月7日現在）で換算。小数点以下切り捨て

⚜ ハンガリーの税金

ハンガリーは世界でも消費税（付加価値税）が高い国として知られている。標準税率は27％で、牛乳および乳製品を使用した製品、穀類を使用した製品については18％、衣料品や本などは5％と、一部の品目については軽減税率が定められている。また、健康に害を及ぼすであろう塩分や糖分の高い食品や菓子類、飲料、アルコール類への特別課税（俗称ポテトチップス税）が制定されている。外国人の場合、一定の条件を満たせば税金の還付、タックスリファンドが受けられる（→P.276参照）。

お金の持っていき方

ハンガリーでは多くの銀行や両替所で日本円を問題なく両替できる。しかし地方都市では、日本円を扱っていない場合もあるので、ユーロ（€）やUSドル（US$）を用意していくか、ブダペストで多めにフォリントに両替しておくと安心だ。

また、現地通貨が少しだけ足りないような場合に、ユーロやUSドルの小額紙幣があると無駄が出ないし、いざというときにそのまま使えるので便利だ。ただし、万が一に備えて多額の現金を持ち歩かない、というのが海外旅行の鉄則だ。クレジットカードや国際キャッシュカード、トラベルプリペイドカードなどを賢く併用したい。

⚜ クレジットカード

ほとんどのホテルやレストランは、クレジットカードでの支払いに対応している。多額の現金を持ち歩かなくていいし、身分証明書代わりにもなるので、何枚か持っていると便利。カードが使えるところであれば、MasterやVISAはまず使用可能。店の入口に使用できるクレジットカードのステッカーが貼ってあるので、入店前に確認するか利用前に店員に聞いておくと安心だ。盗難に遭った際は不正使用されないようカード会社に連絡する必要があるため、あらかじめカード番号や連絡先は控えておくこと。

また、クレジットカードがあればATMでのキャッシング（借り入れ）が可能。ATMはブダペスト市内であればいたるところに、また地方都市にも必ずあるうえ、24時間いつでも現地通貨を引き出せるので便利だ。キャッシングの手数料はカード会社によって異なるので、事前に確認しておこう。

● **トラベラーズチェックについて**

2014年春に、アメリカン・エキスプレスによるトラベラーズチェックの販売が終了された。販売終了後も発行済みのトラベラーズチェックは国内外で換金できるが、ハンガリー国内で受け付けてくれる場所はほとんどない。

● **クレジットカードは必携**

中級以上のホテルでは、何かあった際のために、チェックイン時にデポジットとしてカードの提示が求められる。したがって、最低でも1枚はクレジットカードを持っていないと不便。レンタカーを借りる際にもクレジットカードが必要となる。ハンガリーではMasterCard、VISAの通用度が高く、次いでアメリカン・エキスプレス、JCB、ダイナースが普及している。

● **ATMの操作方法（例）**

①カードを挿入→②言語を選択→③4ケタの暗証番号（PIN Number）を入力→④取引の種類を選択（引き出し：withdrawal）→⑤口座の選択（普通預金:saving account）→⑥金額の選択→⑦現金とレシート、カードの受け取り

利用する際は、暗証番号を見られないよう周囲に注意を

● トラベルプリペイドカー
ド取り扱い会社
NEO MONEY（ネオ・マネー）
URL www.neomoney.jp
　クレディセゾン発行。
GAICA（ガイカ）
URL www.gaica.jp
　アプラス発行。
CASH PASSPORT
（キャッシュ・パスポート）
URL www.jpcashpassport.jp
　マスターカードプリペイ
ドマネージメントサービ
ーズジャパン発行。
Manepa Card
（マネパカード）
URL card.manepa.jp
　マネーパートナーズ発行。

● 日本での両替
　成田国際空港や関西国際
空港では、各銀行の両替所
があり、現地通貨に両替で
きる。ただし、一般的にレ
ートが現地より悪いので、
最低限にとどめておくのが
いい。

● 日本での再両替
トラベレックス
URL www.travelex.co.jp
　日本国内の主要な国際空
港をはじめ、東京、名古屋、
大阪などに店舗がある。

♣ トラベルプリペイドカード

　トラベルプリペイドカードは、外貨両替の手間や不安を解消してくれる便利なカードのひとつだ。多くの通貨で国内での外貨両替よりレートがよく、カード作成時に審査がない。出発前にコンビニATMなどで円をチャージし（入金）、その範囲内で渡航先のATMで現地通貨の引き出しができる。各種手数料が別途かかるが、使い過ぎや多額の現金を持ち歩く不安もない。おもに左記のようなカードが発行されている。

♣ 両替について

　両替は銀行のほか、駅や市内の両替所、❶、ホテル（基本的に宿泊客のみ）でできる。両替所と銀行とでレートにそこまで大きな差はないものの、両替所の方が若干レートがいいことが多い。しかしレートがいい両替所でも、手数料が割高な場合もあるため、両替後の金額がいくらになるのか先に聞いて、納得してからお金を渡すようにしよう。空港、ホテルはレートが悪いので、最低限の額の両替にとどめたほうが無難だ。

　なお、両替率は店によって異なり、レートもほぼ毎日変わる。その日のレートと、使う額を計算しながら両替するのが得策だ。

　また、外貨の両替は公式の両替商以外には認められていない。繁華街や鉄道駅周辺等で「チェンジマネー」と声をかけてくる闇両替は違法となっており、両替に応じた旅行者も罰せられてしまうので相手にしないこと。

町なかに点在する両替所

♣ ハンガリーフォリントの再両替

　ハンガリーフォリントが余ってしまった場合、出国する前に日本円や外貨に再両替ができる。その際、両替時のレシートが必要になることもあるのでとっておこう。ハンガリー国外では両替できるところは少ないので、忘れずに両替しておきたい。ただし、レートはフォリントへの両替時より悪くなる。

ハンガリーへのアクセス

就航航空会社

　日本からハンガリーへの直行便はないため、少なくとも1度はどこかの国で乗り換えることになる。日本からハンガリーの玄関口、ブダペストへは、乗り継ぎ便を利用して所要13時間30分〜。時差の関係で出発したその日に到着し、日本への帰国は出発した翌日となる。一般的な航空会社と経由地は、ANAとオーストリア航空のウィーン（オーストリア）経由、ルフトハンザドイツ航空のフランクフルト（ドイツ）経由、ANAのミュンヘン（ドイツ）経由、フィンエアーのヘルシンキ（フィンランド）経由、KLMオランダ航空のアムステルダム（オランダ）経由、LOTポーランド航空のワルシャワ（ポーランド）経由などが便利。これらの都市からブダペストへは1時間30分前後のフライト。

　そのほかトルコ航空のイスタンブール経由、アエロフロート・ロシア航空のモスクワ経由など、さまざまな行き方があるが、要は所要時間と乗り継ぎ回数、航空運賃、加盟しているマイルの航空会社などを加味して、自分に合ったルートを選ぶのがベストだ。

　航空券の種類によっては、乗り継ぎを行う都市での途中降機（ストップオーバー）や、現地で到着地と出発地を別の都市にする（オープンジョー）が可能なものもある。

● 航空会社
JAL（日本航空）
☎0570-025-031
URL www.jal.co.jp
ANA（全日空）
☎0570-029-333
URL www.ana.co.jp
オーストリア航空
☎0570-089-000
URL www.austrian.com
ルフトハンザドイツ航空
☎0570-089-000
URL www.lufthansa.com
フィンエアー
☎(03)4477-4866
URL finnair.com
KLMオランダ航空
☎(03)5767-4149
URL www.klm.com
LOTポーランド航空
☎(03)6277-6516
URL www.lot.com
トルコ航空
☎(03)6837-2337
URL www.turkishairlines.com
アエロフロート・ロシア航空
☎(03)5532-8781
URL www.aeroflot.ru
エミレーツ航空
☎(03)6743-4567
URL www.emirates.com

日本から欧州主要都市へのおもな直行便

（航空会社、フライトのある曜日）

	ウィーン	フランクフルト	ミュンヘン	ヘルシンキ	アムステルダム	ワルシャワ
成田（一部羽田）	NH/OS 毎日 OS※1/NH 毎日	JL 毎日 NH/LH 毎日 LH/NH 毎日	NH/LH 毎日 LH/NH 毎日	JL 毎日 AY/JL 毎日	KL 毎日	LO※2月・木・土
現地発	NH/OS 毎日 OS※1/NH 毎日	JL 毎日 NH/LH 毎日 LH/NH 毎日	NH/LH 毎日 LH/NH 毎日	JL 毎日 AY/JL 毎日	KL 毎日	LO※2水・金・日
関空発		LH/NH 毎日		AY/JL 毎日	KL 毎日	
現地発		LH/NH 毎日		AY/JL 毎日	KL 毎日	
中部発		LH/NH 火・水・木・土・日		AY/JL 毎日		
現地発		LH/NH 月〜水・金・土		AY/JL 毎日		

※2018年12月現在（ ／ 共同運航便）※1 2019年3月31日〜10月27日の運航。3月31日〜4月30日は成田発は木曜、ウィーン発は水曜を除く毎日。※2 2019年3月24日より毎日運航
JL：JAL（日本航空）、NH：ANA（全日空）、LH：ルフトハンザドイツ航空、AY：フィンエアー、KL：KLMオランダ航空、LO：LOTポーランド航空、OS：オーストリア航空

出入国手続き

日本出国

　日本から経由地になる国への飛行機は各地の空港から出ている。経由地によって入国方法は異なるが、シェンゲン協定加盟国（→P.241）で乗り継ぐ場合、乗り継ぎの空港で入国審査のみ行われる。入国カードもない。

❶出発空港に到着：チェックイン時刻は通常、出発の2時間前からだが、なるべく余裕をもって到着したい。

❷搭乗手続き（チェックイン）：利用する航空会社または旅行会社のカウンターでチェックインの手続きを行う。航空会社によっては自動チェックイン機の場合もある。手続き後、搭乗時間とゲートについて案内を受ける。同時に持ち込み手荷物以外を預けてクレームタグ（荷物引換証）を受け取る。現地で荷物が出てこない場合はこれが証明になるので大切に保管しよう。

❸手荷物検査：金属探知機をくぐり、持ち込み手荷物のX線検査を受ける。ISO1000を超える高感度フィルムはX線で悪影響を受けることがあるため、必ず持ち込み手荷物に入れ、その旨を申し出よう。また、ナイフ類は必ず機内預け荷物に入れること。2007年3月以降、日本を出発する国際線の航空機内100ml以上の液体物の持ち込みが制限されている（→P.242）。

※免税品の液体物に関して EU域内の空港で乗り継ぐ場合、空港内で購入した免税品は密閉されたビニール袋に入れ、同日に発行されたレシートを提示すれば問題ない（未開封が条件）。ただし、EU域外の免税店で購入した液体物は乗り継ぎの際、没収されてしまう。 規定内容は予告なしに変わる場合もあるので、事前に要確認。

❹税関：日本から現在使用している外国製の時計、貴金属など高価な品物を持ち出す人は、「外国製品の持ち出し届け」に品名・銘柄・個数などを記入し、係官に届け出る。また、100万円相当額を超える現金などを携帯する場合には「支払手段等の携帯輸出・輸入申告書」が必要。

❺出国審査：パスポートと搭乗券を係官に提示する。

❻搭乗：案内時間に遅れずにゲートに集合しよう。搭乗開始は通常、出発時刻の30分前から。

● 成田国際空港
☎(0476)34-8000
URL www.narita-airport.jp
　第1と第2ターミナル、LCCが発着する第3ターミナルからなり、航空会社によって利用するターミナルが異なる。東京方面からの列車、バスは第2→第1の順に到着する。ターミナル間の移動は無料のシャトルバスが利用できる（所要10分）。

● 羽田空港
　（東京国際空港）
☎(03)6428-0888
URL www.haneda-airport.jp

● 関西国際空港
☎(072)455-2500
URL www.kansai-airport.or.jp

● 中部国際空港
　（セントレア）
☎(0569)38-1195
URL www.centrair.jp

●「支払手段等の携帯輸出・輸入申告書」の提出について
　100万円相当額を超える現金（本邦通貨、外国通貨）、小切手（トラベラーズチェックを含む）などを携帯して持ち出す場合、申告書の提出が必要。
URL www.customs.go.jp/kaigairyoko/shiharaishudan.htm

空港へのアクセス

成田国際空港へのおもなアクセス

	出 発 地	所要時間	料金	問い合わせ先
鉄道	JR特急成田エクスプレス 大宮→池袋→新宿→渋谷 ↘ 　　　　　　　　　　　東京 → 大船→横浜→武蔵小杉→品川 ↗ 高尾→立川→吉祥寺→新宿 ↗	池袋　：83分〜 新宿　：76分〜 東京　：55分〜 横浜　：87分〜 品川　：66分〜	3190円 3190円 3020円 4290円 3190円	JR東日本お問い合わせセンター ☎050-2016-1600 URL www.jreast.co.jp ※成田エクスプレスは通常期の料金。 閑散期と繁忙期で料金が変動
	JR総武線快速成田空港行 久里浜→大船→横浜→品川→東京→千葉	横浜　：130分〜 品川　：80分〜 東京　：90分〜 千葉　：40分〜	1660円 1320円 1140円 500円	
	スカイライナー 京成上野→日暮里 →	京成上野：43分〜 日暮里　：36分〜	2470円 2470円	京成お客様ダイヤル ☎0570-081-160 URL www.keisei.co.jp
	アクセス特急 京成上野→日暮里 →	京成上野：61分〜 日暮里　：57分〜	1240円 1240円	
リムジンバス	①東京シティエアターミナル（T-CAT） ②新宿エリア ③渋谷・二子玉川エリア ④浅草・錦糸町・豊洲エリア ⑤横浜シティエアターミナル(Y-CAT)	①60分〜 ②110分〜 ③95分〜 ④60分〜 ⑤100分〜	①2800円〜3100円 ②3100円 ③3100円 ④2800円 ⑤3600円	リムジンバス予約・案内センター ☎(03)3665-7220 URL www.limousinebus.co.jp
高速バス	東京シャトル ①大江戸温泉物語 ②東雲車庫 ③東京駅八重洲口前 ④銀座駅（有楽町）	①95分〜 ②90分〜 ③60分〜 ④70分〜	①〜④1000円 （予約時900円） 未予約で乗車 の場合は 2000円	京成バスシステム ☎047-420-9130 URL www.keiseibus.co.jp/kousoku/ nrt16.html

羽田空港へのおもなアクセス

	出 発 地	所要時間	料金	問い合わせ先
鉄道	エアポート快特 品川→羽田空港国際線ターミナル	京急品川：11分〜	410円	京急ご案内センター ☎(03)5789-8686 URL www.keikyu.co.jp
モノレール	モノレール空港快速 モノレール浜松町 →	浜松町　：13分〜	490円	東京モノレールお客様センター ☎(03)3374-4303 URL www.tokyo-monorail.co.jp
リムジンバス	①東京シティエアターミナル（T-CAT） ②新宿エリア ③渋谷エリア ④大宮エリア ⑤成田空港	①20分〜 ②50分〜 ③30分〜 ④50分〜 ⑤90分〜	①820円 ②1230円 ③1030円 ④1540円 ⑤3100円	リムジンバス予約・案内センター ☎(03)3665-7220 URL www.limousinebus.co.jp

関西国際空港へのおもなアクセス

	出 発 地	所要時間	料金	問い合わせ先
鉄道	JR特急はるか 京都→新大阪→天王寺 →	京都　：80分〜 新大阪：50分〜 天王寺：33分〜	3370円 2850円 2230円	JR西日本お客様センター ☎(0570)-00-2486 URL www.jr-odekake.net ※JR特急はるかは指定席、通常期の料 金。閑散期と繁忙期で料金が変動
	JR関空快速 京橋→大阪→天王寺 →	京橋　：75分〜 天王寺：50分〜	1190円 1060円	
	南海特急ラピートα、β　なんば	38分〜	1430円	南海テレホンセンター ☎(06)6643-1005 URL www.nankai.co.jp
	南海電鉄空港急行　なんば	44分〜	920円	
リムジンバス	①新梅田シティ ②大阪駅前（ヒルトン大阪） ③神戸三宮 ④京阪守口市駅	①70分〜 ②70分〜 ③65分〜 ④71分〜	①1550円 ②1550円 ③1950円 ④1850円	関西空港交通リムジンバスセンター ☎(072)461-1374 URL www.kate.co.jp

※所要時間はいずれも時刻表をもとにした目安（2018年12月現在）

　紙巻きたばこ200本、葉巻50本、刻みたばこ250gのいずれか。ワイン4ℓ、蒸留酒1ℓ、ビール16ℓ。香水、コーヒー、紅茶、電化製品などの物品€430相当まで。上記は空路で入国した場合の範囲。

● おもな輸入禁止品目
　日本国内への輸入禁止あるいは規制されている品物がある。申告の義務を怠ると、処罰の対象になる。
❶覚醒剤、大麻、麻薬等の不正薬物
❷けん銃等の銃器、弾丸、その部品など
❸貨幣、紙幣などの偽造品（クレジットカード、有価証券も含む）
❹わいせつな雑誌、DVD、児童ポルノなど
❺偽ブランド品
❻家畜伝染病予防法と植物防疫法で定める特定の動物や植物など
❼爆発物、火薬類、化学兵器、原材料、病原体など

● コピー品の購入は厳禁！
　旅行先では、有名ブランドのロゴやデザイン、キャラクターなどを模倣した偽ブランド品や、ゲームや音楽ソフトを違法に複製した「コピー商品」を、絶対に購入しないように。これらの品物を持って帰国すると、空港の税関で没収されるだけでなく、損害賠償請求を受けることもある。

● おもな持ち込み制限品目
　ワシントン条約に基づき、規制の対象になっている動植物およびその加工品（象牙、ワニやヘビ、トカゲなどの皮革製品、動物の毛皮や敷物など）、ハンガリー名物のハムやサラミ、ソーセージ、フォアグラなどの肉製品、果物、野菜などの植物類の日本への持ち込みは規制がある。また、個人で使用する場合の医療品3ヵ月分以内（処方せん医薬品は1ヵ月分以内）、化粧品1品目24個以内など、一定数量を超える医薬品類は厚生労働省の輸入手続きが必要。
動物検疫所
🔗www.maff.go.jp/aqs
植物防疫所
🔗www.maff.go.jp/pps

ハンガリーへの入国

　現在、日本とハンガリーをつなぐ直行便はなく、他国の空港で乗り継ぎ（トランスファーTransfer）をする必要がある。日本ですでに最終目的地までチェックインしている場合は、搭乗ゲートで搭乗券を提示するだけでいい。預け荷物は最終目的地までそのまま運んでもらえる。入国審査に関してはシェンゲン協定実施国で乗り継ぐ場合はその空港で、そのほかは各国に入国する際に行われる。入国カードはない。

ハンガリーからの出国

　空港へは2時間前に到着しておくようにしよう。タックスリファンド（→P.276）を受けたい場合には、搭乗手続きの前に税関でスタンプをもらうこと。搭乗手続きを航空会社のカウンターで済ませてから、出国のゲートを通り出国審査を受ける。出国カードはない。日本からの出国と同様に機内への液体物の持ち込みは制限されている。

日本への入国

　機内で配られる「携帯品・別送品申告書」に記入する。免税の範囲や別送品の有無にかかわらず提出が必要。帰国便の機内または日本の空港で入手して記入しよう。飛行機を降りたらまず検疫を通過。体に不調がある人は検疫のオフィスに相談しよう。入国審査では端末機器でパスポートをスキャンして顔写真の撮影を行う。

　機内預けにしていた荷物を搭乗便名が表示されているターンテーブルからピックアップ。荷物を受け取ったら税関手続きへ。免税範囲内の場合には緑のサインの列に、免税範囲を超えている場合には赤いサインの列に並ぶ。このとき、携帯品・別送品申告書を提出。別送品がある場合は2通の記入が必要で、確認印が押されて1通控えを渡されるが、これは後日別送品を受け取る際に必要になるので保管しておこう。免税額を超えている場合には、用紙をもらい窓口で税金を支払う。

日本への持ち込み免税範囲

酒	3本	1本760㎖
たばこ	400本	紙巻きたばこ。葉巻のみは100本、加熱式たばこは個装等20個、その他のたばこは500gまで
香水	2オンス	1オンス約28㎖（オーデコロン、オードトワレは含まれない）
その他の物品	20万円	海外市価の合計額。同一品目の合計額が1万円以下のものは算入する必要なし

※上記は携帯品と別送品（帰国6ヵ月以内に輸入するもの）を合わせた範囲
※詳しくは、税関ホームページ🔗www.customs.go.jpを参照

旅の技術

近隣諸国からのアクセス

空路で

　日本から直接ハンガリーを目指すのではなく、ヨーロッパ諸国からハンガリーに向かう場合、国にもよるがやはり最も早いのが空路だ。ほとんどの周辺国から直行便のフライトがある。また、近年ではローコストキャリア（LCC）の進出が目覚ましく、安い値段で利用できるのが魅力。

　ローコストキャリア（LCC）とは、サービスや保険料を省くことで、安いチケット代を実現させた格安航空会社のこと。通常、日本の旅行代理店からの予約はできず、日本から事前に予約する場合はインターネットでのオンライン予約となる。

　ハンガリーの空の玄関口、ブダペストにあるリスト・フェレンツ国際空港は、ローコストキャリアが発着する第1ターミナルと、通常の航空会社が発着する第2ターミナルに分かれていたが、現在では、すべてのフライトが第2ターミナル発着となっている。第2ターミナルは2Aと2Bに分かれており、スターアライアンス系の航空会社は2A、ワンワールド系やスカイチーム系およびLCCは2Bでチェックインする。出発ゲートはシェンゲン協定加盟国内が2A、その他は2Bより出発する（→P.47）。

 ●ブダペストの空港
リスト・フェレンツ国際空港
URL www.bud.hu

リスト・フェレンツ国際空港の第2ターミナル

●シェンゲン協定加盟国
　→P.241

●おもなLCC（格安航空会社）
トランサヴィア航空
Transavia Airline
URL www.transavia.com
イージージェットEasy Jet
URL www.easyjet.com
ウィズ・エアWizz Air
URL wizzair.com
ライアンエアーRyanair
URL www.ryanair.com

🍀近隣諸国からブダペストへのおもな直行便

都市名	所要時間	フライト数	航空会社
ウィーン（オーストリア）	約45分	毎日1〜3便	OS
フランクフルト（ドイツ）	約1時間30分	毎日1〜5便	LH、W6
ミュンヘン（ドイツ）	約1時間15分	毎日1〜4便	LH
パリ（フランス）	2時間10〜25分	毎日1〜3便	AF、HV、U2、FR
ロンドン（イギリス）	2時間20〜40分	毎日1〜4便	BA、U2、FR、W6
アムステルダム（オランダ）	約2時間10分〜	毎日1〜2便	KL、U2
ヘルシンキ（フィンランド）	約2時間20分	毎日1〜2便	AY
モスクワ（ロシア）	2時間35〜50分	毎日1〜3便	SU、W6
ローマ（イタリア）	1時間40〜50分	毎日1〜2便	AZ、FR、W6
チューリヒ（スイス）	約1時間35分	毎日2〜3便	LX
コペンハーゲン（デンマーク）	1時間45〜50分	毎日1〜2便	FR、DY
ブカレスト（ルーマニア）	1時間30〜50分	毎日1〜3便	RO
ワルシャワ（ポーランド）	1時間10〜25分	毎日1〜5便	W6、LO
ブリュッセル（ベルギー）	1時間50分〜2時間	毎日1〜3便	SN、FR、W6
プラハ（チェコ）	約1時間10分〜25分	毎日1〜3便	OK、FR

※2018年12月現在
AF：エールフランス航空、BA：ブリティッシュ・エアウェイズ、KL：KLMオランダ航空、LH：ルフトハンザ・ドイツ航空、OS：オーストリア航空、AY：フィンランド航空、SU：アエロフロート・ロシア航空、AZ：アリタリア航空、SN：ブリュッセル航空、LX：スイス・エアラインズ、OK：チェコ航空、HV：トランサヴィア航空、U2：イージージェット航空、FR：ライアンエアー、W6：ウィズ・エア、LO：LOTポーランド航空、RO：タロム航空、DY：ノルウェー・エアシャトル

● ハンガリー鉄道
　MÁV-START
☎(1)349-4949
URL www.mavcsoport.hu
時刻表
URL elvira.mav-start.hu

 鉄道で

　ヨーロッパの内陸部に位置するハンガリーへは、近隣諸国からの国際列車が多く運行している。ドイツ、オーストリア、ポーランド、チェコ、スロヴァキア、ルーマニア、セルビア、クロアチアからはレイルジェット、ユーロシティ、ユーロナイトといった国際列車がブダペストへ直通運行を行っている。

列車の種類

・レイルジェットrailjet

オーストリア連邦鉄道（ÖBB）の高速列車。ハンガリー方面は、ミュンヘンMünchen〜ザルツブルクSalzburg〜ウィーンWien〜ブダペストBudapestで運行する便が運行している。ビジネスクラス、ファーストクラス（1等）、スタンダードクラス（2等）の3クラス制。ハンガリー国内区間は、全席指定制のため利用には、座席指定券が必要。

● 中欧エリアのレイルパス
　について
　→P.257

・ユーロシティEurocity（EC）

ポーランドのワルシャワWarszawa、チェコ共和国のプラハPraha、スロヴァキアのブラチスラヴァBratislavaとブダペストを結ぶ国際長距離列車。1等と2等の2クラス制で食堂車もしくはBAR車両が編成されている。ハンガリー国内区間は、全席指定制のため利用には、座席指定券が必要。

・ユーロナイト Euronight (EN)

国際夜行列車。ルートによって異なるが、寝台車（1〜3人部屋）、クシェット（簡易寝台；4人もしくは6人部屋）、座席車の編成。一部ルートには、個室内にシャワー、トイレが設備されたデラックス寝台（1〜3人部屋）も編成される。座席車も含めて全席指定制のため、利用の際には予約と指定料金が必要。

● 近隣諸国から到着する
　ブダペストの駅
東駅到着
ウィーン（オーストリア）
*プラハ（チェコ）
*ブラチスラヴァ(スロヴァキア)
*クラクフ（ポーランド）
*ワルシャワ（ポーランド）
ベルリン（ドイツ）
ミュンヘン（ドイツ）
ブカレスト（ルーマニア）
ザグレブ（クロアチア）
ベオグラード（セルビア）
※一部西駅到着
南駅到着
リュブリャーナ(スロヴェニア)

近隣諸国からブダペストへのおもな直通列車

国名	便数	所要時間
ウィーン（オーストリア）	毎日13〜14便	2時間20分〜
プラハ（チェコ）	毎日5〜6便（うち夜行1便）	6時間43分〜7時間39分
ブラチスラヴァ(スロヴァキア)	毎日5便	2時間20分〜
クラクフ（ポーランド）	毎日1〜2便（うち夜行1便）	9〜10時間
ワルシャワ（ポーランド）	毎日2便（うち夜行1便）	10時間20分〜13時間5分
ベルリン（ドイツ）	毎日1便（夜行）	11時間25分〜
ミュンヘン（ドイツ）	毎日4便（うち夜行1便）	6時間49分〜
ブカレスト（ルーマニア）	毎日3便（うち夜行2便）	14時間30分〜19時間10分
ザグレブ（クロアチア）	毎日1便	5時間45分〜
リュブリャーナ(スロヴェニア)	毎日1便	8時間21分〜

※2018年12月現在

中欧エリアのレイルパス

ハンガリーで使える鉄道パス

　鉄道パスは、各国の主要鉄道会社（日本でいえばJRに該当）の鉄道で利用できる周遊券。乗車運賃と特急・急行料金が含まれているので、全席指定制の列車でなければ、乗り放題となる。

　ハンガリーでは、ハンガリー国鉄（マーブMÁV）傘下のハンガリー鉄道（マーブ・スタートMÁV-START）やハンガリー西部の公営鉄道ジュール・ショプロン鉄道GYSEV（ラーバーバーンRaaberbahn）の列車で利用可能である。国際列車（→P.256）やインターシティ（IC）、急行列車に該当するExpresszvonat（Ex）は、利用の際に座席指定券を購入する必要があるが、快速列車や普通列車は、鉄道パスのみで利用可能である。

　ハンガリーの公共交通運賃は、安いので元は取りづらいが、ハンガリーを含めて複数国を鉄道で周遊するのであれば、混雑する窓口で乗車ごとに切符を購入する手間が省けるので重宝するだろう。

　ユーレイルグローバルパスやユーレイル1カ国パス（ユーレイルハンガリーパス）には大人料金の他に、鉄道パス利用開始時点で12〜27歳までの方向けのユース料金、60歳以上向けのシニア料金が設定されている。また大人料金に同行する子供（4〜11歳）2人までは無料のパスを付けられるので、家族旅行にはよりお得になる。

●ユーレイルグローバルパス

　ヨーロッパ31カ国（右欄参照）で利用できる鉄道パスで、有効期間が15日間、22日間、1カ月間、2カ月間、3カ月間の通用日連続タイプ（定期券タイプ）と有効期間1カ月間内で3日、5日、7日分、有効期間2カ月間内で10、15日分の鉄道利用日が選べるフレキシータイプの2種類ある。2カ国以上の鉄道旅行にはおすすめの鉄道パスである。

●ユーレイル1カ国パス

　ハンガリーでは「ユーレイルハンガリーパス」となる。ハンガリー鉄道とジュール・ショプロン鉄道で利用できる。有効期間1カ月間内で3日、4日、5日、6日、8日分の鉄道利用日が選べるフレキシータイプ。

●ヨーロピアンイーストパス

　チェコ、スロヴァキア、オーストリア、ハンガリーで利用で

●ユーレイル加盟の31ヵ国

　ハンガリー、オーストリア、チェコ、スロヴァキア、ブルガリア、ルーマニア、ポーランド、クロアチア、スロヴェニア、セルビア、モンテネグロ、ボスニア・ヘルツェゴヴィナ、ギリシア、トルコ、ドイツ、フランス、イタリア、スペイン、ポルトガル、スイス、ベルギー、オランダ、ルクセンブルク、イギリス、アイルランド、フィンランド、スウェーデン、デンマーク、ノルウェー、エストニア。

●鉄道パス・鉄道チケットのお問い合わせ・申し込み先

地球の歩き方　ヨーロッパ鉄道デスク
URL rail.arukikata.com
TEL 03-3553-6641
FAX 03-3553-6691
Email eurail@arukikata.co.jp
営 月〜金　10:30〜13:00／14:00〜18:00
休 土・日、祝日
※通信販売のみ

きる鉄道パス。ユーレイルグローバルパスやユーレイル1カ国パスとは異なり、ユース料金やシニア料金の設定はない。大人料金と子供料金（4〜11歳）の２つの料金が設定されている。有効期間1カ月間内で5日〜10日分の鉄道利用日が選べるフレキシータイプ。上記の4カ国の組み合わせで、5〜10日分の鉄道移動なら、ユーレイルグローバルパスよりはお得になる。

ユーレイルグローバルパス

■通用日連続利用タイプ

クラス	1等			2等		
利用日数/有効期間	大人	シニア	ユース	大人	シニア	ユース
15日間	€ 590.00	€ 531.00	€ 454.00	€ 443.00	€ 399.00	€ 341.00
22日間	€ 690.00	€ 621.00	€ 530.00	€ 518.00	€ 466.00	€ 398.00
1カ月間	€ 893.00	€ 804.00	€ 686.00	€ 670.00	€ 603.00	€ 515.00
2カ月間	€ 975.00	€ 878.00	€ 750.00	€ 731.00	€ 658.00	€ 562.00
3カ月間	€1,202.00	€1,082.00	€ 924.00	€ 902.00	€ 812.00	€ 693.00

■フレキシータイプ

クラス	1等			2等		
利用日数/有効期間	大人	シニア	ユース	大人	シニア	ユース
3日分/1カ月間	€ 291.00	€ 262.00	€ 224.00	€ 218.00	€ 196.00	€ 168.00
5日分/1カ月間	€ 376.00	€ 338.00	€ 289.00	€ 282.00	€ 254.00	€ 217.00
7日分/1カ月間	€ 446.00	€ 401.00	€ 343.00	€ 335.00	€ 302.00	€ 258.00
10日分/2カ月間	€ 534.00	€ 481.00	€ 411.00	€ 401.00	€ 361.00	€ 308.00
15日分/2カ月間	€ 657.00	€ 591.00	€ 505.00	€ 493.00	€ 444.00	€ 379.00

ユーレイルハンガリーパス

クラス	1等			2等		
利用日数/有効期間	大人	シニア	ユース	大人	シニア	ユース
3日分/1カ月間	€ 123.00	€ 111.00	€ 98.00	€ 92.00	€ 83.00	€ 80.00
4日分/1カ月間	€ 152.00	€ 137.00	€ 122.00	€ 114.00	€ 103.00	€ 99.00
5日分/1カ月間	€ 179.00	€ 161.00	€ 143.00	€ 134.00	€ 121.00	€ 116.00
6日分/1カ月間	€ 205.00	€ 185.00	€ 164.00	€ 154.00	€ 139.00	€ 133.00
8日分/1カ月間	€ 253.00	€ 228.00	€ 202.00	€ 190.00	€ 171.00	€ 164.00

ヨーロピアンイーストパス

クラス	1等		2等	
利用日数/有効期間	大人	子供（4〜11歳）	大人	子供（4〜11歳）
5日分/1カ月間	€ 266.00	€ 133.00	€ 183.00	€ 92.00
6日分/1カ月間	€ 292.00	€ 146.00	€ 207.00	€ 104.00
7日分/1カ月間	€ 318.00	€ 159.00	€ 231.00	€ 116.00
8日分/1カ月間	€ 344.00	€ 172.00	€ 255.00	€ 128.00
9日分/1カ月間	€ 370.00	€ 185.00	€ 279.00	€ 140.00
10日分/1カ月間	€ 396.00	€ 198.00	€ 303.00	€ 152.00

※掲載の料金は、2019年1月現在のもの。

国際バスで

ヨーロッパ各国間のバス網は非常に発達している。しかし、チェコやポーランドなど中欧諸国間を結ぶバスの便はそれほど多くはない。バスの利点はまず安いことだが、近年ではトイレ付きダブルデッカーのバスが増え快適さもアップした。さらに、バスターミナルは鉄道の駅に比べて、特に地方の都市では町の中心近くにあることが多い。

ハンガリーの国際線のバスを運行しているのはヴォラーンブス交通Volánbuszで、ブダペストへの国際便はすべてネープリゲト長距離バスターミナルに発着する。また、近頃では格安長距離バスのフリックス・バスFlix Busなどがウィーンやブラチスラヴァ、クラクフ、プラハ間などを運行している。

● ハンガリーの国際バス
Volánbusz（国際線）
URL nemzetkozi.volanbusz.hu
Busbud
URL www.busbud.com
Go Euro
URL www.goeuro.com
Flix Bus
URL global.flixbus.com

ジュールのバスターミナル

近隣諸国からハンガリー国内へのおもな長距離バス

ブダペストへ

国名	便数	所要時間	料金
ウィーン（オーストリア）	30分～1時間に1便	2時間45分～3時間55分	€25～
プラハ（チェコ）	毎日6～10便	6時間15分～7時間30分	€20～
ブラチスラヴァ（スロヴァキア）	毎日8～9便	2時間45分～3時間20分	€12～
クラクフ（ポーランド）	毎日3～4便	7～8時間	€10～
ベルリン（ドイツ）	毎日9～11便	10時間50分～12時間45分	€46～
フランクフルト（ドイツ）	毎日1～2便	12時間55分～15時間30分	€40～
ミュンヘン（ドイツ）	毎日1～2便	8時間30分～9時間30分	€29～35
リエカ（クロアチア）	毎日3便	9時間～11時間40分	€43～
フィレンツェ（イタリア）	毎日5～6便	15～19時間	€52～

ジュールへ

国名	便数	時間	料金
ウィーン（オーストリア）	毎日4～7便	1時間30分～	€6～
ベルリン（ドイツ）	毎日5便	10時間～	€43～
フランクフルト（ドイツ）	週5便	12時間15分～	€49～
ソフィア（ブルガリア）	週3便	19時間15分～	€43～

シオーフォクへ

国名	便数	所要時間	料金
フィレンツェ（イタリア）	毎日1便	14時間10分～	€43～
ヴェネツィア（イタリア）	毎日1～2便	8時間50分～10時間20分	€39～

※上記の料金は2018年12月現在のもの。夜行バスも含む

自動車で

シェンゲン協定加盟国（→P.241）から入国する場合、旅券審査は行われないが、運転するに当たりパスポート、国外運転免許証、車輌登録証明書、ハンガリーで義務づけられている車輌責任保険の加入を証明するものを携帯しなければならない。

日本のよさを再発見！

地球の歩き方 国内版シリーズ

地球の歩き方国内版シリーズ
定価：2020円（税込）〜
https://www.arukikata.co.jp/web/
catalog/directory/book/guidebook-j/

ヒットの秘密

1979年創刊、海外旅行のバイブル「地球の歩き方」。2020年に初の国内版「東京」を創刊。これまでの海外取材で培った細かな取材力、その土地の歴史や文化、雑学などの情報を盛り込むことで、地元在住者に支持され大ヒット。次の新刊もお楽しみに！

現地での国内移動

　ハンガリー国内の移動は、鉄道やバスを利用することになる。鉄道のおもな路線はブダペストを中心に放射状に延びており、地方の町と町の接続はあまりよくない。バスのほうが網の目状に走っているので、鉄道で行きにくいところでもたいがいバスで行くことができる。どちらのほうが便利かは、行く場所によるだろう。

　時間を気にしなくてよいのはレンタカーだ。ハンガリー国内には整備された幹線道路が走っているので、快適なドライブが楽しめる。ただし、ブダペスト市内は交通量が多く一方通行の道も多いので気をつける必要がある。

ハンガリーの高速道路は整備されていて走行しやすい

鉄　道

　ハンガリーの鉄道はMÁVという鉄道会社の旅客部門MÁV-STARTが運営している。MÁV-STARTは国内にくまなく路線網をもっているが、ジュール〜ショプロン間のみ、ハンガリー西部の公営鉄道ジュール・ショプロン鉄道GYSEVが運行している。路線はブダペストを中心に放射状に延びているため、地方間のつながりはよくない。場所によっては一度ブダペストに戻り、ブダペストから直接行ったほうが早い場合も多い。

　列車の発着時刻はほぼ正確だが、国内線は乗車ホームが突然変更されることも多い。そういうときは、こまめに構内の時刻掲示板をチェックするか、駅員に聞いてみよう。

　また、路線によっては途中駅で車両が切り離される場合があり、検札の際に車両の移動を促されることも。

列車の種類

　MÁV-STARTの列車は、おもにインターシティInter City（特急）、ジュルシュGyors（急行）、セメーイSzemély（普通）の3種類がある。インターシティ（IC）は、ほぼノンストップでブダペストと国内の主要都市を結ぶ特急。1等と2等があり、どちらも全席指定制のため座席指定券が必要だ。車内はきれいに整備されており、3ヵ国語（英・ドイツ・ハンガリー語）のアナウンスがある。なお、地方では山あいや平原をコトコト走る狭軌鉄道も走っている。そういったローカル線に乗り、風に吹かれて綿毛の飛んでくるなかをのんびり行くのもまた楽しい。

● ハンガリーの鉄道会社
MÁV-START
URL www.mavcsoport.hu
時刻表
URL elvira.mav-start.hu
GYSEV
URL www2.gysev.hu

国内を網羅するハンガリー鉄道MÁV-STARTの最新車輌

ジュール〜ショプロン間を走るGYSEVの列車

ソンバトヘイ〜クーセグ間を結ぶ、2両編成の列車

● 中欧エリアの
　レイルパスについて
　→P.257

● 列車内での喫煙

　2012年1月から実施された禁煙法で、レストランやカフェ、飲み屋など建物内での喫煙が禁止された。これに伴い、列車の中も禁煙となっている。

インターシティの2等座席

ジュール駅のホーム。切符売り場やホーム番号などの看板があるので迷うことはないだろう

🍀 鉄道の切符の買い方

　ハンガリーはヨーロピアンイーストパス、ユーレイルグローバルパス、ユーレイルハンガリーパスが使えるので、これらを持っている人は乗車券を買う必要はないが、インターシティ（IC）など座席の予約が必要な列車を利用する場合は座席指定券を購入しなければならない。

　これらのパスを持っていない場合、切符jegy（イェジ）は駅の切符売り場jegypénztár（エージペンスタール）のほか、町なかの旅行会社などで買う。駅なら発着駅に関係なく買える。国際線nemzetközi（ネムゼトコジ）と国内線belföldi（ベルフォルディ）は窓口が違うので、間違えないように。長い列ができて時間がかかることも多いので、時間には余裕をもって。

　切符を買うには行き先とクラス（1等első-osztály（エルショ-オスターイ）、2等másod-osztály（マーショド-オスターイ））、片道egy útra szóló jegy（エジ・ウートラ・ソーロ・イェジ）か往復retúrjegy（レテュールイェジ）/menettérti jegy（メネッテーリティ・エージ）かを告げる。運賃のほかに座席指定券helyjegy（エイェジ）や特急料金など、追加料金が必要な列車もあるので、何月何日のどの列車に乗るのか、具体的に決めておこう。紙に書いて見せれば間違いない。

　夜行のなかには、寝台hálókocsi（ハーローコチ）やcouchette（クシェット）（簡易寝台）がある列車もあり、希望者は切符と一緒に寝台券または簡易寝台券を購入する。

ブダペスト西駅の切符売り場。待たされる場合があるので早めに購入しよう

鉄道の切符の見方

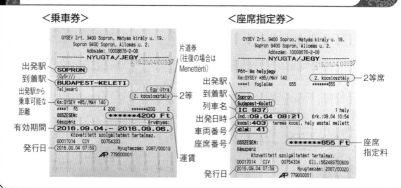

＜乗車券＞

出発駅 / 到着駅 / 出発駅から乗車可能な距離 / 有効期間 / 発行日 / 片道券（往復の場合はMenettérti）/ 2等 / 運賃

＜座席指定券＞

出発駅 / 到着駅 / 列車名 / 出発日時 / 車両番号 / 座席番号 / 発行日 / 2等席 / 座席指定料

座席の予約について

　座席予約が必要な列車は、インターシティ（IC）、そして時刻表に®のマークが付いている列車だ。なお、Rが付いているものは座席予約可能、®はブダペスト発の場合のみ予約が必要な列車。これらの列車に乗る場合は、切符と一緒に座席指定券を購入しよう。金額は距離、行き先によって異なる。座席券の必要な列車に座席指定券なしで乗ると、正規の料金に加え追徴金を取られる。往復の場合は帰りの列車の座席券も行きの切符と同時に購入できる。ただし乗り遅れた場合、座席券は無効となる。列車の出発ホームや乗車する1等または2等車両を探す時間などを考慮して乗り遅れないよう早めに移動しよう。

切符の割引について

　ISICカード（国際学生証）（→P.241）を持っている人は切符を購入するときに「ディアークdiák（学生）」と言って提示しよう。国際線には学割のほか、25歳以下の人にも割引が適用される。また、国際線は行き先によっては30〜70%の往復割引がある。なお、国内線には往復割引はない。国内線はハンガリーの若者のみ割引が利くことになっているので勝手に割り引きされないように注意。検札のときに罰金を取られることになる。

●必ず検札員が来る

　日本のように改札がないので、乗車前に切符のチェックは行われない。列車出発後に検札員がやってきて切符の確認が行われる。

ブダペストの駅には自動券売機が設置されている

自動券売機は英語に対応したタッチパネル式で、予約が必要な便の購入も可能

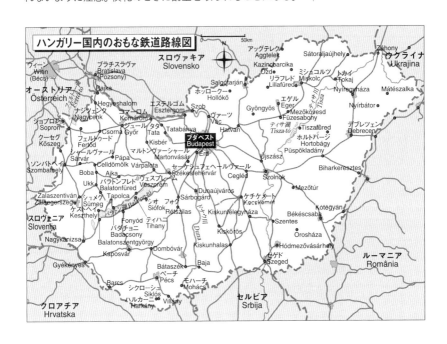

ハンガリー国内のおもな鉄道路線図

おもな列車の運行本数と所要時間

出発地	到着地	運行本数	所要時間	料金
Budapest発	Visegrád	毎日1時間に1～2便	45分～	2等1120Ft～/1等1400Ft～
	Esztergom	毎日1時間に1～2便	1時間10分～	2等2725Ft～
	Vác	毎日1時間に2～4便	25分～	2等650Ft～/1等815Ft～
	Eger	毎日8便	1時間50分～	2等2725Ft～
	Miskolc	毎日1～2時間に1便	2時間～	2等3705Ft～/1等4735Ft～
	Tokaj	毎日1～2時間に1便	3時間20分～	2等4485Ft～/1等5475Ft～
	Debrecen	毎日1時間に1便	2時間45分～	2等3690Ft～/1等5115Ft～
	Szeged	毎日1時間に1～2便	2時間20分～	2等3705Ft～/1等4735Ft～
	Kecskemét	毎日1時間に1～2便	1時間17分	2等2375Ft～/1等3105Ft～
	Székesfehérvár	毎日1時間に1～3便	45分～	2等1300Ft～/1等1780Ft～
	Veszprém	毎日30分～2時間に1便	1時間30分～	2等2200Ft～
	Balatonfüred	毎日1時間に2～3便	2時間～	2等2725Ft～
	Badacsony	毎日2便	2時間40分～	2等3395Ft～
	Keszthely	毎日2時間に1便	2時間30分～	2等3705Ft～
	Siófok	毎日9～10便	1時間20分～	2等2200Ft～/1等2925Ft～
	Pécs	毎日2時間に1便	3時間30分～	2等4350Ft～/1等5295Ft～
	Sopron	毎日1時間に1便	2時間30分～	2等4735Ft～/1等5785Ft～
	Szombathely	毎日1～2時間に1便	2時間40分～	2等4415Ft～/1等6460Ft～
	Győr	毎日1時間に1～2便	1時間20分～	2等2520Ft～/1等3535Ft～
	Gödöllő	毎日1時間に2～3便	30分～	2等745Ft～
	Martonvásár	毎日1時間に1～2便	30分～	2等650Ft～
	Tata	毎日1時間に1～2便	52分～	2等1490Ft～/1等2430Ft～
	Komárom	毎日1時間に1便	1時間30分～	2等1860Ft～
Visegrád発	Budapest	毎日1時間に1～2便	45分～	2等1120Ft～/1等1400Ft～
	Vác	毎日1時間に1～3便	15分～	2等370Ft～/1等465Ft～
Esztergom発	Budapest	毎日1時間に1～2便	1時間10分～	2等1120Ft～
	Komárom	毎日2便	1時間40分～	2等840Ft～
Vác発	Budapest	毎日1時間に6～8便	25分～	2等650Ft～/1等815Ft～
	Visegrád	毎日1時間に1～3便	15分～	2等370Ft～/1等465Ft～
Eger発	Budapest	毎日8便	1時間56分～	2等2725Ft～/1等3535Ft～
Miskolc発	Budapest	毎日1時間に1～2便	2時間～	2等3705Ft～/1等4735Ft～
	Tokaj	毎日1時間に1～2便	40分～	2等1120Ft～/1等1550Ft～
	Debrecen	毎日7便	1時間30分～	2等2010Ft～/1等2240Ft～
Tokaj発	Budapest	毎日1～2時間に1～2便	3時間42分～	2等4425Ft～/1等5275Ft～
	Miskolc	毎日1時間に1～2便	39分～	2等1120Ft～/1等1550Ft～
	Debrecen	毎日6便	55分～	2等1830Ft～/1等2250Ft～
Debrecen発	Budapest	毎日1時間に1～2便	2時間34分～	2等4305Ft～/1等5475Ft～
	Miskolc	毎日6便	1時間30分～	2等2010Ft～/1等2480Ft～
	Tokaj	毎日6便	55分～	2等1830Ft～/1等2250Ft～
	Hortobágy	2時間に1便	45分～	2等840Ft～
Hortobágy発	Debrecen	毎日6便	1時間30分～	2等2010Ft～
Szeged発	Budapest	毎日1時間に1～便	2時間20分～	2等3705Ft～/1等4735Ft～
	Kecskemét	毎日1時間に1～便	1時間2分～	2等1830Ft～/1等2430Ft～
Kecskemét発	Budapest	毎日1時間に1～便	1時間19分～	2等2375Ft～/1等3225Ft～
	Szeged	毎日1時間に1～2便	1時間35分～	2等1680Ft～
Székesfehervár発	Budapest	毎日1時間に1～5便	47分～	2等1300Ft～/1等1960Ft～
	Miskolc	毎日1時間に1～2便	3時間15分～	2等4495Ft～/1等5675Ft～
	Veszprém	毎日1時間に1～2便	40分～	2等840Ft～/1等1200Ft～
	Balatonfüred	毎日1～2時間に1便	1時間3分～	2等1300Ft～
	Badacsony	毎日1～2時間に1～便	1時間45分～	2等2200Ft～
	Keszthely	毎日1～2時間に1便	2時間～	2等2725Ft～
	Siófok	毎日1時間に1～2便	33分～	2等930Ft～
	Szombathely	毎日7便	2時間31分～	2等3465Ft～
	Komárom	毎日2便	1時間24分	2等1260Ft～
Veszprém発	Budapest	毎日1時間に1～2便	1時間24分～	2等2200Ft～/1等2925Ft～
	Székesfehervár	毎日1時間に1～2便	36分～	2等840Ft～/1等1200Ft～
	Szombathely	毎日10便	1時間45分～	2等2570Ft～
	Pannonhalma	毎日5便	1時間28分～	2等840Ft～

出発地	到着地	運行本数	所要時間	料金
Balatonfüred発	Budapest	毎日2便	2時間〜	2等2725Ft〜
	Székesfehervár	毎日1〜2時間に1便	1時間3分〜	2等1300Ft〜
	Badacsony	毎日10〜13便	40分〜	2等745Ft〜
Sümeg発	Keszthely	毎日8便	50分〜	2等840Ft〜
Keszthely発	Budapest	毎日2時間に1便	2時間50分〜	2等3705Ft〜
	Székesfehervár	毎日2時間に1便	2時間〜	2等2725Ft〜
	Sümeg	毎日9便	50分〜	2等840Ft〜
	Siófok	毎日9〜10便	1時間30分〜	2等1640Ft〜
Siófok発	Budapest	毎日9便	1時間21分〜	2等2375Ft〜
	Miskolc	毎日1時間に1〜2便	4時間24分〜	2等4660Ft〜/1等6160Ft〜
	Keszthely	毎日7便	1時間15分〜	1等1640Ft〜
Pécs発	Budapest	毎日2時間に1便	3時間〜	2等4305Ft〜/1等5295Ft〜
	Mohács	毎日2便	1時間8分〜	2等1120Ft〜
	Sopron	毎日1便	5時間37分	2等5890Ft〜
	Szombathely	毎日4便	4時間30分〜	2等4620Ft〜
Mohács発	Pécs	毎日2便	1時間2分〜	2等1120Ft〜
Sopron発	Budapest	毎日7便	2時間33分〜	2等4735Ft〜/1等5785Ft〜
	Győr	毎日1時間に1便	1時間10分〜	2等1680Ft〜/1等2430Ft〜
	Pécs	毎日1便	5時間32分〜	2等5890Ft〜
	Nagycenk	毎日1時間に1便	10分〜	2等310Ft〜
	Szombathely	毎日1〜2時間に1便	40分〜	2等1300Ft〜
	Komárom	毎日7便	1時間21分〜	2等2905Ft〜/1等3510Ft〜
Nagycenk発	Sopron	毎日1〜2時間に1便	10分〜	2等310Ft〜
	Szombathely	毎日1時間に1〜2便	40分〜	2等930Ft〜
Szombathely発	Budapest	毎日1時間に1〜2便	2時間30分〜	2等4415Ft〜/1等6460Ft〜
	Székesfehervár	毎日7便	2時間36分〜	2等3465Ft〜
	Veszprém	毎日9便	1時間53分〜	2等2570Ft〜
	Pécs	毎日4便	4時間27分〜	2等4620Ft〜
	Sopron	毎日1時間に1便	42分〜	2等1300Ft〜
	Nagycenk	毎日1〜2時間に1便	40分〜	2等930Ft〜
	Kőszeg	毎日1時間に1便	23分〜	2等370Ft〜
	Győr	毎日13便	1時間9分〜	2等2555Ft〜/1等3105Ft〜
Győr発	Budapest	毎日1時間に2〜3便	1時間23分〜	2等2520Ft〜/1等3535Ft〜
	Veszprém	毎日5便	1時間57分〜	2等1120Ft〜
	Sopron	毎日1時間に1〜2便	1時間〜	2等2010Ft〜/1等2430Ft〜
	Szombathely	毎日12便	1時間11分〜	2等2555Ft〜/1等3105Ft〜
	Komárom	毎日1時間に1〜3便	17分〜	2等745Ft〜/1等1260Ft〜
	Pannonhalma	毎日1時間に1〜2便	33分〜	2等465Ft〜
Pannonhalma発	Veszprém	毎日5便	1時間31分〜	2等840Ft〜
	Győr	毎日7便	27分〜	2等350Ft〜
Komárom発	Budapest	毎日1時間に1〜4便	1時間10分〜	2等1860Ft〜/1等3105Ft〜
	Esztergom	毎日2便	1時間26分	2等840Ft〜
	Székesfehervár	毎日2便	1時間25分〜	2等1260Ft〜
	Sopron	毎日1便	1時間22分〜	2等2905Ft〜/1等3510Ft〜
	Szombathely	毎日8便	1時間32分〜	2等3450Ft〜/1等4185Ft〜
	Győr	毎日1時間に1〜2便	19分〜	2等745Ft〜/1等1260Ft〜

※2018年12月現在。運行は目安。直行便を優先して記載。乗り換えると行ける駅もある。時期により異なる

●国内バス会社

Volánbusz
時刻検索・予約
URL www.volanbusz.hu

●便利なウェブサイト

Menetrendek
URL menetrendek.hu
　スマートフォン用のアプリも出ており、あらかじめダウンロードしておくと重宝（アプリ版はVonet鉄道とBuszバスであらかじめ検索欄が分かれている）。

●ターミナルのバス時刻表にある記号

何もなしまたは∅ …… 毎日運行
⊕ ………… 土・日曜のみ
⊗ ………… 月〜金曜
+ ………… 日曜のみ
○ ………… 土曜のみ
✕ ………… 月〜土曜

時刻表にはそのバスの乗り場も記載されているが、探すのに時間がかかるので余裕をもって行動しよう

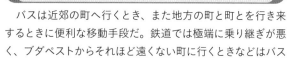

バ　ス

　バスは近郊の町へ行くとき、また地方の町と町とを行き来するときに便利な移動手段だ。鉄道では極端に乗り継ぎが悪く、ブダペストからそれほど遠くない町に行くときなどはバスが大活躍する。

　全国的な時刻表は販売されていないが、インターネットでの時刻検索は簡単にできる。バスターミナルの時刻掲示板は、到着と出発のふたつがあるので間違えないようにしよう（鉄道駅も同様）。到着は「Honnan どこから　Erkezés 到着」、出発は「Hová どこへ　Indulás 出発」。黒地の大きな掲示板には、黄色で行き先とすべての出発時刻が掲載されている。ただし到着時刻の記載はないので、所要時間を知りたいときは切符売り場の窓口か運転手に聞こう。切符は乗車時に運転手から買う場合も多い。

　インターネットで調べる場合、メネトレンデックMenetrendekのウェブサイトが便利。ハンガリー語のみだが、Honnanどこから、Hovaどこまで、希望の出発日時を選択して探すKeresésをクリックすれば、目的地までの交通手段が表示される（鉄道も含む。経由地を指定することも可能）。

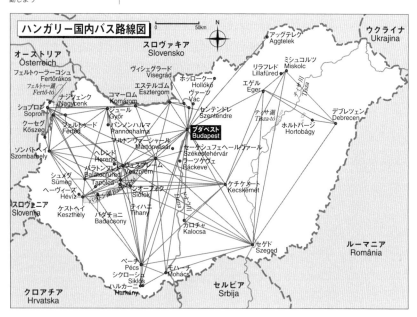

ハンガリー国内バス路線図

🍀 おもな長距離バスの運行本数と所要時間

出発地	到着地	運行本数	所要時間	料金
Budapest発	Szentendre	毎日1時間に1～3便	25分～	310Ft～
	Visegrád	毎日1時間に1～2便	1時間15分～	745Ft～
	Esztergom	毎日1時間に1～2便	1時間15分～	930Ft～
	Vác	毎日1時間に1～3便	50分～	560Ft～
	Hollókő	毎日1～2便	2時間～	1860Ft～
	Eger	毎日1時間に1～2便	1時間50分～	2520Ft～
	Hortobágy	毎日1便	2時間40分～	3130Ft～
	Szeged	毎日6便	3時間～	2830Ft～
	Kecskemét	毎日1時間に1～3便	1時間10分～	1680Ft～
	Kalocsa	毎日1時間に1～2便	2時間20分～	2520Ft～
	Székesfehérvár	毎日1時間に1～3便	1時間15分～	1300Ft～
	Veszprém	毎日1時間に1～3便	1時間50分～	2520Ft～
	Balatonfüred	毎日6～7便	2時間10分～	2520Ft～
	Keszthely	毎日1～2時間に1～2便	2時間20分～	3410Ft～
	Siófok	毎日3～4便	2時間10分～	2200Ft～
	Pécs	毎日1～2時間に1便	3時間20分～	3690Ft～
	Mohács	毎日5～6便	3時間50分～	3690Ft～
	Aggtelek	毎日1～2便	4時間30分～	3950Ft～
	Komárom	毎日2～3便	2時間～	1680Ft～
Szentendre発	Budapest	毎日1時間に1～4便	25分～	310Ft～
	Visegrád	毎日1時間に1～3便	45分～	465Ft～
	Esztergom	毎日1時間に1便	1時間30分～	930Ft～
Visegrád発	Budapest	毎日1時間に1～3便	1時間10分～	745Ft～
	Szentendre	毎日1時間に1～2便	45分～	465Ft～
	Esztergom	毎日1時間に1～2便	45分～	465Ft～
Esztergom発	Budapest	毎日1時間に1～3便	1時間30分～	930Ft～
	Szentendre	毎日1時間に1～3便	1時間30分～	930Ft～
	Visegrád	毎日1時間に1～2便	45分～	465Ft～
	Székesfehervár	毎日2～3便	2時間25分～	2200Ft～
	Veszprém	毎日3便	3時間30分～	2520Ft～
	Komárom	毎日5～6便	1時間15分～	1120Ft～
Vác発	Budapest	毎日1時間に1～3便	45分～	560Ft～
Hollókő発	Budapest	毎日1～2便	2時間15分～	1860Ft～
Eger発	Budapest	毎日1時間に1～2便	1時間50分～	2520Ft～
	Miskolc	毎日1時間に1～2便	1時間30分～	1300Ft～
	Debrecen	毎日8～9便	2時間30分～	2520Ft～
	Hortobágy	毎日7～8便	1時間48分～	1860Ft～
	Szeged	毎日2便	4時間55分～	3950Ft～
	Kecskemét	毎日3便	3時間50分～	3410Ft～
Miskolc発	Eger	毎日1時間に1～2便	1時間30分～	1300Ft～
	Debrecen	毎日1時間に1～2便	1時間40分	2200Ft～
	Szeged	毎日2便	6時間00分～	4660Ft～
Debrecen発	Eger	毎日8～9便	2時間30分～	2520Ft～
	Miskolc	毎日1時間に1～2便	1時間40分～	2200Ft～
	Szeged	毎日3便	5時間～	3950Ft～
Hortobágy発	Eger	毎日7～8便	1時間48分～	1860Ft～
	Debrecen	毎日8便	40分～	745Ft～
Szeged発	Budapest	毎日6便～	3時間～	3130Ft～
	Eger	毎日2便	4時間45分～	3950Ft～
	Miskolc	毎日2便	6時間15分～	4660Ft～
	Debrecen	毎日3便	5時間～	3950Ft～
	Kecskemét	毎日1時間に1～2便	1時間40分～	1680Ft～
	Kalocsa	毎日1時間に6～7便	2時間25分～	2200Ft～
	Székesfehervár	毎日5便～	4時間～	3410Ft～
	Veszprém	毎日3便	4時間30分～	4200Ft～
	Pécs	毎日8便～	3時間15分～	3410Ft～
	Mohács	週1～3便	2時間55分～	2830Ft～
Kecskemét発	Budapest	毎日1時間に1～3便	1時間10分～	1680Ft～
	Eger	毎日3便	3時間55分～	3410Ft～
	Szeged	毎日1時間に1～2便	1時間35分～	1680Ft～
	Kalocsa	毎日7便～	1時間45分～	1680Ft～
	Veszprém	毎日2～3便	3時間20分～	3130Ft～
	Pécs	毎日2～3便	3時間30分	3410Ft～
Székesfehervár発	Budapest	毎日1時間に1～4便	1時間15分～	1300Ft～
	Esztergom	毎日1～3便	2時間25分～	1860Ft～
	Szeged	毎日5便～	3時間50分～	3410Ft～
	Veszprém	毎日1時間に1～3便	50分～	840Ft～

※2018年12月現在

出発地	到着地	運行本数	所要時間	料金
Székesfehervár発	Balatonfüred	毎日7～9便	1時間15分～	1300Ft～
	Sümeg	毎日5～6便	2時間13分～	2200Ft～
	Keszthely	毎日5～7便	2時間30分～	2520Ft～
	Siófok	毎日4～6便	50分～	840Ft～
	Pécs	毎日6～7便	2時間55分～	2830Ft～
	Győr	毎日10～12便	1時間25分～	1680Ft～
	Komárom	毎日3～7便	1時間50分～	1680Ft～
Veszprém発	Budapest	毎日1時間に1～3便	1時間30分～	2200Ft～
	Esztergom	毎日3便	3時間30分～	2830Ft～
	Szeged	毎日3便	4時間30分～	4200Ft～
	Kecskemét	毎日2～3便	3時間20分～	3130Ft～
	Székesfehervár	毎日1時間に1～3便	55分～	840Ft～
	Balatonfüred	毎日1時間に4～6便	30分～	370Ft～
	Tihany	毎日3～8便	1時間～	560Ft～
	Sümeg	毎日1時間に1～2便	1時間25分～	1490Ft～
	Keszthely	毎日11～15便	1時間40分～	1490Ft～
	Siófok	毎日1～2時間に1便	55分～	930Ft～
	Pécs	毎日4便	3時間20分～	3130Ft～
	Sopron	毎日3～4便	2時間50分～	2830Ft～
	Nagycenk	毎日3便	3時間～	2520Ft～
	Herend	毎日1時間に2～8便	18分～	370Ft～
	Szombathely	毎日2～3便	2時間20分～	2200Ft～
	Győr	毎日9～11便	1時間30分～	1490Ft～
Balatonfüred発	Budapest	毎日6便	2時間10分～	2520Ft～
	Székesfehervár	毎日5～9便	1時間15分～	1300Ft～
	Veszprém	毎日1時間に1～4便	30分～	370Ft～
	Keszthely	毎日7～8便	1時間20分～	1300Ft～
	Sopron	毎日2便	3時間15分～	3130Ft～
	Nagycenk	毎日1～2便	3時間30分～	2830Ft～
	Győr	毎日3～5便	2時間15分～	1860Ft～
Tihany発	Veszprém	毎日3～8便	1時間～	560Ft～
Sümeg発	Veszprém	毎日1時間に1～2便	1時間25分～	1490Ft～
	Keszthely	毎日1時間に0～2便	42分～	650Ft～
	Sopron	毎日1～3便	2時間10分～	2200Ft～
	Nagycenk	毎日2～3便	1時間21分～	1860Ft～
	Szombathely	毎日1時間に1～2便	1時間15分～	1490Ft～
	Győr	毎日4～5便	2時間6分～	1860Ft～
Keszthely発	Budapest	毎日7～10便	2時間15分～	3410Ft～
	Székesfehervár	毎日5～7便	2時間40分～	2520Ft～
	Veszprém	毎日1時間に1～2便	1時間35分～	1490Ft～
	Balatonfüred	毎日7～8便	1時間20分～	1300Ft～
	Sümeg	毎日1時間に0～2便	45分～	650Ft～
	Siófok	毎日1～2便	1時間35分～	1490Ft～
	Pécs	毎日5～6便	3時間5分～	3130Ft～
	Sopron	毎日1～3便	2時間55分～	2520Ft～
	Hévíz	毎日1時間に1～7便	10分～	250Ft
	Győr	毎日5便～	3時間～	2520Ft～
Siófok発	Budapest	毎日4～5便	2時間10分～	2200Ft～
	Székesfehervár	毎日4～6便	55分～	840Ft～
	Veszprém	毎日10～12便	1時間～	930Ft～
	Pécs	毎日4便	2時間20分～	2520Ft～
Pécs発	Budapest	毎日1～2時間に1便	4時間10分～	3690Ft～
	Szeged	毎日8便～	3時間10分～	3410Ft～
	Kecskemét	毎日2～3便	3時間30分	3410Ft～
	Székesfehervár	毎日6～7便	2時間55分～	2830Ft～
	Veszprém	毎日4便	3時間25分～	3130Ft～
	Keszthely	毎日5～6便	2時間40分～	2830Ft～
	Siófok	毎日4便～	2時間10分～	2520Ft～
	Harkány	毎日1時間に1～3便	30分～	560Ft～
	Mohács	毎日1時間に1～3便	55分～	840Ft～
	Szombathely	毎日3～4便	4時間55分～	4200Ft～
	Győr	毎日3便	4時間15分	4200Ft～
Harkány発	Budapest	毎日2便	4時間15分～	3950Ft～
	Pécs	毎日1時間に1～3便	40分～	560Ft～
	Siklós	毎日1時間に1～5便	8分～	250Ft～
	Mohács	毎日7便～	1時間5分～	930Ft～
Mohács発	Budapest	毎日5～6便	3時間～	3690Ft～
	Szeged	週2～3便	3時間～	2830Ft～
	Pécs	毎日1時間に1～3便	47分～	840Ft～
	Harkány	毎日5～8便	1時間5分～	930Ft～
Sopron発	Székesfehervár	毎日1便	3時間10分	3410Ft～
	Veszprém	毎日3～4便	2時間45分～	2830Ft～
	Balatonfüred	毎日2便	3時間45分～	3130Ft～
	Sümeg	毎日1～3便	1時間53分～	2200Ft～
	Keszthely	毎日1～3便	2時間55分～	2520Ft～
	Fertőd	毎日1時間に1～3便	45分～	560Ft～

出発地	到着地	運行本数	所要時間	料金
Sopron発	Nagycenk	毎日1時間に1〜3便	20分〜	310Ft〜
	Szombathely	毎日4〜7便	1時間35分〜	1490Ft〜
	Kőszeg	毎日5〜6便	1時間〜	1120Ft〜
	Fertőrákos	毎日1時間に1〜3便	25分	310Ft〜
	Győr	毎日1時間に1〜3便	2時間〜	1860Ft〜
Fertőd発	Sopron	毎日1時間に1〜3便	45分〜	560Ft〜
	Győr	毎日4〜6便	1時間25分〜	1300Ft〜
Nagycenk発	Veszprém	毎日3便	3時間〜	2520Ft〜
	Balatonfüred	毎日1〜2便	3時間30分〜	2830Ft〜
	Sümeg	毎日2〜3便	1時間51分〜	1860Ft〜
	Keszthely	毎日2便	2時間34分〜	2520Ft〜
	Sopron	毎日1時間に1〜3便	18分〜	310Ft〜
	Szombathely	毎日4〜7便	1時間6分〜	1120Ft〜
	Kőszeg	毎日4〜6便	41分〜	745Ft〜
	Győr	毎日5〜6便	1時間37分〜	1490Ft〜
Szombathely発	Budapest	毎日1〜2便	4時間25分〜	3950Ft〜
	Veszprém	毎日2〜3便	2時間20分〜	2200Ft〜
	Sümeg	毎日5〜6便	1時間15分〜	1490Ft〜
	Keszthely	毎日3便	2時間〜	2200Ft〜
	Pécs	毎日3〜4便	4時間55分〜	4200Ft〜
	Sopron	毎日4〜7便	1時間10分〜	1490Ft〜
	Kőszeg	毎日1時間に1〜3便	30分〜	370Ft〜
	Győr	毎日2〜3便	2時間30分〜	2200Ft〜
Győr発	Székesfehérvár	毎日10〜12便	1時間25分〜	1680Ft〜
	Veszprém	毎日9〜11便	1時間35分〜	1490Ft〜
	Balatonfüred	毎日3〜5便	2時間25分〜	1860Ft〜
	Sümeg	毎日4〜5便	2時間10分〜	1860Ft〜
	Keszthely	毎日5便〜	3時間〜	2520Ft〜
	Sopron	毎日1時間に1〜2便	2時間〜	1860Ft〜
	Fertőd	毎日4〜6便	1時間30分〜	1300Ft〜
	Nagycenk	毎日1〜2時間に1便	1時間40分〜	1490Ft〜
	Szombathely	毎日2〜3便	2時間30分〜	2200Ft〜
	Pannonhalma	毎日1時間に1〜2便	33分〜	465Ft〜
Komárom発	Budapest	毎日2〜3便	2時間〜	1680Ft〜
	Esztergom	毎日5〜6便	1時間20分〜	1120Ft〜
	Győr	毎日4便	50分〜	840Ft〜

船
マハルト・バスネーヴ

おもな航路は船会社MAHART Passnaveにより運航されているドナウ川（ブダペスト〜センテンドレ〜ヴィシェグラード〜エステルゴムおよびドナウ川を挟む対岸の町を結ぶドナウの渡し）とBalatoni Hajózási Zrt.が運航するバラトン湖（シオーフォク〜バラトンフレド〜ティハニ、そのほか沿岸各地を結ぶ路線）で、夏季しか運航されないものが多い。ドナウ川の水は茶色く濁っており、“美しき青きドナウ”というわけにはいかないが、風に吹かれ、流れに揺られて、水上から眺める町もまた格別である。

ブダペストの船着場Hajóállomásはペスト側のヴィガドー広場Vigadó térの前にある（▶Map P.41-E4）。切符は船着場の窓口で購入する。Legenda（→P.61）のドナウ川を走るクルージングツアー、ダヌベ・レゲンドなどもここから出ている。船着場は船の発着に合わせて営業しており、時刻表も無料で手に入る。

MAHARAT Passnaveはドナウ川クルーズをはじめ、ディナー付きナイトクルーズなども催行している。

●国内の船会社
ブダペスト
MAHART Passnave
☎(1)484-4013
URL www.mahartpassnave.hu

ドナウ川航路。便数は少ないので事前に確認しよう

バラトン湖
Balatoni Hajózási Zrt.
☎(84)312-144
URL balatonihajozas.hu

バラトン湖は車ごと船に乗って移動できる

レンタカー

ブダペストでは、いくつものレンタカー会社がリスト・フェレンツ国際空港や町なかにオフィスを開いている。基本的な料金は、一番安い4シートのタイプで1日5000円程度〜、1週間2万5000円程度〜（会社により異なるので要確認）。これに保険料、週末料金、乗り捨て料などが加算される。支払いは外貨で、クレジットカードが望ましい。なお会社によっては、ウィーンで乗り捨てることも可能。小さな町や空港にあるレンタカー会社のオフィスは、予約がないと開かないこともあるので気をつけよう。

🍀 ハンガリーの走り方

ハンガリーは他のヨーロッパ諸国と同様、車両が右側通行。道路事情は特に問題なくガソリンスタンドも随所にある。ガソリンbenzinは1ℓ340Ft前後と、ほかの物価と比べると割高。町の名前の標識が出てきたらそこから市街地となる。

高速道路を走る際にはバーチャル高速券（E-Vignette）の購入が必要。ガソリンスタンドのレジで購入でき、車両ナンバー、高速券の種類、車両の種類を伝えるとレシートのようなものを渡され、この時に車両ナンバーが登録される。高速道路に設置されたカメラが走行車両が登録済みかどうかをチェックしており、登録されていない場合は罰金を取られる。走行中はこのレシートを携行すること。また、使用後から1年以内は当局からレシートの提示を求められることがあるため、しっかり保管しておこう。

🍀 ドライブ中のトラブル

レンタカー相手の車上荒らしやカージャックもたびたび起きているので、注意を怠らないようにしよう。

スピード違反の取り締まりも頻繁に行われている。ハンガリーの大平原を走る幹線道路は、広い大地に信号もなく真っすぐ延びる高速道路。快適なドライブが楽しめるが、スピード違反を取り締まるべく白バイが行ったり来たりしているので、スピードを出し過ぎないように。レンタカーで国内を走っているときに何かトラブルが起きたら、自動車レスキューに連絡しよう。緊急時は無料、そのほかは有料で対応してくれる。英語での対応希望ならブダペストにある国際緊急サービスへ。

● **レンタカーの予約オフィス（日本）**
エイビス AVIS
FREE 0120-31-1911
URL www.avis-japan.com
ハーツ Hertz
FREE 0120-489-882
URL www.hertz-japan.com

● **ハンガリー国内のレンタカー会社**
（すべてリスト・フェレンツ国際空港ターミナル2内）
エイビス Avis
☎ (1)296-6421
URL www.avis.com
営 日〜金　8:00〜21:00
　　土　　8:00〜19:00
ハーツ Hertz
☎ (1)235-6008
URL www.hertz.com
営 月〜金　9:00〜17:00
バジェット Budget
📞 0670-931-8001
URL www.budget.com
営 8:00〜20:00

● **制限時速**
市街地50km、郊外90km、自動車専用道路110km、高速道路130km（最低速度は60km）。

● **運転の際の注意事項**
飲酒運転は厳禁。前席はもちろん後部座席もシートベルト着用義務があり、子供を同乗させる際にはチャイルドシート類の利用が義務づけられている。また住宅地以外では昼間もライトの点灯義務がある（2輪は住宅地でも点灯義務あり）。

● **高速道路**
URL www.nemzetiutdij.hu

● **ドライブインフォメーション**
道路情報
☎ (1)336-2400（24時間）
ブダペストの交通情報
URL kozut.bkkinfo.hu

● **在ハンガリー日本国大使館交通安全の手引き**
URL www.hu.emb-japan.go.jp/files/000192113.pdf

ホテルの基礎知識

ホテルの種類

　ハンガリーには、ホテルやペンション、ユースホステル、アパートメントホテルなどさまざまなタイプの宿があり、予算や用途に応じて選ぶことができる。宿泊施設は年々増えているので、観光シーズンの夏場でも、泊まるところがまったく見つからなくて困るということはないだろう。

ホテル Szálloda

　ブダペストには、最高級5つ星ホテルから最低限の設備しかない安ホテルまで、選択肢は豊富にある。繁華街や中心部は概して高めなので、リーズナブルなところを探すなら郊外のホテルをチェックするといい。

　地方の町では手頃な料金のホテルを見つけやすい。ただし数が少なく、観光シーズンには満室になってしまうことも多いので、事前の予約が好ましい。

ペンション（ゲストハウス） Panzió

　システムはホテルとほぼ同じだが、一般的に小規模で贅沢な感じはなく、料金は安め。家族経営のところが多く、フレンドリーで気軽に利用しやすいという利点はあるが、フロントに人がいないときがあったり、客室に電話がなかったりと、それなりに不便なこともある。

ユースホステル Ifjúsági szálló

　ユースホステル協会の認可を受けて通年営業しているものと、大学の寮などを夏休み中（7・8月）のみ開放しているものとがある。部屋は、ドミトリーからバスルーム付きの個室までいろいろ。ドミトリーでは男女が同室となる場合もあるので、抵抗がある人は事前に確認を。

アパートメントホテル Apartman hotelek

　ブダペストでは、建物の一部の部屋を宿泊施設として貸し出すアパートメントホテルが増えている。1泊5000円～で人数が多いほどお得。キッチンには電子レンジや調理器具、バスルームにはバスタブや洗濯機などが用意されていて長期旅行者には最適。

●ハンガリーのハイシーズン

　一般的に5～9月がハイシーズンに当たり、ホテルの料金は冬に比べて1.2～1.5倍くらいになる。クリスマスやF1開催の時期も特別料金が設定される。

●プライベートルーム Különszoba

　一般家庭の空き部屋を借りるシステムで、いわゆる民泊と呼ばれるもの。相場はひとり1泊2000円～。低料金でハンガリー人の生活に触れるチャンスとあって、若者に人気が高い。ただし、お互いに不愉快な思いをしないよう、ある程度の礼儀とコミュニケーションが必要だ。

●日本ユースホステル協会

🏠〒151-0052
東京都渋谷区代々木神園町3-1　国立オリンピック記念青少年総合センターセンター棟3階
☎(03)5738-0546
URL www.jyh.or.jp
ユースホステル会員証
有効期限：取得日から翌年同月末日までの1年間。
登録料：成人パス（満19歳以上）2500円
登録に必要な書類：身分証明書1点（運転免許証や健康保険証など、住所、氏名、年齢などが確認できるもの）
　ユースホステル会員証については、地球の歩き方のウェブサイト URL www.arukikata.co.jp でも簡単に情報収集できる。

●ハンガリーの階

　ハンガリーでは、日本でいう1階は「地上階 Földszint」、日本の2階が「1階」に当たる。だから、エレベーターに乗って地上階に行きたい場合は、「0」か「F」のボタンを押す。通常フロントは地上階にある。

●ホテル予約ウェブサイト

ブッキングドットコム
URL www.booking.com
ホテルズドットコム
URL jp.hotels.com
エクスペディア
URL www.expedia.co.jp
ホステルワールド
URL www.japanese.
　　hostelworld.com
ホテリスタ
URL hotelista.jp

●ハンガリーのホテル
　予約ウェブサイト

Budapest.com
URL www.budapest.com

●現地でホテルを予約する

　泊まるところを決めずに
行った場合、直接ホテルに
空室状況を聞いてもいい。
現地の旅行会社を通して予
約すると確実。割引料金に
なることも。地方の町では、
「Szoba Kiadó（ハンガリー
語）」「Zimmer Frei（ドイ
ツ語）」という看板を見かけ
ることがあるが、これらは
「空き部屋あり」の意。

●ホテルの支払い方法

　支払いは現金またはクレ
ジットカード。料金をユーロ
（€）やUSドル（US$）で表
示しているところもあるが、
フォリントに換算して支払え
る。宿によってはフォリント
しか受け付けないところも
あるので、チェックイン時
に確認しておこう。基本的
な税金（ツーリストTax）は
料金に含まれている場合が
多いが、各市町の税金がひ
とり1泊250〜440Ftほどか
かる場合もある。

ホテルの予約方法

🍀 ホテルの予約オフィス

　世界的なホテルチェーンは、たいてい日本に予約オフィス
をおいているので、そこを通して予約が可能。ほかにも独自
にホテルと契約して予約窓口を引き受けているホテル・レップ
と呼ばれる会社もある。料金は基本的に正規料金となる。

🍀 旅行会社で予約する

　航空券を購入する際に旅行会社に相談すれば、そこで扱って
いるホテルを紹介してくれる。パッケージのほうがお得なことも。

🍀 ホテル予約ウェブサイト

　ホームページを開設しているホテルは、たいていウェブサ
イトから予約ができる。泊まりたいホテルが決まっているな
ら、公式サイトから直接予約を入れるのが確実だ。公式サイ
ト限定の特別価格が設けられていたり、朝食、Wi-Fiが無料に
なったりという場合も。

　ホテルを決めていないなら、宿泊地や希望日程から条件に
合ったホテルを検索できる、ホテルの予約サイトが便利。ユー
スホステルから高級ホテルまで、たくさんの選択肢のなか
から比較・検討し、選ぶことができる。ただし、サイトによっ
て料金表示や支払い方法が違うので、内容をよく読んでから
予約をしよう。予約をしたら確認証をプリントアウトするか、
予約番号を控えておくのを忘れずに。ほとんどの場合、予約
時にクレジットカードが必要となる。

🍀 Eメールやファクスで予約する

　自分で直接、ホテルに予約を入れる場合は、電話をしても
いいが、トラブルに備えてやりとりの記録を残すために、Eメ
ールやファクスを使用するのがベスト。

　予約内容、料金、税・サービス料が含まれるか、支払い方
法、キャンセル料が発生する日時についてはしっかり確認を。
2〜3日経っても返信が来ない場合は、再確認したい。予約の
際、保証のためにクレジットカードのデータが必要なことがあ
るが、トラブルを避けるために、空室状況や料金を問い合わ
せるだけの段階ではカードの詳細を入れず、予約するときに
知らせること。

レストランの基礎知識

ハンガリー料理の特徴

　ハンガリー料理は煮込みや揚げ物が多く、蒸し物や炒め物はあまり見かけない。肉料理をメインディッシュに、ジャガイモや野菜、ライスなどの付け合わせ、スープ、パンを組み合わせるのが一般的だ。日本人の口に合うといわれるが、全体的に味は濃くボリュームが多め。おなかが疲れてしまったときは、グヤーシュなどの具だくさんスープやベジタリアンメニューだけで済ますのもあり。

　ハンガリー料理に欠かせないのがパプリカだ。パプリカはピーマンや唐辛子の仲間であるナス科の植物。色は赤や黄色、形はピーマンのようなものから唐辛子のような細いものまで、さらに辛いものから辛くないものまで、実にさまざまな種類がある。それらを料理によって使い分けているのだ。煮込み料理にはとにかくたくさんのパプリカが入っているし、生のままサラダに使ったり、粉末の赤いパプリカを料理の仕上げにかけたりする。もうひとつの特徴は、サワークリームがよく使われること。コクのある酸味が、料理に深みを与える。

ハンガリーを代表する料理

　ハンガリーを代表する二大料理は、グヤーシュGulyásとハラースレーHalászlé。どちらもパプリカをたっぷり使ったシチューのような料理だ。

　グヤーシュGulyásは、牛肉と野菜の煮込みにパプリカを入れて仕上げたもの。グヤは牛の群れ、グヤーシュは牛飼いを意味し、牛飼いたちが野外で作っていた料理がルーツだ。一般的にはスープ状だが、もう少しこってりしたシチュー風のものもある。ハンガリーでは、食堂から高級レストランまでどこに行っても食べられるが、それだけ味付けもさまざま。

　ハラースレーHalászléはコイやナマズのぶつ切りをパプリカで煮込んだスープ。普通のレストランではカップ1杯ぐらいだが、魚料理専門店ではそれだけで十分満腹になる量が出てくる。バラトン湖周辺などでは必ずあるが、他の地域ではどのレストランにもあるとはかぎらない。

　また、ハンガリーは世界三大珍味のひとつであるフォアグラ（ハンガリー語でリバマーイLibamáj）の産地。たいていのレス

● 食堂の種類

エーッテレム Étterem
　いわゆるレストラン。しっかり食事をとるのが目的。

ヴェンデーグルー Vendéglő
　エーッテレムと同じくレストラン。

チャールダ Csárda
　庶民的な食堂。どちらかというと居酒屋に近い。

シュルズー Söröző
　ちょっと立ち寄る一杯飲み屋といった感じのものを含めたビアホール。

ボロゾー Borozó
　ワインを数多く取り揃えたワインバー。

**カーヴェーハーズ Kávéház／
カーヴェーゾー Kávézó**
　カフェ。食事やデザートのメニューを豊富に揃えているところも多い。

ツクラースダ Cukrászda
　ケーキなどの甘味専門店。ハンガリーではお菓子も豊富でおいしい。

ビュフェー Büfé
　セルフサービスの安い食堂。ショーケースに並んだ料理を指さし注文できるので気軽に試せる。

パプリカにはさまざまな種類がある

グヤーシュは鍋でサーブされることも

●水について

　ハンガリーの水道水は飲めるとされているが、ミネラルウオーター（アースヴァーニヴィーズÁsványyíz）を買うほうが一般的だ。スーパーでは500㎖のペットボトルが42円くらいから買える。

　炭酸入り（セーンシャヴァシュSzénsavasまたはソーダヴィーズSzódavíz）と、炭酸なし（セーンシャヴメンテシュSzénsavmentes）がある。レストランなどで炭酸なしを注文するときには「ノー・ガス」と言えば通じる。

ハンガリーワインの代表格、トカイの貴腐ワイン

食前酒にパーリンカをどうぞ

ウニクムのアルコール分は40度

トランで、ソテーや揚げ物など気軽に楽しむことができる。

食事の注文方法

　ハンガリーでは、レストランに入ると最初に飲み物のオーダーを聞かれる。飲み物はイタッラポットItallapot、食べ物メニューはエートラプÉtlapという。ハンガリー語でメニューMenüとは"お品書き"のことではなく、定食を指すので注意。

　一般的に量が多く、スープだけでおなかいっぱいになってしまうこともある。ふたりなら「フェール・フェールFéle Féle（半分で）」と言って、ひと皿を半分に分けてもらうことも可能。また、定価の50〜80％の金額で、少ない量で出してくれる店もある。メインディッシュの付け合わせは、別料金で選べるようになっていることが多い。

　支払いは「ケーレム・ア・サームラートKérem a számlát（お勘定をお願いします）」と呼んで勘定書をもらい席で支払うのが一般的で、先にカード払いか現金払いかを告げよう。サービス料が入っていない場合は10％のチップが目安。サービス料が入っているかどうかはレシートを見て確認。

ハンガリーのお酒

ワイン Bor

　中・東欧で最も古いワイン造りの歴史をもつといわれるハンガリー。なかでも有名なのが、フランスのルイ14世が「ワインの王様にして、王様のワインなり」と称えたというトカイワインのトカイ・アスーだ。これは貴腐ブドウを使った甘いワインで、デザートワインや食前酒として好まれる。ほかにも"エゲルの雄牛の血"という意味の辛口の赤ワイン、エグリ・ビカヴェールが有名だ。食事に合わせて、さまざまな味を楽しんでみたい（エゲル→P.156、トカイ→P.166）。

パーリンカ Pálinka

　アンズや洋ナシなどの果物から造られる蒸留酒。アルコール分は43度以上ある。初めて会った人と歓迎の気持を込めて飲むという習慣がある。

ウニクム Unicum

　数十種類ものハーブとスパイスを配合して造られるお酒。胃腸の調子を整え健康を増進させると信じられている。ウニクムの意味は英語の"ユニーク"の意味。1790年ごろ、胃腸が弱かった当時の皇帝ヨーゼフ2世のために造られたといい、それを飲んだ皇帝が「ユニークな味だ」と言ったのが由来だそう。

ショッピングの基礎知識

ハンガリーのショッピング

発展目覚ましいブダペストでは、世界の一流ブランドから話題のファストファッションまで、西側ヨーロッパの大都市と変わらない店が集まっており、ショッピングが楽しめる。観光みやげを扱う店もブダペストに多く、ハンガリー国内のほとんどのものはブダペストで購入できる。ただし、値段は現地で購入するよりも高い。ブダペストをひとたび離れると、ハンガリーらしい伝統文化が根づく地方都市が点在する。これら地方ならではのみやげ探しも楽しい。

ハンガリーの名産品

カロチャ刺繍

ハンガリー南部の町カロチャ（→P.133）の伝統的な刺繍製品。世界無形文化遺産にも指定されている。もともとは民族衣装に施されたカラフルな花刺繍だが、今ではコースターやテーブルクロスなどを中心に刺繍を施したさまざまなものがあり、ハンガリーを代表するみやげになっている。

パプリカ製品

ピーマンやトウガラシからパプリカを作り上げたのがハンガリーで、ハンガリー料理にはパプリカが欠かせない。独特な風味とコクをもつ、辛くないパプリカが一般的に使われるが、辛いパプリカもある。おみやげ用にはかわいい缶に入った粉末のものや、チューブ入りが人気。

陶磁器

ヨーロッパの貴族たちに使われてきたヘレンドはハンガリーを代表する陶磁器。アジア風のデザインに特徴がある。ほかにもブダペストのマーチャーシュ教会（→P.67）の屋根瓦にも使われているジョルナイも有名。

トカイワイン

ハンガリーワインを代表するトカイワイン。なかでも、貴腐ブドウを使ったトカイ・アスー（→P.168）は希少価値が高く、ハンガリーみやげとして人気が高い。糖度により3〜6プット

● 店の営業時間の目安

商店の営業時間は平日10:00〜19:00、土曜は10:00〜17:00（13:00で閉まるところも）、日曜は休みが基本だが、観光地のみやげ物屋や、一部大型スーパーは21:00頃まで営業しているところもある。冬季は時間短縮する店が多い。

● ハンガリー国内で見かける
スーパーマーケット

TESCO テスコ
URL tesco.hu
イギリスのスーパー。食品から生活用品まで種類豊富。

SPAR スパー
URL www.spar-international.com
ヨーロッパを中心に展開する大型スーパー。

PENNY MARKET
ペニー・マーケット
URL www.penny.hu
ドイツ発の大型ディスカウントスーパー。

Coop コープ
URL www.coop.hu
ハンガリー、チェコ、スロヴァキア、ブルガリア4ヵ国の共同小売販売店。小さな町にもあることが多い。

Roni ABC
ロニ・エービーシー
URL www.roniabc.hu
ブダペスト市内に多店舗展開している24時間営業のコンビニ。

dm デーエム
URL www.dm.hu
ドイツ系のドラッグストア。日用品から医薬品など色々揃っていて何かと便利。

● 動物検疫に注意

ハンガリーはフォアグラやサラミの名産地で、みやげ用にも売られているが、ヨーロッパから日本への肉製品の持ち込みは禁止されている。現地で心ゆくまで食べて帰ろう。

東欧らしい素朴なデザイン

18歳未満立ち入り禁止と書かれたたばこ屋の看板

ニョスというランク付けがされており、6プットニョスは現地でも高価だが、日本で購入するとその何倍もする。

🍀 木工品

素朴な木のおもちゃ、ハンガリーの民族衣装をペイントした木の置物や入れ物などいろいろある。

🍀 その他のお酒

パーリンカ、ウニクム（→P.274）などのハンガリーならではのお酒もおみやげに人気がある。

どこで買うのがいいのか

おみやげの購入は、ヘレンドなどの高級陶磁器は専門店がおすすめ。カロチャ刺繍はブダペストでならみやげ物屋にたいていあるし、中央市場（→P.129）に豊富に揃っている。その他の食品やワイン、パプリカなどはみやげ物屋、スーパー、市場で購入できる。

おみやげ探しが楽しい中央市場

税金の払い戻し（タックスリファンド）

ハンガリーでは、商品にÁFAと呼ばれる付加価値税が一般品目は27％、食品18％、医薬品5％がかけられている。免税書類1枚当たり5万7001Ft以上の買い物をした場合、一般品目は購入金額の13〜19％、食品は一律購入金額の10％、医薬品は3％の還付が受けられる。ただし、ハンガリーまたはEU加盟国の最終出国時に税関でスタンプを受領した場合のみで、書類発行日より90日以内にスタンプを取得する必要がある。払い戻しの有効期限は税関のスタンプ受領日より1年以内。税関が混雑する場合もあるので時間に余裕をもって手続きしよう。

グローバルブルー
URL www.globalblue.com/
business/japan
Refund Tracker（払い戻しトラッカー）から、申請済みの免税書類の支払い状況を確認することができる。

🍀 税金の払い戻しスタンプ受領に必要なもの
①免税書類（購入した店でもらう。裏面にサインをすること）
②購入品のレシート原本（払い戻し金の受け取り時にも必要）
③購入品（未使用）
④パスポート

※2018年12月現在、日本国内での現金およびクレジットカードでの払い戻しは行われていない。

郵便・通信事情

郵便

ハンガリーの郵便ポスト

ハンガリーの郵便局は、"Posta"というロゴと、ラッパのようなマークの看板が目印。主要駅に併設されているか、町なかの大通り沿いなどにあることが多い。

ハンガリーの郵便事情はかなり信頼でき、航空便の場合は普通郵便Nem elsőbbségiで日本まで7〜21日間程度、優先郵便Elsőbbségiで5〜10日程度で着く。

郵便局では日本と同様に目的によって窓口が異なる。たいていは窓口上部にイラストの表示があるが、わからなかったら近くの人に聞いてみよう。

宛名を書く際は、封筒の表左上に差出人の住所・名前を、真ん中に大きく受取人の住所・名前を書く。切手は右上に貼り、ポストに投函する場合は「Air Mail」と目立つように記入。日本宛という意味の「JAPAN」とわかるように書いておけば、住所や名前は日本語で書いても問題なく届く。

一般郵便料金

日本までの郵便は、普通郵便Nem elsőbbségiの場合、はがきと封書20gまで435Ft。50gまでの封書は625Ft、100gまでの封書は965Ft。所要7〜21日間。優先郵便Elsőbbségiは、はがきと封書20gまで485Ft、封書50gまで700Ft。封書100gまで1085Ft。所要5〜10日間。切手bélyegは郵便局のほか、キオスクやみやげ物店などでも購入可能だ。なお、最大2kgまで封書扱いとなり、日本までの優先郵便は1kgまで4380Ft、2kgまで7610Ft。

小包とEMS

小包Csomagは国際小包便Külföldi csomagの場合3kgまで1万5200Ft、10kgまで2万4700Ft。10〜16日間ほどかかる。

切手は郵便局で購入するほか、一部のキオスクやみやげ物屋で取り扱っている場合も

● 郵便情報
Magyar Posta
URL www.posta.hu

● 国際宅配便
DHL
URL www.logistics.dhl
ウェブサイト経由で、指定の場所（ホテルなど）まで荷物を取りに来てくれるサービスもある。
DHL受付窓口の検索サイト
URL locator.dhl.com
現在地を入力すれば最寄りのDHL受付窓口がどこにあるかを調べることができる。

EMS国際スピード郵便Nemzetközi EMSだと3kgまで1万5600Ft、10kgまで2万5400Ft。宅配条件にもよるが、所要5～10日間。袋や箱はしっかりしたものを使おう。箱Dobozは郵便局で購入できる。

ハンガリー国内の電話のかけ方

　市内通話は日本と同様、市外局番を除いた相手の電話番号にかけるだけ。市外にかける場合は、まず市外認識番号06を押し、プルルルル～という信号音が鳴ってから、市外局番、相手の番号の順にプッシュする。

電話機

　携帯電話の普及により、公衆電話の数は激減傾向。電話はコイン式で、使えるコインは10、20、50、100Ftだが、最低料金は50Ft。フォリントだけでなく、€0.50、€1、€2のコインも利用できる。公衆電話はプッシュホン式で、番号を押すときにはゆっくりと確実に。あまり早く押すとつながらないことがある。

テレホンカード

　ハンガリーの公衆電話にはテレホンカード用の差し込み口はなく、コインの投入口のみ。当然公衆電話に挿入するICチップタイプのテレホンカードはなく、その代わりに、カード裏のスクラッチを削った番号を入力する方式のコーリングカードが利用されている。発行しているのはハンガリーの電話会社マジャール・テレコムMagyar Telekom。しかし、販売店でも常に在庫があるわけではなく、駅のキオスク等でも置いていないところがほとんどなので、手に入れるのはけっこう大変。

　近年、主流となりつつあるのが同社から販売されている国際テレホンカードBarangoló。公衆電話でも利用可能で、ホテルの部屋から電話をかけたい場合でもカードから金額が引き落とされる仕組みになっているため、チェックアウト時に高額の電話料金を請求される心配もない。

　どちらも買ったらまず銀色のスクラッチ部分をはがす。この下に書かれている番号（PIN）は、それぞれのカードに固有。使用するときは、受話器を取って各電話会社のアクセス番号にかける。カードを公衆電話機に挿入する必要はない。ガイダンスに従ってPINをプッシュ、残高がアナウンスされたら相手先の番号をプッシュする。

●ハンガリーの
　携帯電話番号
　ハンガリーの携帯電話は0620Telenor、0630T-Mobile、0670Vodafon。3つの携帯電話会社の番号にかける場合は常に、最初の06を含む11桁すべての番号を押す。ただし、日本の携帯電話や、ハンガリー国外からハンガリーの携帯電話にかけるときは、最初に国番号の「+36」をプッシュして、「06」を除いた携帯電話会社の番号、続いて7桁の相手先の電話番号をプッシュする。
例：0036-30(06を除いた携帯電話会社の番号)-xxxxxxx

目にする機会は減ったものの、大きな駅やバスターミナルにはたいがいある

PIN方式のコーリングカード。値段は1000Ft、2000Ft

●マジャール・テレコム
URL www.telekom.hu
　ブダペストでは街なかのほか、ショッピングセンター内にあることが多い。

ハンガリーから日本への電話のかけ方

日本への国際電話のかけ方にはいくつかの方法がある。ホテルからかける場合は、初めに0や9などの外線番号（ホテルによって異なるので要確認）を押してからプッシュする。ホテルからの国際電話は手数料がかなり高くつくので、使用するときはそのつもりで。

ダイヤル直通電話

国際電話識別番号の00を押してプルルルル～という発信音が聞こえたあと、日本の国番号81、続いて0を除いた市外局番、相手先の番号の順にプッシュする。

日本語オペレーターを通して電話をする

KDDIジャパンダイレクトを利用すれば、日本語オペレーターを通して電話ができる。支払い方法をコレクトコールとクレジットカードのどちらにするか決め、相手の番号をオペレーターに伝えると通話できる。ただしコレクトコールの場合は、相手の了承が必要。

国際クレジットカード／プリペイドカード通話

アクセス番号をプッシュし、日本語の音声ガイダンスに従って操作する。クレジットカード番号、クレジットカードの暗証番号が必要となる。プリペイドカード通話の場合は固有のカード番号を入力。

携帯電話

日本の携帯電話で海外ローミング

ほとんどの携帯電話は海外でも使うことができるが、料金が高く、着信にも料金が発生する。いわゆる格安SIMの場合は海外ローミングに対応していない会社もある。

プリペイドSIMカード

SIMフリー対応のスマートフォンや携帯電話を持っているなら、現地でSIMカードを購入するという手もある。SIMカードはTelecomやVodafoneといった現地の携帯電話ショップで購入できる。現地の電話番号を得ることができるので通話は国内扱いになり、割安で利用できる。

ハンガリーから
日本へのかけ方
**ハンガリーから東京の
(03)1234-5678または
(090)1234-5678に
かける場合**

国際電話識別番号 00

日本の国番号 81

市外局番と携帯電話の最初の
0を除いた番号3または90

相手先の番号 1234-5678

● 日本からハンガリーへの
電話のかけ方
→P.8

● 日本語オペレーターに
申し込むコレクトコール
KDDIジャパンダイレクト
06-800-08111
URL www.001.kddi.com/
lineup/with-operator

● 国際クレジットカード通話
KDDI
スーパージャパンダイレクト
06-800-08112
URL www.001.kddi.com/
lineup/with-guidance

● プリペイドカード通話
KDDIスーパーワールドカード
URL www.001.kddi.com/
lineup/with-guidance/
swc

● 携帯電話紛失の際の連絡先

携帯電話を紛失した際の、ハンガリーからの連絡先（利用停止の手続き。全社24時間対応）。

au
📱（国際電話識別番号00）
+81+3+6670-6944※1
NTTドコモ
📱（国際電話識別番号00）
+81+3+6832-6600※2
ソフトバンク
📱（国際電話識別番号00）
+81+92+687-0025 ※3
※1 auの携帯から無料、一般電話からは有料
※2 NTTドコモの携帯から無料、一般電話からは有料
※3 ソフトバンクの携帯から無料、一般電話からは有料

インターネット

🍀 無線LAN（Wi-Fi）

ハンガリーでは宿泊施設のほとんどに無線LAN（Wi-Fi）が設置されている。接続にはパスワードが必要なことが多いので、フロントで確認しておくこと。Wi-Fiを利用できるカフェやレストランも増えてきており、店頭にFree Wi-Fiなどと表示がある。

🍀 海外用モバイルWi-Fiルーター

海外用モバイルWi-Fiルーターのレンタルサービス。ハンガリーなら1日500円前後で借りられる。スマートフォンやタブレット端末、ノートPCでも使用可能。申し込みは各社のウェブサイトや、成田や羽田などの空港にある窓口にて行うことができる。在庫が限られているため事前の申し込みがベター。

🍀 プリペイドSIMカード（→P.279）

キャリアによってプラン内容はさまざま。渡航前に日本国内で海外用プリペイドSIMカードを購入することも可能。

INFORMATION

ハンガリーでスマホ、ネットを使うには

スマホ利用やインターネットアクセスをするための方法はいろいろあるが、一番手軽なのはホテルなどのネットサービス（有料または無料）、Wi-Fiスポット（インターネットアクセスポイント、無料）を活用することだろう。主要ホテルや町なかにWi-Fiスポットがあるので、宿泊ホテルでの利用可否やどこにWi-Fiスポットがあるかなどの情報を事前にネットなどで調べておくとよい。ただしWi-Fiスポットでは、通信速度が不安定だったり、繋がらない場合があったり、利用できる場所が限定されたりするというデメリットもある。そのほか契約している携帯電話会社の「パケット定額」を利用したり、現地キャリアに対応したSIMカードを使用したりと選択肢は豊富だが、ストレスなく安心してスマホやネットを使うなら、以下の方法も検討したい。

☆ 海外用モバイルWi-Fiルーターをレンタル

ハンガリーで利用できる「Wi-Fiルーター」をレンタルする方法がある。定額料金で利用できるもので、「グローバルWiFi（【URL】https://townwifi.com/）」など各社が提供している。Wi-Fiルーターとは、現地でもスマホやタブレット、PCなどでネットを利用するための機器のことをいい、事前に予約しておいて、空港などで受け取る。利用料金が安く、ルーター1台で複数の機器と接続できる（同行者とシェアできる）ほか、いつでもどこでも、移動しながらでも快適にネットを利用できるとして、利用者が増えている。

▼グローバルWiFi

海外旅行先のスマホ接続、ネット利用の詳しい情報は「地球の歩き方」ホームページで確認してほしい。
【URL】http://www.arukikata.co.jp/net/

旅のトラブルと安全対策

治安

　ハンガリーの治安は全般的によいが、観光客の増加にともない、特にブダペストでは旅行者を狙った犯罪が増加。そこでブダペストの主要な観光ポイントでは、常時警察が警備をするようになっている。以前より安全は守られるようになってきたが、それでも多いのはスリ、詐欺、置き引きといった一般犯罪だ。パスポートをすられたという日本人旅行者も少なくない。とはいえ、基本的な注意を怠らないようにしていれば未然に防げるものも多い。必要以上に神経質になることはないが、最低限の注意は払って安全に旅を続けたい。

基本的な被害防止策

　スリや詐欺などの被害は、自分が注意することで防げる場合も多い。基本的にバッグなどは常に自分の見える場所に持ち、通りすがりに引ったくられるような状態にしないこと。当然、口がしっかり閉まるものにすること。ナイフで切られて中身を抜かれたりすることもあるので、目の届かない背負うタイプのザックタイプのものでないほうがいい。

　レストランなどで隣の椅子にバッグを置いたり、椅子の背にかけたりするのもやめた方がいい。カメラをテーブルの上に置くのも注意。それらを考え、あまり大きな荷物を持って歩かないことが大事だ。

貴重品は分散させて

　一度にすべての物を失ってしまわないよう、貴重品は分散させて持つのも基本。持ち歩く現金を最小限にして、クレジットカードで支払いを済ませるという方法も。万が一、財布をすられるとカードも現金もなくなってしまい、ホテルに戻る交通費もない、ということになってしまう。かばんとは違う場所にカードをもう1枚忍ばせておく、現金を別の場所にしまっておくなど、いざという時のことを考えておくのが望ましい。

犯罪の手口

スリ・置き引き

　スリは地下鉄をはじめバス、トラムなどの車内での被害が多い。最近の手口で多いのは、車内混雑を装ったグループ犯

● 海外の安全問題についての問い合わせ先
外務省領事サービスセンター海外安全相談班
住〒100-8919
　東京都千代田区霞が関2-2-1
電(03)3580-3311（代表）
　（内線2902、2903）
URL www.mofa.go.jp/mofaj
外務省
URL www.anzen.mofa.go.jp
　（海外安全ホームページ）
圏9:00〜12:30、
　13:30〜17:00
休土・日、祝日
　「たびレジ」に登録すると海外安全情報を無料で受け取ることができる。
URL www.ezairyu.mofa.
　go.jp/tabireg
最新渡航情報メールサービス
　海外安全ホームページにアクセスし、メールアドレスを登録すれば最新の海外安全情報などが配信される。

● ブダペストの注意地区
　ブダペストでは、王宮の丘やセール・カルマン広場、デアーク広場、ヴァーツィ通り、東駅、西駅周辺、また地下鉄M2およびM3、トラムでは4、6番にスリや置き引きなどの被害が多い。地下鉄は昼夜問わずなので、くれぐれも気をつけよう。

●その他、注意したいこと

抗議集会やデモ

政治目的の抗議集会などに参加している人たち（全身黒の服装など）に興味本位で近寄らないこと。理由もなく罵倒されたり、暴動に巻き込まれたりする危険がある。

クレジットカードの不正請求

最近増えている犯罪が、クレジットカードの不正請求。盗難のほか、買いものなどで使用した際に個人データをコピーされて不正使用されたというケースもある。この場合は、店自体または従業員が犯人だと思われる。ATM利用も含めカードの使用に際しては十分注意を払いたい。

高額請求

町で美女に話しかけられ、連れて行かれた店で法外な金額を請求される例。自分でレストランに入るときにも、必ず値段を確認してから注文する、支払いのときには正しく計算されているかどうか確認するといった、基本的な注意を忘れずに。

●ニセ警官への対策

周りの人の注意を引くように大きな声で話す（日本語でも英語でも自分の得意な言語で）。または言葉がわからないふりをして逃げる。パスポートや財布を見せる前に警察署への同行や日本大使館と連絡を取ることを要求する、というのも効果があるようだ。

また、万一見せなければならなくなった場合のことを考え、財布は小額と高額の2種類に分けておこう。

●緊急時の連絡先

警察 ☎107
消防 ☎105
救急 ☎104

●万一に備えメモしておくもの

パスポートの控え（番号、発行日、交付地。コピーしておくのもいい）、クレジットカードの番号と有効期限、緊急連絡先の電話番号、旅行会社の現地連絡先、海外旅行保険の現地および日本の緊急連絡先など。

●医療に関する会話例

→P.290

罪だ。地下鉄に乗車すると同時に、混雑を装った犯人グループの数人に身動きができないように取り囲まれ、ポケットを探られたり、ナイフなどでかばんを切られて貴重品を盗まれたりするという強引なもの。車内がそれほど混んでいると思えないのに、不自然に自分の周りがぎゅうぎゅう詰めになっていたら警戒が必要。バッグは必ず口をしっかりと留め、抱えるようにして持つか、すいている車両に乗り換えよう。

タクシーの被害

ブダペスト市内を走るタクシーの3分の1が何らかの違法行為を行っているといわれている。駅や観光地で客待ちしているタクシーは避け、直接電話するか、ホテルや飲食店などで呼んでもらうようにしよう。メーターに細工をしている場合もあるので、乗る際には必ず確認を。目的地までのだいたいの料金を聞いてみるのもいい。

ニセ警官

特にブダペストで多いのが、警官を装ってパスポートや現金の提示を求め、それらをチェックしているふりをしながら、高額紙幣のみを抜き取るというものや、クレジットカード情報を抜き取って知らない間に現金が引き出されていたというもの。

よくあるパターンが、犯罪グループのひとりが両替商を装って「チェンジ・マネー？」と声をかけ、その直後に私服警官と称する人物が現れて「路上で両替するのは違法だ。確認のためパスポートと現金を見せろ」と言って警察手帳のようなものを提示する。うっかり財布を見せると、中を確認するふりをしながらちょっとしたスキを見て、現金を抜き取ったり、すり替えたりする。

見知らぬ人に話しかけられた直後に警官だと言って寄ってくる人物がいたら、まずグルのニセ警官だと疑って間違いない。本物の警官が「現金を見せろ」などと言ってくることはあり得ない。カタコトの日本語でなれなれしく話しかけてくる人にも注意だ。

盗難・紛失

被害に遭ってしまったら

とにかく警察署に届け出よう。届け出ても盗られたものが戻ってくる可能性はほとんどなく、事情聴取があったり書類にサインをしたりと時間を取られてしまうが、犯罪手口を伝えて治

安の現状を警察に知らせることは今後のためにも必要なこと。このとき、被害や盗難の証明書を作ってもらえる。

●盗難・紛失

旅の途中でパスポートやクレジットカードなど携行品の紛失、盗難に遭ったら、すぐに被害に遭った管轄の警察に届け出て「盗難・紛失届出証明書」を発行してもらう。この証明書はパスポートの発給、帰国後の海外旅行保険の請求手続きに必要となる。

●パスポートの紛失

まず現地の警察署で、紛失・盗難届出証明書を発行してもらう。次に日本大使館もしくは総領事館でパスポートの失効手続きを行い、新規パスポートの発給または帰国のための渡航書を申請する。至急帰国する必要がある場合「帰国のための渡航書」なら即日発給してもらえる。また、旅券番号、発給年月日、発給地がわかっていればより手続きがスムーズに進むのでパスポートのコピーを取っておくか、どこかに情報を控えておくことが必要。日本から顔写真も持参しておくとさらに安心。

●航空券の紛失

航空会社の現地事務所、または航空券を購入した旅行会社に連絡を取る。このとき紛失した航空券の番号、発行日、発行場所がわかっていると手続きが早い。払い戻しができない場合は、改めて新しい航空券を購入する必要がある。Eチケット（電子航空券）の場合は「控え」を紛失してもパスポートだけで搭乗できることもある。

●クレジットカードの紛失

一刻も早くクレジットカード会社に連絡を取り、無効手続きをすること。カード番号を控えておくと、手続きが簡単だ。非常の場合の連絡先も必ず控えておくこと。

●事故を起こしたら

交通事故の場合はまず警察、必要なら救急車、そしてレンタカー会社に連絡する。自分、もしくは相手が治療を受けたら、まず契約している海外旅行保険会社に連絡して指示をあおごう。保険の手続きには医師の診断書や領収書が必要となる。

●病気・けが

旅行中はさまざまな緊張で体調を崩しやすい。胃腸薬などは普段使用しているものを持っていくと安心だ。海外旅行保険会社によっては、電話で日本語の通じる病院の案内を聞けたり、キャッシュレスで治療が受けられたりする。

●新規パスポートの発給に必要なもの

ⓐ一般旅券発給申請書
ⓑ現地警察署の発行した紛失・盗難届出証明書
ⓒ写真（タテ45mm×ヨコ35mm、6ヵ月以内に撮影したもの、無帽、無背景）1葉
ⓓ6ヵ月以内に発行された戸籍謄本または抄本1通
ⓔ手数料（10年用パスポート4万Ft、5年用パスポート2万7500Ft）※2019年度

●帰国のための渡航書の申請に必要なもの

ⓐ渡航書発給申請書
ⓑ現地警察署の発行した紛失・盗難届出証明書
ⓒ写真（タテ45mm×ヨコ35mm）1葉
ⓓ6ヵ月以内に発行された戸籍謄本または抄本1通または、日本国籍が確認できる書類（本籍地が記載されている住民票や運転免許証など）
ⓔ旅行の日程などが確認できる書類（航空券、Eチケット控えや旅行会社が制作した日程表）
ⓕ手数料6300Ft
※2019年度

●在ハンガリー日本国大使館

▶Map **P.94**

🏠XII. Zalai út 7
☎(1)398-3100
📠(1)275-1281
URLwww.hu.emb-japan.go.jp
🕐月〜金　9:00〜12:30、
　　　　14:00〜16:30
🚫土・日、祝日
🚇セール・カルマン広場Széll Kálmán térから155番のバスでGyörgy Aladár u.下車、徒歩約5分。

●クレジットカード会社の連絡先（紛失時）

アメリカン・エキスプレス
☎44-20-8840-6461
ダイナースクラブ
☎81-3-6770-2796
セゾンカード
☎06-800-11703
JCB
☎06-800-11956
三井住友VISAカード
☎00-800-12121212
UCカード（Master/Visa）
☎00-800-80058005

ハンガリーの歴史

🍀 ハンガリー人のルーツ

ハンガリー人のルーツであるマジャル人は、ロシアのウラル山脈の麓に住んでいた民族とされている。やがて遊牧生活をしながら西へと移動し、9世紀後半にカルパチア山脈を越えて現在のハンガリーに住み着いた。以来、イタリアやフランス方面にまで進出したがザクセン朝（ドイツ）に敗れ、ハンガリーに定住する。

🍀 ハンガリー王国の誕生

900年代にマジャル人の首長となったアールパード朝はキリスト教を受け入れ、1000年にはイシュトヴァーン1世がローマ教皇から王冠をいただきハンガリー国王となる。当時のハンガリーは現在のスロヴァキア、ルーマニアやクロアチアの一部を含む大きな国土をもっていた。イシュトヴァーン1世の死後もアールパード朝から王が選出されたが、1240年代にはモンゴル軍の侵略を受け、多くの都市が破壊される。以来、城塞に囲まれた都市が造られるようになる。アールパード王朝の断絶後はナポリのアンジュー家が王位を引き継ぎ、14世紀にはポーランド王国の王も兼ね、国土は最大に達する。しかし、その頃からオスマン帝国がハンガリーを脅かすようになる。

🍀 オスマン帝国の支配

1526年、ポーランド出身のラヨシュ2世の時代、ついにオスマン帝国はハンガリーに攻め入ってくる。このモハーチの戦いでハンガリーは大敗を喫し、1541年にはブダがオスマン帝国の支配下となった。

オスマン帝国のスレイマン1世はハンガリーの中心部を含む多くをオスマン帝国直轄領とし、トランシルヴァニアを保護下の公国に定める。ラヨシュ2世の後にハンガリー国王となったハプスブルク家のフェルディナント1世は、北部と西部の一部を支配するのみとなる。以来ハンガリーの三分割は150年にわたって続く。

🍀 ハプスブルク家と
オーストリア＝ハンガリー帝国

オスマン帝国は1683年にハプスブルク帝国のウィーンを包囲するが失敗。これに乗じてハプスブルク軍はブダを取り戻すことに成功する。その後、1699年にオスマン帝国とヨーロッパ諸国の間に結ばれたカルロヴィッツ条約により、オスマン帝国はハンガリーから撤退。代わってハンガリー王国はハプスブルク帝国の支配下となる。1722年にはハプスブルク家の王位継承が認められ、1740年にはマリア・テレジアがハンガリー女王となり、1780年には息子のヨージェフ2世が王位を継承する。一方で反ハプスブルクを唱える動きも活発化し、1848年にはコッシュート・ラヨシュらによるハンガリー革命、ウィーン蜂起などが起きる。しかし、オーストリア皇帝となったフランツ・ヨージェフ1世に反撃され、革命は失敗に終わる。その後も国内での

ハンガリーの繁栄に尽力したセーチェニ・イシュトヴァーン像

民族運動は活発化し、1866年のプロイセン王国との戦争に敗北したことをきっかけに、フランツ・ヨージェフ1世はハンガリー国会を承認。ここにオーストリアとハンガリーの二重帝国が誕生し、フランツ・ヨージェフ1世はオーストリア皇帝とハンガリー国王を兼ねることとなり、オーストリア＝ハンガリー帝国が成立した。

🍀 世界大戦と社会主義国家

　フランツ・ヨージェフ1世の妻であるエルジェーベトが1898年に旅先のスイスで暗殺。1914年には皇位継承者で、甥のフランツ・フェルディナント大公夫妻が暗殺される。このサラエヴォ事件をきっかけに、オーストリア＝ハンガリー帝国はセルビア政府に宣戦布告。ドイツ、ロシア、同盟関係の国々を巻き込んだ第1次世界大戦へと拡大していく。その最中の1916年にフランツ・ヨージェフ1世が死亡し、カール1世が即位する。1918年、戦争の敗北と共にオーストリア＝ハンガリー帝国は崩壊。ハンガリー民主共和国が独立する。1920年にはハンガリー王国が成立、その後トリアノン条約により、ハンガリーの国土であったチェコ、スロヴァキア、ルーマニアなどが割譲され、ハンガリーは現在の国土となる。

🍀 ハンガリー共和国時代

　1939年に始まった第2次世界大戦では日独伊の三国同盟に加盟するが、終戦間際の1944年にはドイツに占領され、息のかかった矢十字党の恐怖政治が行われる。しかし翌年、ハンガリーはソ連により解放される。1946年には王政が廃止され、ハンガリー共和国が誕生するものの、1949年ソ連に支配されたスターリン型の社会主義国家「ハンガリー人民共和国」とい

う東欧の共産圏のひとつとなる。1953年にスターリンが没すると、スターリン主義者や一党独裁政治への批判が高まり、大規模なデモへと発展。ソビエト軍がハンガリーへと侵攻し、民衆との戦闘が勃発。このハンガリー動乱で約2万人の死者、20万人もの難民が出る。再び社会主義路線となったが、1980年代のペレストロイカにより民主化運動が盛んになる。それにより改革が推し進められ、国名が「ハンガリー共和国」に変更された。

🍀 2012年の新憲法

　ハンガリーは1999年にNATOへの加盟、2004年にはEUに加盟した。2010年4月に行われた選挙では野党のフィデス政党が圧勝。社会党からの政権交代を果たす。オルバーン首相はさまざまな関連法案を含む新憲法を採決、2012年1月に施行した。それによりハンガリー共和国から「ハンガリー」へと国名が変更された。ほかにも導入を予定していたユーロを撤回し、公式通貨は従来のフォリントに制定するなど独裁的な政治手法について、EU諸国から批判を集めている。経済面では、フォリント安による輸出は順調だが、消費税の増税などにより個人経済は落ち込んでいる。2012年4月にシュミット大統領が辞任し、翌5月アーデル・ヤノーシュ大統領が就任した。

ハンガリーの独立を期して掲げられた国旗。かつて左の旗の中央には旧ソ連のシンボル、鎌と星のマークが入っていた

旅の会話

旅の技術

あいさつと日常会話

こんにちは / こんにちは (親しい人同士)
Good afternoon. / Hi!
ヨー ナポト キーヴァーノク　スィア　　セルヴス
Jó napot kívánok! / Szia!　Szervusz!

おはようございます / こんばんは
Good morning. / Good evening.
ヨー レッゲルト キーヴァーノク　ヨー エシュテート キーヴァーノク
Jó reggelt kívánok! / Jó estét kívánok!

おやすみなさい / さようなら
Good night. / Goodbye.
ヨー エーイサカート キーヴァーノク　ヴィソントラーターシュラ
Jó éjszakát kívánok! / Viszontlátásra!

ありがとう (ございます) / どういたしまして
Thank you. / You're welcome.
クスヌム　　セーペン　スィーヴェシェン　ケーレム
Köszönöm (szépen). / Szívesen!　Kérem!

失礼!、すみません / ごめんなさい
Excuse me! / I'm sorry.
ボチャーナト　　エルネーゼーシュト
Bocsánat! / Elnézést!

はい / いいえ
Yes. / No.
イゲン　　ネム
Igen. / Nem.

どうぞ / お願いします
Here you are. / Please.
テッシェーク　レジェン スィーヴェシュ
Tessék. / Legyen szíves.

英語が話せますか?
Do you speak English?
ベセール アンゴルル
Beszél angolul?

私はハンガリー語が話せません
I don't speak Hungarian.
ネム　　ベセーレク　マジャルル
Nem beszélek magyarul.

え? (聞き返したいとき) / ちょっと待って
Pardon? / Just a minute.
テッシェーク　エジ ピッラナト
Tessék? / Egy pillanat.

Column　ハンガリー語の基礎知識

　ハンガリー語はヨーロッパで話されている諸言語とは大きく違う。ハンガリー人の祖先はかつてウラル山脈を越え、今の地にたどり着いた。ハンガリー語はウラル語に属し、同じグループにはフィンランド語やエストニア語があり、トルコ語、モンゴル語、日本語などにも共通点がある。
　日本人がなじみやすいのは、名前は日本と同じく姓・名の順に表したり、住所も町から番地へと書くこと。また、名詞の後に接尾辞という語を付けて、〜を、〜へ、〜で、といった表現するところなども日本語と同じだ。
　ハンガリー語はラテン文字で表記する。したがってローマ字読みができるが、2〜3の文字がセットになったものや、短・長母音など独特なものがある。以下はハンガリー独特の発音の一部。
　ひとつの単語を発音するときは、一番最初の母音を強く発音する。

短・長母音

|---|---|---|---|
á	アー	ú	ウー
é	エー		(オーに近い音)
í	イー	ű	ウー
ó	オー		(ユーに近い音)
ő	ウー	ü	ウ
ö	ウ		

複数の文字からなる子音

|---|---|---|---|
cs	チー(チャ行音に近い)	ly	エイ
dz	ズィー(ジャ行の音に近い)	ny	エヌィ(エニに近い音)
dzs	ジー(ザ行の音に近い)	sz	エス
gy	ゲーとギーの間の音	ty	ティ(チィに近い音)
		zs	ジー

知りません / わかりません I don't know. / I can't understand it.	ネム トゥドム　　ネム エールテム Nem tudom. / Nem értem.
わかりました /オッケー！ I understand. / O.K.	エールテム　　ヨー Értem. / Jó!
初めまして How do you do.	ナジョン　ウルヴェンデク Nagyon örvendek.
お会いできてうれしいです Nice to meet you.	ウルルク　　ホジ　タラールコストゥンク Örülök, hogy találkoztunk.
お元気ですか?/おかげさまで元気です How are you? / Fine, thank you.	ホジ　ヴァン?　　クスヌム　　ヨール Hogy van? / Köszönöm, jól.
あなたのお名前は?/私の名前は山本真智子です What's your name? / My name is Machiko Yamamoto.	ホジ ヒーヴャーク? ア ネヴェム ヤマモト　　マチコ Hogy hívják? / A nevem Yamamoto Machiko.
私は日本人 (学生 / 観光客) です I'm Japanese (a student/a tourist).	ヤパーン ディアーク トゥリシュタ ヴァジョク Japán (Diák / Turista) vagyok.
何時ですか? / 11時30分です What time is it? / Eleven thirty.	ハーニ オーラ ヴァン　　ティゼネジ オーラ ハルミンツ ペルツ ヴァン Hány óra van? / Tizenegy óra harminc perc van.
住所を教えてください May I ask your address?	アッジャ　メグ　ア ツィーメート　レジェン スィーヴェシュ Adja meg a címét, legyen szíves.
とても楽しかったです I had a good time.	ナジョン　ヨール エーレステム　マガム Nagyon jól éreztem magam.
トイレはどこですか? Where is a toilet?	ホル ヴァン ア モシュドー　ヴェーツェー Hol van a mosdó (vécé)?
これは何ですか? / いくらですか？ What is this? / How much is it?	ミ エズ　　　メンニベ　　ケルル Mi ez? / Mennyibe kerül?
誰? / いつ? / どこ? / どこへ? Who? / When? / Where? / To Where?	キ　　ミコル　　ホル　　ホヴァ Ki? / Mikor? / Hol? / Hova?
何? / なぜ? / どのように? What? / Why? / How?	ミ　　ミエールト　　ホジャン Mi? / Miért? / Hogyan?
どのくらい? / いくつ? / どれ? How much? / How many? / Which?	メンニ　　　ハーニ　　メイク Mennyi? / Hány? / Melyik?

移動

駅 (バスターミナル / 切符売り場) はどこですか? Where is the station (bus terminal / ticket office) ?	ホル ヴァン ア ヴァシュートアーロマーシュ アズ アウトーブス アーロマーシュ ア イェチペーンツタール Hol van a vasútállomás (az autóbusz állomás / a jegypénztár)?
ショプロンまでのどのくらい (何時間) かかりますか? How long does it take to get to Sopron?	メンニ　イデイグ タルト アズ ウート ショプロンバ Mennyi ideig tart az út Sopronba?
ミシュコルツまでの2等切符を1枚ください A second class one way ticket to Miskolc, please.	ミシュコルツラ ケーレク エジ イェジェト マーショドオスターイラ Miskolcra kérek egy jegyet másodostályra.
デブレツェン行きは何番線ですか? Which track is for Debrecen?	ハーニャディク ヴァーガーニロール インドゥル ア ヴォナト デブレツェンベ Hányadik vágányról indul a vonat Debrecenbe?
この列車 (バス) はデブレツェン行きですか? Is this train (bus) to Debrecen?	エズ ア ヴォナト　ブス　デブレツェンベ　メジ Ez a vonat (busz) Debrecenbe megy?
タクシーを呼んでください Could you call a taxi for me, please.	ケーレム　ヒーヴヨン　ネケム　エジ タクスィト Kérem, hívjon nekem egy taxit.
東駅までお願いします （タクシーで） Go to the East station, please.	ヴィジェン エル ア ケレティ パーイアウドヴァルラ ケーレム Vigyen el a Keleti pályaudvarra, kérem.

市内観光

この町の地図（案内書）をいただけますか？
Can I have a map (guide book) of this town, please?
カプハトネーク エジ テールケペト ウーティクニヴェト ア ヴァーロシュロール
Kaphatnék egy térképet (útikönyvet) a városról?

何時に開きますか（閉まりますか）？
What time does it open (close)?
ミコル ニト ザール
Mikor nyit(zár)?

入場料はいくらですか？
How much is the admission fee?
メンニ ア ベレーブディーイ
Mennyi a belépődíj?

クロークはありますか？
Is there a cloakroom?
ヴァン イット ルハタール
Van itt ruhatár?

ここで写真を撮ってもいいですか？
Can I take photographs here?
レヘト イット フェーニケーベズヌィ
Lehet itt fényképezni?

宿泊

安い宿泊施設を教えてください
Will you tell me some reasonable accomodation?
トゥドナ アヤーンラスィ オルチョーッブ サーラーシュト
Tudna ajánlani olcsóbb szállást?

空いている部屋はありますか？
Do you have a vacancy?
ヴァン サバド ソバーユク
Van szabad szobájuk?

1泊いくらですか？
How much is it for a night?
メンニベ ケルル エジ エーイサカーラ
Mennyibe kerül egy éjszakára?

バス、トイレ付きをお願いします
With bath and toilet.
フルドゥーソバーシュ クルン ヴェーヴェーシュ ソバート セレトネーク
Fürdőszobás, külön vécés szobát szeretnék.

部屋を見せていただけますか？
May I see the room?
メグネーズヘトネーム ア ソバート
Megnézhetném a szobát?

もっと安い部屋はありませんか？
Do you hava a cheaper room?
ヌィンチ オルチョーッブ ソバーユク
Nincs olcsóbb szobájuk?

クレジットカードは使えますか？
Can I pay by credit card?
ヒテルカールチャーヴァル フィゼトヘテク
Hitelkártyával fizethetek?

チェックアウトは何時ですか？
What's the check-out time?
ハーニ オーラーイグ ケル キイェレントケズヌィ
Hány óráig kell kijelentkezni?

お湯が出ません
There's no hot water in my room.
ニンチ メレグヴィーズ ア ソバーンバン
Nincs melegvíz a szobámban.

食事

私はハンガリー料理が食べたいです
I want to eat Hungarian food.
ヴァラミ マジャル エーテルト セレトネーク エンヌィ
Valami magyar ételt szeretnék enni.

近くに安くておいしいレストランはありますか？
Is there a cheap and good restaurant around here?
ヴァン イット ア クゼルベン エジ ヨー イ-ジュ オルチョー ヴェンデーグルー
Van itt a közelben egy jó, és olcsó vendéglő?

メニュー（ワインリスト）を見せてください
Can I have the menu (the wine list)?
アズ エートラポト ア ボルラポト ケーレム
Az étlapot (a borlapot) kérem.

おすすめ料理は何ですか？
What is your specialty?
ミ アズ エーッテレム シュベツィアリターシャ
Mi az étterem specialitása?

これをください
I'll have this.
エスト ケーレム
Ezt kérem.

お勘定をお願いします
Can I have the bill, please.
ケーレム ア サームラート
Kérem a számlát.

会計が違います
I think this is added up wrong.
アスト　ヒセム　エスト エルサーモルターク
Azt hiszem, ezt elszámolták.

おつりが違います
You gave me wrong change.
ネム　エンニ　ア ヴィッサヤーロー
Nem ennyi a visszajáró.

たいへんおいしかったです
It was very good.
ナジョン　フィノム ヴォルト
Nagyon finom volt.

買い物

これはいくらですか?
How much is this?
エズ　メンニベ　ケルル
Ez mennyibe kerül?

それをください
I'll take it.
アスト ケーレム
Azt kérem.

まけてくれませんか?
Could you make a discount?
ネム　トゥドナー オルチョーッバン アドスィ
Nem tudná olcsóbban adni?

これは気に入らないです
I don't like this.
エズ ネム　テッツィク
Ez nem tetszik.

試着してもいいですか?
Can I try this on?
フェルプローバールハトナーム エスト
Felpróbálhatnám ezt?

大き（小さ / きつ / 短か / 長）過ぎます
This is too large (small / tight / short / long).
エストゥール ナジ　キチ　スーク　ルヴィド　ホッスー
Ez túl nagy (kicsi / szűk / rövid / hosszú).

レシートをください
May I have a receipt please?
ブロッコト カプハトネーク
Blokkot kapjatnék

両替・通信

切手はどの窓口で買えますか?
Which window is for stamps?
メイク　アブラクナール レヘト ベーイェゲト ヴェンスィ
Melyik ablaknál lehet bélyeget venni?

お金はどこで両替できますか？
Where can money be exchanged?
ホル レヘト ペーンズト ヴァールタニ
Hol lehet pénzt váltani?

日本までエアメールでいくらですか?
How much is an airmail to Japan?
メンニベ　ケルル エジ レヴェール ヤパーンバ レーギポシュターヴァル
Mennyibe kerül egy levél Japánba légipotával?

120Ftの切手を５枚ください
Five one hundred twenty forint stamps, please.
ウト ダラブ サースフース フォリントシュ ベーイェゲト ケーレク
Öt darab százhúsz forintos bélyeget kérek.

日本へ電話したいです
I want to make a call to Japan.
ヤパーンバ　セレトネーク テレフォナールヌィ
Japánba szeretnék telefonálni .

トラブル

助けて! / 開けて!
Help! / Open up!
シェギーチェーグ　ニッシャーク キ
Segítség! / Nyissák ki!

どろぼう! / つかまえて!
Robber! / Stop him (her)!
トルヴァイ　フォグヤーク メグ
Tolvaj! / Fogják meg!

パスポート(財布 / かばん)をなくしました
I have lost my passport (my purse / my bag).
エルヴェステッテム アズ ウートレヴェレメト ア ペーンズタールツァーマト ア ターシュカーマト
Elvesztettem az útlevelemet (a pénztárcámat / a táskámat).

日本大使館（警察）へ連絡してください
Please, notify the Japan Embassy (Police).
ケーレム　エールテシーチェーク ア ヤパーン ナジクヴェチェーゲト レンドゥールシェーゲト
Kérem, értesítsék a Japán Nagykövetséget (rendőrséget).

再発行していただけますか
Will you reissue it?
キアーリータナーク メーグ エッツェル
Kiállítanák még egyszer?

盗難（紛失）証明書を書いてください
Please make out a theft (loss) report.

ノーリョン ケーレム エジ エリシュメルヴェーニト アズ エ ロ ポット エルヴェセット タールジ ベイェレンテーシェールール
Írjon, kérem, egy elismervényt az ellopott (elveszett) tárgy bejelentéséről.

医療

医者を呼んでください
Please call a doctor.

トゥドナ ヒーヴニ ネケム エジ オルヴォシュト
Tudna hívni nekem egy orvost?

英語を話す医者はいますか？
Is there a doctor who speaks English?

ヴァン アンゴルル ベセーロー オルヴォシュ
Van angolul beszélő orvos?

気分が悪いです
I feel sick.

ロッスル ヴァジョク
Rosszul vagyok.

風邪をひきました
I have a cold.

メグファースタム
Megfáztam.

熱があります
I have a fever.

ラーザシュ ヴァジョク
Lázas vagyok.

吐き気がします
I feel like throwing up.

ハーニンゲレム ヴァン
Hányíngerem van.

頭痛がします
I have a headache.

ファーイ ア フェイェム
Fáj a fejem.

下痢をしています
I have diarrheal.

ハシュメネーシェム ヴァン
Hasmenésem van.

ここが少し（ひどく）痛いです
This is little (badly) painful.

イット キチト ナジョン ファーイ
Itt kicsit (nagyon) fáj.

足首（手首）を捻挫しました
I have sprained my ankle (wrist).

メグラーンドゥルト ア ボカーム チュクローム
Megrándult a bokám (csuklóm).

頭痛薬（風邪薬 / 胃薬）をください
I'd like some medicine for headache (cold / stomach-ache).

フェイ ファーヤーシュラ メグファーザーシュラ ジョモルファーヤーシュラ ケーレク ジョージツェルト
Fejfájásra (megfázásra / gyomorfájásra) kérek gyógyszert.

保険に加入しています
I have insurance.

ヴァン ビストシーターショム
Van biztosításom.

【 そ の ほ か の 単 語 】
※メニューでよく使われる単語→P.292

ヌッラ ゼーロー nulla (zéró)	0	ティーズ tíz	10	フース húsz	20
エジ egy	1	ティゼネジ tizenegy	11	ハルミンツ harminc	30
ケットゥー ケート kettő (két)	2	ティゼンケットー tizenkettő	12	ネジヴェン negyven	40
ハーロム három	3	ティゼンハーロム tizenhárom	13	ウドヴェン ötven	50
ネージ négy	4	ティゼンネージ tizennégy	14	ハトヴァン hatvan	60
ウト öt	5	ティゼヌト tizenöt	15	ヘトヴェン hetven	70
ハト hat	6	ティゼンハト tizenhat	16	ニョルツヴァン nyolcvan	80
ヘート hét	7	ティゼンヘート tizenhét	17	キレンツヴェン kilencven	90
ニョルツ nyolc	8	ティゼンニョルツ tizennyolc	18	サーズ száz	100
キレンツ kilenc	9	ティゼンキレンツ tizenkilenc	19	エゼル ezer	1000

tízezer（ティーゼゼル）	1万
százezer（サーゼゼル）	10万
millió（ミッリオー）	100万
január（ヤヌアール）	1月
február（フェブルアール）	2月
március（マールツィウシュ）	3月
április（アープリリュ）	4月
május（マーユシュ）	5月
június（ユーニウシュ）	6月
július（ユーリウシュ）	7月
augusztus（アウグストゥシュ）	8月
szeptember（セプテンベル）	9月
október（オクトーベル）	10月
november（ノヴェンベル）	11月
december（デツェンベル）	12月
tavasz（タヴァス）	春
nyár（ニャール）	夏
ősz（ウース）	秋
tél（テール）	冬
vasárnap（ヴァシャールナプ）	日曜
hétfő（ヘートフー）	月曜
kedd（ケッド）	火曜
szerda（セルダ）	水曜
csütörtök（チュトゥルトゥク）	木曜
péntek（ペーンテク）	金曜
szombat（ソンバト）	土曜
munkanap（ムンカナプ）	平日
szünnap（スンナプ）	休日
reggel（レッゲル）	朝
délelőtt（デーレルット）	午前
délután（デールターン）	午後
este（エステ）	夕方
éj（エーイ）	夜
ma（マ）	今日
tegnap（テグナプ）	昨日
holnap（ホルナプ）	明日
holnapután（ホルナプウターン）	明後日
észak（エーサク）	北
dél（デール）	南
kelet（ケレト）	東

nyugat（ニュガト）	西
jobb（ヨッブ）	右
bal（バル）	左
rendőrség（レンドゥールシェーグ）	警察署
templom（テンプロム）	教会
vasút（ヴァシュート）	鉄道
busz（ブス）	バス
repülőgép（レプュルーゲープ）	飛行機
pályaudvar（パーユアウドヴァル）	駅
vasúti állomás（ヴァシューティ アーロマーシュ）	鉄道駅
autóbusz végállomás（アウトーブス ヴェーガーロマーシュ）	バスの終点
buszmegálló（ブスメガーロー）	バス停
repülőtér（レプュルーテール）	空港
jegy（イェジ）	切符
jegypénztár（イェジペーンツタール）	切符売り場
menetrend（メネトレンド）	時刻表
térkép（テールケープ）	地図
csomag（チョマグ）	荷物
első osztály（エルシュー オスターイ）	1等
másodosztály（マーショドスターイ）	2等
egy útra /（エジ ウートラ）	片道切符
szóló jegy（ソーロー イェジ）	
retúrjegy /（レトゥールイェジ）	往復切符
menettérti jegy（メネッテールティ イェジ）	
foglalás（フォグラシュ）	予約
hálókocsi（ハーロークチ）	寝台車
fekvőkocsi（フェクヴーコチ）	クシェット
kalauz（カラウズ）	車掌
csomagmegőrző（チョマグメグールズー）	荷物預かり所
mosdó / wc（モシュドー）	トイレ
szabad（サバド）	空き
foglalt（フォグラルト）	使用中
tol (ni)（トル）	押す
húz (ni)（フーズ）	引く
indulás（インドゥラーシュ）	出発
érkezés（エールケゼーシュ）	到着
bejárat（ベヤーラト）	入口
kijárat（キヤーラト）	出口
nyitva（ニトヴァ）	開店
zárva（ザールヴァ）	閉店

belépődíj（ベレープーディーイ）	入場料
tilos〜（ティロシュ）	〜禁止
drága（ドラーガ）	高い
olcsó（オルチョー）	安い
jó（ヨー）	よい
rossz（ロッス）	悪い
nagy（ナジ）	大きい
kicsi（キチ）	小さい
sok（ショク）	多い
kevés（ケヴェーシュ）	少ない
megvesz（メグヴェス）	購入する
becsomagol（ベチョマゴル）	包む
kicserél（キチェレール）	取り替える
fehér / fekete（フェヘール / フェケテ）	白 / 黒
piros / kék（ピロシュ / ケーク）	赤 / 青
sárga / barna（シャールガ / バルナ）	黄 / 茶
egyágyas szoba（エジージャシュ ソバ）	1人部屋
kétágyas szoba（ケータージャシュ ソバ）	2人部屋
reggeli（レッゲリ）	朝食
ebéd（エベード）	昼食
vacsora（ヴァチョラ）	夕食
ital（イタル）	飲み物
férfi（フェールフィ）	男
nő（ヌー）	女
kéz / kar（ケーズ / カル）	手 / 腕
láb / lábszár（ラーブ / ラーブサール）	足 / 脚
szem / orr（セム / オッル）	目 / 鼻
száj / torok（サーイ / トロク）	口 / のど
fül / gyomor（フル / ジョモル）	耳 / 胃
szív / mell（スィーヴ / メッル）	心臓 / 胸
drogéria（ドロゲーリア）	ドラッグストア
megfázás elleni gyógyszer（メグファーザーシュ エッレニ ジョージセル）	風邪薬
fájdalomcsillapító（ファーイダロムチラピートー）	鎮痛剤
gyomorerősítő szer（ジョモレルーシートゥー セル）	胃薬
fertőtlenítő szer（フェルトゥートレニートゥー セル）	消毒薬
elem（エレム）	電池
fényképezőgep（フェーニケーペゾーゲープ）	カメラ
kulcs（クルチ）	カギ
bélyeg（ベーイェグ）	切手
térkép（テールケープ）	地図

地球の歩き方ホームページにて英会話（ほか6言語）の文例がネイティブの発音で聞けます。
URL www.arukikata.co.jp/tabikaiwa

メニューでよく使われる単語

味　íz

puha／kemény … 軟らかい／硬い

édes／sós … 甘い／塩辛い

keserű／savanyú … 苦い／すっぱい

csípős／fűszeres … 辛い／スパイシーな

hideg／meleg … 冷たい／温かい

調理方法　főzés

magyaros … ハンガリー風の

sült … 焼いた、揚げた

rostonsült … グリルした

pirított …炒めた

főtt … 煮た、ゆでた

párolt …蒸した、ふかした

rántott … 衣をつけて揚げた

gőzbensült … 蒸し焼きにした

füstölt … 燻製にした

hámozott … 皮をむいた

szeletelt … スライスした

sóban（ecetben）pácolt

… 塩（酢）漬けにした

nyers … 生の

passzírozott … 裏ごしした

kevert … かき混ぜた

töltött … 詰めものをした

飲み物　ital

víz … 水

bor … ワイン

sör … ビール

üdítő italok

… ソフトドリンク

kávé … コーヒー

tea … 紅茶

前菜　előétel

sajt … チーズ

túró … カッテージチーズ

sonka … ハム

szalámi … サラミ

szalonna … ベーコン

vegyessaláta … ミックスサラダ

csemegeuborka

… キュウリのピクルス

tojás … 卵

スープ　leves

gulyás …

グヤーシュ（牛肉と野菜のスープ）

halászlé …

ハラースレー（魚のスープ）

bableves … 豆入り煮込みスープ

erőleves … コンソメスープ

gombaleves … キノコのスープ

hideg gyümölcsleves

… 冷たい果物のスープ

主菜　főételek

<肉料理　húsételek>

libamáj … フォアグラ

csirke … 鶏肉

csirkemell … 鶏の胸肉

csirkemáj … 鶏のレバー

pulyka … 七面鳥

pulykamell … 七面鳥の胸肉

sertéshús … 豚肉

sertésborda … ハンガリー風トンカツ

marhahús … 牛肉

bifsztek … 牛肉のステーキ

<魚料理　halételek>

fogas … 淡水スズキ

pisztráng … マス

ponty … コイ

harcsa … ナマズ

野菜　zöldség

rizs … ライス

burgonya … ジャガイモ

burgonyapüré … マッシュポテト

fokhagyma … ニンニク

hagyma … タマネギ

uborka … キュウリ

karfiol … カリフラワー

káposzta … キャベツ

paradicsom … トマト

paprika … パプリカ

spárga … アスパラガス

gomba … キノコ

果物　gyümölcs

alma … リンゴ

narancs … オレンジ

citrom … レモン

meggy … サワーチェリー

cseresznye … サクランボ

banán … バナナ

eper … イチゴ

málna … ラズベリー

sárgaszilva … プラム

barack … アンズ

szőlő … ブドウ

körte … 洋ナシ

gesztenye … 栗

旅のイエローページ

鉄道

マーブ・スタート MÁV-START
☎(1)349-4949　URL www.mavcsoport.hu
URL elvira.mav-start.hu（時刻表）
　ハンガリー最大手の鉄道会社。ハンガリー国内のほとんどを網羅している。

GYSEV
URL www2.gysev.hu
　ハンガリー西部の公営鉄道。ジュール〜ショプロン間を運行している。

長距離バス

〜バス路線検索サイト〜
メネトレンデック Menetrendek
URL menetrendek.hu
　ハンガリー国内を走る長距離バス会社の時刻表が検索できるサイト。

ヴォラーンブス Volánbusz
☎(1)382-0888　URL www.volanbusz.hu
　ハンガリー最大の長距離バス会社。全土に路線をもつ。

ÉNYKK
URL www.enykk.hu
　ハンガリー東部を中心に路線をもつ長距離バス会社。

フェリー

マハルト・パスネーヴ
MAHART Passnave
☎(1)484-4013　URL www.mahartpassnave.hu
　ドナウ川〜ドナウベンドを結ぶフェリー会社。

バラトニ・ハヨーサーシ・ゼーエルテー
Balatoni Hajózási Zrt.
☎(84)312-144　URL balatonihajozas.hu
　バラトン湖周辺にルートをもつ船会社。

大使館

在ハンガリー日本大使館
▶Map P.94
住XII. Zalai út 7
☎(1)398-3100　FAX(1)275-1281
URL www.hu.emb-japan.go.jp
開月〜金 9:00〜12:30、14:00〜16:30
休土・日、祝日

緊急時の連絡先

警察 ☎107

消防 ☎105

救急 ☎104

〜外国人対応の診療所、救急病院〜
ファーストメッド・センター
FirstMed Centers
▶Map P.40-B1
住Hattyú u. 14　☎(1)224-9090
URL firstmedcenters.com
開月〜金 8:00〜20:00　土 9:00〜15:00
休日

ローザカート・メディカル・センター
Rózsakert Medical Center
▶Map P.94
住Gábor Áron u. 74-78　☎(1)392-0505
URL www.rmc.hu
開月〜金 8:00〜20:00　土 9:00〜14:00
休日

そのほか

ハンガリー郵便局 Magyar Posta
▶Map P.40-B4
住Pauler u. 3
☎(1)375-8682
URL www.posta.hu
営月・火・木 8:00〜18:00　水 8:00〜20:00
　金 8:00〜17:30
休土・日

クレジットカード紛失時の連絡先

アメリカン・エキスプレス
☎44-20-8840-6461

ダイナースクラブ
☎81-3-6770-2796

セゾンカード
☎06-800-11703

JCB
☎06-800-11956

三井住友VISAカード
☎00-800-12121212

UCカード（Master/Visa）
☎00-800-80058005

索引 INDEX

自分らしく生きる
**フランスの
ことばと絶景100**

道しるべとなる
**ドイツの
ことばと絶景100**

人生を楽しみ尽くす
**イタリアの
ことばと絶景100**

生きる知恵を授かる
**アラブの
ことばと絶景100**

ALOHA を感じる
**ハワイの
ことばと絶景100**

\ **旅は人生だ!** /

明日への勇気が湧いてくる
美しいことばと旅情あふれる美景に
前向きな気持ちをもらおう

**旅の名言&
絶景シリーズ
地球の歩き方**

今すぐ旅に出たくなる!
**地球の歩き方の
ことばと絶景100**

共感と勇気がわく
**韓国の
ことばと絶景100**

心に寄り添う
**台湾の
ことばと絶景100**

悠久の教えをひもとく
**中国の
ことばと絶景100**

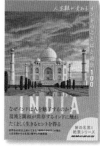

人生観が変わる
**インドの
ことばと絶景100**

定価:各1650円（税込）。全国の書店及びオンライン書店で発売中

地球の歩き方 シリーズ一覧

2024年6月現在

*地球の歩き方ガイドブックは、改訂時に価格が変わることがあります。 *表示価格は定価（税込）です。 *最新情報は、ホームページをご覧ください。 www.arukikata.co.jp/guidebook/

地球の歩き方 ガイドブック

A ヨーロッパ

A01	ヨーロッパ	¥1870
A02	イギリス	¥2530
A03	ロンドン	¥1980
A04	湖水地方＆スコットランド	¥1870
A05	アイルランド	¥2310
A06	フランス	¥2420
A07	パリ＆近郊の町	¥2200
A08	南仏プロヴァンス コート・ダジュール＆モナコ	¥1760
A09	イタリア	¥2530
A10	ローマ	¥1760
A11	ミラノ ヴェネツィアと湖水地方	¥1870
A12	フィレンツェとトスカーナ	¥1870
A13	南イタリアとシチリア	¥1870
A14	ドイツ	¥1980
A15	南ドイツ フランクフルト ミュンヘン ロマンチック街道 古城街道	¥2090
A16	ベルリンと北ドイツ ハンブルク ドレスデン ライプツィヒ	¥1870
A17	ウィーンとオーストリア	¥2090
A18	スイス	¥2200
A19	オランダ ベルギー ルクセンブルク	¥2420
A20	スペイン	¥2420
A21	マドリードとアンダルシア	¥1760
A22	バルセロナ＆近郊の町 イビサ島／マヨルカ島	¥1760
A23	ポルトガル	¥2200
A24	ギリシアとエーゲ海の島々＆キプロス	¥1870
A25	中欧	¥1980
A26	チェコ ポーランド スロヴァキア	¥1870
A27	ハンガリー	¥1870
A28	ブルガリア ルーマニア	¥1980
A29	北欧 デンマーク ノルウェー スウェーデン フィンランド	¥2640
A30	バルトの国々 エストニア ラトヴィア リトアニア	¥1870
A31	ロシア ベラルーシ ウクライナ モルドヴァ コーカサスの国々	¥2090
A32	極東ロシア シベリア サハリン	¥1980
A34	クロアチア スロヴェニア	¥2200

B 南北アメリカ

B01	アメリカ	¥2090
B02	アメリカ西海岸	¥2200
B03	ロスアンゼルス	¥2090
B04	サンフランシスコとシリコンバレー	¥1870
B05	シアトル ポートランド	¥2420
B06	ニューヨーク マンハッタン＆ブルックリン	¥2200
B07	ボストン	¥1980
B08	ワシントンDC	¥2420
B09	ラスベガス セドナ＆グランドキャニオンと大西部	¥2090
B10	フロリダ	¥2310
B11	シカゴ	¥1870
B12	アメリカ南部	¥1980
B13	アメリカの国立公園	¥2640
B14	ダラス ヒューストン デンバー グランドサークル フェニックス サンタフェ	¥1980
B15	アラスカ	¥1980
B16	カナダ	¥2420
B17	カナダ西部 カナディアン・ロッキーとバンクーバー	¥2090
B18	カナダ東部 ナイアガラ・フォールズ メープル街道 プリンス・エドワード島 トロント オタワ モントリオール ケベック・シティ	¥2090
B19	メキシコ	¥1980
B20	中米	¥2090
B21	ブラジル ベネズエラ	¥2200
B22	アルゼンチン チリ パラグアイ ウルグアイ	¥2200
B23	ペルー ボリビア エクアドル コロンビア	¥2200
B24	キューバ バハマ ジャマイカ カリブの島々	¥2035
B25	アメリカ・ドライブ	¥1980

C 太平洋／インド洋島々

C01	ハワイ オアフ島＆ホノルル	¥2200
C02	ハワイ島	¥2200
C03	サイパン ロタ＆テニアン	¥1540
C04	グアム	¥1980
C05	タヒチ イースター島	¥1870
C06	フィジー	¥1650
C07	ニューカレドニア	¥1650
C08	モルディブ	¥1870
C10	ニュージーランド	¥2200
C11	オーストラリア	¥2750
C12	ゴールドコースト＆ケアンズ	¥2420
C13	シドニー＆メルボルン	¥1760

D アジア

D01	中国	¥2090
D02	上海 杭州 蘇州	¥1870
D03	北京	¥1760
D04	大連 瀋陽 ハルビン 中国東北部の自然と文化	¥1980
D05	広州 アモイ 桂林 珠江デルタと華南地方	¥1980
D06	成都 重慶 九寨溝 麗江 四川 雲南	¥1980
D07	西安 敦煌 ウルムチ シルクロードと中国西部	¥1980
D08	チベット	¥2090
D09	香港 マカオ 深圳	¥2420
D10	台湾	¥2090
D11	台北	¥1980
D13	台南 高雄 屏東＆南台湾の町	¥1980
D14	モンゴル	¥2420
D15	中央アジア サマルカンドとシルクロードの国々	¥2090
D16	東南アジア	¥1870
D17	タイ	¥2200
D18	バンコク	¥1980
D19	マレーシア ブルネイ	¥2090
D20	シンガポール	¥1980
D21	ベトナム	¥2090
D22	アンコール・ワットとカンボジア	¥2200
D23	ラオス	¥24
D24	ミャンマー（ビルマ）	¥20
D25	インドネシア	¥24
D26	バリ島	¥28
D27	フィリピン マニラ セブ ボラカイ ボホール エルニド	¥22
D28	インド	¥26
D29	ネパールとヒマラヤトレッキング	¥22
D30	スリランカ	¥18
D31	ブータン	¥19
D33	マカオ	¥17
D34	釜山 慶州	¥18
D35	バングラデシュ	¥20
D37	韓国	¥20
D38	ソウル	¥18

E 中近東 アフリカ

E01	ドバイとアラビア半島の国々	¥20
E02	エジプト	¥25
E03	イスタンブールとトルコの大地	¥20
E04	ペトラ遺跡とヨルダン レバノン	¥20
E05	イスラエル	¥20
E06	イラン ペルシアの旅	¥22
E07	モロッコ	¥19
E08	チュニジア	¥20
E09	東アフリカ ウガンダ エチオピア ケニア タンザニア ルワンダ	¥20
E10	南アフリカ	¥22
E11	リビア	¥22
E12	マダガスカル	¥19

J 国内版

J00	日本	¥33
J01	東京 23区	¥22
J02	東京 多摩地域	¥20
J03	京都	¥22
J04	沖縄	¥22
J05	北海道	¥22
J07	神奈川	¥24
J07	埼玉	¥22
J08	千葉	¥22
J09	札幌・小樽	¥22
J10	愛知	¥22
J11	世田谷区	¥22
J12	四国	¥24
J13	北九州市	¥22
J14	東京の島々	¥26

地球の歩き方 aruco

●海外

1	パリ	¥1650
2	ソウル	¥1650
3	台北	¥1650
4	トルコ	¥1430
5	インド	¥1540
6	ロンドン	¥1650
7	香港	¥1320
9	ニューヨーク	¥1650
10	ホーチミン ダナン ホイアン	¥1650
11	ホノルル	¥1650
12	バリ島	¥1650
13	上海	¥1320
14	モロッコ	¥1540
15	チェコ	¥1320
16	ベルギー	¥1430
17	ウィーン ブダペスト	¥1320
18	イタリア	¥1760
19	スリランカ	¥1540
20	クロアチア スロヴェニア	¥1430
21	スペイン	¥1320
22	シンガポール	¥1650
23	バンコク	¥1650
24	グアム	¥1320
25	オーストラリア	¥1760
26	フィンランド エストニア	¥1430
27	アンコール・ワット	¥1430
28	ドイツ	¥1760
29	ハノイ	¥1650
30	台湾	¥1650
31	カナダ	¥1320
33	サイパン テニアン ロタ	¥1320
34	セブ ボホール エルニド	¥1320
35	ロスアンゼルス	¥1320
36	フランス	¥1430
37	ポルトガル	¥1650
38	ダナン ホイアン フエ	¥1430

●国内

	北海道	¥1760
	京都	¥1760
	沖縄	¥1760
	東京	¥1540
	東京で楽しむフランス	¥1430
	東京で楽しむ韓国	¥1430
	東京で楽しむ台湾	¥1430
	東京の手みやげ	¥1430
	東京おやつさんぽ	¥1430
	東京のパン屋さん	¥1430
	東京で楽しむ北欧	¥1430
	東京のカフェめぐり	¥1480
	東京で楽しむハワイ	¥1480
	nyaruco 東京ねこさんぽ	¥1480
	東京で楽しむイタリア＆スペイン	¥1480
	東京で楽しむアジアの国々	¥1480
	東京ひとりさんぽ	¥1480
	東京パワースポットさんぽ	¥1599
	東京で楽しむ英国	¥1599

地球の歩き方 Plat

1	パリ	¥1320
2	ニューヨーク	¥1320
3	台北	¥1100
4	ロンドン	¥1650
6	ドイツ	¥1320
7	ホーチミン／ハノイ／ダナン／ホイアン	¥1320
8	スペイン	¥1320
9	バンコク	¥1540
10	シンガポール	¥1540
11	アイスランド	¥1540
13	マニラ セブ	¥1650
14	マルタ	¥1540
15	フィンランド	¥1320
16	クアラルンプール マラッカ	¥1650
17	ウラジオストク／ハバロフスク	¥1430
18	サンクトペテルブルク／モスクワ	¥1540
19	エジプト	¥1320
20	香港	¥1100
22	ブルネイ	¥1430
23	ウズベキスタン サマルカンド ブハラ ヒヴァ タシケント	¥16
24	ドバイ	¥13
25	サンフランシスコ	¥13
26	パース／西オーストラリア	¥13
27	ジョージア	¥15
28	台南	¥14

地球の歩き方 リゾートスタイル

R02	ハワイ島	¥16
R03	マウイ島	¥16
R04	カウアイ島	¥18
R05	こどもと行くハワイ	¥15
R06	ハワイ ドライブ・マップ	¥19
R07	ハワイ バスの旅	¥13
R08	グアム	¥14
R09	こどもと行くグアム	¥16
R10	パラオ	¥16
R12	ブーケット サムイ島 ビビ島	¥16
R13	ペナン ランカウイ クアラルンプール	¥16
R14	バリ島	¥14
R15	セブ＆ボラカイ ボホール シキホール	¥16
R16	テーマパーク in オーランド	¥18
R17	カンクン コスメル イスラ・ムヘーレス	¥16
R20	ダナン ホイアン ホーチミン ハノイ	¥16

地球の歩き方 関連書籍のご案内

ハンガリーとその周辺諸国をめぐるヨーロッパの旅を「地球の歩き方」が応援します！

※表示価格は定価（税込）です。改訂時に価格が変更になる場合があります。

あなたの**旅の体験談**をお送りください

「地球の歩き方」は、たくさんの旅行者からご協力をいただいて、
改訂版や新刊を制作しています。
あなたの旅の体験や貴重な情報を、これから旅に出る人たちへ分けてあげてください。
なお、お送りいただいたご投稿がガイドブックに掲載された場合は、
初回掲載本を1冊プレゼントします！（発送は国内に限らせていただきます）

ご投稿はインターネットから！

URL www.arukikata.co.jp/guidebook/toukou.html
画像も送れるカンタン「投稿フォーム」
※左記の二次元コードをスマートフォンなどで読み取ってアクセス！

または「地球の歩き方　投稿」で検索してもすぐに見つかります

地球の歩き方 投稿　🔍　検索

▶投稿にあたってのお願い

★ご投稿は、次のような《テーマ》に分けてお書きください。
《新発見》───ガイドブック未掲載のレストラン、ホテル、ショップなどの情報
《旅の提案》───未掲載の町や見どころ、新しいルートや楽しみ方などの情報
《アドバイス》───旅先で工夫したこと、注意したこと、トラブル体験など
《訂正・反論》───掲載されている記事・データの追加修正や更新、異論、反論など

> ※記入例「○○編20XX年度版△△ページ掲載の□□ホテルが移転していました……」

★**データはできるだけ正確に。**
ホテルやレストランなどの情報は、名称、住所、電話番号、アクセスなどを正確にお書きください。
ウェブサイトのURLや地図などは画像でご投稿いただくのもおすすめです。

★**ご自身の体験をお寄せください。**
雑誌やインターネット上の情報などの丸写しはせず、実際の体験に基づいた具体的な情報をお
待ちしています。

▶ご確認ください

※採用されたご投稿は、必ずしも該当タイトルに掲載されるわけではありません。関連他タイトルへの掲載もありえます。
※例えば「新しい市内交通パスが発売されている」など、すでに編集部で取材・調査を終えているものと同内容のご投稿をい
ただいた場合は、ご投稿を採用したとはみなされず掲載本をプレゼントできないケースがあります。
※当社は個人情報を第三者へ提供いたしません。また、ご記入いただきましたご自身の情報については、ご投稿内容の確認
や掲載本の送付などの用途以外には使用いたしません。
※ご投稿の採用の可否についてのお問い合わせはご遠慮ください。
※原稿は原文を尊重しますが、スペースなどの関係で編集部でリライトする場合があります。

STAFF

制　　作：今井歩		Producer	: Ayumu Imai
編　　集：グルーポ ピコ		Editors	: Grupo PICO Co.
今福直子			Naoko Imafuku
田中健作			Kensaku Tanaka
染矢優香			Yuka Someya
取　　材：今福直子　田中健作		Reporter	: Naoko Imafuku　Kensaku Tanaka
写　　真：グルーポ ピコ		Photographer	: Grupo PICO Co.
武居台三（グルーポ ピコ）			Taizo Takei（Grupo PICO Co.）
デザイン：酒井デザイン室		Design	: Sakai Design Office
酒井英人　内海春香			Hideto Sakai　Haruka Utsumi
(株)明昌堂			Meishodo Co., Ltd.
イラスト：はせがわめいた		Illustration	: Meita Hasegawa
みよこみよこ			Miyokomiyoko
表　　紙：日出嶋昭男		Cover Design	: Akio Hidejima
地　　図：(株)東京印書館		Maps	: Tokyo Inshokan Printing Co., Ltd.
(株)アトリエ・プラン			atelier PLAN Co., Ltd.
校　　正：(株)東京出版サービスセンター		Proofreading	: Tokyo Syuppan Service Center Co., Ltd.

協　　力：在ハンガリー日本国大使館、大平原トラベル、Mészáros Katalin
　　　　　ラプソーディア旅行代理店、Sándor Galamb、平野美月（コーディネート）、©iStock

本書の内容について、ご意見・ご感想はこちらまで
〒141-8425 東京都品川区西五反田2-11-8
株式会社地球の歩き方
地球の歩き方サービスデスク「ハンガリー編」投稿係
URL▶https://www.arukikata.co.jp/guidebook/toukou.html
地球の歩き方ホームページ（海外・国内旅行の総合情報）
URL▶https://www.arukikata.co.jp/
ガイドブック『地球の歩き方』公式サイト
URL▶https://www.arukikata.co.jp/guidebook/

地球の歩き方 A27　ハンガリー　2019〜2020年版

1991年5月10日　初版発行
2024年7月10日　改訂第19版第1刷発行

Published by Arukikata. Co.,Ltd.
　2-11-8 Nishigotanda, Shinagawa-ku, Tokyo, 141-8425

著作編集　地球の歩き方編集室
発 行 人　新井邦弘
編 集 人　由良暁世
発 行 所　株式会社地球の歩き方
　　　　　〒141-8425　東京都品川区西五反田2-11-8
発 売 元　株式会社Gakken
　　　　　〒141-8416　東京都品川区西五反田2-11-8
印刷製本　開成堂印刷株式会社